MADAME DE MONTESPAN

DU MÊME AUTEUR
en poche

Louis XIV, Paris, Perrin, tempus n° 8, 2002, rééd. 2008.
Le masque de fer : entre histoire et légende, Paris, Perrin, tempus n° 62, 2004.
Fouquet, Paris, Perrin, tempus n° 97, 2005.

Pour en savoir plus
sur les Editions Perrin
(catalogue, auteurs, titres,
extraits, salons, actualité…),
vous pouvez consulter notre site internet :
www.editions-perrin.fr

collection tempus

Jean-Christian PETITFILS

MADAME DE MONTESPAN

PERRIN
www.editions-perrin.fr

© Librairie A. Fayard, 1988
et Perrin, 2009 pour la présente édition
ISBN : 978-2-262-03081-0

tempus est une collection des éditions Perrin.

CHAPITRE PREMIER

Athénaïs

Lussac-les-Châteaux

Quatre énormes piles de pont de pierre ocre brandissant vers le ciel pommelé du Poitou leurs moignons déchiquetés, voilà ce qu'il reste du château de Lussac. A en juger par l'aspect grandiose de ces ruines, qui mirent leur imposante silhouette dans l'eau verte d'un étang parsemé de roseaux et de nénuphars, on imagine la taille de cette « motte » féodale dont l'existence est mentionnée dès la fin du VIIIe siècle. En 1492, le comte de Taveau rajeunit ce quadrilatère aux murs escarpés et hérissés de tours, renforça ses défenses et fit creuser l'étang alimentant les douves. Malgré cela, la forteresse souffrit des guerres de religion et fut même saccagée en 1569 par l'amiral de Coligny. Plutôt que de restaurer cette hautaine et insalubre maison forte, les Rochechouart de Mortemart, qui en avaient hérité, préférèrent utiliser les matériaux pour construire à l'intérieur des remparts, près de l'église, une agréable demeure Renaissance. Aujourd'hui, les arbres centenaires du parc ont disparu. Des maisonnettes, bâties après la Révolution avec les restes du château, se sont agglutinées à leur place, mais le « Grand Logis » subsiste quoique défiguré. Dans une cour, on voit encore sa tour ronde aux étroites fenêtres, son bel escalier de bois et sa galerie Louis XIII. Le bâtiment abrite l'intéressant musée du bourg, un bourg dont le nom ancien de Lussac-lès-Château – c'est-à-dire « près du château » – a été déformé par erreur, au XIXe siècle, en Lussac-les-Châteaux. C'est là, selon toute vraisemblance, dans cet ancien hôtel particulier dont la façade porte sur un vieil écu de pierre les armes de la famille, *ondé d'argent et de gueules de six pièces*, que naquit en octobre 1640 Françoise de Rochechouart, future marquise de Montespan. Son acte de baptême, consigné d'une plume ronde sur le registre paroissial de l'église Saint-Maixent par le curé, le père Tartaud, est ainsi rédigé : « Le vendredi cinquiesme jour d'octobre mil six cent quarante a esté baptisée françoise de rochechouard, fille de gabriel de roche-chouard chevallyer des ordres du roy conseiller En ses conseils d'estat Et prince premier gentilhomme de la chambre de Sa majesté seigneur marqui de morthemart lussac le chasteau aultres places et prince de tonai charante Et de dame dianne de grandsaigne Et ont esté ses parrins Et marraine nicolla rozet Et françoise massoullard qui ne scavait signer. »

Gabriel, duc de Mortemart

La vicomté de Rochechouart, en Poitou, a donné son nom à l'une des plus vieilles familles de France, issue des vicomtes de Limoges. En 1018, un certain Aymeri, surnommé Ostofrancus, cinquième fils de Giraud, vicomte de Limoges, et de Rothilde, sa femme, fut le premier à porter ce nom. Non moins anciens étaient les Mortemart, originaires de la Marche poitevine, dont l'existence apparaît dans un acte de 1094. Au début du XIIIe siècle, l'union d'Aymeri VII, vicomte de Rochechouart, et d'Alix de Mortemart fit passer cette dernière seigneurie dans les mains des puissants Rochechouart, dont l'antique et altière devise semblait comme un défi lancé au temps et aux tempêtes de l'Histoire, *Ante mare undae* (littéralement : « avant la mer, les ondes »), qu'un poète a traduit par cet élégant distique :

> « Avant que la mer fût au monde,
> Rochechouart portait les ondes. »

Au XVIe siècle, Gaspard de Rochechouart, comte de Vivonne, seigneur de Lussac-lès-Château, Verrières et Château-Larcher, vit sa baronnie de Mortemart érigée en marquisat par Henri IV. Né en 1574, il avait embrassé très jeune la carrière des armes, s'y était brillamment distingué et, à vingt-six ans, avait épousé Louise de Maure. Un jour d'octobre 1605, le roi, se rendant en Limousin, fit halte à Lussac-lès-Château. Pour être agréable à ce valeureux serviteur, il enrôla son fils Gabriel, âgé de quatre ans et demi, dans la petite troupe des enfants d'honneur du dauphin. Tel fut le début de la longue et belle carrière de ce courtisan qui connaîtra trois souverains, deux régentes et deux cardinaux-ministres. Gabriel – père de notre marquise –, élevé avec le jeune Louis XIII, suivit fidèlement celui-ci dans toutes ses campagnes militaires et fut récompensé par les plus hautes charges et dignités du royaume : premier gentilhomme de la Chambre, chevalier du Saint-Esprit, gouverneur et lieutenant général aux pays et évêchés de Metz, Toul et Verdun. En décembre 1650, par lettres patentes, Louis XIV érigea son marquisat de Mortemart en duché-pairie de France, lettres qui furent vérifiées par le Parlement treize ans plus tard. Il avait épousé Diane de Grandseigne, fille de Jean, seigneur de Marsillac, et de Catherine de La Béraudière. Mari et femme formaient un étonnant contraste. Diane, délicate blonde aux yeux en amande, était sage, vertueuse, charitable, toute dévouée à la reine Anne d'Autriche dont elle était dame d'honneur. Bel homme au visage replet, à la bouche sensuelle, au regard de faune, Gabriel était intelligent, cultivé, plein d'esprit – ce fameux « esprit des Mortemart » que Voltaire décrit comme « un tour singulier de conversation mêlée de plaisanteries, de naïveté et de finesse ». Ce libertin fastueux aimait la musique, la danse, la chasse, les grandes chevauchées en forêt, les plaisirs de la table, le cercle d'amis au coin du feu et les douceurs de l'amour. Il folâtrait volontiers avec les châtelaines des environs de Lussac ou de Tonnay-Charente, ses deux demeures préférées, et rentrait fort tard pour entendre les reproches de sa pieuse épouse : « D'où venez-vous ? Passerez-vous ainsi votre vie avec des diables ? » A quoi celui-ci répondait d'un ton bougon : « Je ne sais d'où je viens, mais je sais que mes diables sont de meilleure humeur que votre bon ange ! »

En 1653, ce barbon grisonnant, qui avait dépassé la cinquantaine, tomba éperdument amoureux d'une petite mâtine de mœurs légères, Marie Boyer, épouse de Jean Tambonneau, président à la Chambre des comptes. Il devait lui rester étrangement fidèle vingt-deux ans, menant avec elle un second ménage dont bien peu à la cour ignorèrent l'existence.

La présidente, comme on l'appelait, était une pimpante brunette au nez pointu, aux yeux pers, aux joues fardées de vermillon, au parfum ambré. On la voyait toujours bien ajustée, coiffée avec soin, une cornette sur la tête, portant un immuable collet de point de Gênes sur une chemise de batiste agrémentée de rubans incarnats. Dans sa belle maison du Pré-aux-Clercs, elle recevait la « fleur de la cour et de la ville » : princes du sang, grands seigneurs, généraux, riches marquises ou duchesses. Et ce petit bout de femme, qui « n'était rien », dit Saint-Simon, trônait en reine au milieu de tous ces gens d'importance. L'une de ses sœurs avait épousé le marquis de Ligny, neveu du chancelier Séguier, l'autre, le duc de Noailles. Elle jetait l'or à poignées, trichait au jeu et courait le galant, comme le raconte plaisamment Tallemant des Réaux, en remarquant « que ses jupes étaient bien légères, qu'elles se levaient à tous vents » ! Le mari n'ignorait rien de ses infortunes. Il finit par en prendre son parti et tirer le meilleur profit de ce qu'il appelait ses « cornes d'abondance ». Ainsi avait-il fait intervenir en sa faveur M. de Mortemart auprès de Mazarin. Dans Paris on chantonnait :

> « Mortemart et la présidente
> Jouent à Colin-Tampon,
> Tambonneau.
> Ah ! Vraiment qu'elle est élégante
> Et qu'il est bon et bon,
> Tambonneau ! »

Quand le toujours vert Mortemart devint son amant, la gaillarde avait dépassé la trentaine. Ses traits, marqués par quelques vestiges de petite vérole, avaient perdu la fraîcheur de la jeunesse. Et pourtant :

> « Mortemart, le faune,
> Aime la Tambonneau ;
> Elle est un peu jaune,
> Mais il n'est pas trop beau. »

De son côté, Diane de Grandseigne, exaspérée de voir son époux si peu fidèle, décida de vivre une partie de l'année en Poitou et, en 1663, se sépara de biens d'avec lui. Cependant, de leur union, cinq enfants étaient nés : un fils, Louis-Victor, et quatre filles, Gabrielle, Françoise (notre future marquise de Montespan), Marie-Christine et Marie-Madeleine-Gabrielle.

Les enfants Mortemart

Le fils, Louis-Victor de Rochechouart, comte de Vivonne, vit le jour à Tonnay-Charente le 25 août 1636. Il devint, à huit ans, l'un des six enfants d'honneur du petit Louis XIV qui apprécia sa vivacité d'esprit, sa bonne humeur, son espièglerie et en fit son compagnon de jeux préféré. Plus tard, il sera le seul courtisan que le roi traitera avec bonhomie, l'appelant familièrement « Vivonne », sans titre ni particule.

Comme tout gentilhomme de belle mine, à dix-huit ans il choisit la carrière des armes et en gravit tous les échelons avec une étonnante avidité : capitaine des chevau-légers, mestre de camp, maréchal de camp, capitaine général des galères, maréchal de France. Il fut même élevé – lors de l'expédition de Candie en

1669 – à la dignité de général de la Sainte-Eglise. Nommé gouverneur de Champagne et de Brie en 1674, il reçut mission l'année suivante de porter secours à la Sicile, en révolte contre la domination espagnole, ce dont il s'acquitta à la perfection. C'est ainsi qu'à la collection de ses honneurs il ajouta le titre prestigieux de vice-roi de Sicile.

Vivonne était un homme à l'esprit endiablé, corrosif, aimant le langage vert et dru. Amateur de Montaigne, Balzac et d'Urfé, il prit, dans la querelle des Anciens et des Modernes, le parti des premiers contre les seconds. « Mais à quoi sert de lire ? » lui demanda une fois Louis XIV. Vivonne, levant son visage coloré et mafflu, répondit : « La lecture fait à l'esprit ce que vos perdrix font à mes joues ! » Il est vrai qu'il aimait faire chère lie et qu'il devait son embonpoint précoce à ce féroce appétit. Mme de Sévigné, qui ne l'appréciait guère, l'appelait le « gros crevé ». Le poète Jean Loret, dans sa *Muse historique*, le traitait

> d'« Aimable courtisan
> Plus gros et frais qu'un partisan ».

« — Vous grossissez à vue d'œil, lui reprochait le roi, vous ne faites pas assez d'exercice ! – Ah ! Sire, lui répliquait celui-ci, quelle médisance ! Il n'y a point de jour que je ne fasse quatre fois le tour de mon cousin d'Aumont ! » Le duc d'Aumont, capitaine des gardes du corps, était l'homme le plus obèse de la cour...

Comme son père, le rutilant Vivonne fut un jouisseur, grand coureur de femmes, encore que Bussy-Rabutin, qui le connaissait bien, le présente comme un fat matamore de l'amour, plus hardi en paroles qu'en actes, ayant échoué « auprès de certaines femmes qui jusque-là n'avaient refusé personne ».

A dix-neuf ans, il avait épousé la fille du président de Mesmes, Antoinette-Louise de Roissy, riche héritière dotée de 800 000 livres : de quoi redorer le blason des Mortemart qui, comme le remarque Saint-Simon, « régulièrement se ruinaient de père en fils » et régulièrement se « remplumaient » par de beaux mariages. Aussi spirituelle que son époux, elle plaisait au roi qui ne pouvait se passer de sa joyeuse compagnie dans les réunions privées. Elle était très capricieuse, indépendante, prisant l'amusement avant tout. Comme Mme de Montespan, avec laquelle elle s'entendait plutôt mal, elle sera compromise dans l'Affaire des poisons...

Des quatre filles de Gabriel, seule Marie-Christine n'eut pas d'histoire. Elle entra en religion au couvent des Filles de Sainte-Marie de Chaillot et y mena une vie de macération et de prière.

L'aînée, Gabrielle, née en 1631 à Lussac-lès-Château, fut élevée à Saintes, au couvent Sainte-Marie, et épousa en 1655 Claude-Léonor de Damas, marquis de Thianges, issu d'une vigoureuse souche du Forez remontant au XIIe siècle et fixée en Bourgogne. Ce gentilhomme austère n'avait rien du fringant courtisan avide de gloire et d'honneurs. Après une brève carrière militaire comme capitaine des chevau-légers du cardinal Mazarin puis comme mestre de camp au régiment de cavalerie étranger, il se retira avec sa femme sur ses terres bourguignonnes. Mais elle s'y ennuya vite, revint à Paris, laissant ce féodal épais et rustaud jouer au suzerain au milieu de ses paysans, entre l'étable et le pressoir. Elle conserva, sa vie durant, une telle aversion de la Bourgogne que sa plus belle injure était d'appeler quelqu'un « Bourguignon » !

Avec ses grands yeux vifs, ses longs cheveux châtain clair, son nez légèrement busqué, la jeune marquise était une agréable beauté :

« Thianges nous plaît et la neige est moins blanche
Que n'est son teint, sa gorge et son beau front »

écrivait un poète du temps.

Elle aimait comme son frère les comédies, la musique, l'opéra... et la bonne chère. Louis, souvent, la convoquait pour entendre des lectures de Racine ou de Boileau. Plaisante, hardie, spirituelle, elle avait le sens de la repartie et des boutades à l'emporte-pièce. Monsieur, frère du roi, toujours à l'affût des cancans et des picoteries, goûtait infiniment sa compagnie, mais « leur commerce, précise Mme de La Fayette, était plutôt une confidence libertine qu'une véritable galanterie ».

Cette glorieuse, infatuée de sa noblesse, se croyait d'une essence supérieure au commun. Elle se regardait, écrit Mme de Caylus dans ses *Souvenirs*, « comme un chef-d'œuvre de la nature, non pas tant pour la beauté extérieure que pour la délicatesse des organes qui composaient sa machine ». Elle disputait aux Bourbons l'ancienneté de la race – vanité qui faisait sourire Louis XIV – et n'admettait en Poitou qu'une seule maison noble égale à la sienne, celle des La Rochefoucauld, et encore, à regret. Pieuse, comme tous les enfants de Diane de Grandseigne, elle devint avec l'âge fort dévote. Mais elle conserva toujours une certaine pétulance, se chamaillant fréquemment avec sa cadette, Mme de Montespan.

Les lettres, récits et mémoires du temps ne tarissent pas d'éloges sur Marie-Madeleine-*Gabrielle*, abbesse de Fontevrault, – la « perle des abbesses » –, dernière fille de Diane et Gabriel et peut-être la plus belle de toutes. Un portrait en habit de cour, conservé autrefois au château de Montpipeau, un autre plus tardif peint par Ganderel et la représentant en religieuse, avec la robe noire et la guimpe blanche, nous montrent des traits purs et calmes, un visage ovale joliment modelé, un regard empreint de douceur et d'intelligence, une beauté céleste.

Elle naquit en 1645 à Paris, dans le pavillon des Tuileries où son père occupait un appartement de fonction. Les premières années, elle fut élevée avec le frère cadet du roi, Philippe d'Orléans, puis, à onze ans, s'en alla étudier à l'Abbaye-aux-Bois[1]. Elle assimila avec une étonnante facilité l'italien, l'espagnol, le latin, le grec et l'hébreu. A dix-neuf ans, elle prit le voile et prononça ses vœux l'année suivante. Son père, il est vrai, avait un peu forcé sa vocation mais « elle fit de nécessité vertu ». Mme de Chaulnes, qui dirigeait l'abbaye, l'apprécia tant qu'elle décida de la prendre sous son aile lorsqu'on lui confia la direction, du couvent de Poissy. C'est là que Gabrielle apprit, le 18 août 1670, sa nomination au titre d'abbesse de Fontevrault, jusque-là réservé à des personnes de sang royal. Elle devint ainsi la trente-troisième abbesse, succédant à Jeanne-Baptiste de Bourbon, fille naturelle de Henri IV et de Charlotte des Essarts, dame de Romorantin. L'abbaye, fondée au XIIe siècle par Robert d'Arbrissel, était soumise à la règle de saint Benoît. Elle étendait son autorité sur une soixantaine de couvents et prieurés du même ordre. Ce poste considérable lui avait été attribué, certes en raison de ses qualités, mais aussi – comment en douter ? – grâce à l'intervention de Louis XIV et de Mme de Montespan auprès du nonce apostolique.

A un sens inné de l'organisation Gabrielle de Rochechouart joignait la vaste culture d'une « femme savante ». Elle écrivait des vers, des maximes, de petits traités moraux comme celui consacré à la politesse, imprimé au XVIIIe siècle par Saint-Hyacinthe. On lui doit aussi une traduction du *Banquet* de Platon et des « lettres de direction », sortes d'instructions pastorales dans lesquelles elle faisait valoir la nécessité d'un ferme mais souple gouvernement des religieuses, s'élevant contre toutes formes de laxisme, « la mondanité dans les habits et les chaussures », le bavardage excessif au parloir, le manque d'isolement ou de recueillement des moniales... Ses sermons de vêture, ses lettres circulaires à l'occasion de la disparition d'une religieuse étaient de petits chefs-d'œuvre de piété, de finesse et de profondeur dont la renommée dépassait la clôture conventuelle (on citera en particulier son discours sur la « dignité du sacerdoce », largement diffusé et apprécié des clercs de son temps). Bossuet lui-même demandait copie de ses écrits afin « d'y apprendre à gouverner les religieuses de son diocèse ».

Sa fragilité de femme, la douceur de ses traits, le charme de sa voix masquaient un caractère énergique, inflexible même. Au cours des quelque trente-quatre années qu'elle passa à Fontevrault, des conflits d'attribution la mirent aux prises avec plusieurs prélats :

Mgr de La Mothe-Houdancourt, évêque de Saint-Flour, Mgr de La Hoguette, évêque de Poitiers, Mgr Le Tellier, archevêque de Reims. Elle tint tête à ces puissants seigneurs de l'Eglise et obtint gain de cause.

Sous la férule d'une telle femme l'ordre prospéra au point de compter, à la fin du XVIIe siècle, plusieurs centaines de religieuses dans ses différents prieurés et moutiers, et de disposer d'une maison pour la formation des confesseurs et futurs directeurs.

Gabrielle quitta très rarement Fontevrault. On la vit notamment à Paris, au printemps de 1675, lorsqu'une attaque de paralysie frappa son père. A cette occasion, la reine l'invita à dîner au couvent des carmélites de la rue du Bouloi et lui fit cadeau d'un diamant de 3 000 louis. Le roi apprécia tellement son esprit qu'il voulut la retenir à la cour mais elle se garda bien d'accepter, se contentant de paraître dans les réunions et les cercles privés. Elle mourut le 15 août 1704, à cinquante-neuf ans, aimée pour son sens de la justice et sa grande bonté. De mémoire de religieuse, jamais abbesse n'avait poussé à un tel degré de perfection le difficile art de régner...

L'ARRIVÉE À LA COUR

Il est temps d'en venir à la plus célèbre fille des Mortemart, Françoise. Son enfance fut bercée par le doux paysage lussacois : les vertes moirures des prés et des blés mûrissants, les rangées de peupliers frissonnant au vent léger, le murmure des ruisseaux dans les nids de verdure, l'envol frémissant des sarcelles au premier coup d'arquebuse, les eaux fraîches et scintillantes de la Vienne et les hautes futaies de la forêt de Chauvigny, où les seigneurs des environs partaient en bandes joyeuses débusquer le cerf ou le sanglier. Sur ses premières années en Poitou on ne possède guère de renseignements. Ses parents faisant le plus souvent leur service au Louvre, l'enfant était confiée aux domestiques du Grand Logis, la « Nono » (la nourrice Auzanneau), la Troubat ou la Gailledrat, des noms qui existent encore à Lussac et dans la région.

Vers douze ou treize ans, Françoise suivit les traces de son aînée et vint étudier au couvent Sainte-Marie de Saintes dont la fondation remontait à l'an 1047. Qu'y apprit-elle ? Ce que l'on enseignait ordinairement aux jeunes filles de l'époque. Peu de choses en vérité : la lecture, la calligraphie, un brin de calcul, des rudiments de latin liturgique. L'orthographe ? On n'ose l'affirmer, à en juger par la fantaisie excessive qui, toute sa vie, émaillera ses écrits, fantaisie qui dépassait de beaucoup les libertés permises à l'époque. A cela s'ajoutaient quelques leçons d'économie familiale – rédaction de lettres d'affaires ou de factures –, des travaux d'aiguille et surtout des cours de morale et de bonne tenue, sans oublier naturellement l'apprentissage de la dévotion religieuse sous l'étroite surveillance de la mère supérieure.

De son séjour saintais resteront dans sa mémoire quelques images : la paresseuse Charente coulant entre de moelleuses collines, la route de Compostelle serpentant à travers champs, le vieux pont romain dominé par l'arc de Germanicus, que Mérimée n'avait pas encore installé sur la rive droite, les hôtels à pinacles ou à poivrières et la cathédrale Saint-Pierre de style flamboyant, avec son clocher massif datant du XVe siècle, que trois évêques – tous membres de l'illustre famille des Rochechouart – avaient laissé inachevé.

Sans doute se souviendra-t-elle aussi de l'appel des cloches coupant la monotonie des heures, de la voix cristalline des religieuses s'élevant sous les voûtes de l'abbatiale, de la pluie tambourinant sur les hautes toitures d'ardoise grise et de son attente, longue, mélancolique, de la vie.

Vers 1660, enfin, ce fut la liberté ! La jeune pensionnaire fut conduite à Paris et admise à la cour sous le nom de Mlle de Tonnay-Charente. A la prière de sa mère, Anne d'Autriche la nomma demoiselle d'honneur de la nouvelle reine, Marie-Thérèse, épouse de Louis XIV...

La voici donc lancée dans le tourbillon du monde. Quel changement par rapport à Lussac et à Saintes ! Au Louvre, à Saint-Germain, à Fontainebleau, on la voit danser des ballets en compagnie du roi, de Monsieur, de Madame : celui d'*Hercule amoureux* où le jeune souverain incarne Mars et le Soleil, celui des *Arts*, peuplé de pastoureaux, bergerettes et amazones enrubannées. Tout de suite les poètes de la cour furent éblouis par sa beauté non-pareille :

« Que d'appas ! Que d'attraits, de charmes !
Pour tout dire en un mot : que d'armes ! »

Elle était éblouissante en effet cette « admirable Mortemart » avec son « angélique visage », ses yeux d'azur, sa bouche délicate, coralline, et ses blonds cheveux qui tombaient en grappes mousseuses sur une gorge parfaite. Chacun vantait ses airs doux et modestes, son regard de déesse. La moindre de ses apparitions était prétexte à un petit couplet : témoin les vingt-huit vers de mirliton emmiellés de flatteries que Loret lui consacra après l'avoir vue quêter, le sourire aux lèvres, le jour de la Saint-Sylvestre 1662, en l'église Saint-Germain-l'Auxerrois. Elle n'avait alors ni cette grâce sensuelle, ni cette voluptueuse langueur, ni cet orgueil dominateur qui seront les traits de l'âge mûr. A vingt ans, fraîche émoulue de son couvent provincial, émanait d'elle une impression de pureté que soulignait encore la vertu de son comportement. Bref, on la trouvait « aussi charmante que sage »...

Comment, avec tant de perfections, cette diaphane et exquise pucelle n'aurait-elle pas eu de nombreux soupirants ? Ses parents la fiancèrent avec celui qui leur parut présenter l'avenir le plus prometteur, Louis-Alexandre de La Trémoïlle, marquis de Noirmoutiers. A en croire Mme de La Fayette, la jeune fille éprouvait une tendre inclination pour ce jeune homme bien né, beau et téméraire. Le destin, hélas ! contraria leur projet...

Monsieur de Montespan

Le 20 janvier 1663, au sortir d'un bal donné aux Tuileries par Monsieur, deux jeunes seigneurs, le prince de Chalais et le marquis de La Frette, se querellèrent à la suite d'une bousculade un peu vive. Chalais souffleta La Frette qui, soutenu par son frère cadet, rendit les coups avec usure. Noirmoutiers, beau-frère de Chalais, vint à la rescousse avec deux amis. D'autres gentilshommes prirent aussitôt le parti adverse. On cria, on s'injuria, on s'empoigna pour finalement se donner rendez-vous à la pointe du jour, derrière une chartreuse du faubourg Saint-Germain. Feutre sombre sur la tête, plumes au vent, leur rapière brimbalant le long des mollets, nos bretteurs se retrouvèrent, comme convenu, dans la fraîcheur du petit matin, non loin de ce Pré-aux-Clercs immortalisé par les romans de cape et d'épée. Ils étaient huit, huit têtes brûlées, impatientes de prouver au monde l'ardeur de leur jeune sang : d'un côté, Chalais, secondé par les marquis de Noirmoutiers, de Flamarens et d'Antin ; de l'autre, La Frette, son frère utérin Nicolas d'Amilly, le vicomte d'Argenlieu et le chevalier de Saint-Aignan. Par une fatalité singulière, la rencontre tourna au désavantage d'un seul camp, celui de Chalais. Henry de Pardaillan, marquis d'Antin, malchanceux Gascon, fut transpercé par Saint-Aignan et tué raide. Chalais, Flamarens et Noirmoutiers furent blessés.

L'affaire fit grand bruit en raison de la qualité des coupables. Le roi, mécontent de voir enfreints ses édits, poussa le Parlement à la plus grande rigueur et celui-ci, docile, condamna les sept survivants à la décapitation. Une sentence inapplicable naturellement : comme une nuée de moineaux, les coupables s'étaient envolés[2] !

Cette tragique rencontre régla le sort de Mlle de Tonnay-Charente. Elle perdit son fiancé – exilé au Portugal, Noirmoutiers se fera tuer cinq ans plus tard en combattant les Espagnols – mais gagna un mari, Louis-Henry de Pardaillan de Gondrin, marquis de Montespan, frère du marquis d'Antin qui venait de mourir. On imagine assez bien l'enchaînement romanesque qui conduisit la jeune fille et ce hardi cadet de Gascogne, vif et spirituel, beau parleur, plein d'une faconde toute méridionale, à s'unir. Un chagrin partagé, une douleur commune, la tendresse d'un brave garçon qui vient en consolateur, et voilà les deux tourtereaux, exaltés par la passion, se promettant d'éternelles amours, se jurant une impérissable fidélité. Car, n'en doutons pas, ce fut un mariage d'inclination et non l'un de ces arrangements familiaux, associant les écus et les blasons, si fréquents au XVIIe siècle. C'est à cause de son nom et de sa beauté que Montespan avait recherché Françoise de Rochechouart, nous dit Bussy-Rabutin, la préférant « à quantité d'autres qui auraient beaucoup mieux accommodé ses affaires ». Quant au duc de Mortemart, malgré ses embarras d'argent, il aurait pu espérer meilleur parti pour sa fille.

Certes, les Pardaillan de Gondrin étaient de vieil et noble lignage. Les Montespan (corruption de Mont-Espagne ou Mont-Espaing), auxquels ils s'étaient alliés au XVIe siècle, descendaient des antiques hoiries de Comminges et de Foix et étaient apparentés de ce fait aux princes de Béarn, souverains de Navarre. Des généalogistes prétendent même qu'ils étaient du sang des anciens rois d'Espagne par les mariages des ducs de Cordoue avec les héritières des maisons d'Aragon et d'Armagnac. Certes, le père du fiancé, Hector-Roger de Gondrin, était couvert d'honneurs : chevalier de l'Ordre, conseiller d'Etat, chevalier d'honneur de Madame, et, depuis 1654, sénéchal et gouverneur pour le roi au pays de Bigorre[3].

Mais tant de renommée et de dignités n'empêchaient pas la famille d'être pour l'heure mal en cour et, en quelque sorte, en semi-disgrâce. L'un de ses plus illustres représentants, Jean-Antoine de Pardaillan, qui se faisait appeler, en toute modestie, duc de Bellegarde – titre qu'on lui contestait –, avait été un frondeur opiniâtre, réputé pour ses violences et ses rapines. Mais il y avait plus grave. L'oncle du fiancé, Louis-Henry de Gondrin, archevêque de Sens, était l'un des chefs de file du parti janséniste en France. Curieux personnage, en vérité, que ce fier prélat qui choquait à plaisir par ses excentricités et ses outrances. Il avait été dans sa jeunesse un abbé fort galant, connu pour ses bonnes fortunes puis, brusquement, s'était converti au jansénisme le plus rigoureux. Avec l'âge, il était devenu tatillon, procédurier en diable, en conflit avec la plupart des ordres religieux de son diocèse : les Cordeliers de Provins, les Capucins de Saint-Florentin, de Juigny et d'Etampes. « M. de Sens, disait-on, fait payer aux autres ses péchés. » Il fut pendant quatre ans en procès avec son propre chapitre. Les Jésuites, tout particulièrement, étaient sa bête noire : il faisait dire des prières publiques pour leur « conversion » et excommuniait leurs pénitents !

Sur le contrat de mariage de Françoise de Rochechouart et de son neveu, Louis-Henry, dressé le 28 janvier 1663, sa signature figure en bonne place à côté de celles des parents, témoins et amis. On y trouve aussi quelques beaux représentants de l'armorial : Attichy, Laval, Châteauneuf, Sève, La Rocheguyon-Liancourt, Schomberg, La Rochefoucauld, Sillery… Mais, contrairement à l'usage, on n'y voit ni le paraphe du roi, ni ceux de la reine et de Monsieur, ni même celui d'Anne d'Autriche dont la mère de la mariée, Diane de Grandseigne, était pourtant dame d'honneur. L'explication en est simple. Aucun ne voulait apposer son nom à côté de celui d'un prélat soupçonné d'hérésie.

Ce contrat trahissait par ailleurs l'impécuniosité des Mortemart et leur méfiance envers leur nouveau gendre, bouillant jeune homme qui traînait une fâcheuse réputation de joueur.

Comme sa sœur, la marquise de Thianges, Françoise recevait une dot de 150 000 livres (120 000 données par le père et 30 000 par la mère), dont 60 000 seulement étaient versées non au mari mais à ses parents, à charge pour eux de servir au ménage une rente annuelle au denier 20 (5 %), soit 3 000 livres. Le reste de la dot – 90 000 livres – était à prendre « sur les biens desdits seigneur et dame duc et duchesse de Mortemart après leur décès ». Jusque-là, ceux-ci garantissaient à leur fille une rente au même taux, payée sur les revenus de leur domaine de Landaul, en Bretagne. Apparemment plus fortunés, les Gondrin s'engageaient à régler les « dettes antérieures » du fils prodigue et à lui verser un revenu annuel de 15 000 livres, à prendre sur leurs terres de Bonsceur et de Blanquefort, en Guyenne, et de Murat, en Bourbonnais. Au total donc, le jeune couple disposait de 22 500 livres – ce qui n'était pas négligeable, contrairement à ce qu'on a prétendu –, mais n'avait aucun capital pour s'établir.

Le mariage fut célébré à Saint-Sulpice le 6 février, veille du carême ; Loret, toujours à l'affût des mondanités, en rend ainsi compte dans sa *Muse historique* :

> « Mardi, l'heureux marquis d'Antin,
> Chéri du ciel et du destin
> (Sans que personne y mît obstacle)
> Epousa ce charmant miracle,
> Ce divin paradis des yeux,
> Ce rare chef-d'œuvre des dieux,
> Cette demoiselle excellente,
> Mortemart ou Tonnay-Charente,
> Qu'on ne saurait voir sans amour,
> Fille d'un des ducs de la cour,
> Et d'une autant aimable mère

Qu'il en soit sur notre hémisphère.
C'est donc à ce noble seigneur
De bien user de son bonheur,
Car en possédant cette belle,
De toutes grâces le modèle
Et de sa maison l'ornement,
S'il n'aimait pas, uniquement,
Les agréments de sa jeunesse,
Sa vertu, douceur et sagesse,
Et ses adorables appas,
Il ne la mériterait pas. »

Sur son mariage, la jeune femme contera plus tard une anecdote amusante : à l'église, elle s'aperçut qu'elle avait oublié d'apporter des « carreaux », c'est-à-dire des coussins, sur lesquels elle et son mari devaient s'agenouiller. Vite, elle les envoya quérir à l'hôtel de Mortemart[4]. Mais la commissionnaire se trompa et rapporta ceux des chiens ! La mariée, tout émue et absorbée par la cérémonie, ne s'aperçut de la méprise qu'après l'Evangile !...

La jeune épousée resta encore cinq jours chez ses parents, rue des Rosiers, avant d'être conduite par son père, sa mère et son frère à l'hôtel d'Antin, où fut donnée une brillante réception d'une soixantaine de personnes, princes et princesses, ducs et duchesses, maréchaux et prélats.

Des débuts difficiles

Le ménage commençait sous des auspices peu favorables. Tenu à l'écart de l'entourage royal à cause de son oncle janséniste, M. de Montespan pouvait difficilement accompagner sa femme à la cour, où il n'exerçait aucune fonction. La jeune marquise, au contraire, continuait de se produire. Deux semaines seulement après son mariage, le 22 février, costumée en bergère, elle dansait dans un nouveau ballet au Louvre, en compagnie de Mlles de Saint-Simon, de Sévigné et de La Vallière. Louis-Henry en conçut-il quelque amertume ? Très vite, en tout cas, il se révéla un époux égoïste et gaspilleur, avide et ambitieux, vil brelandier taraudé par l'insatiable démon du jeu, toujours en mal d'argent. Sans doute n'étaient-ils pas faits l'un pour l'autre.

Vaille que vaille, cependant, le couple essaya d'organiser sa vie dans le monde. Il se rendait très souvent à l'hôtel d'Albret, chez le maréchal, cousin du marquis. Là, rue des Francs-Bourgeois, se tenait un agréable salon littéraire, qui avait recueilli les traditions de l'hôtel de Rambouillet. César-Phoebus d'Albret, sieur de Pons, comte de Miossens, préférait les plaisirs de l'alcôve à ceux des armes. On contait qu'il avait gagné son bâton fleurdelisé en conduisant à Vincennes, sur l'ordre de la régente, les princes de Condé et de Conti. « C'est un maréchal, ironisait-on, que la seule vue d'un marcassin fait tomber en syncope ! » Mais pour la bagatelle, toujours volontaire ! Guéret, auteur de *La Carte de la cour* (1663), le présente, sous les traits du « brave Timande », comme le « grand maître dans l'art d'aimer »... Son entourage se composait de fins lettrés, ciseleurs d'épigrammes, poètes galants et abbés mondains, gens parfois un peu libertins mais tous de bonne compagnie.

C'est dans ce milieu de précieux que la jeune et ravissante épouse de M. de Montespan abandonna le prénom de Françoise pour celui d'Athénaïste, transformé en Athénaïs, qui lui est resté[5].

Bâillant aux conversations de salon, le bouillant marquis ne rêvait que d'endosser le harnais militaire et de faire fortune à l'armée. La France était alors en paix. Mais un différend l'opposait à la Lorraine, terre d'Empire. Par le traité dit de « la foire », signé à Montmartre en février 1662 et apporté à Louis XIV pendant qu'il visitait la foire Saint-Germain, le duc de Lorraine, Charles IV, cédait immédiatement et sans condition au roi de France la ville de Marsal et lui léguait à sa mort les duchés de Lorraine et de Bar. Malheureusement, cette convention était restée lettre morte, faute d'avoir été ratifiée par le prince Charles, neveu du duc et son héritier présomptif. Depuis lors, Charles IV ne se pressait plus de livrer Marsal. En août 1663, pour forcer ce vieux renard à respecter sa promesse, le roi annonça qu'il irait en personne le contraindre et s'emparer de cette place.

Montespan sauta sur l'occasion pour se porter volontaire. Il en profita pour contracter plusieurs emprunts, l'un de ses penchants favoris ! Le 17 août, il recevait de Marguerite Perreau, femme séparée de Bernard Barrauque, bourgeois de Paris, un prêt de 4 000 livres et, le surlendemain, un autre de 660 livres d'un nommé Pierre Chauveau. Ce n'était pas suffisant. Le 21, il emmenait sa femme chez un usurier, Charles de Seignerolles, demeurant rue des Anglais, paroisse Saint-Séverin, qui consentit à leur avancer 7 750 livres « pour employer en leurs affaires et particulièrement pour équiper ledit seigneur marquis de Montespan pour suivre le roi en son voyage de Lorraine, *sans quoi ledit créancier n'aurait prêté ladite somme* ». Ces derniers mots montrent assez la défiance de l'usurier, sans doute déjà fort sollicité. Aucun des deux époux n'ayant les vingt-cinq ans requis pour contracter des dettes, ils prirent comme caution les Pancatelin, un ménage de plumassiers du pont Notre-Dame, et les Chevillet, deux marchands du pont au Change : preuve qu'ils s'étaient bien gardés de parler de cette opération à leur famille. Il est vrai qu'à peu près à la même date Montespan demandait à son beau-père une avance de 2 000 livres sur la rente annuelle de 4 500 qui lui était due et un prêt de 500 livres à son beau-frère Vivonne...

Le Gascon impécunieux clamait partout qu'il fallait de l'argent pour servir le roi. Bien entendu, la guerre coûtait cher : tout gentilhomme partant en campagne se devait d'exhiber un magnifique équipage, des chevaux, des mulets, des valets et des bagages en abondance. Mais les sommes empruntées étaient hors de proportion : près de 13 000 livres, soit le prix d'un régiment ! Bref, il y a fort à parier que la guerre était le prétexte et le jeu la réalité. Au reste, le voyage de Marsal fut une simple promenade militaire. La ville fut d'abord investie par MM. de Guiche et de Pradel, sous les ordres du maréchal de La Ferté. Le 25 août, le roi partit pour Metz où le duc de Lorraine, inquiet devant la menace d'un assaut imminent, accepta de rendre Marsal. Montespan revint avec la cour au début de septembre, déçu de ne pas avoir tiré un seul coup de mousquet et sans doute plus pauvre qu'il n'était parti...

Dame d'honneur de la reine

Le ménage habitait alors un médiocre logement rue Taranne, à l'ombre des trois clochers de Saint-Germain-des-Prés. C'est là que vint au monde leur premier enfant, une petite fille qui fut ondoyée le 17 novembre 1663 à Saint-Sulpice[6]. A peine relevée de ses couches, la jeune marquise se précipita au Louvre pour répéter le ballet des *Amours déguisés*, qu'on devait jouer pour le carnaval. Elle y figurait en « nymphe maritime », avec Mlles d'Elbeuf, de Vibraye et de Sévigné, entourant Monsieur, inoubliable « dieu marin », avec son trident en bois doré...

Tandis que sa sœur cadette, Marie-Madeleine-Gabrielle – la future abbesse de Fontevrault – prenait le voile à Notre-Dame-des-Bois, en présence d'Anne d'Autriche et de la reine Marie-Thérèse, Athénaïs, la gracieuse, ne songeait qu'à se divertir avec la jeunesse de son âge. Par Mme de Thianges elle s'était fait admettre dans la société du Palais-Royal, qui gravitait autour de Monsieur (Philippe, duc d'Orléans) et de son épouse, Henriette d'Angleterre, sans bien se rendre compte qu'elle entrait de plain-pied dans les jeux pimentés des intrigues et des rivalités. C'est ainsi que, peu après, par manque de discernement, elle se lia à une personne de ruse et d'artifice, Catherine de Neufville, fille du maréchal de Villeroy, devenue par son mariage comtesse d'Armagnac. Poussée par elle, Mme de Montespan essaya d'obtenir de Monsieur le renvoi de Mme de Mecklembourg, qui exerçait une trop grande influence sur sa femme Henriette. La manœuvre échoua et la principale coupable, Mme d'Armagnac, fut momentanément disgraciée. Athénaïs, quant à elle, n'échappa à l'ire de la duchesse d'Orléans que grâce à la protection de Monsieur.

La préoccupation essentielle de la cour, en cet hiver 1663-1664, était la création des charges de dames d'honneur de la reine Marie-Thérèse. Pensionnées, logées au Louvre, ces dames – deux princesses, deux duchesses et deux marquises ou comtesses – avaient pour fonction essentielle de suivre la souveraine dans tous ses déplacements et de lui composer un brillant entourage. « Presque toutes les femmes de la cour y prétendent, écrivait, le 22 février 1664, le duc d'Enghien, et chacune fait sa cabale pour cela. L'affaire est entre Mlle d'Elbeuf, Mme de Bade, Mme d'Armagnac, Mme de Créqui, Mme de Richelieu, Mme d'Humières, la comtesse de Guiche et Mme de Montespan. Le roi en choisira six, mais je crois que la reine serait bien aise qu'il n'y en eût point dont il pût être amoureux. »

En se mariant, Athénaïs avait perdu *ipso facto* ses fonctions de fille d'honneur. Grâce, une nouvelle fois, à l'appui de Monsieur, elle eut le plaisir d'être désignée parmi les six élues.

En avril 1664, nous la voyons à Saint-Sulpice, sa paroisse, au milieu d'une nombreuse assistance, tenant sur les fonts baptismaux un jeune Maure qui désirait se faire chrétien. L'abbé Bossuet, qui n'était pas encore précepteur du Dauphin, prononça l'homélie. Toujours ébloui par la ravissante Montespan, le gazetier Loret rimait :

> « La marraine fut cette belle
> Qui contient tant d'appas en elle,
> La marquise de Montespan,
> Le merveilleux modèle ou plan
> D'un extrêmement beau visage
> D'une dame charmante et sage,
> Où les grâces font leur séjour,
> Que depuis quelque temps la cour
> Met au nombre de ses miracles... »

Au mois de mai, nous la retrouvons à Versailles, participant à la fameuse fête des *Plaisirs de l'île enchantée*, dont le thème, inspiré du *Roland furieux* de l'Arioste, retraçait l'histoire du preux Roger, captif de l'enchanteresse Alcine et délivré par l'anneau magique d'Angélique... Pendant une semaine, du 7 au 14 mai, ballets, courses de bagues, joutes de cavalerie, promenades, loteries, feux d'artifice, festins et banquets se succédèrent au son des trompettes, des flûtes et des violons de Lulli, dans un déploiement étourdissant de costumes étoilés de pierreries, de décors et de machineries – monstres marins et rochers de carton-pâte s'ouvrant sur les enfers... La troupe de Molière joua *La Princesse d'Elide, Les Fâcheux, Le Mariage forcé* et la première version du *Tartuffe*.

L'héroïne secrète de cette féerie printanière était une douce jeune fille dans la fleur de ses vingt ans, Louise de La Vallière, ancienne demoiselle d'honneur de Madame, dont le roi était alors l'amant heureux et comblé.

DJIDJELLI

Au lieu de se morfondre rue Taranne en attendant sa femme qui s'amusait à la cour, Montespan, sur le conseil de son beau-frère Vivonne, alla combattre les Barbaresques en Alger. Avant de partir, il fit, comme d'habitude, bonne provision de pièces d'or. Le 8 avril, sa mère, Marie-Chrestienne de Zamet, lui remettait 24 000 livres à valoir sur les 60 000 de la dot des Mortemart. Il croquait donc la dot ! Le même jour, elle contractait au nom des deux époux, « sur leur prière et pour leur faire plaisir », un emprunt de 18 000 livres gagé, en accord avec le vieil oncle, sur le duché de Bellegarde. Ce n'était pas tout. Pour s'équiper, le Gascon avait également signé des reconnaissances de dettes : 1 500 livres en faveur de Rémy

Marion, marchand et bourgeois de Paris, 1 800 livres à Jean Operon dit Roucy, maître sellier et carrossier, 900 livres à Jean Hébert, maître charron à Paris...

L'expédition, commandée par l'impétueux et brouillon duc de Beaufort, petit-fils de Henri IV, reposait en fait sur le lieutenant général de Gadagne, vétéran de Rocroi, et ses deux adjoints, Vivonne et La Guillotière. La flotte, envoyée par Louis XIV pour traquer les pirates jusque dans leur repaire africain, se composait de huit galères, de quinze vaisseaux de guerre et des navires de transport dans lesquels prirent place près de 6 000 hommes. Malte, alliée de la France, fournissait de son côté 1 200 hommes et sept galères. Le but de l'expédition était le port de Djidjelli, situé sur une saillie du littoral entre Stora et Bougie.

Après avoir relâché quelques jours à Minorque, l'escadre fit voile, le 17 juillet, vers les côtes nord-africaines. Le 22, elle découvrit, dans la lumière de l'aube, les murailles blanches de la cité des pirates. Aussitôt, *La Royale*, galère capitane, arbora au grand mât la flamme et le pavillon rouges, puis la canonnade commença, réduisant rapidement au silence l'artillerie côtière. Le débarquement eut lieu à l'est de la ville où s'élevait le « koubba » d'un marabout. Après un rude combat, où l'on dénombra de 400 à 500 tués des deux côtés, les Français, conduits par Vivonne, s'emparèrent du koubba puis de la ville, semant la panique chez les Barbaresques. C'était la victoire ! Restait le plus difficile : s'organiser et s'installer, en attendant la construction, sur le piton rocheux, de la citadelle commandée par Louis XIV. Les Kabyles se jouaient des nerfs des Français. Le jour, ils faisaient mine de négocier, la nuit, ils profitaient de l'obscurité pour harceler, par petits groupes, leurs positions.

On décida de construire des retranchements, mais on commit la maladresse d'utiliser à cet effet les pierres d'un cimetière musulman. Le marabout de Djidjelli, Sidi Mohammed, proclama la guerre sainte et n'eut aucun mal à unir contre les envahisseurs les tribus de la petite Kabylie. Bientôt, les Français manquèrent d'eau et de vivres. Mal salée à Toulon, la viande était devenue immangeable. Chaque escarmouche, chaque trêve rompue ou violée faisait des victimes et sapait le moral de la troupe. Plus grave encore était la mauvaise entente des chefs : Gadagne et Beaufort se haïssaient ; La Guillotière, maréchal de camp, jalousait son supérieur Gadagne ; l'ingénieur de Clerville n'en faisait qu'à sa tête ; Vivonne, l'ami du roi, dédaignant Beaufort, ne rendait compte de ses actions qu'au souverain. Chacun avait son plan de défense et envoyait au Louvre des rapports si dissemblables qu'il était à peu près impossible, de loin, d'apprécier la situation, une situation qui, en tout état de cause, ne devait guère être brillante.

Jusque-là, M. de Montespan avait servi dans le corps des volontaires qui s'était distingué par sa témérité. Gadagne, jugeant que ces têtes brûlées ternissaient l'image des autres unités, profita de la mort de l'un d'eux pour les consigner au camp. A quoi bon être venu si loin jouer aux cartes alors que les autres couraient tous les risques ? Dégoûtés, la plupart décidèrent de quitter l'Afrique sur les deux vaisseaux chargés d'aller chercher des vivres à Toulon. Montespan, qui en faisait partie, ne vit donc pas la fin de cette funeste équipée, l'attaque lancée par les 11 000 janissaires et soldats kabyles sous les ordres d'Ali-Bey, parent de Ferhad, bey de Constantine, la résistance héroïque des Français défendant la tour élevée sur le djebel el-Korn, les pluies diluviennes de l'automne, les épidémies, les maladies, le départ sans panache de Beaufort, abandonnant les hommes de Gadagne dans leurs moites gourbis, la seconde attaque turque à la fin d'octobre et l'évacuation par mer, le jour de la Toussaint, des 4 000 survivants (dont 900 malades), sous le feu nourri des canons ennemis... Triste défaite pour les armes du Roi-Soleil, rêve de gloire évanoui pour le malchanceux mari de la belle Mortemart !

Comme toujours il revint avec une soif inextinguible d'argent et, comme toujours, il eut recours à de nouveaux prêteurs. Le 19 décembre, Pierre Le Bret, avocat au Parlement, lui avança 8 000 livres. A la vérité, Montespan devenait insolvable. Ses dettes s'accumulaient. Les créanciers en appelaient au Châtelet de Paris et obtenaient des arrêts contre lui. Le 25 janvier 1665, la veille de la représentation du ballet *La Naissance de Vénus*, Athénaïs avait dû se transporter avec son mari dans l'étude de Mes Rollet et Parque, notaires associés. Pour éviter le procès que voulaient leur intenter deux marchands, Barthélemy et François Gauthier, à qui ils devaient 2 170 livres, ils les subrogèrent pour un montant de 1 000 livres dans les droits qu'ils avaient sur leur fermier, Louis Dubois. Le reste viendrait plus tard. « Plus tard ! » C'est ce que Montespan répétait partout et à tous. Il était aux abois. La jeune femme, pour tenir dignement son rang, s'acheter les toilettes nécessaires aux danses, fêtes et mascarades incessantes, avait besoin d'un train de vie conséquent. Que faire ?

C'est alors qu'elle et sa sœur, Mme de Thianges, rencontrèrent un secrétaire de la chambre du roi, Claude Pichault-Laval, qui leur conseilla d'user de leurs relations pour se lancer dans les « affaires ». Précisément, une affaire, il en tenait une – et une bonne ! – pouvant être d'un fructueux rapport. Pourquoi ne s'associeraient-elles pas à lui ? Il s'agissait de se faire attribuer la succession en déshérence d'un sieur Claude Dauvergne, ancien notaire au Châtelet, qui possédait une partie des boucheries de l'Apport de Paris et du cimetière Saint-Jean. Le marché fut conclu et le roi consentit sans difficulté à satisfaire à la requête de ces deux charmantes dames. En avril 1665 donc, il signa en leur faveur un brevet leur permettant de jouir des biens et privilèges du défunt. L'avide et malicieux Pichault-Laval, aigrefin sans scrupule qui se servait des filles du duc de Mortemart comme prête-noms, crut sa fortune faite. Malheureusement pour lui, l'affaire était si conséquente – les loyers versés par les locataires des étals et boutiques se chiffraient en milliers de livres – que plusieurs parties s'en mêlèrent : le gendre de Dauvergne, les autres copropriétaires des échoppes, la corporation des bouchers, les religieuses de Montmartre à qui le terrain avait appartenu, le duc et la duchesse d'Orléans qui faisaient agir en sous-main un homme de paille, et Colbert qui se scandalisait de voir de si gros profits échapper au Trésor. Une inextricable procédure s'engagea devant le Parlement, marquée par une série de sentences, d'appels, de doléances, de factums, d'arrêts du Conseil privé, d'interventions du Châtelet et de la Cour des comptes. Le tout ne se terminera qu'en avril 1684 par la condamnation de Pichault-Laval « tant en son nom qu'abusant de celui des dames de Thianges et de Montespan[7] ». Ainsi, la naïve marquise avait-elle été trompée dans son rêve de fortune. Les embarras du ménage s'aggravèrent et la naissance, le 5 septembre 1665, d'un second enfant, le futur duc d'Antin, n'arrangea rien.

CHAPITRE II

Le mari ou le roi ?

LES SOUPIRANTS

Que pensait la belle Athénaïs de ce mari qui ne pouvait lui apporter que déboires et médiocrité ? Elle le jugea sans doute très vite, et très vite fut déçue. A l'exaltation amoureuse des premiers temps succéda un secret mépris. Aux yeux de tous, cependant, elle gardait réserve et dignité. On admirait tout uniment sa sagesse, sa vertu, son sens du devoir. Dans une société où les aventures galantes étaient monnaie courante, surtout dans l'entourage de cette coquette Henriette, la jeune mariée ne donnait prise à aucune médisance. Sa conduite irréprochable frappait. A l'image de sa mère, Diane de Grandseigne, qui lui avait inculqué l'amour de Dieu et du prochain, elle était pratiquante et charitable, communiait tous les dimanches, faisait l'aumône. « En ce temps-là, écrit Mme de Maintenon, Mme de Montespan était encore fort sage et disait même en parlant de Mlle de La Vallière : "Si j'étais assez malheureuse pour que pareille chose m'arrivât je me cacherais pour le reste de ma vie"... »

« Elle était belle comme le jour », dit Saint-Simon, éclipsant de loin les femmes les plus éclatantes de la haute société. Primi Visconti, un aventurier italien qui passa de longues années à la cour de France, la décrit ainsi : « les cheveux blonds, de grands yeux bleus couleur d'azur, le nez aquilin mais bien formé, la bouche petite et vermeille, de très belles dents, en un mot un visage parfait. Pour le corps, elle était de taille moyenne et bien proportionnée ». Mme de La Fayette, qui ne l'aimait guère, la tenait pour « une beauté très achevée, quoiqu'elle ne fût pas parfaitement agréable ». La princesse Palatine, seconde femme de Monsieur, qui haïssait toutes les maîtresses du roi, s'inclinait pourtant devant ses beaux cheveux, ses belles mains, sa belle bouche.

« Son plus grand charme, poursuit Primi Visconti, était une grâce, un esprit et une certaine manière de tourner la plaisanterie » : encore et toujours le fameux « esprit des Mortemart » qu'elle partageait avec son frère Vivonne et sa sœur, Mme de Thianges, esprit mordant et léger, dont les *Chroniques de Jean d'Auton* parlaient déjà, du temps de Louis XII, à propos d'Aymeri de Rochechouart !

Elle était l'ornement gracieux de toutes les fêtes, de toutes les réjouissances de la cour. Les jolis cœurs s'enamouraient d'elle, se disputaient ses regards, l'accablaient de mignardises et de flatteries. Le plus jeune était le comte de Saint-Paul, fils de la duchesse de Longueville et neveu du Grand Condé. Ce damoiseau de dix-sept ans, aux yeux câlins, ne manquait ni d'intelligence ni d'assurance, mais, comme le reconnaissait son cousin, le duc d'Enghien, « c'était une grande entreprise pour la première qu'il faisait ». Le marquis de La Fare, présomptueux débauché, se mit également sur les rangs, « fort imprudemment » reconnaît-il dans ses *Mémoires*. D'autres encore faisaient le galantin comme cet inévitable marquis de Péguilin, le futur Lauzun, revenu de sa passion échevelée pour sa cousine Mme de Monaco.

Mais Athénaïs gardait la tête froide. Tous les soirs, au coucher de la reine, elle plaisantait sur la nuée des freluquets pâmés qui lui jetaient le mouchoir, répétant sans discrétion ce que chacun lui avait murmuré à l'oreille. Cherchait-elle, par coquetterie, à attiser la flamme royale ? Peut-être. En tout cas, Louis XIV la considéra d'abord avec un certain agacement. « – Elle fait ce qu'elle peut, mais moi je ne veux pas ! » disait-il à son frère, à qui il reprochait de la trop fréquenter. A quoi Monsieur répondait : « – Elle a de l'esprit, elle m'amuse ! » Le monarque de vingt-huit ans était alors tellement amoureux de Mlle de La Vallière que les charmes pourtant plus éclatants de Mme de Montespan le laissaient insensible. Frêle blonde aux tendres yeux bleus, de quatre ans plus jeune que la fille des Mortemart, Louise de La Baume Le Blanc, demoiselle de La Vallière, était la candeur, la douceur même. Le roi s'affichait avec elle sans presque aucune retenue, surtout depuis la mort de sa mère, Anne d'Autriche, tenant pour quantité négligeable la reine, malheureuse et résignée, qui cherchait à sublimer sa souffrance dans la dévotion. La modeste et timide Louise éprouvait, pour sa part, une gêne à vivre ainsi. Elle ne se sentait pas prête pour ce rôle de représentation que le roi voulait lui faire jouer. Elle aurait tant préféré cacher son bonheur au cœur d'une retraite secrète ! Car elle aimait son amant pour lui-même, non parce qu'il était roi, et cet amour vrai étouffait en elle le remords chrétien qui devait plus tard la conduire au Carmel.

A l'automne de 1666, Louis XIV, se lassant de tant de scrupules, commença à trouver bien des attraits à la caustique Mortemart, beauté de vingt-six ans qui ne demandait qu'à s'épanouir aux rayons du soleil. Il prenait plaisir, le soir, au chevet de la reine, à l'entendre raconter d'un ton badin, inimitable, les amusements de la journée ou les derniers potins dont elle se gaussait avec des airs affectés d'insupportable précieuse. Il se mit à la rechercher, prudemment d'abord. « On veut dire à la cour, écrit le duc d'Enghien le 5 novembre 1666, qu'il songe un peu à Mme de Montespan et, pour dire la vérité, elle le mériterait bien car on ne peut avoir plus d'esprit ni plus de beauté qu'elle en a, mais je n'ai pourtant rien remarqué là-dessus. »

Si le fils du Grand Condé, familier du souverain, n'avait rien vu, *a fortiori* M. de Montespan, qui venait de loin en loin prendre un petit air de cour. En revanche, il avait été témoin de la familiarité de sa femme avec Monsieur et en avait conçu une terrible jalousie. Monsieur ! C'était assez piquant ! Qui donc aurait pu le redouter ? Monsieur, féminisé dès l'enfance, à dessein de ne pas porter ombrage à son frère, Monsieur qui se déguisait en fille, aimait les fanfreluches, les parfums capiteux et ne s'enflammait qu'à la vue de jolis damerets ! Il fallait être le bouillant Montespan pour tomber dans un tel soupçon !

Un beau matin, il demanda d'un ton ferme à son épouse de préparer ses bagages : il l'emmenait au château familial de Bonnefont, en Gascogne. Athénaïs fut au désespoir. Elle savait ce qu'elle perdait – la vie douce et agréable qui lui faisait oublier pour un moment la misère de la rue Taranne – et n'imaginait que trop ce qui l'attendait dans cette retraite forcée à la campagne : le tête-à-tête avec un mari incommode et atrabilaire, qui lui ferait souffrir les caprices de ses humeurs. Elle n'eut d'autre solution que de se confier à son protecteur, Philippe d'Orléans. Celui-ci, touché de son chagrin, l'assura « qu'il faisait son affaire d'y remédier ». Le lendemain, effectivement, il convoqua Montespan et lui dit : « Monsieur, j'ai une grâce à vous demander, mais il faut me l'accorder, sans cela je vous avoue que je serai fort piqué. C'est de laisser votre femme à Paris tout cet hiver jusqu'au mois de mai. »

Que pouvait répondre le Gascon à pareille demande ? Il fut bien obligé d'accepter. A la fin de novembre, il partit seul pour Bonnefont, assez mécontent, on l'imagine, des bavardages d'Athénaïs. Comme d'habitude, il avait en poche de sonnantes pistoles : le 4 octobre, sur l'intervention personnelle du comte de Roye, lieutenant général, le marquis de Sillery lui avait avancé 11 000 livres, auxquelles s'étaient ajoutées, le 9, les 6 000 livres qu'un « bourgeois de Paris », Jean Bastelet, lui avait prêtées. Les pièces d'archives sont accablantes. Le 26 novembre, il avait traîné son épouse chez un changeur de la place Maubert où il avait engagé, moyennant 1 600 livres, une de ses plus belles parures : « une paire de pendants d'oreilles à trois branches, chacun garni de trois gros diamants et au milieu d'un moyen et de quantité de petits diamants faisant ornement auxdits pendants d'oreilles, étant dans une boîte de chagrin noir fermant à deux petits crochets ». Ce n'était pas la première fois que le rufian mettait en gage les biens du ménage ; en effet, le même jour, il donnait à sa femme un pouvoir général pour retirer pierreries, meubles et autres objets déjà engagés, et l'autoriser, si nécessaire, à les remettre ailleurs et « emprunter sur iceux telle somme qu'elle aura besoin ». Qui nous dira la détresse et l'humiliation de la fille des Mortemart courant ainsi les tabellions, les usuriers et les prêteurs sur gages ?

L'affection de ses parents aurait pu lui servir d'appui, de réconfort. Hélas, son père, indifférent à sa progéniture, ne songeait qu'à poursuivre sa bonne fortune avec la mûre présidente Tambonneau, accumulant les dettes sur une plus vaste échelle encore. Sa mère, séparée de son mari, était morte à Poitiers le 11 février précédent, accompagnée en sa dernière demeure par tous les ordres mendiants de la région, le présidial, le corps de ville et l'intendant. Athénaïs était seule.

Gouverner le roi

La cour passa l'hiver 1666-1667 à Saint-Germain, occupant son temps en jeux, bals et mascarades, assistant à plusieurs représentations du *Ballet des muses*, dont l'une – celle du 2 janvier – fut interrompue par l'accouchement de la reine. Le roi était vêtu en berger, Madame en bergère, entourée des gracieuses pastourelles Mlle de La Vallière, Mme de Montespan et Mlle de La Mothe-Houdancourt. L'auteur du livret, Isaac de Bensérade, le poète de Lyons-la-Forêt, s'était amusé à glisser des allusions au caractère ou à la situation réelle des interprètes. Ainsi l'entrée de la marquise fut-elle accueillie par ces vers :

> « Elle est prompte à la fuite,
> Et garde une conduite
> Dont chacun est surpris ;
> Mais nous en avons pris
> Qui tenait même route,
> Et nous serions sans doute
> Au comble du bonheur
> N'était son chien d'honneur ;
> Ce mot pourra déplaire :
> Mais qu'y saurions-nous faire ? »

En février, pour les « jours gras », le roi se rendit à Versailles avec sa troupe habituelle d'amazones, au premier rang desquelles brillait désormais la fille du premier gentilhomme de sa Chambre. Rares étaient les invités, car on comptait très peu de logements dans le château de briques roses de Louis XIII.

« Il y a eu une manière de petit carrousel, écrit le duc d'Enghien le 25 février, où les dames ont monté à cheval et l'on ne peut rien voir de plus magnifique qu'étaient les habits de tout le monde. Il y a eu aussi deux bals en masques fort beaux et l'on ne peut rien voir de plus agréable que Versailles l'a été pendant tout ce temps-là. »

Louis semblait de plus en plus épris et Mme de Montespan ne faisait rien pour le rebuter. Bien au contraire ! Elle poursuivait à son intention ses minauderies et son manège de grande coquette. Pour mieux le séduire, elle avait capté l'amitié de Mlle de La Vallière, qui appréciait son humeur toujours gaie. Elle se rendait chez elle, au Palais-Brion, un élégant pavillon situé près du Palais-Royal, où le roi venait fréquemment. Là, elle brillait par ses saillies malicieuses, ses railleries pétillantes, ses impertinences, son ironie hautaine, se chargeant de divertir un hôte souvent morose, au grand soulagement de la douce Louise, qui n'avait à offrir qu'une tendresse languissante, un peu fade au fil du temps. « C'est une femme de beaucoup d'esprit, disait la Grande Mademoiselle, d'un esprit agréable, d'une conversation attachante. La Vallière en a peu ; ainsi on commençait à avoir besoin de ce secours pour amuser le roi. Si elle avait été plus prudente, elle aurait cherché quelque dame dont la beauté et les charmes de sa personne n'auraient pas répondu à ceux de son esprit. »

Comme la plupart des jeunes femmes, Athénaïs rêvait d'éclipser la favorite. On lui attribuait un sixtain peu charitable qui courait alors les ruelles :

> « Soyez boiteuse, ayez quinze ans,
> Pas de gorge, fort peu de sens,
> Des parents, Dieu le sait. Faites-en fille neuve,
> Dans l'antichambre vos enfants,
> Sur ma foi, vous aurez le premier des amants
> Et La Vallière en est la preuve. »

Mais cette ambition avait encore ses limites. Audacieuse et chaste, Mme de Montespan se piquait seulement de conquérir l'esprit du roi, non de devenir sa maîtresse. Curieusement – peut-être par scrupule religieux – l'instinct de domination s'éveilla d'abord en elle, bien avant la sensualité. Elle voulait séduire, conquérir le souverain, l'asservir, montrer à La Vallière et à ses rivales que l'esprit l'emportait sur la chair. A ce jeu périlleux, on le sait, le joli papillon finira par se brûler les ailes... « Loin d'être née débauchée, observe Mme de Caylus, le caractère de Mme de Montespan était naturellement éloigné de la galanterie et porté à la vertu. Son projet avait été de gouverner le roi par l'ascendant de son esprit : elle s'était flattée d'être maîtresse non seulement de son propre goût, mais de la passion du roi. Elle croyait qu'elle lui ferait toujours désirer ce qu'elle avait résolu de ne lui pas accorder. » Mais les rois tardent rarement à obtenir ce qu'ils désirent.

Derniers scrupules

Cependant la guerre contre l'Espagne se préparait activement. Profitant de ce que celle-ci n'avait pas versé la forte dot convenue lors du mariage de l'infante, Louis XIV réclamait la part de Marie-Thérèse dans la succession de son père, Philippe IV. Faisant valoir au profit de celle-ci certain droit dit de « dévolution », réservé selon la coutume brabançonne aux enfants d'un premier lit, il demandait le duché de Brabant, le marquisat d'Anvers, le comté de Namur, le duché de Limbourg, la seigneurie de Malines, la Haute-Gueldre, le comté d'Artois, le duché de Cambrai, le comté de Hainaut, une partie du Luxembourg et la Franche-Comté tout entière. Rien de moins... Depuis plusieurs mois déjà, méthodiquement, il préparait l'invasion des Pays-Bas espagnols. Les parades empanachées, les défilés, les « montres » à Houilles, Fontainebleau, Vincennes ou Maisons avaient remplacé chasses, bals et comédies. Le roi, sous la tente, vivait comme à la cour, constamment entouré des mêmes amazones, des amazones fort bien mises, « plus propres, si l'on en croit une familière du Grand Condé, Mme Châtrier, à attirer les ennemis qu'à les faire fuir ». Parmi elles on remarquait Madame,

Mlle de La Vallière, Mme de Montespan, la jeune princesse d'Harcourt, Mme du Roure, Mme d'Heudicourt, Mlle de Fiennes. Gaiement, Louis prenait ses repas en leur compagnie. « Ce n'était point des repas de guerre, mais d'une grande magnificence, et le soir ces dames montaient à cheval avec Sa Majesté, et les troupes se mettaient sous les armes et la décharge se faisait ensuite sans néanmoins tuer personne. »

Le roi, de plus en plus fougueux, recherchait inlassablement Mme de Montespan. Le 4 mai, le marquis de Saint-Maurice, ambassadeur de Savoie en France, rapporte qu'il se promena seul avec elle en carrosse. Neuf jours plus tard, le Parlement enregistrait des lettres patentes qui créaient Louise de La Vallière duchesse de Vaujours et légitimaient sa fille, Marie-Anne. Apparente faveur qui ne trompa personne : c'était une manière élégante de donner congé à une favorite qui lassait. Manifestement, l'amour naïf et tendre de cette jeune femme de vingt-trois ans ne suffisait plus à ce monarque ivre de gloire et de conquêtes. On apprit en même temps que la reine et ses dames d'honneur suivraient seules le roi dans les Flandres et que la nouvelle duchesse de Vaujours, qui entrait dans une quatrième grossesse, demeurerait à Versailles. Athénaïs comprit qu'elle allait être l'objet d'un surcroît d'empressement et eut conscience du danger. Saurait-elle toujours résister ?

Or, le mari irascible était revenu et, avec lui, les tracas financiers. Le jour même de sa promenade en carrosse avec le roi, il l'emmenait à l'étude de Mes Huart et Murs, notaires au Châtelet, à l'effet de contracter un emprunt de 20 000 livres au denier 20. La créancière était Nicole Charrat, veuve de Claude Duchemin, trésorier de la Grande Mademoiselle, qui agissait probablement sur intervention de la princesse, elle-même apparentée à l'infortuné Gascon. Le 25, il signait une nouvelle reconnaissance de dette de 5 300 livres à Jean Le Flament, commissaire des guerres et bourgeois de Paris...

Sentant sa vertu défaillir, la marquise ne voulut pas lui celer l'attachement inquiétant que manifestait à son égard le souverain maître. « Elle l'avertit du soupçon de l'amour du roi pour elle, raconte Saint-Simon : elle ne lui laissa pas ignorer qu'elle n'en pouvait plus douter ; elle l'assura qu'une fête que le roi donnait était pour elle ; elle le pressa, elle le conjura avec la plus forte insistance de l'emmener dans ses terres de Guyenne et de l'y laisser jusqu'à ce que le roi l'eût oubliée et se fût engagé ailleurs. Rien n'y put déterminer Montespan, qui ne fut plus longtemps sans s'en repentir. » Saint-Simon tenait le récit de cette surprenante démarche de Madeleine d'Essarteaux, femme de chambre de la reine, qui avait été dans la confidence des amours de Mme de Montespan. Mme de Caylus, elle-même informée par Mme de Maintenon, confirme l'aveuglement du mari : « Il ne tenait qu'à lui d'emmener sa femme et le roi, quelque amoureux qu'il fût, aurait été incapable, dans les commencements, d'employer son autorité contre celle d'un mari. »

On ne connaît pas les raisons du refus de Montespan. Etait-il, comme d'aucuns l'ont soutenu, prêt à fermer les yeux, moyennant compensation ? Tout ce que nous savons de lui dément cette hypothèse. Pauvre, couvert de dettes, mauvais diable si l'on veut, plein de lubies et de bizarreries, ce singulier époux avait malgré tout son honneur de gentilhomme et paraissait incapable de transiger avec lui. Il est plus vraisemblable d'admettre qu'il crut son épouse suffisamment armée pour résister aux entreprises galantes du monarque, elle qui avait eu l'honnêteté d'avouer le danger. A moins qu'il n'ait pensé que le roi était trop occupé avec Mlle de La Vallière ou incapable de ravir la femme d'un autre ? Peut-être se souvint-il aussi du ridicule qu'il s'était donné en la voulant disputer à Monsieur ? Toujours est-il que le sourcilleux, le jaloux Montespan ne vit rien, ne comprit rien et refusa de modifier pour de telles fariboles son projet de lever une compagnie et d'aller servir à la frontière des Pyrénées. Comme l'ont dit deux historiens du marquis, Jean Lemoine et André Lichtenberger, la conduite du Gascon fut certainement « la meilleure excuse de sa femme »...

L'AMOUR ET LA GUERRE

La guerre, enfin, allait commencer, la guerre en panache et en dentelles. Au début de mai, Turenne réunissait sur la rive droite de la Somme une armée de 25 000 fantassins et de 10 000 cavaliers tandis que le maréchal d'Aumont concentrait aux environs d'Abbeville un second corps de 7 000 fantassins et 2 000 cavaliers. Comme d'habitude, à ces troupes régulières s'ajoutait la cohorte des fournisseurs, palefreniers, charrons, vivandiers, musiciens, valets, pages et marmitons qui donnaient aux cantonnements de cette époque l'allure de rassemblements de bohémiens. Les officiers et grands seigneurs ne partaient jamais sans leur « maison », femmes et concubines comprises, et une suite somptueuse de carrosses peints, voitures de service, chariots et chevaux de rechange. Leurs malles regorgeaient de vêtements d'apparat, soieries, fourrures, tapisseries, chandeliers d'argent, plumes et brimborions.

Le 16 mai, le roi, accompagné de la reine et d'une partie de la cour, quitta Saint-Germain pour Amiens. « Tout ce qu'on a vu de la magnificence des rois de Perse, écrit le comte de Coligny, n'est pas comparable à la pompe qui l'accompagne. On ne voit passer par les rues que panaches, qu'habits dorés, que mulets superbement harnachés, que chevaux de parade, que housses tendues de fil d'or, et gens étourdis qui se heurtent en allant et venant chercher ce qu'il leur faut pour parfaire leurs équipages. »

Le 25, Louis XIV, après avoir inspecté ses troupes, prit la route de Péronne tandis que la reine partait pour Compiègne, emmenant dans son carrosse Mme de Montausier, sa première dame d'honneur, Mlle de Montpensier, la princesse de Bade et Mme de Montespan. Les premières victoires se firent sans coup férir : Armentières et Charleroi étaient pour ainsi dire offertes aux Français, les Espagnols ayant retiré de ces places leur artillerie et démantelé les fortifications. Seules Eckelsbeke et Furnes résistèrent quelques jours aux troupes du maréchal d'Aumont. Avant d'attaquer Tournai et Douai, où s'étaient enfermés de puissants corps de troupes, le roi préféra marquer, au début de juin, une courte pause et faire réparer les murailles de Charleroi. La vérité est qu'il éprouvait déjà le besoin de revoir la ravissante dame d'honneur de sa femme. Il demanda donc à cette dernière de venir au-devant de lui, à Avesnes.

La reine quitta Compiègne le 7 juin à huit heures du matin et arriva à La Fère vers six heures. Le soir, alors qu'elle était assise à son jeu, elle apprit que le carrosse de Mlle de La Vallière était en vue. Elle en frémit de rage. Ce fut pis le lendemain. Mlle de Montpensier la trouva à sa toilette, pâle et défaite, ravalant ses sanglots. « Voyez l'état où est la reine ! » lui dirent en chœur Mme de Montausier et la princesse de Bade. Quelle impudence ! Quelle effronterie ! Comment La Vallière avait-elle osé ! Chacun blâmait la conduite de l'intruse, Mme de Montespan tout autant que les autres. A la sortie de la messe, la favorite parut enfin. Elle vint à la rencontre de Marie-Thérèse mais celle-ci, avec une superbe indifférence, monta dans son carrosse suivie de ses dames et interdit à son premier maître d'hôtel, Villacerf, de lui servir à dîner. Durant la route, il ne fut question que de l'étrange conduite de la voyageuse. Athénaïs faisait parade de vertu : « J'admire sa hardiesse de s'oser présenter devant la reine, de venir avec cette diligence sans savoir si elle le trouvera bon ; assurément le roi ne lui a point mandé de venir. » Ses deux compagnes, Bade et Montausier, approuvaient. « Dieu me garde, reprenait-elle, d'être la maîtresse du roi ! Mais, si je l'étais, je serais bien honteuse devant la reine. »

On a cru voir dans ces propos un raffinement d'hypocrisie. En fait, à ce moment-là, Mme de Montespan résistait encore. Dans le carrosse, la Grande Mademoiselle gardait le silence tandis que de grosses larmes roulaient sur les joues de la souveraine...

Le lendemain, après une étape à Guise, le cortège se dirigea vers Avesnes, à la rencontre de Louis XIV et de ses troupes qui apparurent bientôt sur une hauteur. Soudain, un carrosse s'élança à vive allure à travers champs : c'était Mlle de La Vallière qui volait au-devant de son amant. La reine, étranglée de fureur, voulut lui dépêcher une escouade de ses gardes. Trop tard ! Louise l'avait rejoint et déjà s'inclinait devant lui. L'accueil fut glacial : chacun se rendit compte que le monarque, mécontent, désapprouvait sa folle équipée. Aussi, le soir, au cercle de la cour, ne se priva-t-on pas de jeter la pierre à cette pauvrette, d'ordinaire si réservée, qui avait cru, par ce geste désespéré, raviver un amour en cendres. Le roi, d'ailleurs, comprit ce sentiment et, le premier mouvement d'humeur passé, en fut touché. Le lendemain, il l'invita à prendre place dans le carrosse de la reine et à dîner à sa table. Si Louise avait espéré un retour de faveur, elle ne tarda guère à constater sa méprise. Le prince ne songeait qu'à conquérir l'incomparable Athénaïs qu'il auréolait de toutes les vertus. Mme de Montausier s'était faite sa complice, lui ménageant de longs et secrets tête-à-tête.

C'est vraisemblablement à l'étape d'Avesnes, entre le 9 et le 14 juin, que la dame d'honneur de la reine se résolut à couronner la flamme du roi. Le témoignage de Mademoiselle dans ses *Mémoires* laisse peu de doute : « Elle logeait chez Mme de Montausier, dans une de ses chambres qui était proche de la chambre du roi et l'on remarqua qu'à un degré qui était entre eux deux, où l'on avait mis une sentinelle à la porte qui donnait à l'appartement du roi, on la vint ôter, et elle fut toujours en bas. Le roi demeurait souvent tout seul à sa chambre, et Mme de Montespan ne suivait point la reine. » D'après le président Hénault qui le tenait du maréchal de Villeroy, « la première fois que le roi la vit en particulier, ce fut par une surprise à laquelle elle ne s'attendait pas elle-même. Mme d'Heudicourt couchait toujours avec elle, et, un soir que Mme de Montespan était couchée la première, Mme d'Heudicourt (qui était dans la confidence) sortit de la chambre où le roi entra, déguisé en suisse de M. de Montausier ».

La victoire du prince prit peut-être pour Athénaïs l'allure d'une défaite que, sur le moment, sa conscience lui reprocha. Quelques jours plus tard, en effet, elle se rendait à confesse, en compagnie de Mlle de La Vallière. C'était à Notre-Dame-de-Liesse, célèbre par sa statue miraculeuse et son pèlerinage. Mystère du cœur féminin[1]...

Louis, dans l'intervalle, était reparti pour Charleroi, où l'armée de Turenne avait eu le temps de réparer la place et de refaire ses forces. Le 16 juin, à la tête de la cavalerie, il quittait la ville, prenant la route de Bruxelles qu'il faisait mine de vouloir assiéger, pendant que divers corps de troupes conduits par le comte de Podwils, le marquis de Bellefonds et le comte de Duras investissaient Tournai. Le 21 juin, l'armée royale tout entière se présentait au pied des murailles ceignant la vieille cité flamande. Elle fut bientôt rejointe, sur la rive gauche de l'Escaut, par l'armée du maréchal d'Aumont. Le lendemain soir, on ouvrit la tranchée, malgré la canonnade nourrie tirée par les ennemis. Heureux et téméraire, le roi s'avança en première ligne, aux avant-postes de ses mousquetaires. L'un de ses pages et deux chevaux de main furent foudroyés à ses côtés. Le talon de sa botte fut même emporté par un boulet, « sans que ce prince en parût nullement ému ni tournât seulement la tête », conte son historiographe Pellisson. Ecrasée à son tour sous le feu tonnant des canons, la ville ne tarda pas à manifester son désir de capituler. Les bourgeois, effrayés, battirent la chamade et contraignirent le gouverneur, le marquis de Trazegnies, et sa garnison espagnole à se réfugier dans la citadelle, qui se rendit au matin du 25 juin.

Tournai occupée, Louis XIV dirigea ses pas vers Douai, qu'il fit investir, dans la nuit du 29 au 30, par Duras avec deux bataillons d'infanterie et 2 000 cavaliers. Le 2 juillet, le gros des troupes arrivait devant la place. Quatre jours suffirent à s'en rendre maître. La conduite du roi soulevait l'admiration. Caracolant sans crainte sur son cheval blanc, il avait visité tous les quartiers, les tranchées, les ouvrages, évitant de peu deux boulets, était monté sur le parapet, à découvert, à portée de mousquet des assiégés, ce qui avait déclenché les cris d'enthousiasme de son armée.

Ebloui par ses succès, grisé par les ovations, mais surtout impatient de revoir la plus belle de ses conquêtes, il partit alors pour Compiègne où la reine et la cour étaient retournées. Le jour de son arrivée, Mlle de La Vallière, qui s'était retirée à Versailles, courut une fois encore le rejoindre. Louis lui réserva bon accueil, l'invita à monter dans le carrosse de la reine, passa la voir, le soir, avant le souper, mais ces attentions n'étaient que pure façade. Inexorablement, la favorite allait sur son déclin et en souffrait. Le cœur du roi ne battait que pour l'autre, celle qu'il ne pouvait distinguer en public à cause de son mari, mais qu'il voyait en secret, fort assidûment. « Pendant ce voyage, relate la Grande Mademoiselle, elle logeait au-dessus de lui. Un jour, en dînant, la reine se plaignit de quoi on se couchait trop tard, et se tourna de mon côté et me dit : "Le roi ne s'est couché qu'à quatre heures ; il était grand jour. Je ne sais pas à quoi il peut s'amuser." Il lui dit : "Je lisais des dépêches et j'y faisais réponse." Elle lui dit : "Mais vous pourriez prendre une autre heure." Il sourit, et pour qu'elle ne le vît pas, tournait la tête de mon côté. J'avais bien envie d'en faire autant ; mais je ne levai pas les yeux dessus mon assiette. »

La conquête de la Flandre espagnole, on l'a dit, se faisait au nom de la reine. Dès lors, n'était-il pas naturel qu'elle rendît visite à ses nouveaux sujets ? Malgré la fatigue du voyage et la chaleur étouffante, ce fut prétexte pour le roi de l'emmener à Douai et à Tournai. L'heureux vainqueur, dans la griserie d'un rêve exaucé, était de belle humeur. Il avait l'air martial, avec son élégante moustache retroussée et sa cuirasse niellée, barrée du cordon du Saint-Esprit. On l'entendait chantonner à cheval. Athénaïs était à quelques pas de lui, à la portière du carrosse de la souveraine. C'était le bonheur, la félicité !

Aux étapes, ils faisaient assaut de plaisanteries, de facéties même. « On verse ! » criaient-ils tous deux à la Grande Mademoiselle qui s'était endormie dans la voiture royale et que les cahots du chemin et les sonneries des fanfares n'arrivaient à éveiller. Les deux cités conquises accueillirent leurs souverains avec pompe, n'oubliant ni les solennels coups de canon, ni les *Te Deum*, ni les bouffons flamands à grelots, ni les géants de carton qu'on sortait aux ducasses. Marie-Thérèse fit le tour des églises et des couvents, confiant à Dieu et à ses saints ses souffrances d'épouse. Sa jeune dame d'honneur, pendant ce temps, prétextait une grande lassitude pour s'isoler dans ses appartements. Le soir, elle disait « qu'elle avait dormi tout le jour ».

Restait pourtant à prendre Lille, la plus puissante place de la région, avec ses vingt-sept bastions, sa garnison forte de douze cents cavaliers, de milliers de mercenaires napolitains et irlandais et de miliciens des Curlins, sa centaine de canons, ses réserves de vivres et de munitions pour plus d'un an. A la fin de juillet, le roi renvoya la reine à Arras et rejoignit l'armée au camp d'Hérinnes, sur la rive droite de l'Escaut. Le siège d'Audenarde, entrepris le 30 au soir, ne dura qu'une journée. Les Espagnols, voyant Dendermonde à son tour menacée, ouvrirent les écluses, inondant la campagne avoisinante. L'armée de Turenne préféra plier bagage et rebrousser chemin. Elle se porta à Helchin, sur la route de Tournai, et s'arrêta devant Lille le 10 août.

Hardi militaire, le gouverneur espagnol de la place, le comte de Bruay, était un gentilhomme accompli. A peine apprit-il que Louis XIV venait de s'établir sous ses murs qu'il lui envoya porter ses compliments. Il le priait de choisir pour logement la plus belle demeure des environs, se proposait de lui fournir tout ce qui pourrait agrémenter son séjour et lui demandait de lui faire connaître l'emplacement de son quartier, afin de ne point tirer dessus. Le roi remercia aimablement l'émissaire, répondit que son quartier serait par tout le camp et que « plus la résistance de Lille serait opiniâtre, plus sa conquête serait glorieuse ». En fait, la ville ne tint qu'un peu plus de deux semaines, au cours desquelles le prince manifesta à plusieurs reprises son mépris du danger.

Un jour, un page de la Grande Ecurie tomba derrière lui ; un soldat, étonné, le prit rudement par le bras et lui dit : « Otez-vous, est-ce là votre place ? » Turenne lui-même, raconte l'abbé de Choisy, menaça de quitter l'armée « s'il continuait de venir dans la tranchée sur un grand cheval blanc, avec un plumet blanc, comme pour se faire mieux remarquer ». Sa folle bravoure, son ardeur infatigable forçaient l'admiration. « Le roi est toute la nuit et une partie du jour à cheval, écrit le marquis de Saint-Maurice, mais l'on fait de petites railleries sur le bivouac qu'il partage avec les chevau-légers du Dauphin où le marquis de La Vallière a une compagnie ; et l'on dit que, ne pouvant voir la sœur, il passe les nuits avec le frère. A la vérité, cette passion n'est qu'imaginaire, comme chacun le croit, et il n'a plus de pensées que pour la Montespan... »

Le 27 août au soir, Lille capitula. Le lendemain, la garnison vaincue défila devant le souverain, qui traita aimablement le comte de Bruay : « Vous êtes, le complimenta-t-il, un loyal et brave homme, qui a bien fait son devoir pour le service du roi, et je vous en estime davantage... »

La cour, installée à Arras, essayait de se distraire en attendant la fin de la campagne. Le gouverneur, le babillard marquis de Montpezat, contait ses habituelles anecdotes. Mme de Montespan, relatant ses visites dans la cité, contrefaisait les jeunes Artésiennes « le plus plaisamment du monde », écrit la Grande Mademoiselle. On se gardait d'oublier les intrigues. Un soir, après le souper, la souveraine dit à celle-ci, en présence de Mmes de Montausier et de Montespan : « J'ai reçu hier une lettre qui m'apprend bien des choses, mais que je ne crois pas. On me donne avis que le roi est amoureux de Mme de Montespan et qu'il n'aime plus La Vallière, et que c'est Mme de Montausier qui mène cette affaire ; qu'elle me trompe ; que le roi ne bougeait de chez elle à Compiègne, enfin tout ce que l'on peut dire pour me le persuader et pour me la faire haïr. Je ne crois point cela et j'ai envoyé la lettre au roi. »

La pauvre Marie-Thérèse, satisfaite de voir La Vallière délaissée, n'avait vraiment aucune inquiétude : elle était persuadée qu'après l'aventure avec cette « fille » le roi allait lui revenir ! Qui avait écrit le billet anonyme ? Les soupçons de la reine et de Mme de Montespan tombèrent sur la venimeuse Mme d'Armagnac, femme du Grand écuyer, qui poursuivait ses brigues.

Après un dernier combat victorieux contre l'armée espagnole, près du canal de Deinze, Louis rejoignit son épouse à Arras le 3 septembre, et tous deux regagnèrent Saint-Germain, par Péronne, Mouchy et Senlis. Il profita de la grossesse de Mlle de La Vallière pour donner à sa nouvelle maîtresse les marques de la faveur. « Le roi, écrit Saint-Maurice, parla quelque temps à Mme de Montespan et le lendemain, en montant en carrosse, comme il était dans le fond avec la reine, il fit mettre cette dame à la portière de son côté et parla tout le long du chemin avec elle et le bon de l'affaire, c'est que l'on dit que la reine ne s'aperçoit encore point de cette intrigue et que le roi la tient toujours en jalousie contre La Vallière. »

Le séjour à Saint-Germain parut vite pesant au monarque. Par une sorte de devoir qu'il s'imposait – ou peut-être tout simplement pour maintenir les apparences – il se rendait deux ou trois fois par jour au chevet de la favorite incommodée par sa grossesse. A la mi-septembre, las de jouer les gardes-malades, il partit pour Versailles, afin, murmurait-on, de voir plus à loisir Mme de Montespan... Les frondaisons du parc se coloraient de roux, les allées se doraient de feuilles mortes, faisant chanter la pierre blanche des statues et le bronze des vasques. L'automne s'annonçait. Le 3 octobre, la duchesse de La Vallière accoucha d'un fils, le futur comte de Vermandois. Cette naissance, comme d'habitude, se passa à huis clos, la bruyante gaieté des courtisans couvrant les cris de douleur. On emporta l'enfant hors du palais le plus discrètement possible et, le soir même, on fit *medianoche* dans la chambre de l'accouchée... Le tourbillon des fêtes reprit avec une ardeur nouvelle : bal et comédie à Versailles pour la Saint-Hubert, bal aux Tuileries chez le roi, comédie espagnole chez la reine, course de bagues au manège de la Grande Ecurie, ballet et festin chez Monsieur au Palais-Royal...

Mme de Longueville, sœur du Grand Condé, qui n'avait pas suivi le roi dans sa promenade militaire de Flandre, fut surprise de son aisance nouvelle, lui si gauche auparavant avec les dames, balbutiant comme un collégien timide. Pour leur parler d'amour, il se cachait dans l'embrasure d'une fenêtre ou à l'ombre d'un bosquet, le rouge de l'émoi aux joues. Il recherchait les femmes effacées, craintives, peu entreprenantes. « Mais à cette heure, écrit-elle, ce n'est plus ainsi ; il commence, il soutient la conversation comme un autre homme. » La défaite de la brillante Mortemart, qui l'avait fait languir si longtemps, lui avait enfin donné confiance en lui, en son orgueil de mâle. Elle lui avait révélé la puissance de son charme et de sa séduction.

La campagne de Roussillon

Pendant ce temps, M. de Montespan ne s'était pas ennuyé lui non plus. Sa compagnie, arrivée à la fin d'août en Roussillon, avait impressionné l'intendant Macqueron par sa bonne tenue et la qualité de son équipement. Comme d'habitude, l'impécunieux Gascon en avait profité pour pleurer misère et geindre sur les dépenses qu'il avait dû engager. « Nous avons vu en passant, écrivait Macqueron à Louvois le 28 août, la compagnie de M. de Montespan, laquelle est composée de 84 maîtres bien montés, outre son équipage qui est fort leste et dans lequel il y a plus de trente chevaux ou mulets. Il dit qu'étant fils de famille, il ne peut faire beaucoup d'avance pour l'entretien de cette troupe. Je crois qu'il y aurait de la justice à lui envoyer au plus tôt quelque somme d'argent... » Le secrétaire d'État à la Guerre, qui, par ailleurs, avait reçu une lettre du marquis, s'empressa de lui répondre avec amabilité : « Quoique j'eusse déjà assuré le roi que votre compagnie était une des plus belles qui aient été levées, je n'ai pas laissé de lui rendre compte de ce que vous me mandez. Nonobstant la résolution que Sa Majesté a prise de faire régler le traitement des compagnies de cavalerie au nombre de 60 maîtres au plus, Elle m'a toutefois commandé de vous faire savoir qu'Elle veut bien entretenir la vôtre sur le pied des cavaliers effectifs dont elle est composée, en considération de la dépense que vous avez faite pour la mettre sur pied. » Quelle prévenance de la part de Sa Majesté pour un obscur capitaine de cavalerie légère ! Le roi, outre cette faveur, décidait d'incorporer l'unité au régiment « Commissaire général », qui s'en allait hiverner en Roussillon, et promettait au marquis le grade de colonel. En conclusion, le ministre ajoutait : « Je me réjouis avec vous des avantages que Sa Majesté vous fait, vous assurant que je prendrai toujours beaucoup de part à ceux qui vous arriveront », ce qui, si l'on songe à sa récente infortune, ne manquait pas de sel !...

En dépit d'un *modus vivendi* intervenu sur le terrain entre Français et Espagnols pour laisser la région en dehors de la guerre, le gouverneur de Puigcerda, la plus importante place de Cerdagne, avait fait répandre le bruit de la mort du roi de France et celui de l'évacuation précipitée de l'armée du duc de Noailles. Il était ensuite sorti de la citadelle avec la majeure partie de sa garnison et les milices bourgeoises. La riposte ne tarda pas. M. de Foucauld, lieutenant général, s'avança à sa rencontre avec une avant-garde. On échangea quelques coups de mousquet et les Espagnols refluèrent vers les murs de Puigcerda. L'excellente conduite de M. de Montespan, toujours en première ligne, fut soulignée et donna lieu, malgré la minceur de l'événement, à de vives félicitations. Que n'aurait-on fait pour cet heureux homme ! « Le roi témoigne être très satisfait de la valeur et de la conduite que vous avez fait paraître dans cette rencontre, lui écrivait Louvois, et je puis vous dire que Sa Majesté en donnera des marques dans les occasions. » On imagine la jubilation qui dut envahir Louis-Henry à la lecture de cette lettre. Ah ! Quelle bonne idée avait-il eu d'aller en Roussillon !

Naïf, certes, ce M. de Montespan, mais aussi rude gaillard, franc buveur, joueur enragé et grand trousseur de cotillons. Ce bon militaire appréciait avec délice les petits à-côtés de la vie de camp : le vin, les cartes et les amours de passage. Il se sentait à l'aise loin des antichambres de palais royaux, préférant aux obséquiosités des courtisans les tripots avinés et les margotons de village.

Profitant de l'accalmie des combats, il avait séduit une jouvencelle au cœur facile, l'avait arrachée sans vergogne à sa mère et cachée dans les rangs de son unité, « vêtue en habit de garçon ». A Perpignan, l'un de ses parents la reconnut pourtant, malgré son déguisement, alors qu'elle se trouvait en compagnie d'un valet du suborneur. Plainte fut aussitôt déposée au sous-bayle de la ville qui décida de mettre l'amazone en prison et d'écrire à sa mère de la venir chercher. Montespan, fou furieux, fit scandale chez le magistrat. Il l'accabla d'injures, le menaça des pires châtiments s'il n'élargissait sur-le-champ sa protégée. Le sous-bayle tint bon et ne relâcha la captive qu'entre les mains maternelles. Sitôt libérée, la petite friponne s'empressa d'ailleurs de retourner dans les bras de son capitaine. Mais la constance n'était pas la vertu cardinale de M. de Montespan. Il se lassa bientôt de cette encombrante liaison et abandonna la donzelle à une dame de Perpignan, avec une modique dot de vingt pistoles pour la marier.

C'était égal ! Le noble seigneur avait vu ses amours contrariées par un misérable magistrat de province. Les cavaliers du marquis, dévoués corps et âme à leur chef, décidèrent de le venger. Sous la conduite d'un nommé Cartet, maréchal des logis de la compagnie – une brute épaisse friande de la lame –, ils allèrent rosser le sous-bayle. Armés d'épées et de pistolets, ils envahirent sa maison, le jetèrent à la rue, le rouèrent, insultant ceux qui osaient se porter à son secours. Le malheureux, couvert de sang et d'ecchymoses, déposa plainte auprès du conseil supérieur du Roussillon, qui avait remplacé le tribunal espagnol de la *Gubernatio*. Comme par hasard sa plainte s'égara. Ordonna-t-on en haut lieu d'étouffer l'affaire ? En tout cas, pas plus Montespan que ses hommes ne furent inquiétés. Et, une fois la campagne achevée, celui-ci s'en revint à Paris dans les premiers jours de 1668.

Le partage avec Jupiter

Il reprit la vie conjugale et, comme dans les meilleurs vaudevilles, ne vit rien d'anormal dans le comportement de sa femme. Assista-t-il le 16 janvier, au Palais-Royal, à la première *d'Amphitryon* ? Il y aurait trouvé, à tout le moins, d'intéressants sujets de méditation. Jupiter, pour passer une nuit avec Alcmène, épouse du général en chef des Thébains Amphitryon, avait pris l'aspect physique de son mari, parti livrer bataille. A son retour, on conseilla à ce dernier de ne point s'affliger mais, au contraire, de tirer gloire d'un tel événement eu égard à la qualité de celui qui venait de l'encorner :

> « Un partage avec Jupiter
> N'a rien du tout qui déshonore
> Et, sans doute, il ne peut être que glorieux
> De se voir le rival du souverain des dieux. »

Allusion évidente à l'infortune de M. de Montespan ! se sont exclamés en chœur les historiens. Et chacun, sur ce thème, d'écrire sa partition. C'est Molière, a dit l'un d'eux, qui, pour faire sa cour à Louis XIV, a choisi cette occasion théâtrale de ridiculiser le marquis. Non, a coupé l'autre, c'est le roi lui-même qui a soufflé au comédien l'idée de mettre en scène ses amours avec Athénaïs. Il s'est servi de cette pièce pour offrir à Montespan de reprendre sa femme, a renchéri un troisième, ce que fait en l'occurrence Jupiter...

Tout cela ne résiste guère à l'analyse. Pourquoi *Amphitryon* serait-elle nécessairement une pièce à clés ? Molière n'a fait qu'adapter au goût du jour – mais avec quel brio, quelle « verve désespérée » ! selon le mot de Michelet – la célèbre comédie de Plaute. Une question de date – sa composition remontant à plusieurs mois – rend impossible toute allusion à une actualité brûlante. En vérité, au théâtre de la cour, la pièce ne faisait que commencer. Comment aurait-on pu déjà songer à la mettre en scène ? La favorite en titre restait Mlle de La Vallière. On savait que le roi galantisait la fille des Mortemart, mais la plupart ignoraient ce qui s'était passé à Avesnes. « Il aime la Montespan, notait le marquis de Saint-Maurice dans une lettre du 3 février 1668 au duc de Savoie, elle ne le hait pas, *mais elle tient ferme.* »

Cependant, le principal souci du mari n'était pas la vertu de sa femme mais plutôt ses embarras financiers. Il n'en sortait pas, le malheureux ! Le couple avait alors quitté la rue Taranne et s'était installé sur la rive droite, dans un petit logis de la rue Saint-Nicaise, à deux pas des Tuileries où la jeune femme pouvait plus aisément faire son service. Montespan devait encore 48 000 livres à divers créanciers, sans compter les mémoires des fournisseurs, restés impayés, ceux notamment des marchands de draps et de dentelles. A nouveau, il retombait dans les griffes des usuriers. Le 1er mars, peu avant de seller son cheval et de partir en Roussillon, il constituait à Jean Le Flament, commissaire des guerres, au nom d'Anne Forget, une rente annuelle de 350 livres en représentation d'un nouveau prêt de 7 500 livres. Le même jour, un contrat de subrogation était passé avec le sieur Pancatelin – le terrible plumassier du pont Notre-Dame – qui acceptait de répondre de ses dettes antérieures moyennant 400 livres de rente. Un autre acte, signé du marquis, instituait « procuratrice générale et spéciale haute et puissante dame Françoise de Rochechouart, son épouse », qui recevait tous pouvoirs en son absence pour administrer les biens familiaux et poursuivre « tous les procès et instances que lesdits seigneur et dame ont ou pourront avoir ». Ceci prouve la confiance et l'aveuglement du mari. A cette époque encore, le ménage vivait en bonne entente.

La double métamorphose

Avec la superbe Mortemart, Louis, avons-nous dit, était sorti de sa chrysalide de jeune homme gauche et timide. Parallèlement, Athénaïs avait cessé d'être la fraîche et pure jeune femme des débuts. La passion du roi, cette passion sensuelle et dévorante, lui avait fait perdre sa ferveur religieuse, sa réserve d'épouse pieuse et sage. En quelques mois elle était devenue l'une de ces coquettes adulées et encensées qui préfèrent les hommages au don de soi, être aimée plutôt qu'aimer. La magnificence et la gloire, voilà ce qui dans cette flamboyante passion la grisait, la révélait à elle-même, éblouie, émerveillée, brûlante de l'orgueil et du plaisir d'avoir été distinguée entre toutes. Ainsi s'épanouissait-elle, capricieuse, altière, impérieuse.

Tout dans son caractère dénotait cette évolution. Ses railleries étaient plus mordantes, plus cruelles. D'un courtisan elle disait qu'il était si ridicule que même ses meilleurs amis pouvaient se gausser de lui sans manquer à la morale ! Sur Mgr Le Tellier, archevêque de Reims, elle avait fait « un bon conte pour rire au roi ». Le futur maréchal de Tessé, traité un jour de « valet de carreau », mit des années à faire oublier cette flèche empoisonnée. La reine non plus n'était pas épargnée. « Un jour, raconte Mlle d'Aumale, on vint dire au roi que le carrosse dans lequel était la reine avait été tout rempli d'eau ; ce qui avait assez effrayé cette princesse. Sur-le-champ, Mme de Montespan, présente à ce récit, dit avec un air moqueur : "Ah ! si nous l'avions su, nous aurions crié : la reine boit !" Le roi fut fort piqué de cette raillerie, et il reprit à l'instant : "Souvenez-vous, madame, qu'elle est votre maîtresse." »

Elle se moquait aussi des travers des courtisans, singeant leurs mines, les rendait ridicules à seule fin d'amuser la galerie. Bref, comme disait Mlle d'Aumale, il était fort dangereux de « passer sous ses armes ». Elle était de ces personnes spirituelles incapables d'arrêter sur leurs lèvres un bon mot ou une épigramme même cruelle, par plaisir, mais sans fiel ni malice profonde.

On lui reprochait également une certaine sécheresse de cœur. Elle s'était endurcie, se refusait à la sensiblerie, aux effusions inutiles. « Un jour, relate encore Mlle d'Aumale, passant en carrosse sur le pont de Saint-Germain, une des roues du carrosse passa sur un pauvre homme ; les deux dames qui étaient avec elle en furent effrayées comme on peut l'imaginer. La seule Mme de Montespan non seulement ne s'en émut pas, mais elle leur reprocha encore leur faiblesse, et leur dit que si c'était une vraie compassion, elles auraient le même sentiment en apprenant que cette aventure serait arrivée loin d'elles comme sous leurs yeux... »

A l'égard de M. de Montespan, son attitude avait également beaucoup changé. Ce mari joueur, coureur, vagabond dans l'âme, ne lui était plus rien. Elle se sentait prête à s'installer dans l'adultère. Mais le roi, lui, le désirait-il ? Sa passion n'était-elle pas une simple passade qui avait duré le temps d'une grossesse et d'une belle campagne militaire ? Déjà, à la fin de novembre, on avait cru remarquer les signes d'un retour en faveur de Mlle de La Vallière.

C'est sans doute à partir de cette époque que Mme de Montespan, pour conserver l'amour du souverain et obtenir la place si enviée de favorite, se mit entre les mains des sorcières, tireuses de cartes, marchands de philtres et d'onguents, alchimistes et prétendus mages qui pullulaient dans les bas-fonds de Paris. Comme beaucoup de femmes de la cour, elle se rendit secrètement au cabinet de consultation de la fameuse Voisin, rue Beauregard, et fréquenta ses deux complices, Adam Cœuret, dit Lesage, et l'abbé Mariette, prêtre de Saint-Séverin, qui firent au début de 1668, dans l'appartement de Mme de Thianges à Saint-Germain, d'étranges cérémonies magiques. Nous y reviendrons. Les vœux ardents de la fille des Mortemart portèrent leurs fruits : le roi délaissa La Vallière pour sa nouvelle conquête. Quelques vers sur ce dénouement se chuchotaient de bouche à oreille :

> « On dit que La Vallière
> S'en va sur son déclin.
> Ce n'est que par manière
> Que le roi suit son train.
> Montespan prend sa place.
> Faut-il pas que tout passe
> Ainsi de main en main ? »

La fête de l'amour

Soudain, en plein cœur de l'hiver, le 2 février, le roi quitta Saint-Germain, franchit quatre-vingts lieues en cinq jours et rejoignit son armée à Dijon, où il apprit l'entrée du prince de Condé en Franche-Comté et la capitulation de Besançon. Le 10, il se présenta sous les murs de Dole, capitale de la province, qui se rendit au bout de quatre jours de siège. Gray tomba à son tour. Et, le 19, il reprenait la route de Paris. En deux semaines, bousculant les garnisons espagnoles, il s'était emparé d'une des plus belles provinces de l'héritage de Philippe IV, la Franche-Comté.

Le 2 mai, la paix était signée à Aix-la-Chapelle. La France conservait une douzaine de places du Nord, dont Charleroi, Audenarde, Tournai, Courtrai, Douai et Lille, mais restituait la Franche-Comté. Ce n'était que partie remise. La Triple alliance de La Haye, unissant autour des Provinces-Unies l'Angleterre et la Suède, dans le but d'arrêter la marche conquérante du roi, laissait déjà présager la prochaine guerre de Hollande.

Le 18 juillet 1668, pour célébrer sa victoire et, comme dit Félibien, réparer « ce que la cour avait perdu dans le carnaval pendant son absence », le roi donna une fête somptueuse à Versailles. Il l'avait préparée avec soin, choisissant les emplacements, distribuant les rôles : à Colbert, la surveillance des bâtiments et la préparation du feu d'artifice, au duc de Créqui, le théâtre, au maréchal de Bellefonds, le souper, et à Le Vau, la construction de la salle de bal. La soirée commença par une collation au bosquet de l'Etoile, où convergeaient cinq allées ombragées. Au centre, se dressaient cinq tables, couvertes de montagnes de viandes froides, de palais en massepain et pâte sucrée. Des poiriers, des abricotiers, des groseilliers, des orangers offraient aux invités leurs fruits confits. Louis XIV, délicatement, goûta un peu à tout, abandonnant le reste « au pillage des gens qui suivaient ». Ensuite, le roi, dans sa calèche, la reine, dans sa chaise à porteurs (car elle était enceinte), allèrent admirer le bassin des Cygnes – le futur bassin d'Apollon – avant de se rendre au théâtre de verdure, où des rafraîchissements leur furent proposés. Là, ils assistèrent à la représentation de *Georges Dandin* de Molière et aux *Fêtes de l'Amour et de Bacchus*, écrites sur une musique de Lulli, qui mettaient en scène une centaine d'acteurs. Le vert sombre des frondaisons, en ce bel été de 1668, était rehaussé par l'éclat des tapisseries de la Savonnerie, des fausses colonnes et des statues de marbre. Trois cents bougies faisaient étinceler les lustres de cristal. Le souper, qui comportait cinquante-six plats, fut servi de l'autre côté de l'allée royale, autour d'une représentation du mont Parnasse, d'où ruisselaient de frémissantes cascades. Le friselis de ces fontaines s'harmonisait à merveille avec le chant des violons. La table du souverain comptait soixante couverts, celle de la reine, une quarantaine. Après le festin, les trois mille invités, remontant vers le château, s'arrêtèrent à un autre pavillon octogonal, la salle de bal, décorée de rocailles et de guirlandes. Pour clore la soirée, un feu d'artifice illumina les bosquets et le parterre de Latone. « Mille boîtes » éclatèrent alors dans un bruit assourdissant auquel succéda le spectacle de mille aigrettes de feu sortant des rondeaux, des fontaines et des bassins, tandis que des fusées, tirées de la pompe de Clagny, zébraient le ciel du chiffre du roi... Cette nuit-là, Versailles fut véritablement « le palais du soleil ». Cette fête, qui avait coûté la bagatelle de 117 000 livres, était un secret hommage à Mme de Montespan.

Le 4 août, la reine accoucha d'un fils qui fut appelé duc d'Anjou. Peu après, Athénaïs se trouva enceinte. Elle fut au désespoir, effrayée d'avoir à annoncer la nouvelle à son mari et d'étaler sa grossesse à la cour. « Je me souviens d'avoir ouï raconter, écrit Mme de Caylus, qu'elle fut si pénétrée de douleur au premier [enfant] que sa beauté s'en ressentit. Elle devint maigre, jaune et si changée qu'on ne la reconnaissait pas. » Elle s'en sortit en lançant une mode nouvelle : celle des robes bouffantes qui cachaient la rondeur du ventre. L'enfant, un garçon, né en mars 1669, mourra obscurément en 1672, sans avoir été légitimé[2]. Un second enfant naîtra en mars 1670, Louis-Auguste, le futur duc du Maine. Si elle se désespéra à la première grossesse, « elle se consola à la seconde, dit encore Mme de Caylus, et porta dans les autres l'impudence aussi loin qu'elle pouvait aller ». Au total, sept enfants naîtront de ses amours avec le roi...

Rapidement, il devint difficile de cacher l'existence de la nouvelle maîtresse, y compris au petit peuple. « Mme de Montespan, conte Mme Dunoyer dans ses *Lettres historiques et galantes*, après avoir été déclarée maîtresse du roi, fut un matin faire des emplettes au Palais et, ne voulant pas qu'on mît dans son carrosse ce qu'elle avait acheté, elle chargea la marchande de le lui faire apporter chez elle, et, de peur de quiproquo, elle lui demanda si elle la connaissait bien : "Oui, vraiment, madame, lui répondit la petite marchande, j'ai bien l'honneur de vous connaître, n'est-ce pas vous qui avez acheté la charge de Mlle de La Vallière ?" Je ne sais comment Mme de Montespan prit la chose ; mais je sais bien que je n'ai de ma vie tant ri que lorsque le chevalier [de Gondrin] me la conta. » Athénaïs, quant à elle, n'avait pas d'illusion sur la nature de la « charge » qu'elle exerçait : « Mme de Montespan, raconte la princesse Palatine, assistait une fois à une revue ; quand elle fut auprès des soldats allemands, ils se mirent à crier : *Königs Hure, Hure !* (Voilà, voilà la catin, la catin du roi !). Le soir, le roi lui demanda comment elle avait trouvé la revue ; elle répondit : "Parfaitement belle ; je trouve seulement que les Allemands sont trop naïfs d'appeler toutes choses par leur nom, car je me suis fait expliquer ce que signifiait ce qu'ils criaient !" »

CHAPITRE III

La colère du mari

Le scandale arrive

La faveur de Mme de Montespan fut diversement appréciée dans sa famille. Mgr de Gondrin blâma le dévergondage de sa nièce mais se garda d'exaspérer ses rapports avec la cour. L'histoire du soufflet donné publiquement à la femme adultère, contée d'après un témoignage de l'abbé Boileau, membre du chapitre de Sens, paraît douteuse[1]. Pour sa part, le vieux duc de Mortemart bougonna. Son fils, Vivonne, eut plus de courage. Mécontent de la conduite de sa sœur, il renonça, le 1er septembre 1668, à la survivance de la charge de premier gentilhomme de la Chambre qu'exerçait son père. Louis XIV se préoccupa donc d'apaiser la colère des Mortemart par des présents. Le 12 janvier 1669, il gratifia le duc du gouvernement de Paris et de l'Ile-de-France, devenu vacant par la mort du maréchal d'Aumont, et lui permit de démissionner de ses fonctions antérieures pour lesquelles il se sentait trop vieux (il avait soixante-neuf ans). Le 10 mars, Vivonne, de son côté, reçut la charge de général des galères, qui lui donnait le commandement de presque toutes les forces navales en Méditerranée. Le roi lui fit cadeau des 500 000 livres nécessaires pour désintéresser son ancien titulaire, le maréchal de Créqui, et en ajouta 300 000 pour régler une partie des dettes de la famille, qui atteignaient à cette époque la somme de 1 700 000 livres ! Dès lors, ni l'un ni l'autre n'élevèrent la voix.

M. de Montespan, on s'en souvient, avait repris le 1er mars 1668 la route du sud-ouest, les fontes de son cheval emplies de beaux écus empruntés à droite et à gauche, qu'il dépensa pour renouveler l'équipement de sa compagnie. Le projet de lever une unité d'élite composée d'une centaine de gentilshommes l'agita un moment, mais Louvois entreprit de l'en dissuader. A quoi rêvait donc ce paladin sans cervelle ? La guerre était finie ! Le calme était revenu en Roussillon et un compromis sur les gabelles avait été trouvé avec les partisans rebelles qu'on appelait les angelets. L'heure était à la démobilisation. En juin, Montespan reçut son billet de congé, comme les autres officiers. Il traîna quelque temps en Gascogne et revint à Paris dans le courant de l'été.

Comment apprit-il la nouvelle de son déshonneur ? Surprit-il des persiflages ? Sa femme, enceinte du roi, se refusa-t-elle à lui ? On l'ignore. Toujours est-il que la nomination de M. de Montausier aux fonctions de gouverneur du Dauphin mit le feu aux poudres. Il était clair que la complaisance de la femme de celui-ci à favoriser les amours du roi et d'Athénaïs avait dicté ce choix. « La Vallière a toujours les apparences, quoique son crédit diminue fort, note le 21 juin le marquis de Saint-Maurice, ce dont elle est dans un cruel désespoir ; elle n'a jamais fait pendant sa faveur une action d'éclat et de pouvoir comme celle que vient de faire Mme de Montespan pour la maison de Montausier. »

Voici donc M. de Montespan, tonnant et pestant, jurant, se répandant en propos d'une extrême violence contre l'infidèle. La tête haute, la mine imposante, il était admirable dans son rôle d'époux bafoué, de mari vengeur, fort de son bon droit, incarnant la morale outragée et l'honneur conjugal. Mais, à vouloir prendre le monde pour confident de son infortune, saisissait-il bien le ridicule de la situation ? On le tenait tout uniment pour un brouillon, un hurluberlu incapable de se plier aux règles les plus élémentaires de bienséance. Qu'on imagine l'émoi de nos seigneurs en dentelles, précieux, gourmés, prudents à l'excès, attentifs à ne commettre aucun faux pas, surtout à propos des amours du maître ! Et voilà cet incorrigible trublion, ce malotru fondant sur eux, jaillissant dans les salons comme diable hors de sa boîte, étourdissant la cour du fracas de ses imprécations, de ses cris de vengeance, de ses terrifiantes menaces ! La cervelle encore échauffée par le soleil du Midi, il vomissait avec volubilité – et dans le langage des camps ! – des malédictions contre le roi – ce nouveau David, ce voleur de femmes, ce gredin ! –, contre l'infidèle – cette ribaude, cette coureuse, cette rousse, cette garce !... Comment calmer l'ouragan ? Il semblait puiser de nouvelles fureurs dans l'air consterné de son auditoire. Quand il avait quitté les lieux, le premier soupir de soulagement exhalé, on riait de ses excentricités, on se gaussait de ses airs d'Alceste grincheux en habit sombre et talons crottés qui voulait donner des leçons mais ne savait rien des belles manières. Les blasés et les cyniques trouvaient d'ailleurs qu'il faisait beaucoup trop de bruit pour une vertu écornée.

Fâcheux mécompte, certes, mais fréquent, dont il aurait pu s'accommoder avec philosophie et – pourquoi pas ? – tirer profit !

Ses scènes mettaient la marquise au désespoir. La Grande Mademoiselle, parente de l'extravagant Gascon, le grondait amicalement mais en vain. Rien ni personne ne pouvait l'empêcher de jeter feu et flamme. Un soir, il montra à Mademoiselle le texte d'une harangue qu'il s'apprêtait à lire au roi. A grands renforts de citations bibliques et d'exemples fameux, celui de David et de Bethsabée notamment, il exhortait le souverain à lui rendre sa femme, à redouter les jugements du Tout-Puissant. Le texte était bien tourné mais parut à la princesse fort impertinent. Un sujet pouvait-il parler ainsi à son souverain ? « Vous êtes fou, lui dit-elle, il ne faut point faire tous ces contes. On ne croira jamais que vous avez fait cette harangue, elle tombera sur l'archevêque de Sens qui est votre oncle et mal avec Mme de Montespan. »

Le lendemain, Mademoiselle se rendit à Saint-Germain. Souffrant de la canicule, elle voulut aller prendre l'air sur la terrasse et s'adressa à Mme de Montespan : « Venez vous promener avec moi. J'ai vu votre mari à Paris, qui est plus fou que jamais ; je l'ai fort grondé et lui ai dit que, s'il ne se taisait, il mériterait qu'on le fît enfermer. » La marquise lui répondit, consternée : « Il est ici qui fait des contes dans la cour ; je suis honteuse de voir que mon perroquet et lui amusent la canaille ! » La belle Athénaïs essayait d'exorciser ses frayeurs par des mots d'esprit : à la vérité, elle tremblait de peur.

A cet instant, les deux femmes apprirent que le butor était là, dans une pièce voisine. Il venait de quitter la chambre de Mme de Montausier après avoir fait de nouveaux éclats et jeté la maîtresse des lieux en pâmoison. La dame d'honneur était étendue sur son lit, encore toute palpitante d'émotion. « Elle ne pouvait quasi parler, poursuit la Grande Mademoiselle. Elle me dit : "M. de Montespan est entré ici comme une furie et m'a dit rage de madame sa femme et à moi, toutes les insolences imaginables. J'ai loué Dieu qu'il n'y ait eu que de mes femmes ici, car si j'y avais eu quelqu'un, je crois qu'on l'aurait jeté par la fenêtre[2] !" »

Le roi, vite informé de l'esclandre, donna ordre d'arrêter le furibond. Mais, on l'imagine aisément, l'irascible Sganarelle avait détalé sans laisser d'adresse. L'affaire fit un scandale inouï. Délaissant ses dévotions et sa passion janséniste, Mme de Longueville interrogeait impatiemment Mme de Sablé : « Que dites-vous du gouvernement de M. le Dauphin et de la mortification qui est venue troubler cette joie, j'entends l'affaire de M. de Montespan[3] ? »

Mme de Montausier – cette exquise Julie d'Angennes, fille de la marquise de Rambouillet, pour qui les poètes avaient jadis ciselé la fameuse *Guirlande à Julie* – ne se remettra jamais de la scène d'outrages de Saint-Germain. Sa raison peu à peu vacillera au point qu'un jour, au sortir de la messe du roi, elle croira rencontrer son propre fantôme, vêtu comme elle et l'appelant par son nom ! Le moindre bruit la mettait en frayeur. La malheureuse s'éteindra deux ans plus tard d'une étrange maladie de langueur.

Les contemporains pimentent leur récit d'autres détails, parfois scabreux, toujours difficiles à authentifier. Comme autrefois le mari de la Belle Ferronnière, ont raconté Saint-Simon et Mme Dunoyer, Montespan voulut tirer du roi une éclatante vengeance. Il fréquenta les mauvais lieux, courut la louve à seule fin d'attraper une « maladie honteuse », de la transmettre à sa femme et par elle de « gâter » Louis XIV. La marquise, épouvantée, faisant tout pour l'éviter, il prit le parti de la violer. Un jour, il la poursuivit jusque dans l'appartement de Mme de Montausier, où elle se cachait. D'un coup de canne, il força les portes et voulut mettre à exécution son dessein. « Dès que la marquise l'aperçut, relate Saint-Simon, elle fit les hauts cris et courut se réfugier dans les bras de Mme de Montausier, où il courut après elle. Là se passa une scène terrible. Ses paroles ne furent pas ménagées. Il n'y eut injures, pour sales et atroces qu'elles fussent, qu'il ne vomit en face de Mme de Montausier avec les plus sanglants reproches. Comme il voulut passer mesure en sa présence, à force de bras, à l'exécution de ce qu'il avait projeté, elles eurent l'une et l'autre recours aux cris les plus perçants, qui firent accourir tout le domestique, en présence de quoi, ne pouvant mieux, les mêmes injures furent répétées et lui enfin emmené de force hors de là, non sans avoir fort joué du moulinet et achevé de jeter les deux dames dans la plus mortelle frayeur. »

Le For-l'Évêque

Portée à une extrême incandescence, la jalousie brûlait, dévorait le malheureux. Elle l'avait rendu fou, fou par amour, fou d'amour... On ne laisse pas un insensé longtemps en liberté. Il finit par se faire prendre le jour où la cour partit pour les grandes chasses de Chambord. « Aujourd'hui au matin, ce 22 septembre, écrit Guy Patin, M. de Montespan, gendre de M. de Mortemart, a été, par le commandement du roi, mené dans le For-l'Evêque, pour avoir désapprouvé le choix que le roi a fait de M. de Montausier. » Plaisant prétexte, qui ne devait guère abuser le peuple ! Le For-l'Evêque était une étroite prison, malcommode et insalubre, en partie reconstruite en 1652, qui s'étendait en façade sur la rue Saint-Germain-l'Auxerrois, avec, à l'arrière, séparé par deux courettes, un corps de logis sur le quai de la Mégisserie (à l'emplacement de l'actuel numéro 16). Jusqu'en avril 1674, date à laquelle Louis XIV supprima dans Paris toutes les juridictions particulières, elle servait de lieu de détention au bailliage de l'archevêché, mais le roi y envoyait de temps en temps des prisonniers pour dettes ou des individus arrêtés sur la voie publique pour insolence ou autre faute de « simple police ». Elle deviendra au siècle suivant – avant d'être démolie en 1783 – la prison habituelle des comédiens...

M. de Montespan fut enfermé dans l'une des nombreuses chambres fortes du bâtiment. L'isolement ne parvint pas à calmer ses tourments. Le 30 au matin, l'humeur sombre et la bile encore échauffée, il fit mander deux notaires du Châtelet pour révoquer la procuration générale faite à sa femme le 1ᵉʳ mars précédent.

Par un second acte, l'impécunieux gentilhomme demandait à l'un de ses fermiers une avance de 6 000 livres afin, disait-il, de payer son tailleur et ses frais d'incarcération. Rude époque où, même derrière les barreaux, il fallait encore régler ses embarras d'argent ! Et pendant ce temps, loin de ces mesquins soucis, dans la forêt de Chambord, le roi, la reine et les « dames » en amazones traquaient le cerf des heures durant, puis revenaient sur le soir, les buffleries maculées et les dentelles froissées, essoufflés mais ivres de plaisir. Après le souper, la soirée s'achevait ordinairement par des bals, des jeux et des comédies. « La cour ne s'est jamais mieux divertie et ne parut plus gaie qu'elle est ici », note la *Gazette* qui, heureusement, n'était pas distribuée dans les prisons !

On ne pouvait garder indéfiniment M. de Montespan dans son *in pace* sans procès ni jugement... Le roi, qui avait un sens inné de l'équité, se sentait mauvaise conscience. Après tout, qui était l'outragé ? Lui ou celui dont il avait pris la femme ? Le 4 octobre, Louvois expédiait au chevalier du guet deux dépêches, l'une visant à l'élargissement du captif, l'autre à son exil. Celui-ci devait « sortir de Paris dans vingt-quatre heures, pour se rendre incessamment dans l'une des terres appartenant au sieur marquis d'Antin, son père, situées en Guyenne, et y demeurer jusqu'à nouvel ordre, Sa Majesté lui défendant d'en sortir sans sa permission expresse, à peine de désobéissance ».

La solitude de Bonnefont

Soulagé de quitter l'insalubre prison, ses guichets verrouillés, ses énormes portes cloutées et ferrées, Montespan déguerpit sans demander son reste. Il fila droit vers le sud-ouest, emmenant avec lui son fils, Louis-Antoine, âgé de trois ans.

« Je crois, a écrit plus tard la princesse Palatine, que, si le roi avait voulu donner beaucoup, il se serait apaisé. » Mais comment se fier en l'occurrence à l'impénitente commère ? Avec la fierté d'un hidalgo, l'honneur à fleur de peau, on peut légitimement douter qu'il eût accepté marché si insultant. Du fond de son exil bourguignon, Bussy-Rabutin a prétendu qu'il avait reçu cent mille livres « pour le consoler de la perte qu'il avait faite ». Renchérissant sur cette invraisemblance, La Beaumelle, au siècle suivant, fixera à cent mille écus (trois fois plus) le prix de la cession de Mme de Montespan par son mari...

A la vérité, le marquis était arrivé en son castel de Bonnefont, dans la sénéchaussée d'Auch, le cœur meurtri, plein d'amertume et de chagrin. Sa colère avait fait place au cynisme et à l'humour noir. Accueilli par les domestiques, il voulut entrer par la grande porte, attendu, dit-il, que « ses cornes étaient trop hautes pour passer sous la petite[4] ». Puis il convoqua toute la maisonnée, sa mère, la bonne Chrestienne de Zamet, sa fillette de cinq ans, l'intendant, les serviteurs, les femmes de chambre, battit le ban et l'arrière-ban de ses amis et leur annonça le décès de la marquise, sa très chère et bien-aimée épouse. Dans l'église du village, il fit célébrer ses funérailles symboliques et prit le grand deuil[5]. Faut-il croire à l'authenticité de ce macabre carnaval rapporté par certains ? On ne saurait dire, mais il paraît vraisemblable pour qui connaît l'excentricité de notre jeune fou. D'aucuns assurent même qu'il drapa de crêpe son carrosse, fixa à l'avant des cornes de cerf et parcourut ainsi la province, cahotant par monts et par vaux, faisant s'esclaffer sur son passage les paysans édentés. Là aussi les sources manquent. Mais encore une fois, il en était bien capable. Etonnant, truculent, étourdissant personnage !

Dans les vastes salles de son donjon rustique, il ne tarda guère à s'ennuyer. Des fenêtres à meneaux de sa chambre, au premier étage, il regardait d'un œil morne le miroitement argenté de la Baïse, qui coulait mélancoliquement entre deux rangées d'arbres chenus et ridés. Le paysage, doux, vallonné, auréolé par le délicat moutonnement de la forêt, incitait à la sérénité, à la méditation, voire à la contemplation. Mais M. de Montespan avait-il jamais médité, jamais contemplé ? Ses longues promenades ne servaient d'exutoire qu'à ses ombrageux soliloques. La présence de sa mère, de ses deux enfants, les visites d'amitié des voisins – les Gramont, les Biron, d'autres encore –, les chevauchées dans les environs, la chasse au loup, quelques belles battues de sanglier dans les bois touffus du Lannemezan, rien ne parvenait à combler son goût âpre et violent de l'action. Non, il n'avait nulle envie de s'acagnarder dans la vie confinée d'un hobereau. Il avait l'impression de croupir comme les eaux lentilleuses de son château. Vint l'hiver de 1668. Les vents humides balayèrent les dernières rousseurs de l'automne, dénudant tristement le paysage, faisant grincer la poulie du vieux puits et la girouette du toit pentu. Pour le turbulent jeune homme, le supplice fut intenable. Comment ne pas dépérir d'ennui lorsqu'on a pour seul spectacle quotidien le crépitement des bûches dans une vieille cheminée tirant mal ? Le retour du printemps – hélas ! – ne lui apporta que de mauvaises nouvelles : la maladie puis la mort à Paris de son père, lui aussi séparé de son épouse depuis de longues années. Alors, Montespan se décida. Il régla ses affaires de famille, renonça à l'héritage paternel, grevé de dettes, puis partit en Roussillon rejoindre le régiment Commissaire général. Espérait-il se distinguer dans une nouvelle guerre contre les Espagnols ? Rêvait-il d'étriller les angelets ? Il y songeait sans doute moins que de trouver une consolation à ses infortunes conjugales. Toujours les à-côtés de la vie militaire !

Les gaietés de l'escadron

Sa compagnie avait établi ses quartiers à Ille-sur-Têt, modeste bourgade engourdie dans la torpeur méridionale, comme il en existe tant en Roussillon : un mur d'enceinte en galets, avec chemin de ronde encorbellé, une église de marbre rouge, un vieux donjon féodal – celui des seigneurs de Fonolet –, un entrelacs de ruelles étroites et malodorantes, des maisons ocre bâties de guingois avec leur façade vineuse, leurs avents secrets et leurs contrevents délavés à demi ouverts, où se devinaient le regard méfiant des vieilles et le chuchotement de leurs commérages. C'est là, dans ce morne lieu de garnison, au fond de cette province perdue, calcinée par le soleil, que Montespan, toujours fringant et grand conteur de fleurettes, s'éprit d'une ravissante jeune fille de condition modeste, brunette aux grâces troublantes, d'autant plus désirable qu'elle était vertueuse. L'artificieux Gascon eut beau déployer tous ses talents de séducteur, chercher à éblouir cette naïve provinciale par son esprit, ses airs galants et sa noble condition, rien n'y fit. La belle, contrairement à la docile Catalane de 1667, résista à toutes les avances. Il crut parvenir à ses fins en lui proposant quelques louis d'or par l'entremise d'une femme complaisante. Vain espoir ! Que faire ? Ce que l'on faisait en pareil cas : il enleva la jeune fille, la logea dans la maison du bayle, où l'un de ses soldats eut mission « d'obliger par crainte ladite fille et ses parents à consentir à ses désirs ». Mais, une fois de plus, ce plan avorta. La mère et le beau-père de la jeune beauté, inquiets de sa disparition, ne tardèrent pas à connaître sa retraite et coururent la reprendre. A cette nouvelle Montespan se déchaîna. Il tempêta, cria et jura si fort que le bayle et les consuls d'Ille, terrifiés, acceptèrent de l'accompagner chez les parents de la demoiselle. Le capitaine y entra, l'injure à la bouche et l'épée à la main, menaçant d'embrocher qui lui résisterait. Devant la force, les parents cédèrent et virent en larmes leur enfant s'éloigner une nouvelle fois vers la maison du bayle. Cet acte révoltant ameuta toute la localité. Les cousins, les amis les encouragèrent à ne pas baisser les bras et proposèrent leur aide. Quelques jours plus tard, en effet, profitant de l'absence de l'officier, ils enlevèrent la malheureuse jeune fille. Ils s'apprêtaient à la conduire à la campagne lorsqu'en chemin, par malchance, ils tombèrent sur Cartet, maréchal des logis de la compagnie. Celui-ci, prenant le parti de son maître, tenta de leur arracher l'objet de la dispute. Les menaces, les coups de poing ne désarmèrent pas les braves gens. Pendant que Cartet cherchait du renfort en ville, ils coururent se réfugier au couvent de l'Ermitage, non loin de là. Les religieux acceptèrent sans détour de prendre sous leur protection la mère et la fille, laissant le beau-père et les villageois se retirer rassérénés. Pour la soldatesque, il n'est point de lieu sacré ni d'asile inviolable. Les cavaliers de Cartet, revenus en nombre, frappèrent avec fureur à la porte du couvent, réclamant les deux femmes, et tentèrent d'en escalader les murs. Mais les religieux les repoussèrent en leur promettant les foudres du ciel. Digne épisode d'une guerre picrocholine !

A quelques jours de là, M. de Montespan, de retour de mission, se présenta au couvent, non pour excuser les brutalités de ses hommes, mais, au contraire, pour chanter pouille au prieur et aux cénobites « jusques à dire que s'il eût été dans la ville lorsque cette fille entra dans le couvent, il eût fait mettre à bas les portes d'icelui ».

D'autres violences étaient imputées à sa compagnie qui logeait chez l'habitant et pillait sans vergogne le fourrage des paysans. Ces fiers chevau-légers, la tête droite sous leur feutre à large bord, faisaient volontiers sonner leurs éperons d'acier sur les pavés du bourg, rudoyant ou molestant quiconque leur manquait de respect, même d'un simple regard. Cartet était le plus querelleur de tous. Un jour que l'un de ses compagnons avait eu une algarade avec deux habitants, il les chargea, l'épée à la main, et en blessa un, nommé Calès. L'affaire n'en resta pas là. Pistolet au poing, Montespan, surexcité et de fort méchante humeur, se rendit sur les lieux accompagné de son lieutenant, M. d'Espalion, et, lit-on dans le procès-verbal de ses exploits dont nous extrayons tous ces détails, proféra « diverses injures et menaces contre ledit Calès et autres qui s'y rencontraient ». Au fond, tous ces bravaches en ribote se conduisaient en pays conquis comme de vulgaires porte-rapières, des gens de sac et de corde, et leur capitan, vrai chef de bande, n'était pas en reste.

Louvois intervient

Louvois accueillit avec moins d'indulgence que la première fois la nouvelle de ces frasques de soudard. Qui ne comprend sa volte-face ! Quel intérêt aurait-il eu à ménager un homme qui déplaisait au roi, à fermer les yeux sur ses gueuseries de bas étage ? Il était temps de sévir. Le timide intendant Macqueron, qui avait tardé à rapporter les faits, se fit vertement tancer : « Je ne vous saurais bien expliquer combien j'ai été surpris qu'une chose de la nature de celle qu'a faite M. de Montespan se soit passée sans que j'en aie eu connaissance, lui écrit-il le 21 septembre 1669. Et, bien que vous n'ayez pas pu vous empêcher d'avoir de la complaisance pour celui qui commandait dans le pays, elle n'aurait jamais dû aller à vous dispenser de me donner avis d'une affaire comme celle-là, tant pour l'éclat qu'elle a fait que pour la personne qui l'a commise. »

Ordre fut donné au Conseil souverain du Roussillon d'ouvrir une enquête. Le secrétaire d'Etat à la Guerre poussa le zèle jusqu'à écrire aux officiers de ce conseil qu'ils ne pourraient mieux servir le roi « qu'en faisant un exemple fort sévère des coupables ». Et puis, pourquoi ne pas exhumer l'affaire du sous-bayle de Perpignan, vieille de deux ans ? N'était-ce pas un moyen supplémentaire d'accabler le mari de la favorite, de l'écraser, de l'anéantir à tout jamais ? « De quelque manière que vous en usiez, recommandait-il à Macqueron, il ne faut rien oublier pour, soit dans les informations du sous-bayle de Perpignan, soit dans celles des désordres commis à Ille, *impliquer le commandant* de la compagnie et le plus grand nombre de cavaliers qui se pourra afin qu'ils prennent de l'épouvante et que la plupart désertent, et particulièrement le commandant, après quoi ce ne serait pas une affaire que d'achever *la ruine de cette compagnie*. Si vous savez le nom des cavaliers qui ont insulté le sous-bayle, il les faut arrêter dès le premier jour, afin d'en faire un exemple, et que, par leur déposition, lors de leur exécution, vous ayez davantage de preuves et de charges contre le capitaine pour tâcher, de façon ou d'autre, de l'impliquer dans les informations de manière que l'on puisse le casser *avec apparence de justice*. Si vous pouvez faire en sorte qu'il pût être chargé pour que le conseil souverain eût matière de prononcer quelque condamnation contre lui, ce serait une fort bonne chose. Vous en devinerez assez les raisons pour peu que vous soyez informé de ce qui se passe en ce pays-ci. »

Lettre révélatrice, accablante pour son auteur, qui montre à quel degré de cynisme peut s'élever la courtisanerie. Ainsi, Louvois, pour plaire à son maître, n'hésitait pas à se faire persécuteur. Il ordonnait de briser un homme par tous les moyens, de le pousser à bout, mais « avec apparence de justice ». Afin de faire disparaître la trace de ces instructions iniques, le ministre priait d'ailleurs Macqueron de lui retourner sa lettre. L'intendant s'exécuta mais eut la bonne idée – peut-être pour se couvrir ? – d'en prendre copie pour ses dossiers personnels. C'est cette copie qu'un chercheur du XIXe siècle retrouva dans les Archives départementales des Pyrénées-Orientales avec l'annotation suivante : « L'original de cette lettre a été renvoyé de Perpignan à Mgr le marquis de Louvois le 2 octobre 1669. » Un mois après cette dépêche, le Conseil souverain du Roussillon était officiellement prié d'ajouter à la procédure entamée une autre concernant les violences subies par le sous-bayle de Perpignan et vivement encouragé à punir les coupables « selon la qualité de leur crime », autrement dit sans indulgence ni faiblesse.

Le Gascon tenta de se justifier en envoyant à la cour un gentilhomme de ses amis porteur d'une lettre d'explications. Il s'étonnait qu'on le cherchât pour pareilles peccadilles. Que diable ! Ce n'était pas la première fois que des soldats en cantonnement troussaient les filles du pays ! Quant au reste, fallait-il en parler ? Une bastonnade inconsidérée, des mots un peu rudes adressés au prieur d'un obscur couvent, cela comptait-il tant ? Pourquoi enfler démesurément de menus faits de garnison ?

Louvois, intraitable, lui répondit par ce billet glacial (17 décembre) : « Monsieur, j'ai reçu des mains de ce gentilhomme la lettre que vous m'avez fait l'honneur de m'écrire. Je l'ai particulièrement entretenu du sujet pour lequel vous l'avez envoyé ici et vous voulez bien que je me remette au compte qu'il vous en rendra. » On était loin de l'obséquieuse considération dont il était entouré deux ans auparavant...

Le lendemain, un arrêt royal cassait la compagnie de Montespan, ordonnant aux officiers de rentrer dans leurs foyers et aux chevau-légers de rejoindre la compagnie Desroches, « leur défendant très expressément de la quitter sans congé par écrit dudit sieur Desroches ou de celui qui la commande en son absence sous peine de vie ». Parallèlement, le Conseil souverain, qui avait achevé son instruction, lança un décret de prise de corps contre les coupables. Le lieutenant d'Espalion, le maréchal des logis Cartet et les quatre ou cinq fortes têtes de la compagnie furent arrêtés et emprisonnés. Plus rapide ou plus agile, notre Gascon réussit à échapper au donjon de Pignerol auquel, paraît-il, on le destinait. Peut-être s'était-il enfui avec trois autres de ses cavaliers portés disparus, Montbas, Cartier Palacio et Duplessis dit Bohême ?

A Toulouse, Montespan trouva refuge chez l'une de ses anciennes conquêtes de la bonne société, car ce sigisbée en avait dans tous les milieux ! C'était l'épouse d'un conseiller au Parlement dont le mari était fort opportunément en voyage à Paris. La jeune femme fut émue par ce père courageux et ce petit enfant joufflu qui l'accompagnait dans son infortune, si tendrement émue qu'elle en abandonna le domicile conjugal pour suivre en Espagne le proscrit. En partant, elle écrivit à son époux « que le jeune enfant promettait tant qu'elle s'était sentie obligée de ne le point abandonner »... La *Gazette de Bruxelles*, qui relate cet écho, ajoute que l'argument trouva sceptique le conseiller son mari !

L'EXIL ET LA GRÂCE

D'exil, Montespan s'évertua à faire valoir sa défense. Une requête par lui présentée fut rejetée par le Conseil souverain du Roussillon – qui n'avait de « souverain » que le nom. « J'en ai rendu compte à Sa Majesté, écrivait Louvois aux magistrats le 22 janvier 1670, qui a d'autant plus approuvé ce que vous avez fait que rien ne l'empêche de se rendre à Perpignan pour se mettre en état de purger le décret décerné contre lui. »

La situation du marquis au-delà des monts devint vite précaire. Comment vivre harcelé par la nécessité, sans ressources, sans relations et surtout sans espoir de retour ? Même en agréable et galante compagnie, pareille expérience ne pouvait se prolonger indéfiniment. La fatigue, la faim, le souci du quotidien, l'inquiétude des jours à venir le talonnaient, le poussaient au repentir. Et puis, nous le savons, Montespan, gentilhomme fantasque, guidé par de soudaines lubies, était l'inconstance, la versatilité mêmes. Ses palinodies ne se comptaient plus. Cette fois, il avait peur. L'instruction intentée contre lui allait reprendre à Toulouse d'un jour à l'autre. Et, s'il refusait de faire amende honorable, il risquait une terrible condamnation par contumace et la saisie de tous ses biens. Louvois n'avait-il pas réuni assez de preuves pour lui faire mettre la tête sur le billot ? A quoi bon continuer à errer comme un gueux sur les routes d'Espagne ? Bref, il rêva bientôt d'obtenir le pardon du maître et de retourner à Bonnefont, de s'y faire oublier sous la douce quiétude du ciel de Gascogne.

Sa mère, la marquise d'Antin, son cousin, le maréchal d'Albret, sollicitaient sa grâce. Il y joignit sa propre requête : une contrition parfaite ! Il avouait que « par un esprit de jeunesse et d'emportement » il était tombé dans « divers excès et violences ». Il demandait donc humblement pardon au roi de sa téméraire aventure. Qui connaît l'orgueil ombrageux du personnage, son âme fière, imagine aisément que cet écrit fut un crève-cœur qui répondait à l'absolue nécessité de mettre fin à sa triste équipée.

Personne, à vrai dire, ne songeait à exploiter le scandale, Louis XIV moins que quiconque. Laisser libre de ses mouvements, sur les terres du Roi catholique, un homme aussi impulsif, dont nul ne pouvait prévoir les coups de tête, présentait un danger évident. Au demeurant, il était fort loquace de tempérament. Son aventure ne manquerait pas d'exciter la verve des chansonniers. Des pamphlétaires hollandais n'allaient-ils pas s'en mêler et battre monnaie avec le récit de son infortune ? Comment alors arrêter le galop des médisances ?

La prudence même commandait au roi de se montrer magnanime. Que le fugitif vînt à résipiscence, c'était tout ce qu'il désirait. Dès avril 1670, il accorda le pardon aux complices et les fit libérer. Les lettres de grâce de Montespan, établies en « considération de ceux de son nom et maison », furent signées le 28 août et registrées au parlement de Toulouse le 13 octobre suivant.

Il revint à Bonnefont, où vivaient sa mère et sa petite fille. Mais il n'était pas décidé à s'y faire oublier. Le 9 juin de l'année suivante, on le vit à Bordeaux lors de la réception officielle du maréchal d'Albret, son cousin, nommé gouverneur de la province. Il paradait au premier rang aux côtés des jurats de la ville. La *Gazette* affirme même qu'il avait amené à son cousin toute la noblesse de Haute Guyenne, « qui se monte à quatre cents gentilshommes ». Il est vrai, comme le dit Mme de Caylus, que depuis sa disgrâce on était disposé à lui laisser faire « toutes ses extravagances » – sauf à la cour.

A son épouvantail de mari Athénaïs songeait de temps à autre. Son mépris et ses frayeurs s'étaient dissipés. Peut-être éprouvait-elle pour lui un sentiment de pitié condescendante ? « En l'an 1671, conte Philibert Delamare, conseiller au parlement de Dijon, le maréchal d'Albret allant en Guyenne prendre possession du gouvernement, le marquis de Montespan s'y trouva pour faire l'honneur de la cérémonie de l'entrée de ce maréchal qui est son parent, et comme sa femme qui était à la cour sut qu'il aurait peut-être besoin d'argent pour se mettre en équipage, elle lui fit tenir quatre mille pistoles, huit paires d'habits très riches et des habits pour son train sans faire dire que cela vînt d'elle. Il hésita longtemps s'il recevrait ce présent. A la fin, ses amis lui ayant remontré que, ne paraissant point qu'il vînt de sa femme, il le pouvait recevoir avec bienséance, il s'y résolut et le prit sans croire être obligé de remercier celle d'où il venait... »

L'anecdote n'est malheureusement confirmée par aucune autre source.

CHAPITRE IV

Les trois reines

« Les dames de la faveur »

Malgré l'évidence de sa défaite, Louise de La Vallière, par faiblesse plus que par volonté, avait refusé de céder la place. Pour conserver les braises mourantes d'un amour déclinant, elle avait tout accepté : les rebuffades d'un amant, les hauteurs insupportables et les humiliations de la nouvelle favorite, le regard méprisant de la cour. Elle avait même consenti à partager l'existence de sa rivale. Avec quelle déchirante souffrance se cramponnait-elle à cette vie de supplice ! Quant à s'arracher à cette situation dégradante, elle n'en avait pas la force. Aussi, à Saint-Germain, Versailles, Chambord ou Fontainebleau, Louis XIV, tel un satrape, s'affichait-il sans vergogne avec trois femmes : la reine et ses deux maîtresses qu'on appelait pudiquement les « dames ».

Nul n'osait l'en blâmer, si bien que, l'habitude effaçant le premier sentiment de gêne, cet état de fait ne choqua bientôt plus que les ambassadeurs étrangers ou les nouveaux venus. De retour d'une mission en Orient, le chevalier d'Arvieux conte, dans ses *Mémoires*, son étonnement de voir le monarque dîner avec son frère, entre La Vallière et Montespan, tous quatre servis par un maréchal de France, M. de Bellefonds, grand maître d'hôtel : « Le roi, dit-il, me commanda de lire mon dialogue avec sultan Sélim, qui lui servit de divertissement pendant le repas, outre les questions et les raisonnements qu'on me fit sur les manières de Turquie et, comme mes réponses étaient fort gaies, ils y prenaient beaucoup de plaisir. Le roi en riait modérément, aussi bien que Mme de La Vallière, mais Monsieur et Mme de Montespan faisaient des éclats de rire qu'on aurait entendus de deux cents pas. A l'issue de la table, le roi entra dans un cabinet avec Monsieur. Pendant ce temps-là, j'entretenais les deux dames de la manière dont on se mariait en Turquie, à quoi elles prirent du plaisir... »

Pareillement, l'abbé de Maucroix fut le témoin à Fontainebleau d'un curieux départ pour la chasse : « Nous vîmes Mme de La Vallière monter la première en calèche, le roi ensuite, et enfin Mme de Montespan, tous trois sur un même siège. Mme de La Vallière me parut fort jolie, avec plus d'embonpoint qu'on ne me l'avait figurée. Je trouvai Mme de Montespan fort belle. Le roi étant assis dit au cocher : "Marche !" Ils allaient à la chasse au sanglier. La voiture partit aussitôt et tout disparut en un instant. »

On s'est diversement interrogé sur le comportement du souverain. Mme Clemenceau-Jacquemaire, dans son étude sur *La Vie sensible de Louis XIV*, y voit un effet de son tempérament amoureux. Cette situation, remarque-t-elle, lui convenait si bien qu'on la verra se reproduire ; Mlle de Fontanges devra supporter la présence de Mme de Montespan et celle-ci, à son tour, sera longtemps imposée à Mme de Maintenon : « C'était chez le roi un goût de nature contre lequel il ne luttait pas. Il était bigame par tempérament, ou plutôt polygame, car ce serait une erreur de ne pas faire, dans l'ordre voulu, une place à la reine dont il venait ponctuellement, mais à des heures parfois plus tardives, partager le lit tous les soirs. » D'autres explications ont été évoquées : l'amour du roi pour la paix domestique, son horreur du changement, son refus de reléguer contre ses vœux une femme encore jeune et belle, pour laquelle il conservait des restes d'amitié, voire de tendresse.

Et Athénaïs, comment réagit-elle ? Elle s'accommoda d'abord de cette extravagante situation, qui avait au moins l'avantage de préserver les apparences – ou ce qu'il en restait – tant vis-à-vis de son mari exilé que de l'opinion : en demeurant la favorite officielle, Louise ne lui servait-elle pas de paravent ?

Les deux jeunes femmes semblaient vivre dans une parfaite entente. Comme les sultanes d'un harem, elles s'habillaient, se coiffaient, prenaient leurs repas ensemble. Jamais elles ne recevaient de visite tant leur maître craignait qu'on ne les chargeât de quelque placet pour lui. A Saint-Germain, elles disposaient, au deuxième étage du château, d'un logement contigu. Elles veillaient d'ailleurs à ce qu'un traitement égal leur fût réservé : quand on faisait un aménagement chez l'une, on faisait le même chez l'autre. Un acte, daté du 1er février 1669, signé devant Me Chopin, notaire à Paris, nous montre les deux jeunes femmes concluant avec Jean Marot, architecte du roi, un marché de quatre mille livres pour faire construire quatre grottes de rocaille, « savoir deux pour ladite dame duchesse de La Vallière et deux pour Mme de Montespan, le tout en leurs appartements au château vieil de Saint-Germain-en-Laye ».

En réalité, pour ces deux femmes enchaînées à un même homme, la vie était loin d'être rose. « Le roi n'est point de ces gens à rendre heureux ceux qu'il veut le mieux traiter, écrivait Henriette d'Angleterre à son amie, Mme de Saint-Chaumont. Ses maîtresses, à ce que nous voyons, ont plus de trois dégoûts la semaine. »

Parfois, dans le gynécée, éclataient de terribles crises de jalousie, car l'« ancienne » connaissait des retours de flamme : « La duchesse de La Vallière est assurément grosse, écrivait le marquis de Saint-Maurice le 14 mars 1670 ; toute son adresse et [celle] du roi est de le cacher à Mme de Montespan jusqu'à ce qu'elle ait accouché de crainte que cette nouvelle, la fâchant, ne lui cause quelques maux. » Une semaine plus tard : « Il y a eu des pleurs chez les dames de la faveur parce que la dernière venue a pénétré la grossesse de l'autre ; on dit que leur galant a bien eu de la peine à les consoler et qu'il s'est trouvé dans un grand embarras. »

Si l'on en croit l'indiscret diplomate, tout avait commencé par une histoire de « fard merveilleux » dont s'enduisait Mlle de La Vallière et que son envieuse compagne désirait. Contraint d'user de son autorité pour lui en procurer, le roi en demanda à Louise. Celle-ci affecta un air moqueur et ne consentit à en donner qu'à la condition « que les faveurs fussent égales ». Depuis, dit Saint-Maurice, « on s'est aperçu de son gros ventre »...

Athénaïs se lassa vite de cette vie commune et reprocha au monarque, en termes vifs, son manque de « délicatesse ». Louis crut l'apaiser par de suaves banalités. Mais comme elle ne s'en contentait pas, il finit par lui avouer que cette situation, à laquelle il ne pouvait remédier, s'était faite insensiblement. « Insensiblement pour vous, rétorqua-t-elle, mais très sensiblement pour moi ! »

N'obtenant pas la répudiation de sa rivale, elle chercha alors à la pousser à bout et à la contraindre au départ. Ce fut un regain d'épreuves et de souffrances pour la malheureuse, trop attachée à son amour pour s'éloigner volontairement. « Mme de Montespan, abusant de ses avantages, note Mme de Caylus, affectait de se faire servir par elle, donnait des louanges à son adresse et assurait qu'elle ne pouvait être contente de son ajustement que si elle n'y mettait la dernière main. Mme de La Vallière s'y portait, de son côté, avec tout le zèle d'une femme de chambre dont la fortune dépendrait des agréments qu'elle prêterait à sa maîtresse. Combien de dégoûts, de plaisanteries et de dénigrements n'eut-elle pas à essuyer !... »

L'abbé de Choisy remarque dans ses *Mémoires* que, quand le roi revenait de la chasse, il allait se débotter, s'ajuster et se poudrer chez Mlle de La Vallière, lui disant à peine bonjour, et passait ensuite chez Mme de Montespan, où il restait toute la soirée. Est-on pour autant obligé de croire la princesse Palatine lorsqu'elle affirme que Louis XIV usa encore envers la pauvre délaissée de cruautés et d'insultes gratuites ? Comme il traversait la chambre de La Vallière pour se rendre chez Mme de Montespan, raconte-t-elle, le roi, poussé par celle-ci, prenait son chien, un épagneul nommé *Malice*, et le jetait à la duchesse en disant : « Tenez, madame, voilà votre compagnie, cela vous suffira. » La scène paraît peu vraisemblable. Tout mufle qu'il fut, le souverain resta toujours poli avec les femmes.

Louise supporta ces avanies avec une patience d'ange, sans élever la moindre plainte, comprenant qu'elle ne pourrait plus jamais regagner le cœur de son amant volage, opposant la dignité du silence à l'hypocrisie de la situation. Elle s'en expliquera avec la Palatine : Dieu, dira-t-elle, avait touché son cœur et lui avait fait découvrir l'abîme de son péché. Par esprit de mortification, elle avait pensé que le plus grand sacrifice qu'elle pourrait offrir était celui-là : se voir dédaigner par son ancien amant, être tenue pour une sotte par les autres. Plus tard, avant d'entrer au couvent, parlant du roi et de Mme de Montespan, elle s'écriera : « Quand j'aurai de la peine aux Carmélites, je me souviendrai de ce que ces gens-là m'ont fait souffrir ! »

Le mariage manqué de Mademoiselle

A la fin d'avril 1670, Louis XIV partit avec toute la cour visiter les places de Flandre récemment conquises sur l'Espagne. En réalité, ce voyage n'était qu'un prétexte pour accompagner jusqu'à Dunkerque Henriette d'Angleterre, chargée de négocier en grand secret avec son frère Charles II l'alliance britannique. Le comte de Lauzun, promu lieutenant général, commandait l'armée royale, forte de 30 000 hommes, qui devait renforcer les garnisons des villes-frontières. Ce fut partout des fêtes, des réceptions gigantesques ponctuées de bals, de danses folkloriques et de feux d'artifice, partout un étalage de richesse, de luxe, de pompe orientale qui tranchaient avec la rusticité paysanne et la misère des régions traversées.

Malheureusement, le temps restait inclément. Près de Landrecies on trouva les gués de la Sambre impraticables et les champs transformés en marécages. A dix heures du soir, après une journée harassante, le roi, la reine, Monsieur et les « dames » s'arrêtèrent dans une misérable grange. La Grande Mademoiselle a brossé, dans ses *Mémoires*, le pittoresque tableau de cette halte campagnarde. Tout le monde paraissait fourbu. Le bouillon était maigre et sans saveur, les viandes froides avaient « mauvaise mine ». Les poulets rôtis étaient si durs qu'en tirant à deux on arrivait à peine à en arracher les cuisses ! Puis vint l'heure de se mettre au lit. La reine, fort prude, était inquiète : « Quoi ! coucher tous ensemble ! Cela serait horrible ! » « Etre sur des matelas tout habillés, y a-t-il du mal ? rétorqua le roi. Je n'y en trouve point. » Foin de l'étiquette donc ! On distribua sans ordre matelas, bottes de paille et couvertures. La reine s'installa près du feu. « Vous n'avez qu'à tenir votre rideau ouvert, lui lança son époux ; vous nous verrez tous ! » Lui-même et Monsieur enfilèrent des robes de chambre sur leurs habits. Lauzun, botté, allait et venait pour les besoins du service, enjambant maladroitement les lits de fortune. Entendant le meuglement des vaches et le braiment des ânes dans l'étable voisine, Mme de Thianges s'exclama : « Voici qui me donne de la dévotion, me faisant souvenir de la naissance de Notre-Seigneur ! »

La cour séjourna à Avesnes, au Quesnoy, au Catelet, à Bapaume, visita Douai, Tournai et Lille. A Dunkerque, comme par hasard, la flotte anglaise croisait au large. Henriette manifesta le désir de franchir le détroit afin d'embrasser son frère... Ainsi fut signé le traité secret de Douvres, le 1er juin 1670. Charles II s'engageait à aider Louis XIV dans sa lutte contre les Hollandais en mettant à sa disposition 6 000 soldats et 50 vaisseaux. En contre-partie, le roi de France promettait de verser à son cousin un subside annuel de trois millions de livres et de lui porter assistance au cas où sa décision de se convertir au catholicisme se heurterait à l'opposition violente des protestants.

Henriette revint à Saint-Germain le 18 juin. Onze jours plus tard, à Saint-Cloud, elle se plaignit – comme elle le faisait fréquemment – d'un violent point de côté. Après avoir absorbé un verre d'eau de chicorée glacée, elle fut prise d'affreuses douleurs. « Si je n'étais pas chrétienne, dit-elle, je me tuerais tant mes douleurs sont excessives. » Elle expira dans la nuit du 29 au 30, après neuf heures d'agonie, persuadée d'avoir été empoisonnée.

La nouvelle de sa fin tragique frappa toute la cour. Qui n'a en mémoire la célèbre péroraison de Bossuet : « O nuit désastreuse ! O nuit effroyable où retentit tout à coup comme un éclat de tonnerre cette étonnante nouvelle, Madame se meurt, Madame est morte... Madame a passé du matin au soir, ainsi que l'herbe des champs ; le matin, elle fleurissait – avec quelle grâce vous le savez –, le soir, nous la vîmes séchée... »

L'autopsie permit aux médicastres de conclure à une mort naturelle, qui arrangeait bien le roi : un cholera morbus dû « à l'impétuosité de la bile irritée, abondante et bouillonnante ». Version officielle qui rencontra partout incrédulité ou dérision. « Orléans est un coquin, mais n'en dites rien ! » s'écria Charles II, convaincu du crime. Haïe par un mari jaloux et mesquin, persécutée par ses mignons cyniques et arrogants, qui voyaient en elle le principal obstacle à leur cupide ambition, la légère et coquette jeune femme vivait entourée d'ennemis acharnés à sa perte. A-t-elle été empoisonnée par un émissaire du chevalier de Lorraine, exilé à Rome ? A-t-elle succombé, comme le pensent Littré et un certain nombre de médecins modernes, à une péritonite aiguë ? A une perforation intestinale ou à une grossesse extra-utérine, selon d'autres ? Cette disparition reste l'une de ces énigmes historiques qui feront encore couler beaucoup d'encre.

A l'époque, on ne s'apitoya guère sur la défunte. Quelques heures seulement après sa mort, Louis XIV proposait à la Grande Mademoiselle de la remplacer auprès de son frère : « Ma cousine, voilà une place vacante : la voulez-vous remplir ? » La princesse blêmit, balbutia. Epouser Monsieur ! Il n'en était pas question. Que lui importait de devenir la seconde dame du royaume ! La fière et passionnée petite-fille de Henri IV qui, au cours de sa vie tumultueuse, avait failli épouser les plus grands princes d'Europe – le roi d'Espagne, l'archiduc Léopold, l'Empereur Ferdinand III, le prince de Galles (futur Charles II d'Angleterre), son frère York (futur Jacques II), Alphonse VI de Portugal, son cousin le Grand Condé, d'autres encore – était pour l'heure follement amoureuse. C'était la première fois ! A quarante-trois ans ! De qui ? D'un petit gentilhomme de province : Lauzun ! On a tout dit d'Antonin Nompar de Caumont, marquis de Péguilin, puis comte de Lauzun, de son insolente séduction, de son esprit mordant, étincelant, de ses caprices, de ses aventures étourdissantes. « On ne rêve pas comme il a vécu », écrira La Bruyère. Ce blondin à l'air de Mascarille, « tout petit, précise Primi Visconti, laid de visage, à moitié chauve, graisseux, sale et difforme », était la coqueluche des dames. On ne comptait plus ses bonnes fortunes. Et quelle fulgurante ascension ! De simple cadet de Gascogne il était devenu en quelques années colonel général des dragons, lieutenant général des armées, l'ami, le favori du roi qui ne pouvait se passer de son ironie ravageuse. Comment cet insatiable ambitieux aurait-il pu résister à l'amour passionné de la petite-fille du Vert Galant, vierge folle, à la fois naïve et romanesque ? Certes, avec son grand nez bourbonien et ses yeux bleus globuleux, elle n'était pas de première beauté et paraissait plutôt fanée, mais quel parti ! Le plus riche de France ! En l'épousant, ne devenait-il pas duc de Montpensier, le propre cousin du roi de France ?

La nouvelle de leurs fiançailles, le 15 décembre 1670, fit le tour de la ville comme une traînée de poudre. On connaît la fameuse lettre de Mme de Sévigné à M. de Coulanges, qui traduit bien l'étonnement des contemporains devant cet extravagant projet : extravagant, c'était le mot ! Tout le monde, les grands, les bourgeois, le petit peuple le jugeaient ainsi et s'en indignaient. Elle était loin encore l'époque où les princesses épouseront, devant des foules en délire, des photographes ou des acteurs de cinéma ! Les princes ne se mariaient qu'entre eux, méprisaient les nobles et se considéraient au-dessus des plus hauts barons du royaume.

Et pourtant, devant l'insistance de sa cousine, Louis XIV s'était laissé forcer la main. Il avait donné son consentement, mais du bout des lèvres : « Je ne vous le conseille pas ; je ne vous le défends point, mais je vous prie d'y songer. L'avis que j'ai à vous donner est que personne ne le sache… Bien des gens n'aiment pas M. de Lauzun. »

Le petit homme, lui, déclina le conseil : il voulait un mariage princier, en grande pompe, donc sans précipitation excessive. Il s'était même commandé une riche livrée brodée de fleurs de lys, aux armes de Gaston d'Orléans, père de la princesse. Par folle vanité, il laissa ainsi la contre-offensive s'organiser.

Alors qu'au palais du Luxembourg les flatteurs félicitaient les futurs époux et les soûlaient de compliments et de louanges, au Louvre, la reine, Monsieur, le prince de Condé, son fils M. le Duc, Mme de Guise, sœur de Mademoiselle, les princesses du sang faisaient le siège du roi. Le chancelier Séguier, le ministre Le Tellier, son fils Louvois lui représentaient les dangers d'une telle élévation pour son autorité. Le maréchal de Villeroy s'était même jeté à ses genoux, le suppliant de revenir sur une autorisation qui « consternait » le peuple et « flétrissait sa réputation ». Marguerite de Lorraine, seconde épouse de Gaston et belle-mère de Mademoiselle, lui écrivait deux lettres, le priant de prévenir « le malheur extrême où cette pauvre princesse veut se précipiter ».

Or, Mme de Montespan était très liée avec Lauzun, qui lui ressemblait par sa vivacité, sa tournure d'esprit, acide et moqueuse. C'est grâce à son appui que peu avant, le 14 décembre, elle avait réussi à marier sa nièce, Diane-Gabrielle de Thianges, superbe beauté de quatorze printemps, avec Philippe-Julien Mancini, duc de Nevers, neveu de Mazarin. « Ce M. de Nevers, annonçait Mme de Sévigné, si difficile à ferrer, ce M. de Nevers si extraordinaire qui glisse des mains alors qu'on y pense le moins, il épouse enfin, devinez qui ? Ce n'est point Mlle d'Houdancourt, ni Mlle de Grancey ; c'est Mlle de Thianges, jeune, jolie, modeste, élevée à l'Abbaye-aux-Bois. Mme de Montespan en fait la noce dimanche ; elle en fait comme la mère, et en reçoit tous les honneurs. Le roi rend à M. de Nevers toutes ses charges ; de sorte que cette belle qui n'a pas un sou lui vaut mieux que la plus grande héritière de France. Mme de Montespan fait des merveilles partout. »

En échange et de bonne grâce, Athénaïs avait soutenu l'ambitieux projet du Gascon. Mais, devant la levée de boucliers et les pressions dont elle se vit l'objet, elle se prit à réfléchir. La princesse de Carignan lui avait rendu visite et avait insisté sur l'intérêt personnel qu'elle avait à faire échouer l'entreprise : le roi, lui avait-elle soufflé, ne tarderait guère à regretter l'accord qu'il avait donné sans doute à la légère. Il lui reprocherait alors amèrement de ne pas l'avoir éclairé à temps. Athénaïs comprit le risque. Ce n'était ni très digne ni très loyal, mais une sorte d'instinct de conservation la poussa. Elle changea brusquement de camp, conseilla à son amant de céder à l'opinion déchaînée. Son intervention fut certainement déterminante. Jeudi 18 décembre, Louis convoqua sa « grande cousine » et, les larmes aux yeux, lui dit qu'il s'opposait à ce mariage qui risquait de lui nuire « dans les pays étrangers ». Il ajouta, confus : « Vous avez raison de vous plaindre de moi ; battez-moi si vous voulez. Il n'y a emportement que vous puissiez avoir que je ne souffre ni ne mérite... » La scène fut longue, pénible. Le roi resta quelques instants à pleurer près de la malheureuse, joue contre joue, mais fut inflexible : « Ah ! Sire, je ne vous demande qu'une chose où il va de votre grandeur : de tenir votre parole. » A cela il répondit sans appel : « Les rois doivent satisfaire le public ! »

Folle de désespoir, la princesse s'en revint au Luxembourg, poussant les « hauts cris ». L'abbé de Choisy l'aperçut vers neuf heures, au bout de la salle des gardes, « échevelée et menaçant des bras le ciel et la terre : elle avait cassé par le chemin la glace de son carrosse »...

La nouvelle fut partout accueillie avec soulagement. « On ne peut dire la joie que non seulement toute la cour mais tout le royaume a eue de cette rupture de mariage qui n'avait point d'exemple dans notre histoire », écrivait Philibert Delamare.

Grâce à son revirement, Athénaïs triomphait : elle avait eu raison d'un moment de faiblesse du souverain.

LE COUVENT DE CHAILLOT

De ce triomphe, Louise de La Vallière, plus que toute autre, fut consciente. La prière ne suffisant plus à apaiser sa détresse, elle décida bientôt d'abandonner la cour et de se consacrer à Dieu dans l'oubli total d'elle-même.

Le mercredi des Cendres (10 février 1671), alors que les derniers échos joyeux du carnaval se mouraient dans l'aube grise, la jeune femme se glissa seule hors des Tuileries et, d'un pas ferme et résolu, marcha jusqu'au village de Chaillot, où elle demanda asile au monastère des Dames de la Visitation consacré à sainte Marie-Madeleine. Dans une lettre au roi, laissée en évidence dans sa chambre, elle expliquait que, n'aspirant plus désormais qu'à la pénitence et à la miséricorde divine, elle se retirait du monde, abandonnant à ses enfants son argent, ses pierreries, les cadeaux qu'elle avait reçus et n'emportant que son petit habit gris de lin. Neuf ans auparavant, pendant le carême de 1662, elle s'était déjà réfugiée par dépit dans un couvent de chanoinesses de la butte Chaillot. Toutes affaires cessantes, Louis XIV était accouru, à bride abattue, pour la ramener. Hélas, le temps des grands élans et des empressements amoureux était bien passé ! Cette fois, le prince accueillit la nouvelle avec indifférence. Sans rien changer au programme de la journée, il partit pour Versailles, mais, dans le carrosse, laissa échapper quelques larmes. Mme de Montespan et Mlle de Montpensier, qui l'accompagnaient, se firent un devoir de l'imiter. En fin de journée, après avoir considéré que cette fugue pourrait lui nuire, il chargea Lauzun de ramener la fugitive. Celui-ci partit au galop mais revint bredouille ainsi que le maréchal de Bellefonds, envoyé à sa suite. A cet ami pieux et sincère Louise, pourtant, ouvrit son cœur : elle le pria de dire au souverain qu'elle aurait quitté plus tôt la cour si sa faiblesse ne l'y avait retenue. Après avoir donné sa jeunesse, elle désirait consacrer le reste de ses jours à son salut. A ces mots, le monarque ne put cacher son émotion. Il pria Colbert de ramener la duchesse, de gré ou de force. Louise hésita et finalement se laissa fléchir sur la promesse de recouvrer sa liberté si elle persévérait dans sa résolution. A six heures du soir, elle quitta le couvent pour Versailles, où elle arriva vers minuit. Louis XIV l'accueillit en pleurs, l'embrassa, conversa une heure avec elle. Mme de Montespan ne put faire moins ; elle pressa sa tendre amie sur son cœur, ses beaux yeux emplis de larmes : « Des larmes, devinez de quoi ? » interrogeait Mme de Sévigné qui n'était dupe de rien. Car Athénaïs avait eu une altercation avec son amant. Elle lui avait déconseillé vivement de rappeler sa rivale dont la présence, même muette, l'irritait mais, devant la fermeté de celui-ci, elle avait dû battre en retraite et se composer un visage.

Et la vie reprit comme avant : « Il n'y a rien ici de nouveau, écrit l'ambassadeur de Saint-Maurice le 27 février ; la cour se divertit à son ordinaire à Saint-Germain où les dames de la faveur sont toujours dans la même posture. Mme de La Vallière est de tous les écots ; je la vis hier en habit de chasse, pompeuse, dans le carrosse du roi, où étaient Mme de Montespan et quelques autres dames : ils allèrent voir voler la pie. » Et, le 6 mars, s'adressant à nouveau au duc de Savoie : « La bonne opinion que Votre Altesse Royale avait pour Mme de La Vallière n'aura pas duré ; elle ne songe plus au couvent ; elle est contente car le roi a plus d'empressement pour elle qu'auparavant. »

C'était à n'y rien comprendre ! Ces larmes, ces prévenances, ces marques de tendresse pour la pauvre Louise ne cadraient pas avec la violente passion que le souverain éprouvait pour l'éblouissante marquise.

Chacun s'interrogeait sur cette énigme. Il est certain, disait-on, que le roi ne couche plus avec l'ancienne favorite, « l'autre ne le souffrirait pas ». Alors, que désirait-il ? Que cherchait-il ? Bussy-Rabutin, qui connaissait mieux que quiconque les replis du cœur humain, devina aisément sa motivation profonde : « Il a besoin d'un prétexte pour la marquise... Je vous maintiens, moi, que c'est pour son propre intérêt et par pure politique que le roi a fait revenir Mme de La Vallière. » C'est que l'ombre du déplaisant mari planait toujours sur le harem. Plus que jamais la présence de l'une protégeait l'autre. On le vit bien, au printemps, lors du nouveau périple en Flandre. Louise, amaigrie, souffrant au cou d'une loupe, fatiguée par les remèdes, demanda à l'infatigable voyageur de la dispenser de cette équipée, prétextant des difficultés financières, dues aux poursuites qu'avaient entamées contre elle des créanciers implacables. Des poursuites ? Qu'à cela ne tienne ! Le 19 mai, par lettres patentes, le souverain, magnanime, les faisait suspendre de sa pleine et entière autorité. C'est ainsi que, la mort dans l'âme, la malheureuse fut contrainte de le suivre.

En province, on s'évertua à reproduire la configuration du logement des « dames de la faveur ». A l'envoi du plan des aménagements Louvois joignait ce mot pour l'intendant Robert de Dunkerque : « Il faut faire accommoder la chambre V pour Mme de Montespan, y faire percer une porte à l'endroit marqué I et faire une galerie pour qu'elle puisse entrer dans la chambre marquée II, qui lui servira de garde-robe. Mme la duchesse de La Vallière logera dans la chambre marquée Y, à laquelle il faut faire une porte à l'endroit marqué III, *pour qu'elle puisse aller à couvert dans la chambre de Mme de Montespan.* » Le roi, par ce chemin détourné, rejoignait la nouvelle sultane...

Sous le lit d'Athénaïs

Violemment déçu par le revirement de Louis XIV qui avait brisé son rêve de devenir duc de Montpensier, Lauzun s'était gardé d'étaler ses rancœurs, persuadé que le roi lui saurait gré de son comportement et ne se montrerait pas ingrat : « Je vous ferai si grand, lui avait-il dit, que vous n'aurez pas sujet de regretter la fortune que je vous ôte. »

Dès la fin de 1670, il lui donna une gratification de 500 000 livres et, quelques jours plus tard, lui accorda les « grandes entrées », privilège réservé aux gentilshommes de la Chambre et donnant accès à sa personne, en tout lieu et à toute heure du jour. A Pâques, il reçut la charge de gouverneur général du Berry, des villes de Bourges et Issoudun, qui rapportait 12 000 écus de rente. On parlait de lui pour la prochaine promotion de maréchaux.

Or, c'est à la favorite que cet homme puissant, aimé du roi, en voulait tout particulièrement puisqu'il lui reprochait d'avoir été le principal artisan de l'échec de son union avec la Grande Mademoiselle. « Je me souviens, raconte La Fare dans ses *Mémoires*, qu'étant de retour du Languedoc, peu de jours après la rupture de ce mariage, je trouvai M. de Lauzun à Saint-Germain, chez une de mes parentes avec qui il était fort bien, et après m'avoir demandé si je ne l'avais pas bien plaint dans le malheur qui lui était arrivé, il parla de Mme de Montespan avec tant d'indignation et de mépris et comme un homme qui se possède si peu qu'étant retourné à Paris voir une femme des amies de M. de Lauzun, dont j'étais éperdument amoureux, je lui dis : "Votre ami Lauzun est un homme perdu qui ne sera pas encore six mois à la cour." »

Le terrible Gascon était bien décidé à provoquer la chute de la triomphante marquise. C'est lui, allégua-t-on, qui avait poussé Louise de La Vallière à s'échapper, lui soufflant les termes de la lettre qu'elle avait laissée en évidence dans sa chambre avant de quitter les Tuileries, tout cela afin de « rallumer l'amour du roi par cette retraite ».

Ayant échoué, Lauzun, soudain, parut se calmer. Par ruse, pour endormir la méfiance d'Athénaïs, il fit l'aimable. Pour le voyage de Flandre de 1671, il lui céda gracieusement ses chevaux de carrosse, les meilleurs, et, de retour d'une visite à Amsterdam, lui envoya quelques jolies toiles de maîtres hollandais.

A l'automne, le vieux maréchal de Gramont démissionna de sa charge de colonel du régiment des gardes françaises. Lauzun, qui la convoitait depuis longtemps, n'osa la demander directement au roi, car Gramont, son cousin et protecteur, voulait la céder à son fils, le comte de Guiche, assez mal en cour. Il pria donc la belle marquise de la solliciter en sa faveur, sans dire « qu'il lui avait fait cette confidence et qu'il ambitionnait la charge ».

Cependant, le Gascon n'avait pas entière confiance en sa commissionnaire, qui l'avait trahi une première fois. Il prit le parti de la surveiller. Ne reculant devant rien, le hardi petit homme s'introduisit, grâce à la complicité d'une femme de chambre, dans l'appartement de la Montespan et se glissa sous son lit peu avant son arrivée et celle du roi. Il faut ici céder la plume à Saint-Simon qui a croqué cette scène inimitable : « Il y entendit tous les propos de lui entre le roi et sa maîtresse, et que celle-ci, qui lui avait tant promis tous les bons offices, lui en rendit tous les plus mauvais qu'elle put. Une toux, le moindre mouvement, le plus léger hasard pouvaient déceler ce téméraire, et alors que serait-il devenu ? Ce sont de ces choses dont le récit étouffe et épouvante à la fois. Il fut plus heureux que sage et ne fut point découvert. Le roi et sa maîtresse sortirent enfin de ce lit. Le roi se rhabilla et s'en alla chez lui, Mme de Montespan se mit à sa toilette pour aller à la répétition d'un ballet où le roi, la reine et toute la cour devaient aller. La femme de chambre tira Péguilin de dessous ce lit, qui apparemment n'eut pas un moindre besoin d'aller se rajuster chez lui. De là, il s'en vint se coller à la porte de la chambre de Mme de Montespan. Lorsqu'elle en sortit pour aller à la répétition du ballet, il lui présenta la main et lui demanda avec un air plein de douceur et de respect s'il pouvait se flatter qu'elle eût daigné se souvenir de lui auprès du roi. Elle l'assura qu'elle n'y avait pas manqué et lui composa comme il lui plut tous les services qu'elle venait de lui rendre. Par-ci, par-là, il l'interrompit crédulement de questions pour la mieux enferrer puis, s'approchant de son oreille, il lui dit qu'elle était une menteuse, une friponne, une coquine, une p... à chien, et lui répéta mot pour mot toute la conversation du roi et d'elle. Mme de Montespan en fut si troublée qu'elle n'eut pas la force de lui répondre un seul mot et à peine de gagner le lieu où elle était, avec grande difficulté à surmonter et à cacher le tremblement de ses jambes et de tout son corps, en sorte qu'arrivant dans le lieu de la répétition du ballet, elle s'évanouit... »

Tout est vrai dans cette étonnante scène de vaudeville. Saint-Simon, beau-frère de Lauzun, en recueillit le récit de sa bouche même. Il commit seulement l'erreur de la transposer deux ans et demi plus tôt, en juillet 1669, lorsque le Gascon convoitait une autre charge militaire, la grande maîtrise de l'artillerie. Racine, historiographe du roi, confirme, dans ses notes, la scène avec plus de sobriété : « On prétend que M. de Lauzun avait eu une extrême passion d'avoir le régiment des gardes mais qu'à cause du maréchal de Gramont il eût bien voulu que le roi l'en eût pressé. On dit donc qu'il en parla à Mme de Montespan et qu'ensuite il se cacha pour voir comme elle en parlerait au roi ; qu'ayant vu qu'elle s'était moquée de lui, il lui chanta pouilles et la menaça. » De son côté, Philibert Delamare écrit que Lauzun, fou de rage, traita la maîtresse du roi de « bougresse de putain ». « Grosse tripière » aurait été l'injure la plus violente, selon le marquis de Saint-Maurice qui ajoute : « Il faudrait être bien insolent et bien emporté pour cela, car, outre le respect que l'on doit à ce que le roi aime, cette dame a bien un peu d'embonpoint mais elle n'est pas trop grosse, elle est extrêmement belle, a beaucoup d'agrément et d'esprit et n'a jamais fait de mal à personne. »

La scène du lit eut lieu vraisemblablement le 25 ou le 26 octobre 1671, peu avant l'annonce officielle de la nomination du duc de La Feuillade aux fonctions de colonel du régiment des gardes, en remplacement de Gramont. Mme de Montespan, effrayée par les menaces, redoutant les représailles, demanda alors au roi une protection particulière. Mais elle garda probablement silence sur la conduite de l'insolent. Saint-Maurice la vit ainsi à Saint-Germain partir à la chasse au lièvre,

« seule dans une calèche à six chevaux, toutes les glaces tirées, à travers lesquelles on l'admirait avec son ajustement et ses charmes ordinaires ; elle était suivie du major des gardes du corps, le chevalier de Forbin, et de trois gardes avec le mousqueton, tous à cheval ».

A la mi-novembre, une nouvelle intrigue prouva à Athénaïs que Lauzun lui avait bel et bien déclaré la guerre. Pour remplacer Mme de Montausier – qui venait de s'éteindre – dans ses fonctions de dame d'honneur de la reine, elle soutint la candidature de son amie, Mme de Richelieu. Contre elle, le Gascon chercha à pousser Mme de Créqui. Mme de Montespan comprit que l'épreuve de force s'engageait. C'était elle ou lui. Elle décida donc de parler au roi. La scène qui s'ensuivit entre Louis XIV et Lauzun fut très violente. Selon Primi Visconti, le Gascon se déchaîna contre la maîtresse et, dans sa rage, affirma « que Monsieur et lui-même avaient eu ses faveurs » avant lui. Le monarque, excédé, donna cinq jours à son interlocuteur pour présenter ses excuses à la marquise. Celui-ci, en réponse, produisit un mémoire justificatif. C'est pourquoi le mercredi 25 novembre, à sept heures du soir, il fut arrêté au château de Saint-Germain par son collègue le marquis de Rochefort, capitaine des gardes du corps, et conduit le lendemain par d'Artagnan, capitaine des mousquetaires, et cent hommes de sa compagnie au donjon de Pignerol, où se morfondait depuis près de sept ans déjà l'ancien surintendant des Finances Nicolas Fouquet.

La nouvelle de cette disgrâce surprit d'autant plus qu'on n'en connut pas à l'époque la cause. Aussi les bruits les plus extravagants vagabondèrent-ils. On parla de son mariage secret avec la Grande Mademoiselle, et ce malgré l'interdiction royale. D'autres soutenaient qu'il avait travaillé pour le compte de Hollandais qui lui servaient 40 000 écus de pension. D'autres encore accusaient l'artificieux Gascon d'avoir préparé avec M. de Montespan l'enlèvement de sa femme.

Ainsi Athénaïs eut-elle raison du favori. Mais, même après son incarcération, elle demeura inquiète : « Elle ne marche jamais sans gardes, écrit Saint-Maurice, pas même pour aller de sa chambre à la chapelle à Saint-Germain bien qu'elle en soit tout contre. » Rançon du triomphe !

La guerre de Hollande

La guerre contre les Provinces-Unies, préparée depuis la paix d'Aix-la-Chapelle, éclata enfin. Les Anglais, rivaux sur mer des Hollandais, ouvrirent les hostilités. A la fin de mars 1672, près de l'île de Wight, une de leurs flottes attaqua un convoi de marchandises néerlandais. Le 6 avril, la France entra dans le conflit. Quelques jours plus tard, le roi donna pouvoir à son épouse, qui restait à Saint-Germain en raison d'une grossesse avancée, d'administrer le royaume en son absence. Le 27, il conduisit sa maîtresse au château du Génitoy (non loin de Lagny), propriété de son maître d'hôtel ordinaire, Claude Sanguin, et resta deux heures auprès d'elle avant de lui faire de tendres adieux et de prendre la route des Flandres.

Le 14 juin, Marie-Thérèse mettait au monde un fils prénommé François, qui ne vivra que quelques mois. Six jours plus tard, Mme de Montespan accouchait au Génitoy d'un troisième enfant, un garçon, Louis-César, futur comte de Vexin, qui ne dépassera pas sa onzième année.

En riposte à l'attaque anglaise, l'amiral hollandais Ruyter mit en déroute une escadre franco-britannique. Ce fut la seule confrontation sur mer, le reste des opérations se déroulant sur terre. A la fin de mai, deux armées, l'une commandée par Turenne, l'autre par Condé, entrèrent en pays liégeois et opérèrent leur jonction dans la basse vallée de la Meuse. Les petites places tenues par les Hollandais et leurs alliés brandebourgeois tombèrent les unes après les autres : Rees, Orsoy, Rheinberg, Buderich. Le 12 juin, la cavalerie de la maison du roi franchit le Rhin à Tolhuys : l'épisode est resté fameux, comme un fait d'armes prodigieux chanté par Boileau et peint par Van der Meulen. Sur le terrain, l'entreprise parut beaucoup moins glorieuse : les 20 000 Français traversèrent le fleuve à gué, n'ayant en face d'eux, sur l'autre rive, que quelques centaines de soldats qui s'enfuirent aussitôt en voyant arriver cette force impressionnante. Les pertes des deux côtés furent limitées. Pour ne pas se laisser encercler, l'armée néerlandaise battit en retraite jusqu'à Amsterdam. Arnhem et Utrecht se rendirent alors sans difficulté. Le 3 juillet, Louis XIV entra solennellement dans cette dernière ville, fit rouvrir la cathédrale au culte catholique et célébrer un *Te Deum*.

Mais déjà la progression des armées françaises était stoppée. Le 20 juin, en effet, rompant les digues et ouvrant les écluses de Muyden, les Hollandais avaient inondé une partie des polders de Zélande et de Hollande. Delft, Leyde et tous leurs trésors artistiques étaient sous les eaux. Amsterdam n'était plus qu'une île protégée par la flotte de Ruyter...

Aux pourparlers de paix qui s'ouvrirent quelques jours plus tard à Amerongen, les Hollandais offrirent de céder les places du Rhin déjà conquises, y ajoutant Maëstricht, Bréda, Berg-op-Zoom et Bois-le-Duc. C'était considérable. Louvois, insatiable, exigea davantage : l'abandon de tous les territoires conquis, la suppression des tarifs commerciaux désavantageux pour la France, le rétablissement du culte catholique dans toutes les provinces, une indemnité de guerre de vingt-quatre millions et la remise chaque année au roi de France d'une médaille d'or symbolisant la soumission des vaincus.

Ces conditions exorbitantes eurent pour effet de stimuler l'ardeur des Hollandais et d'encourager le parti orangiste à la guerre à outrance, au détriment du parti républicain, soutenu par la grande bourgeoisie d'affaires, qui inclinait à certains accommodements. Guillaume d'Orange, prince de vingt-deux ans, fut proclamé « stathouder » – fonction abolie depuis vingt ans – par les Etats de Hollande et de Zélande. L'agitation, entretenue par les pasteurs calvinistes, gagna les principaux centres urbains, où les patriciens furent pourchassés sans merci. Le Grand Pensionnaire, Jean de Witt, et son frère Cornelius furent arrêtés et incarcérés à La Haye. Le 20 août, la foule déchaînée, forçant les portes de leur cachot, les massacra sauvagement.

Pendant ce temps, Guillaume, retranché derrière les flots, renforçait son armée de volontaires et de miliciens, bien décidé à mener la vie dure aux garnisons françaises des territoires occupés et à entraîner l'Europe dans une guerre impitoyable contre l'agresseur.

Pour conserver ses premières conquêtes, il fallait à Louis XIV un point d'appui, un camp servant de relais à ses troupes. Voilà pourquoi, au début de 1673, il projeta de s'emparer de Maëstricht, capitale du Limbourg, qu'il avait négligée l'année précédente. Carrefour stratégique situé à cinq lieues de Liège et à six d'Aix-la-Chapelle, cette vieille cité fortifiée sur la Meuse, ancienne possession de l'évêché de Liège, appartenait aux Hollandais qui s'y étaient solidement établis depuis un an. Protégée par un rempart flanqué de nombreuses tours de guet et une triple rangée de bastions, d'ouvrages à cornes et à couronnes, la ville semblait imprenable. Le roi résolut néanmoins de s'y attaquer. Au printemps, il composa trois armées : la première, sous les ordres de Condé, prit la route de Hollande, la deuxième, commandée par Turenne, se posta en Allemagne afin de prévenir toute offensive de l'Empereur, la troisième, dont il prit la tête, se rassembla vers la mi-mai à Harlebeke, entre Deinze et Courtrai. L'idée était d'empêcher les Espagnols de voler au secours de Maëstricht. En faisant semblant de menacer leur frontière, on les obligeait donc à renforcer leurs garnisons d'Ypres, Saint-Omer, Nieuport, Gand, Bruges et Ostende.

Le 1er mai, le roi quitta Saint-Germain, emmenant cette fois les « dames ». La reine, la Grande Mademoiselle, Mme de Richelieu, Mme de Béthune, Mlle d'Elbeuf et Mlle de La Vallière partageaient son carrosse. Par décence, il n'avait osé prendre Mme de Montespan, enceinte pour la quatrième fois. Mais, sans se soucier de son état, il lui avait demandé de le suivre dans son propre équipage. « Cette dame, ironisait Saint-Maurice, est fort féconde et sa poudre prend bientôt feu, car il n'y a pas encore huit mois et demi que le roi est de retour de la dernière campagne !... »

Voyageant à petites journées, le cortège traversa Louvres, Pont-Sainte-Maxence, Mouchy, Roye. Dans la voiture royale, Louis était morose, triste de l'absence d'Athénaïs, et n'adressait la parole à personne. A Lille, on remarqua qu'il lui rendit visite tous les jours. Le 15 mai, le voyage reprit par Courtrai, Tournai où la reine devait rester le temps de la campagne. Elle trouva un logement dans le palais épiscopal tandis que Mme de Montespan s'installait dans la citadelle pour accoucher le 1er juin d'une petite fille.

Après avoir passé la Lys, l'armée fit mine de menacer Gand et Bruxelles, puis, brusquement, au début de juin, prit la direction de Maëstricht. La tranchée fut ouverte dans la nuit du 17 au 18, le long de la rivière Jaar, et l'assaut donné le 24. Le siège, particulièrement meurtrier, s'acheva le 30 juin par la reddition de la place. D'Artagnan, le célèbre capitaine des mousquetaires, y fut tué en chargeant héroïquement à la tête de ses hommes.

A la nouvelle de cette victoire, les carrefours de Paris s'illuminèrent de feux de joie. Les flatteries et les louanges montaient vers le monarque comme volutes d'encens : « Toutes les campagnes de Votre Majesté, lui écrivait Colbert, ont un caractère de surprise et d'étonnement qui saisit les esprits et leur donne seulement la liberté d'admirer, sans jouir du plaisir de pouvoir trouver quelque exemple. »

Marie-Thérèse, comme convenu, revint à Amiens. Sur la route, elle croisa une calèche lancée à vive allure, entourée de quatre gardes du corps : c'était la marquise de Montespan et sa fillette vagissante.

Louis XIV, cependant, resta quelques jours devant la ville conquise, laissant ses troupes raser les lignes et les tranchées, puis décida de se rendre sur la Moselle dans la crainte de voir l'empereur Léopold s'unir aux Hollandais – ce que celui-ci fit d'ailleurs quelques jours plus tard en compagnie de Charles II d'Espagne et du duc de Lorraine.

La cour en voyage

Verdun, Thionville, Metz accueillirent les « trois reines » avec éclat et magnificence. Le souverain, caracolant au milieu de ses troupes, avait fière allure. A trente-cinq ans il paraissait dans tout l'éclat de sa gloire. Saint-Maurice notait son étonnante passion pour Athénaïs : « Le roi, écrivait-il de Metz le 26 juillet, est toujours plus empressé de Mme de Montespan ; il y est à toute heure ; elle loge toujours dans la même maison. Elle avait avec elle la dame Scarron, sa confidente et qui a le soin de ses enfants (...). La duchesse de La Vallière loge dans les maisons les plus proches de Leurs Majestés ; elle ne va pas chez Mme de Montespan ni le roi ne l'entretient pas. »

On pénétra ensuite dans les Etats de Lorraine que Charles IV avait abandonnés pour trouver refuge auprès de l'Empereur. « C'est un beau pays que la Lorraine, remarque la Grande Mademoiselle qui nous a laissé un récit détaillé de ce voyage. Nancy est assez belle ville, c'est-à-dire qu'elle a l'air d'une ville de campagne. Le logis des ducs, que l'on appelle la *cour*, marque de la dignité. Les appartements ne sont pas accommodés : il n'y a qu'une chambre fort dorée, mais mal étendue, que le maréchal de La Ferté avait fait faire du temps qu'il commandait. Il y a beaucoup de logements ; un jardin très agréable et qui l'était encore davantage avant que l'on eût rasé les fortifications, étant sur un bastion. »

Le roi resta à Nancy du 31 juillet au 24 août, puis il partit pour Lunéville, où il admira la demeure de plaisance du duc, en cours de construction. De là, il se rendit à Raon-l'Etape, « un fort vilain lieu dans les montagnes des Vosges », et à Saint-Dié, où se déroulait tous les ans une procession pour conjurer une vieille prédiction selon laquelle la montagne, un jour, s'ouvrirait et engloutirait la ville. Les paysans de la région, critique Mademoiselle, sont « comme des bêtes ; les femmes y sont fort laides, et les uns et les autres ont des goitres ; les eaux sont très froides ». Pour atteindre Sainte-Marie-aux-Mines, il fallut passer par des chemins étroits, bordés de précipices. « On a peine à y voir le ciel : ce sont des arbres d'un vert si noir et si mélancolique qu'il faisait peur. » Aux inconvénients de la route s'ajoutait, comme toujours, la mauvaise nourriture servie aux étapes : « Tout le sel sentait la poudre à tel point que l'on ne pouvait pas même manger du potage ; l'eau était si mauvaise que l'on n'en osait boire à cause de sa froideur, qui donnait de ces vilains maux. »

Après Ribeauvillé, terre du prince palatin de Birkenfeld, le cortège prit la route de Brisach. Près de Colmar le peuple était en émoi parce que les Français rasaient les fortifications. « On en ôta toutes les munitions, les canons ; on désarma le bourgeois ; on ne trouvait autre chose que des chariots qui en étaient chargés sur les chemins. Jamais, poursuit la princesse, je n'ai vu des gens si consternés et une si grande désolation. On criait fort sur la manière dont on en avait usé... » De Brisach, ville « petite et assez vilaine », avec ses rues étroites et son château « fort mélancolique », les carrosses revinrent, le 8 septembre, vers Nancy.

Malgré les soucis de la route, et sans doute aiguillonné par Athénaïs, le roi veillait soigneusement, dans sa correspondance avec Colbert, à l'aménagement des terrasses de sa belle à Saint-Germain : « Il faut achever celles qui sont commencées et accommoder les autres, recommandait-il le 26 septembre ; l'une en volière pour y mettre des oiseaux et pour cela il ne faut que peindre la voûte et les côtés, et mettre un fil de fer à petites mailles, qui ferme du côté de la cour, avec une fontaine en bas, pour que les oiseaux puissent boire ; à l'autre, il faudra la peindre, et ne mettre qu'une fontaine en bas, Mme de Montespan la destinant pour y mettre de la terre et en faire un petit jardin[1]... »

La légitimation des bâtards

La cour rentra à Paris le 13 octobre, après six mois d'absence. Le crédit de la favorite était tel que la reine elle-même ne craignit pas d'y avoir recours. Un comble ! L'entourage de Marie-Thérèse était en effet un foyer d'intrigues et de correspondances avec l'Espagne. Un jour, le roi surprit une lettre écrite à la régente de Madrid où il put lire ce conseil : « Tenez bon encore deux ans et vous viendrez à bout de la France qui n'en peut plus... » Fort en colère, il fit interner quelque temps dans un couvent les femmes de chambre espagnoles de son épouse, puis les renvoya à Madrid. Ainsi partirent Maria Molina, sa nièce Anna, Maria Esponisa et Catalina Rizzo. Seule Philippa Abarca resta parce qu'elle était mariée à un seigneur français. Grâce à l'intervention de Mme de

Montespan, elle échappa aux foudres du souverain et put reprendre son service. « La reine est ravie, écrit Mme de Sévigné, et dit qu'elle n'oubliera jamais cette obligation... » Pauvre reine !

A sa maîtresse le roi, désormais, ne semblait rien refuser, pas même la légitimation de ses enfants adultérins qu'il avait longtemps retardée. L'affaire était délicate, car la favorite se trouvait toujours en puissance de mari. Au regard de la loi, celui-ci était le père des petits bâtards. Qu'allait dire le Parlement lorsqu'on lui présenterait pour enregistrement les lettres de légitimation ? Si soucieux qu'il fût de plaire au monarque, pouvait-il piétiner un aussi fondamental principe issu du droit romain (*is paterest, quem nuptiœ demonstrant*) ? Certes, Henri IV avait fait légitimer deux fils adultérins, César de Vendôme, né de Gabrielle d'Estrées, femme de M. de Liancourt, et Antoine de Moret, fils de Jacqueline de Bueil, épouse du sieur de Harlay. Mais il avait évoqué la nullité de ces mariages, argument qui, en l'occurrence, ne pouvait servir. Aucun jugement, aucune autorité n'avait invalidé le lien légitime et sacré unissant M. et Mme de Montespan.

La seule solution était de taire le nom de la mère et de créer des précédents : c'est ce que suggéra l'habile M. de Harlay, procureur général. On légitima ainsi, coup sur coup, deux bâtards du duc d'Elbeuf, nés d'une femme mariée, puis Charles-Louis d'Orléans, fils illégitime du duc de Longueville et de la très galante maréchale de La Ferté. Des quatre enfants nés des amours du roi et de Mme de Montespan, l'aîné était mort aussi obscurément qu'il avait vécu. Restaient Louis-Auguste, Louis-César et la petite fille née à Tournai le 1er juin 1673. Avant de présenter des lettres de légitimation en leur faveur, on s'aperçut que la petite dernière n'avait pas de prénom : omission vite réparée. Le 18 décembre, l'enfant fut baptisée Louise-Françoise en l'église Saint-Sulpice. Son frère aîné, Louis-Auguste, représenté par le père Dandin, était le parrain et Mlle de La Vallière, la marraine. L'acte, caché par une bande de papier collée sur le registre, était fort curieux par les omissions qu'il comportait : « Le dix-huitième jour de décembre a été baptisée Louise-Françoise, née le premier juin de l'année présente... » Ici, au lieu de faire figurer les noms de ses père et mère, le prêtre avait laissé un blanc. Le parrain était désigné comme étant « Louis-Auguste... » suivi d'un autre blanc, « tenant pour lui comme procureur messire Thomas Dandin, prêtre, la marraine, dame Louise Françoise de La Beaume Le Blanc, duchesse de La Vallière ».

Deux jours plus tard, le Parlement enregistrait les lettres de légitimation présentées par les procureurs généraux. Louis-Auguste recevait le titre de duc du Maine, Louis-César celui de comte de Vexin et Louise-Françoise de demoiselle de Nantes. La mère n'était pas nommée et les motifs invoqués par le souverain paraissaient on ne peut plus elliptiques : « Louis, par la grâce de Dieu, roi de France et de Navarre, à tous présents et à venir, Salut. La tendresse que la nature nous donne pour nos enfants, et beaucoup d'autres raisons qui augmentent considérablement en nous ces sentiments nous obligent de reconnaître Louis-Auguste, Louis-César et Louise-Françoise et leur donner des marques publiques de cette reconnaissance pour assurer leur état... »

Comparé aux actes de légitimation des enfants de Louise de La Vallière, l'argument était pauvre mais l'essentiel acquis. A force de ténacité, Athénaïs avait atteint son but.

CHAPITRE V

Les succès d'une favorite

Le Carmel

Louise de La Vallière n'était plus que l'ombre d'elle-même. Pâle, fatiguée, de plus en plus décharnée, elle menait une triste vie au milieu des fêtes et des réjouissances. N'aspirant plus qu'au couvent, elle vivait l'épreuve de sa présence dans le monde comme un chemin de croix. Même le succès de sa fille, Marie-Anne, âgée de sept ans et demi, qui fit ses débuts à la cour en janvier 1674, ne la détourna pas du but qu'elle s'était fixé. « Pour de la sensibilité, j'en ai, confie-t-elle à son ami fidèle le maréchal de Bellefonds, et l'on a eu raison de vous dire que Mlle de Blois m'en a donnée. Je vous avoue que j'ai eu de la joie de la voir jolie comme elle était ; mais en même temps j'en avais du scrupule ; je l'aime, mais elle ne me retiendra pas un seul moment. »

Et pourtant, Louise hésitait encore. Rien ne lui semblait plus ardu que de quitter la cour, non que cette Ariane délaissée la regrettât – ces vanités s'étaient depuis longtemps fanées –, mais la timidité l'emportait. Elle n'osait franchir le pas et annoncer sa ferme et définitive intention. Par-dessus tout, elle redoutait de parler au roi. Malgré les années et les épreuves, elle était encore la petite fille timide et rougissante de Blois qui craignait de lever les yeux sur l'impressionnant fils d'Anne d'Autriche. Son regard, son jugement la paralysaient. « Voilà toute ma peine, mandait-elle à Bellefonds ; priez Dieu pour moi qu'il me donne la force qu'il faut pour cela. De me retirer et de me faire religieuse ne me coûte rien, et de parler me coûte infiniment. »

Et puis, où se retirer ? Là aussi, Louise hésitait. Le couvent de Chaillot, où elle avait fait sa seconde fugue, lui paraissait finalement trop mondain, trop souple pour la vie de repentir qu'elle entendait mener. On pouvait y séjourner sans se couper du monde, y avoir sa chambre et se promener en ville, comme le faisait Mlle de La Motte-Argencourt, cette ancienne demoiselle d'honneur, chassée par la reine mère. Ce lieu bruissant de mille intrigues convenait mal à une rupture définitive. Le couvent des Capucines, rue Saint-Honoré, l'attira un moment. La règle de ces religieuses était austère entre toutes : les filles ne vivaient que d'aumônes, marchaient pieds nus, ne mangeaient ni viande ni poisson, même les jours de fête, même en cas de maladie. Malheureusement, dans l'église de ce couvent on venait d'inhumer le comte de Guiche, le bellâtre, le soupirant de Madame, le héros dont tant de femmes raffolaient. Qu'aurait-on dit ? En définitive, son choix se porta sur le couvent des Grandes Carmélites du faubourg Saint-Jacques : les réticences des saintes sœurs à accueillir une pécheresse publique l'encouragèrent à postuler ! Se sentir mal aimée dans un lieu où elle devait passer le reste de ses jours lui parut une mortification supplémentaire. Sans doute aussi le pieux maréchal de Bellefonds ne fut-il pas étranger à ce choix. Sa tante Judith, sous le voile mère Agnès, était prieure de ce couvent. Par elle, Louise fut admise.

D'autres personnes guidaient la maîtresse repentante : le jeune duc de Beauvillier, le propre fils de cet aimable duc de Saint-Aignan qui avait favorisé ses amours avec le roi ; le père Louis Bourdaloue, de la Compagnie de Jésus, qui, de l'aveu de Louise, faisait des « sermons admirables » et avait prêché lors du dernier carême « une Passion merveilleuse et propre à toucher les plus endurcis ». Plus encore, il y avait Jacques-Bénigne Bossuet, l'ancien évêque de Condom devenu précepteur du Dauphin. Le grand orateur sacré n'avait rien du prélat mondain, onctueux et accommodant. Plus naïf que retors – encore qu'il se montrera parfois étroit et terriblement mesquin, notamment dans sa querelle avec Fénelon –, c'était avant tout un torrent, un volcan, toujours bouillonnant d'idées généreuses, un homme de foi aux épaules carrées, solide, coulé dans le bronze. Louise, fragile, frêle, hésitante, subit la marque de sa forte personnalité. « Pour M. de Condom, reconnaissait-elle, c'est un homme admirable par son esprit, sa bonté et son amour de Dieu. » C'est à lui qu'elle ouvrit son cœur, à lui qu'elle demanda de parler de sa résolution à Mme de Montespan. Pourquoi Mme de Montespan plutôt que le roi ? Parce qu'elle pensait trouver en elle un appui qui ferait fléchir l'éventuelle résistance du monarque. Après tout, cette retraite n'était-elle pas pour la marquise le meilleur moyen de se débarrasser de sa rivale ?

« Mme la duchesse de La Vallière m'a obligé de traiter le chapitre de sa vocation avec Mme de Montespan, écrivait Bossuet au maréchal de Bellefonds le jour de Noël 1673. J'ai dit ce que je devais ; et j'ai, autant que j'ai pu, fait connaître le tort qu'on aurait de la troubler dans ses bons desseins. *On* ne se soucie pas beaucoup de la retraite ; mais il semble que les Carmélites font peur. *On* a couvert, autant qu'on a pu, cette résolution d'un grand ridicule ; j'espère que la suite en fera prendre d'autres idées. »

Athénaïs éclatant de rire au nez de Bossuet ! On imagine la scène : Quoi ! La Vallière, carmélite ! La plaisante chose ! L'insolente, c'est évident, aurait préféré une obscure retraite dans un couvent mondain. Que la duchesse choisisse avant l'heure la vie dévote ne la choquait pas. Après tout, que de fois elle en avait manifesté le désir ! Si telle était sa vocation, qu'elle la suive ! Mais passer de la cour au Carmel, voilà qui paraissait incongru, insensé. Insensé et choquant ! Car c'était un muet reproche à sa conduite personnelle, un reproche qui claquait comme une gifle, ne soulignant que trop son propre état de pécheresse publique ! Rien que de songer à la règle des Filles de sainte Thérèse – ses exercices spirituels, ses mortifications, ses jeûnes – l'effrayait. Et par-dessus tout le silence ! Cette astreinte lui donnait de mortels frissons comme à ceux que comblent ordinairement les fracas du monde et qui n'imaginent pas l'existence d'un autre bonheur.

Pour raisonner La Vallière, Mme de Montespan lui dépêcha Mme Scarron. Habilement, celle-ci lui fit valoir le danger de s'enfermer d'emblée dans des vœux perpétuels. Ne convenait-il pas de s'habituer progressivement à ce nouvel état, d'entrer par exemple au couvent en qualité de bienfaitrice, de réfléchir, de ne rien précipiter ?… « Serait-ce là une pénitence ? répliqua Louise. Cette vie serait trop douce. Ce n'est pas là ce que je cherche. — Mais pensez-vous bien, lui objecta son interlocutrice, que vous voilà toute battante d'or et que, dans quelques jours, vous serez couverte de bure ? »

La jeune femme avoua alors que depuis plus de trois ans déjà elle s'efforçait, dans le monde, de vivre en carmélite, couchant sur la dure et portant le cilice. Bref, sa résolution était inébranlable.

Méthodiquement, elle prépara son départ, priant, jeûnant, luttant jusqu'au bout contre ses derniers accès de faiblesse. Elle se fit peindre par Mignard en compagnie de son fils, le comte de Vermandois, en costume de grand amiral, et de sa fille en robe à ramages, telle qu'on avait pu l'admirer pour ses débuts à Saint-Germain. Un bras mélancoliquement appuyé sur une table, une rose qui s'effeuille à la main, deux livres négligemment disposés – l'*Imitation de Jésus-Christ* et la *Règle de sainte Thérèse* –, un coffret de pierreries ouvert, une bourse d'où s'échappent des pièces d'or, un masque, une inscription latine sur une colonne *(sic transit gloria mundi)*, tout dans ce tableau est symbole du temps qui s'achève et de la vie nouvelle à venir.

« Enfin, je quitte le monde ! écrivait-elle à Bellefonds le 19 mars 1674 ; c'est sans regret, mais ce n'est pas sans peine, ma faiblesse m'y a retenue longtemps sans goût ou, pour parler plus juste, avec mille chagrins. Vous en savez la plus grande partie et vous connaissez ma sensibilité ; je m'en aperçois tous les jours et je vois bien que l'avenir ne me donnera pas plus de satisfaction que le passé et le présent... »

Ainsi, jusqu'au dernier moment, ce cœur déchiré et meurtri n'arrivait pas à étouffer les restes d'amour terrestre !

Louise fit remettre au roi ses bijoux pour qu'il les partageât entre son fils et sa fille, soumit humblement une liste de pensions à accorder à sa mère, sa sœur et ses domestiques, le strict minimum. Puis elle commença ses visites d'adieu : à Louis XIV d'abord, que l'on vit les « yeux fort rouges », à la reine ensuite à qui elle voulut faire des excuses publiques. Comme la maréchale de La Mothe, dame du palais, se récriait, elle répliqua : « Comme mes crimes ont été publics, il faut que la pénitence le soit également. » Elle se prosterna devant Marie-Thérèse qui, saisie de pitié, la releva, l'embrassa et lui dit qu'elle avait tout pardonné. Peu après, Mme de Montespan l'invita pour son dernier souper à la cour. Le 19 avril, Louise se rendit à la messe du roi, à la chapelle de Versailles, puis, entourée d'un grand concours de monde, monta en carrosse avec ses enfants. Arrivée rue Saint-Jacques, elle embrassa sa famille et franchit le haut portail qui conduisait au Carmel de l'Incarnation. Elle avait trente ans. Elle y mourra le 4 juin 1710, à l'âge de soixante-six ans. Elle était entrée vêtue de sa plus belle robe d'apparat, mais le soir même, dans sa cellule, coupa ses cheveux. Trois mois plus tard, à sa vêture, elle prit le nom de sœur Louise de la Miséricorde.

La cour n'oubliera jamais totalement Mlle de La Vallière ; on parlera quelquefois d'elle ; on recevra ses lettres ; on lui rendra visite. La grandeur de son sacrifice frappait, mais chacun préférait ne pas trop y songer et, plutôt que de s'inspirer de son exemple, répétait derrière la Grande Mademoiselle qu'après tout « ce n'était pas la première pécheresse qui s'était convertie »...

La Franche-Comté conquise

Le 19 avril, Louis XIV partit rejoindre son armée, accompagné de la reine, de Mme de Montespan et de toute la cour. En ce printemps 1674, la situation militaire était préoccupante. Il fallait s'opposer à la puissante coalition qui s'était nouée l'année précédente, combattre sur plusieurs fronts : dans les Pays-Bas espagnols, en Hollande, en Alsace, en Franche-Comté. Or, la France perdait ses alliés les uns après les autres. En février, à Westminster, l'Angleterre signait une paix séparée avec les Provinces-Unies. Les habituels clients allemands du Roi-Soleil – les évêques de Munster, Paderborn, Osnabrück, le duc de Neubourg – se détournaient de lui. En mars, l'Electeur de Mayence traitait avec l'Empereur. En mai, celui de Cologne faisait défection et signait la paix avec le prince d'Orange. En juillet, l'Electeur de Brandebourg rompait le traité de Vossen le liant à la France et rejoignait la coalition. La guerre devenait européenne.

Cependant, avec pour seuls alliés la Suède et l'Electeur de Bavière, et avec des troupes inférieures en nombre, Louis XIV allait voler de succès en succès et faire oublier les déconvenues de l'année précédente (notamment la perte de Naarden en Hollande).

Fondant sur la Franche-Comté comme en 1668, le roi s'assura de cette province en quelques semaines. Besançon capitula le 22 mai, après vingt-sept jours de siège, Dole le 6 juin, suivie de Gray, de Salins et du fort de Joux. De son côté, le prince de Condé, rassemblant toutes les forces revenues de Hollande, barra la route de Paris à une armée de 60 000 hommes conduite par Guillaume d'Orange. Contre ce prince, il remporta près de Charleroi la terrible bataille de Seneffe, l'une des plus meurtrières du siècle. « Nous avons tant perdu à cette victoire, disait Mme de Sévigné, que sans le *Te Deum* et quelques drapeaux portés à Notre-Dame nous croirions avoir perdu le combat. » Le 16 juin, Turenne écrasa le duc de Lorraine à Sinsheim puis, quelques mois plus tard, le duc de Bournonville près d'Entzheim. En juillet, les Messinois se révoltèrent contre l'occupant espagnol et appelèrent au secours Louis XIV qui leur envoya une flotte et des troupes avec à leur tête le brave Vivonne.

Pendant la courte campagne de Franche-Comté, Athénaïs séjourna à Dijon, puis à Beaune, en compagnie de la reine et du Dauphin. Au début de juin, la cour se porta à la rencontre du souverain qui mena la reine et les dames visiter le camp. On voyait, raconte Mlle de Montpensier, « quantité de soldats et d'officiers qui avaient les bras en écharpe, les têtes bandées, force emplâtres, sans [compter] ceux qui étaient à l'hôpital. Aussi avait-on été bien vite en besogne. Le roi nous montra l'attaque, nous expliquait si bien chaque chose que l'on aurait cru avoir vu le siège. Il y avait encore du sang sur la muraille, des officiers qui avaient été tués, les mines fumaient encore... » Le lendemain, la cour s'installa au camp de Loye, autour duquel les troupes bivouaquaient. Elle logeait dans des maisons de paysans, dont certaines n'avaient ni vitre ni plancher, couchait sur des tapis jetés à même le sol. « Pendant que le roi était au Conseil et la reine à prier Dieu, poursuit Mademoiselle, on jouait à la ferme[1] chez Mme de Montespan. J'y allai deux ou

---

1. Sorte de loterie.

trois fois. A dîner, le roi me disait d'y aller et il y venait et nous voyait jouer... »

Sûr de sa victoire en Franche-Comté, Louis XIV n'attendit pas la fin du siège de Salins dont il avait chargé La Feuillade. Dès le 19 juin il partit pour Fontainebleau où il arriva le 25. Un événement inattendu, la mort, à Toulouse, le 2 avril précédent, de la mère de M. de Montespan, allait permettre à la marquise de clarifier un tant soit peu sa situation conjugale.

La séparation de corps

Le 11 juillet 1670 déjà, Guy Patin avait écrit à un ami : « Le roi a envoyé au Châtelet un acte pour séparer de corps et biens M. et Mme de Montespan. » Et le prudent docteur d'ajouter en latin : « On raconte beaucoup d'autres choses de ce genre que je ne tiens pas à écrire. » Cette première démarche, si elle eut réellement lieu – on n'en a pas la preuve –, se perdit dans les sables de la procédure. Montespan se tenant coi dans sa province, on jugea sans doute inutile de la poursuivre.

L'affaire fut donc reprise par la marquise vers la fin d'avril 1674, dès qu'elle eut connaissance de la succession de sa belle-mère. Son ami Gaspard de Fieubet, conseiller ordinaire du roi et chevalier de la reine, fut chargé de négocier un compromis. Malgré l'ordre d'exil, M. de Montespan vint lui-même à Paris exposer son point de vue. Depuis la séparation de fait, il avait installé ses meubles près de la vieille Sorbonne, dans une venelle sombre et miséreuse, parallèle à la rue Saint-Jacques, la rue du Cloître-Saint-Benoît. Sa présence ne passa pas inaperçue aux hommes du lieutenant général de police, Nicolas-Gabriel de La Reynie, qui avaient encore en mémoire l'esclandre qu'il avait fait quelque six ans auparavant. Du siège de Dole Louis XIV avertit Colbert du retour de l'indésirable. Le 17 juin, le ministre répondait : « J'ai vu M. de Fieubet sur le sujet de M. de Montespan ainsi que Votre Majesté me l'a ordonné par son billet du 13 de ce mois que j'ai reçu ce matin (…). Ce que j'ai recueilli de son discours consiste en ceci : qu'il faut encore quinze jours pour rendre la procédure parfaite ; que, pendant ce temps, il est assez nécessaire que M. de Montespan demeure à Paris (…). Comme Votre Majesté m'a fait connaître qu'Elle ne veut pas que ledit sieur de Montespan soit ici lorsqu'Elle arrivera à Fontainebleau, j'ai cru qu'il était nécessaire de lui dépêcher ce courrier exprès pour être informé de ses intentions sur le séjour de quinze jours qu'il sera encore obligé de faire en cette ville pour achever entièrement la procédure. »

En réponse, le roi demanda de hâter la transaction : « Pour ce qui regarde l'affaire dont Fieubet est chargé, dites-lui de la presser afin qu'elle soit achevée si possible dans la fin de ce mois. Quand vous viendrez à Fontainebleau, je désire que vous soyez instruit de l'état où elle sera afin que je prenne mon parti sur le séjour de M. de Montespan. En attendant, vous ne lui ferez donner aucun ordre. »

Le mari de la favorite voulait obtenir le remboursement intégral de la dot de sa femme. Malheureusement, le duc de Mortemart, croulant toujours sous les dettes, était bien incapable de s'exécuter. Le compromis à l'amiable ayant échoué, il fallut recourir à l'arbitrage des juges.

L'exploit d'assignation établi au nom de la marquise fut donc communiqué au mari qui répondit par l'intermédiaire de son procureur, Me Claude-François Brierre, que « les faits portés au susdit exploit étaient supposés ». Il réclamait en conséquence d'être « envoyé quitte et absous de ladite demande avec dépens ». Après avoir entendu les parties en lice, le lieutenant civil prononça un « jugement contradictoire » autorisant la demanderesse – c'est-à-dire Mme de Montespan – à apporter la preuve des sévices allégués et son mari à faire la preuve du contraire. Le commissaire Mazure entendit les témoins de la plaignante les 19 et 20 juin (cette pièce, certainement très instructive, a disparu du dossier). Trois jours plus tard, celle-ci renonçait à la communauté de biens, par acte contresigné du sieur Laurent, commis au greffe du Châtelet. Le jugement final fut rendu le 7 juillet par le procureur général Achille de Harlay, assisté de six juges. Cette procédure exceptionnelle « par évocation » s'explique par le souci d'aller vite et d'éviter toute publicité.

L'arrêt donnait entière satisfaction à la maîtresse du roi – on s'en serait douté –, admettant « la dissipation de biens, mauvais ménage et sévices commis en sa personne ». La séparation de corps et de biens était donc prononcée. D'ordre du Châtelet, le mari ne devait plus « hanter ni fréquenter » sa femme. Il était condamné à restituer les 60 000 livres de la dot déjà versés, à payer à son épouse une pension alimentaire de 4 000 livres et à régler toutes les dettes contractées pendant la vie commune. Ce jugement, peaufiné à l'avance, parut si choquant au procureur de M. de Montespan qu'il ne daigna pas se déranger pour en entendre lecture.

Le 16 juillet 1674, en vue d'exécuter la sentence, la marquise fit remettre à son mari un exploit de justice par un sergent à verge du Châtelet. Pure formalité : elle n'avait guère d'illusion sur la solvabilité de son panier percé d'époux. Aussi, dès le lendemain, demanda-t-elle la saisie des meubles de son logement, rue du Cloître-Saint-Benoît, et annonça-t-elle son intention d'en faire autant de ses biens immobiliers. François Thurin, maître tapissier demeurant « sous les piliers de la Tonnellerie, paroisse Saint-Eustache », estima les maigres trésors du marquis : une tapisserie de Flandre en sept pièces représentant l'histoire de Moïse, une couche à hauts piliers de noyer, une couverture de laine blanche, une autre rouge, quatre rideaux, huit sièges pliants, quatre chaises à dossier recouvert de brocatelle à fond rouge semé de fleurs incarnates et blanches, douze chaises torsadées, rembourrées de crin et couvertes de moquette, une glace de Venise de trente pouces de haut, un petit cabinet de noyer à deux guichets et plusieurs tiroirs... Le tout fut prisé 950 livres. On était loin du compte !

Chassé de son domicile, Montespan trouva provisoirement refuge chez le curé de Saint-Jacques-la-Boucherie qui l'hébergea dans le cloître de son église. Il ne décolérait pas contre sa femme : l'ingrate, la cruelle, elle profitait de la situation pour le jeter à la rue et consommer sa ruine ! Le tragique de la situation, au lieu de l'abattre, le stimulait. Non, il ne capitulerait pas ! Il se battrait dos au mur, rendrait coup pour coup, utiliserait tout l'arsenal de la justice jusqu'au moindre artifice de procédure ! S'il le fallait, il se donnerait au diable !

Il commença par protester contre la saisie dont il venait d'être victime, déclarant qu'il interjetterait appel de la sentence. Ses arguments étaient habiles. Comment pouvait-il être condamné à rendre les 60 000 livres de la dot de sa femme alors que, d'après le contrat de mariage, cette somme n'était payable qu'à ses parents à qui elle avait été effectivement versée ? Or, il avait renoncé à la succession de son père en 1669 et à celle de sa mère tout dernièrement, le 29 mai 1674. Imparable ! Puis il contre-attaqua. Non seulement il ne devait rien à sa persécutrice, mais il était en droit de lui demander la restitution des intérêts qu'elle avait reçus de son père sur les 90 000 livres de la dot restant à payer, intérêts dont il n'avait jamais vu la couleur. En outre, il objectait que, si on le forçait à vendre maintenant ses terres, ce serait « causer la perte entière de sa maison et lui ôter le pouvoir d'élever leurs enfants suivant leur qualité, eu égard aux dettes dont il est chargé, et que, dans les temps présents, les terres ne se pouvaient pas vendre à leur juste valeur ». Ainsi, concluait-il, les poursuites de sa femme ne tourneraient qu'à son propre désavantage et à la ruine de ses enfants. Etait-ce vraiment ce qu'elle souhaitait ? Enfin, il faisait valoir qu'en interjetant appel il pourrait obtenir des juges la suppression de la pension annuelle de 4 000 livres que le mauvais état de sa fortune l'autorisait à ne pas verser. Des arrêts récents du Parlement allaient dans ce sens, condamnant les maris séparés de leur femme à la restitution des seuls biens dotaux, sans leur imposer la moindre pension alimentaire.

Cet argumentaire porta. Mme de Montespan n'était pas le monstre d'égoïsme et de cruauté qu'on s'est parfois plu à dépeindre. Pour rien au monde elle n'aurait jeté son prochain dans le désespoir, fût-ce son mari. « Quand elle avait ri de quelqu'un, disait la Palatine, elle était contente et en restait là. » D'avoir obtenu gain de cause lui suffisait. Elle fit répondre par son représentant, Gaspard de Fieubet, qu'elle n'avait jamais eu l'intention de ruiner « la maison dudit seigneur son époux, ni de faire aucun préjudice à ses enfants », bien au contraire.

Sa bonne volonté permit de trouver rapidement un terrain d'entente : M. de Montespan acceptait la sentence de séparation du 7 juillet et s'engageait à ne pas faire appel. Les meubles saisis resteraient aux mains de sa femme et seraient déduits pour une contre-valeur de 950 livres de la pension alimentaire. En échange, son épouse consentait à ne réclamer les 60 000 livres de sa dot qu'à la succession de son mari. Quant aux arrérages de la pension alimentaire, il fut convenu qu'ils demeureraient « audit seigneur marquis pour être employés à l'éducation et entretien de leurs enfants sans que ladite dame ni lesdits enfants les puissent demander ni répéter contre ledit sieur marquis ni la succession ». Par cette disposition la pension se trouvait donc purement et simplement supprimée. Ce ne fut pas tout. Afin d'empêcher les créanciers de M. de Montespan de vendre ses terres « au désavantage de ses enfants », sa femme acceptait de régler une partie des dettes du ménage, à concurrence de 90 000 livres, solde de sa dot.

Cette transaction – satisfaisante pour les deux parties – fut signée par le marquis, le 21 juillet, chez Me Brierre et approuvée le 23 à Versailles par « haute et puissante dame Françoise de Rochechouart, dame du palais de la reine ». Les engagements pris furent respectés de part et d'autre. Quelques mois plus tard, l'homme d'affaires de la marquise, Jean-Baptiste de La Roque, régla en son nom diverses dettes du mari. Les versements, précise l'acte, furent faits « en présence dudit seigneur de Montespan qui l'a eu pour agréable »...

Le vieux Lenet, un des familiers du prince de Condé, le rencontrant quelques jours après cet accord, le trouva dans un état de parfaite résignation. Le Gascon avait tourné la page et rêvait de reprendre du service ! « M. de Montespan est très honnête, très civil, et fort dans une bonne règle de ses mœurs et dans la dévotion. Il rentrera dans le service et l'on dit qu'on le fera maréchal de camp et qu'il fera un régiment d'infanterie et un autre de cavalerie ; je l'ai vu et il me paraît fort content. »

Peut-être se méfiait-on du lion qui dort ? En tout cas, on ne tolérait pas qu'il fût ridiculisé ni même brocardé. Une méchante langue, le chevalier de Manicamp, s'étant gaussé de ce cornard, fut jeté en prison à sa demande. Et Colbert lui-même avait félicité le marquis d'avoir agi ainsi envers l'insolent. Bonne âme, Montespan ne demandait pas la mort du pécheur. Il répondit aux instantes prières de la femme et des parents du chevalier que, si le lieutenant criminel voulait bien le relâcher, il y consentait pour sa part de « bon cœur ».

CLAGNY

Libéré du double fardeau de l'ancienne maîtresse gémissante et du mari grincheux, Louis XIV pouvait enfin se consacrer sans retenue à sa passion pour la belle marquise, prêt plus que jamais à satisfaire ses moindres caprices, à voler au-devant de ses désirs. Au printemps, du camp de Dole, il mandait à Colbert : « Mme de Montespan ne veut pas absolument que je lui donne des pierreries ; mais, afin qu'elle n'en manque pas, je désire que vous fassiez travailler à une petite cassette bien propre, pour mettre dedans ce que je vous dirai ci-après, afin que j'aie de quoi lui prêter à point nommé ce qu'elle désirera. Cela paraît extraordinaire, mais elle ne veut point entendre raison sur les présents. Il y aura dans cette cassette un collier de perles que je veux qui soit beau, deux paires de pendants d'oreilles, l'une de diamants, que je veux qui soient beaux, et une de toutes pierres ; une boîte et des attaches de diamants, une boîte et des attaches de toutes pierres, dont les pierres se pourront lever à toutes deux ; il faut avoir des pierres de toutes couleurs pour en pouvoir changer. Il faut aussi une paire de pendants d'oreilles de perles. Il faut aussi quatre douzaines de boutons dont on changera les pierres du milieu ; le tour étant de petits diamants, tout ira bien dessus... » Rien n'était trop beau pour cette divinité !

En avril 1674, le roi décida de bâtir près du château de Versailles, sur le chemin de Paris, au lieu dit Clagny, un palais où logeraient sa maîtresse et ses bâtards. Les travaux en furent confiés à un jeune architecte de vingt-huit ans, petit-neveu par alliance de François Mansart, Jules Hardouin-Mansart. « Votre fils m'a remis le plan pour la maison, écrivait Louis XIV à Colbert le 22 mai 1674, je ne réponds rien encore là-dessus, car je veux savoir la pensée de Mme de Montespan. » Le 12 juin, il ajoutait : « J'ai ordonné à votre fils de vous envoyer le plan de la maison de Clagny et de vous dire qu'après l'avoir vu avec Mme de Montespan nous l'approuvons tous deux et qu'il fallait commencer à y travailler (…). Mme de Montespan a grande envie que le jardin soit en état d'être planté cet automne ; faites tout ce qui sera nécessaire pour qu'elle ait cette satisfaction et me mandez les mesures que vous aurez prises pour cela. »

Le domaine de Clagny se composait d'un parc de 40 arpents, ceinturé d'un mur, au bord d'un vaste étang, le long du chemin de Versailles à Saint-Germain. Un modeste château médiéval en occupait le centre : une grosse tour carrée de quatre étages, coiffée d'un toit en pente, un commun servant de cuisine et de grenier, un autre, d'étable et de colombier. Au début du XVIIe siècle, ce château avec sa ferme avait été cédé par les seigneurs de Clagny à l'hôpital des Incurables. Louis XIV avait acquis le tout dans le dessein d'y voir naître un quartier d'habitation rattaché à Versailles. Mais comme les initiatives tardaient, une déclaration royale du 22 mai 1671 offrit à tous ceux qui voudraient bâtir entre la pompe et la ferme de Clagny des avantages substantiels : le terrain gratuit, l'exemption du logement des gens de guerre et une redevance annuelle limitée à cinq sols. Quelques imprudents profitèrent de cette offre bientôt révoquée : dès le 27 mai 1674, les entrepreneurs démolissaient les maisons nouvellement construites pour réaliser le projet de Mme de Montespan. En juin 1675, à ce déjà vaste domaine sera réunie la terre de Glatigny, achetée au sieur Charles Briçonnet, qui comprenait un petit manoir de 23 toises 1/2 de façade (environ 46 mètres), une ferme et un jardin fruitier. Les travaux de Clagny dureront dix ans et coûteront au Trésor la somme de 2 073 000 livres, à laquelle il convient d'ajouter les 75 000 livres payées pour l'acquisition du fief et les 300 000 que coûta Glatigny[1].

Orienté de la même façon que le palais de Versailles, le château de Clagny présentait, face aux jardins et à un bel étang transformé en pièce d'eau, un long corps de bâtiment de style classique coiffé de « combles brisés ou à la Mansarde », avec deux ailes en retour conduisant à deux longues galeries de plain-pied, parallèles à la façade principale. Les pavillons d'angle étaient couronnés de frontons triangulaires et celui du milieu d'un dôme carré. La cour, qui avait 30 toises (58 mètres) de large sur 32 (61 mètres) de profondeur, s'ouvrait sur le devant par une grille en demi-lune. Cinq perrons permettaient d'accéder à un grand salon décoré de pilastres corinthiens, aux deux vestibules de marbre noir et blanc des deux appartements et à une grande galerie ornée de tableaux représentant l'histoire d'Enée. Au-dessus de la corniche, à la naissance des arcs doubleaux, des groupes de divinités figuraient les Eléments, les Saisons et les parties de la Terre. Un tableau de Henri Gascard où l'on voit Mme de Montespan en troublant déshabillé, mollement étendue sur un lit de repos, laisse apercevoir, en arrière-fond, cette grande galerie avec son plafond à caissons, ses marbres, ses ors, ses tableaux et ses cabinets ouvragés. C'est la seule vue intérieure que nous possédions. Aux deux extrémités de la galerie se trouvaient deux salons voûtés aux arcs surbaissés et ornés de bas-reliefs de nymphes avec des corbeilles de fleurs et de fruits. A droite, la chapelle, de plan circulaire, s'agrémentait d'élégantes tribunes. En attendant l'achèvement des travaux, Mme de Montespan logea dans le manoir féodal dont la vieille tour ne sera démolie qu'en 1677[2].

Les fêtes de Versailles

Pour célébrer avec éclat la victoire de ses armes, le roi donna à Versailles six jours de fêtes dont Félibien a laissé une relation toute palpitante d'émotion et d'éblouissement. Le premier, le 4 juillet 1674, commença par une somptueuse collation servie au bosquet du Marais. L'attraction essentielle en était un arbre aux ramures de bronze et des roseaux métalliques qui crachaient l'eau tout autour : une idée de Mme de Montespan réalisée par Colbert. Le soir, vers six heures, les invités se rendirent dans la cour de marbre du vieux château où Lulli et Quinault firent représenter leur nouvel opéra, *Alceste*. Les deux côtés de la scène étaient ornés de douze caisses de grands orangers, de guéridons or et bleu surmontés de girandoles de cristal et d'argent et de hauts vases de porcelaine remplis de fleurs. Une semaine plus tard, le deuxième jour de fête, où l'on joua l'*Eglogue de Versailles*, transporta les courtisans au Trianon de porcelaine. Cette élégante folie de plain-pied, construite par Le Vau en l'honneur de la Montespan, avait un toit de pagode, des murs de faïence bleu et blanc, dans le goût des chinoiseries de l'époque. Pour l'édifier, en 1670, il avait fallu raser le village de Trianon avec son église et relever les tombes de son cimetière. Lui-même sera détruit dix ans plus tard pour faire place au Trianon de marbre – pure merveille – que nous connaissons.

Le 19 juillet, les convives se promenèrent en gondole sur le Grand Canal et, dans la fraîcheur de ce beau soir d'été, applaudirent une représentation du *Malade imaginaire* devant la grotte de Thétis. Hélas !

Molière n'était plus là ! La quatrième journée (28 juillet), Lulli fit représenter les *Fêtes de l'Amour et de Bacchus* au Théâtre d'Eau qui venait d'être achevé. Une cinquième, le 18 août, dans l'Orangerie, vit le succès de l'*Iphigénie* de Racine. Tandis que le Grand Canal scintillait des reflets d'or de milliers de chandelles disposées le long de ses berges gazonnées, un feu d'artifice illumina le parc, jetant ses éclairs sur les sept cents drapeaux pris à Seneffe, que Gourville, intendant du prince de Condé, avait apportés le soir même. Une dernière fête – la fête de nuit – eut lieu dans les jardins de Versailles : les parterres, l'allée royale, les grandes eaux, tout s'embrasa sous les feux de Bengale, les serpentins et les « boîtes ». Le Grand Canal, sur lequel glissait avec une lenteur majestueuse le vaisseau du roi, s'ornait sur ses berges de poissons géants, de pyramides, de palais étranges et de décors de rêve.

Etalant avec superbe sa chair nacrée, ses formes généreuses et son ventre arrondi par une nouvelle grossesse, la royale Montespan parut comme la vraie reine de cet univers féerique.

CHAPITRE VI

La gouvernante

Françoise d'Aubigné

Plus encore que le sort des enfants de Mlle de La Vallière, élevés en grand secret par Mme Colbert, celui des bâtards de Mme de Montespan avait créé une situation délicate. Jusqu'à la séparation de corps prononcée en 1674, son mari – et quel mari ! – pouvait légalement et à tout moment les lui arracher. On avait suffisamment mesuré les folies de ce drôle pour le croire capable de jouer pareil tour à Louis XIV. De là risquait de jaillir un épouvantable scandale que même le plus puissant monarque de la terre aurait du mal à étouffer. Un mystère total devait donc entourer non seulement la naissance de ces rejetons, mais leur éducation, leur existence même.

Lorsqu'en mars 1669 Mme de Montespan mit au monde le fils premier-né de ses amours avec le roi, il fallut à cet enfant une sorte de gouvernante apte à surveiller les nourrices et les domestiques, à s'occuper des questions matérielles, de la nourriture, des vêtements, des gages, bref à pourvoir à tout.

Mais qui choisir ? Assurément une personne de confiance, compétente et discrète, moralement irréprochable, sachant garder comme une tombe cet inviolable secret. Athénaïs songea tout de suite à la veuve du poète Scarron, cette Françoise d'Aubigné qu'elle avait connue à l'hôtel d'Albret et revue à Versailles, lors de la fête du 18 juillet 1668, à la table de Mme de Montausier. Cette sage personne de trente-cinq ans semblait convenir à merveille. Ne présentait-elle pas toutes les qualités requises ? Distinguée, dévote, instruite, de bonne réputation, elle avait en outre l'expérience des enfants puisque, par dévouement, elle s'occupait de ceux de Mme de Montchevreuil dont elle était la répétitrice.

Une amie commune, Bonne de Pons, épouse du marquis d'Heudicourt, se chargea de faire la proposition. Mme Scarron, est-il besoin de le préciser, saisit la chance au vol, comme un signe du destin. La fable rapportée plus tard par sa nièce à la mode de Bretagne, Mme de Caylus, selon laquelle elle aurait répondu « que pour les enfants de Mme de Montespan, elle ne s'en chargerait pas ; mais que si le roi lui ordonnait d'avoir soin des siens, elle lui obéirait », est invraisemblable. Elle fait partie de cette entreprise de reconstitution pieuse de sa vie, élaborée dans sa vieillesse par la marquise de Maintenon. Dans la réalité, les choses se passèrent simplement, sans discussion.

A trois siècles de distance, le destin de celle qui allait devenir l'épouse secrète du Roi-Soleil offre quelque chose d'irréel. A une époque où l'argent et plus encore le rang, la condition sociale scellaient implacablement le sort des individus, peu d'êtres ont connu une ascension aussi fulgurante. Sans doute les historiens disserteront-ils encore longtemps pour savoir si cette étonnante fortune est due à une conjonction étourdissante de hasards bienheureux ou de manœuvres prodigieusement habiles. S'agit-il du triomphe de la vertu sur l'intrigue, de la victoire de la piété sincère sur celle de la tartuferie ou l'inverse ? Lorsqu'on évoque cette femme, le mot qui revient le plus souvent est celui de mystère : mystère voulu, entretenu sciemment par l'épais voile qu'elle a fait flotter sur son existence...

Madame Scarron

Hugenot implacable et violent, son grand-père, Agrippa d'Aubigné, avait été l'une des figures de proue des guerres de religion. Ce soudard superbe et arrogant avait poussé le fanatisme à son paroxysme, tuant, pillant, rançonnant sans vergogne, au nom de la pureté de l'Evangile. Et pourtant – paradoxe de cette trouble époque – il fut un fin lettré, un brillant littérateur, un écrivain doué également d'une imagination baroque et d'un surprenant souffle poétique, comme en témoignent *Les Tragiques*.

Son fils, Constant – le mal nommé –, n'hérita aucunement de son génie tumultueux. Ce fut un aventurier douteux, joueur impénitent, grand coureur de jupons, un raté inconséquent, pire, un assassin puisque, dans une crise de jalousie, il avait occis sa première épouse et l'amant de celle-ci. Incarcéré pour dettes au Château-Trompette à Bordeaux, il épousa – sans doute sous la contrainte et après œuvre de séduction – la fille du gouverneur de la place, Jeanne de Cardilhac.

Huit ans plus tard, à la fin de novembre 1635, alors que ce bon à rien se trouvait encore derrière les barreaux – à Niort cette fois –, Jeanne donna le jour à une petite Françoise, la future Mme de Maintenon.

Celle-ci fut baptisée dans la foi de sa mère, la foi catholique, mais ses parents n'ayant pas un sou vaillant la confièrent dès sa naissance à sa tante protestante, Mme de Villette, qui l'accueillit dans son vieux manoir de Mursay, en Poitou.

Malgré les suppliques de sa pauvre épouse, Constant resta en prison tant que Richelieu fut au pouvoir. Libéré après la mort du cardinal, il parvint, à force d'intrigues, à se faire nommer gouverneur de l'île de Marie-Galante, dans les Antilles. A son arrivée, il constata que le poste était occupé et qu'il avait été joué. Il rembarqua seul et amer pour la France, abandonnant à la Martinique sa femme, ses deux fils et la benjamine. Ceux-ci passèrent environ deux années dans l'île, vivant l'existence rude des petits colons, habitant dans des cases, faisant l'élevage de dindons et de porcs, se nourrissant de « cassaves » (galettes à base de farine de manioc) et de patates agrémentées, dans les meilleures occasions, d'un poulet de l'Inde ou d'un perroquet rôti. Rapatriée grâce à des aides charitables, Jeanne de Cardilhac accosta avec ses enfants à peu près au moment où son époux mourait à Orange (août 1647). A La Rochelle, les malheureux, sans ressources, allaient chercher leur nourriture aux portes du collège des Jésuites. Comment Françoise – que sa mère surnommait « l'Aubignette » – n'aurait-elle pas été marquée, à douze ans, par cette enfance misérable ! Ainsi s'expliqueraient sa soif d'une revanche sur la vie, son amour excessif des biens, sa recherche effrénée de la sécurité.

A nouveau la famille se dispersa. L'adolescente finit par retrouver Mursay, ses tours en poivrière, le parfum de ses bruyères et la bonne tante de Villette qui s'évertua à lui inculquer une éducation huguenote.

Une autre de ses tantes – catholique celle-là –, Mme de Neuillant (mère de Suzanne de Baudéan, sa marraine), s'indigna de cet endoctrinement. Elle crut de son devoir d'arracher aux mains des hérétiques cette âme en perdition. Elle pria donc la reine, Anne d'Autriche, de soustraire l'enfant à l'influence de Mme de Villette et de la lui confier. La pauvrette y perdit au change : autant la première tante était bonne et douce, autant la seconde se montra avare, autoritaire, revêche. Avec sa cousine Suzanne, de quelques années son aînée, elle fut élevée à la dure à Neuillant, en Poitou également. On les chargeait de garder les dindons. Le matin, les deux bergères partaient en sabots, une gaule dans une main, un panier à provisions dans l'autre, pour ne revenir que le soir. De vraies petites campagnardes, à la différence près qu'elles mettaient un masque sur le visage pour éviter de gâter leur teint et qu'elles emportaient un recueil de poésies de Pibrac dont elles devaient apprendre par cœur plusieurs quatrains ! Pour compléter cette éducation rudimentaire, Françoise fut placée en pension chez les Ursulines de Niort puis chez celles de la rue Saint-Jacques à Paris. Elle en sortit à seize ans, décidée à tout plutôt que d'entrer en religion. Mme de Neuillant, qui venait de marier sa fille au duc de Navailles, songea à la caser, c'est-à-dire à s'en débarrasser. « La chrétienne était bien appétissante », dira un témoin. Malheureusement, dépourvue de la moindre dot, il était vain pour elle d'espérer un beau mariage. Ainsi tournait le monde ! Celui auquel elle consentit fut affligeant, odieux même. On la jeta dans les bras d'un gnome difforme et impotent, le poète Paul Scarron, fils d'un conseiller au parlement de Paris et déjà auréolé d'une célébrité littéraire. Il avait quarante-deux ans, elle à peine dix-sept ! Le contrat de mariage fut signé le 4 avril 1652.

Scarron était, comme il le disait lui-même, « un raccourci de la misère humaine » : il avait le visage émacié, les cheveux gris, le nez de Cyrano, un œil plus enfoncé que l'autre, les dents jaunes. Surtout, il était affreusement tordu, ne vivant que dans une « jatte », ne se déplaçant qu'en chaise à roulettes. Son infirmité lui était venue sur le tard. De ce garçon vif, malicieux, à l'esprit toujours ironique et ravageur, son père avait tenu à faire un abbé à petit collet. Mais la religion n'était pas son fort. Ce polisson trop doué préférait versifier, hanter les théâtres, festiner en joyeuse compagnie, fréquenter les salons et les « ruelles » à la mode, quand il n'allait pas s'encanailler dans les « bourdeaux » du Quartier latin. Il tenait Marion de Lorme pour son égérie. C'était tout dire ! Voyant cela, son père l'avait envoyé servir à la cathédrale Saint-Julien du Mans, dans l'espoir de lui faire prononcer ses vœux et obtenir un canonicat. En vain ! Paul continua au Mans sa vie dissipée, courant les bals et les beuveries. Vint le carnaval de 1638. A demi nu, le corps enduit de plumes, poursuivi par une bande de fêtards éméchés qui voulaient l'embrocher comme une volaille, il passa la nuit caché sous un pont, dans les eaux glacées de l'Huisne. Il en sortit avec une crise de rhumatismes déformants qui, malgré des phases d'accalmie, n'iront qu'en s'aggravant. « Mes jambes et mes cuisses, raconte-t-il, ont fait premièrement un angle obtus, puis un angle égal et enfin aigu. Mes cuisses et mon corps en font un autre, et ma tête se penchant sur mon estomac, je ne ressemble pas mal à un Z. J'ai les bras raccourcis aussi bien que les jambes et les doigts aussi bien que les bras. »

Tel était le pitoyable déchet humain qui s'amouracha de la petite-fille d'Agrippa d'Aubigné : une beauté resplendissante, toute de fraîcheur et de jeunesse, que l'âpreté de la vie avait rendue plus mûre que les petites demoiselles de son âge. Elle avait la taille bien prise, le visage ovale, doux, soyeux, admirablement bien dessiné, le nez aquilin, la bouche légèrement sensuelle mais délicate et de longs cheveux châtains. Ses yeux surtout étaient fascinants, tous les contemporains l'attestent : de grands yeux de velours qui jetaient des éclats de diamant noir et qui savaient passer à merveille de l'enjouement à la mélancolie, de la tristesse à la candeur.

Avec un mari tel que Scarron il n'était évidemment pas question de mener l'existence normale d'une épouse. « L'Aubignette », fille d'un aventurier méprisé, se retrouvait, par les bontés de Mme de Neuillant, la garde-malade d'un grabataire paillard et expérimenté, avec pour seul espoir un prochain veuvage. On raconte que le curé chargé de bénir leur étrange union se serait hasardé à demander au futur s'il pouvait « exercer mariage ». A quoi celui-ci aurait répondu : « C'est l'affaire de Madame et de moi ! »

Sur la nature de cet hymen les biographes se sont posé les plus indiscrètes questions : mariage blanc, mariage gris, gris sale ? « Je ne lui ferai pas de sottise mais je lui en apprendrai ! » avait ricané ce bouffon grotesque et lubrique au temps de ses fiançailles. Boutade ? Peut-être. « Je n'ai jamais été mariée », affirmera plus tard sa femme. Et pourtant ! « Parce que ni l'un ni l'autre ne nous ont parlé de leurs nuits, écrit Jean Cordelier (l'un des meilleurs biographes de Mme de Maintenon), parce que l'un et l'autre se sont même évertués à nous persuader qu'aucun lien charnel ne fit d'eux des époux, devons-nous croire que Françoise sortira vierge de cette union et se trouvera un beau jour, à vingt-cinq ans, veuve et fille ? » Qui peut le dire ?

Après un court séjour en Touraine, le ménage s'installa à Paris dans le Marais, rue des Douze-Portes, chez Françoise Scarron, sœur du poète, puis, en février 1654, dans un hôtel de la rue Neuve-Saint-Louis.

C'est là que s'ouvrit leur salon. Y venaient des amis, des lettrés, des poètes, des académiciens comme Chapelain ou Pellisson, des maréchaux tels qu'Aumont ou Albret, des ducs bons vivants, de petits marquis goinfres, des coquebins arrogants, des abbés mondains et grands tombeurs de vertus. On y rencontrait aussi des francs buveurs, des bohèmes gloutons, des courtisanes comme Ninon de Lenclos. Monde bizarre, bigarré, gai, libertin en diable, où la gouaille, les gauloiseries avaient davantage droit de cité que les élégantes pédanteries des Trissotins. Perchés sur leurs sièges « caquetoires », les commensaux de Scarron débitaient des vers, racontaient les derniers potins d'antichambre, riaient à gorge déployée de plaisanteries scabreuses, se gargarisaient de gaudrioles ou de propos gaillards. Trônant au milieu d'eux, l'hôte grimaçant se vengeait des tortures de son état par la cocasserie et le cynisme de son esprit débridé. Il en revenait toujours à ses deux ennemis, Cyrano de Bergerac et surtout Mazarin, contre lequel il avait forgé la plus violente des mazarinades. Françoise participait à ces réunions mais gardait sa réserve naturelle, faisant mine de n'entendre que ce que la décence autorisait, « reine, écrit Auguste Bailly, parfois un peu distante, de ces réunions débraillées, où elle ne se mêlait qu'au meilleur sans se laisser éclabousser par le pire ».

Pourtant, cette sage épouse ne manquait pas de soupirants éblouis, sensibles à sa grâce et au secret de cette âme qui ne se livrait jamais qu'à demi : le maréchal d'Albret, le comte de Lude, le sieur de Raincy, le chevalier de Méré, le marquis de Marsilly, Delorme, premier commis de Fouquet, le marquis de Villarceaux. Le poète-médecin La Mesnardière, qui papillonnait aussi autour d'elle, lui avait dédié une poésie intitulée *La Belle Indienne*, dont elle gardera le surnom.

Deux méchantes langues, Saint-Simon et la princesse Palatine, ont affirmé que la future Mme de Maintenon avait allégrement trompé son mari avec ses amis. Pure calomnie ! Tallemant des Réaux, témoin de l'époque et orfèvre en la matière, assure qu'elle n'avait pas fait le « saut ». Ninon déplorait même le tempérament tiède de la jeune femme. Pourquoi ne pas les croire ?

La veuve discrète

En octobre 1660, Scarron mourut, laissant 22 000 livres de dettes. Avant de quitter ce bas monde, l'auteur de *Jodelet* et du *Roman comique* avait tenu à rédiger son épitaphe :

> « Celui qui ci maintenant dort
> Fit plus de pitié que d'envie,
> Et souffrit mille fois la mort
> Avant que de perdre la vie.
> Passant, ne fais ici de bruit ;
> Garde bien que tu ne l'éveilles,
> Car voici la première nuit
> Que le pauvre Scarron sommeille. »

Il avait aussi, comme il se doit, dicté son testament, un testament burlesque par lequel il autorisait sa femme à se remarier, en raison du carême qu'il lui avait imposé et qui avait dû « la mettre en appétit »...

Françoise se garda de le prendre au mot et de convoler. Elle jugea opportun de ménager les transitions, de mettre un écart entre elle et le monde. Elle abandonna l'hôtel de la rue Neuve-Saint-Louis et s'installa comme « dame pensionnaire » place Royale, au couvent de la Charité-Notre-Dame (fondé par Anne d'Autriche), puis chez les Ursulines de la rue Saint-Jacques. C'était une manière de gagner en respectabilité, un moyen rapide aussi d'obtenir de la reine, devenue très dévote, une pension de 2 000 livres. Pas question pour autant de se faire religieuse ! Celle que Saint-Simon appellera plus tard l'« abbesse universelle » avait toujours la même et sainte horreur de la clôture conventuelle. En couchant le soir chez les sœurs, elle cherchait seulement à se forger une réputation : « Je ne voulais point être aimée en particulier de qui que ce soit, racontera-t-elle dans ses *Entretiens*, je voulais l'être de tout le monde, faire dire du bien de moi, faire un beau personnage et avoir l'approbation des honnêtes gens ; c'était là mon idole. »

Le plus souvent, elle se rendait à l'hôtel d'Albret où elle jouait le rôle de la cousine pauvre, à la limite de la domesticité. Elle commandait des bûches quand la cheminée n'en avait plus, faisait avancer un carrosse pour les invités sur le départ et « mille petites commissions, dit Saint-Simon, dont l'usage des sonnettes, introduit longtemps depuis, a ôté l'importunité ».

Calme et discrète, elle cachait sous des dehors de modestie une ombrageuse fierté. Elle parlait posément, avec bon sens et intelligence. Toujours maîtresse d'elle-même, elle mariait si harmonieusement le charme et la vertu que de sa placide beauté, distante, marmoréenne émanait un attrait irrésistible. Les adjectifs les plus louangeurs glissent avec aisance sous la plume des contemporains. Prenons un seul exemple, celui du chevalier de Méré, l'un de ses « mourants » : « Outre qu'elle est fort belle, et d'une beauté qui plaît toujours, elle est douce, reconnaissante, secrète, fidèle, modeste, intelligente, et, pour comble d'agrément, elle n'use de son esprit que pour divertir ou pour se faire aimer. Et ce que j'admire d'une si jeune personne, c'est que tous les galants ne sont bien reçus auprès d'elle qu'autant qu'ils sont honnêtes gens ; et, suivant cette règle, il me semble qu'elle n'est pas en grand danger. Cependant les mieux faits de la cour et les plus puissants dans les finances l'attaquent de tous les côtés... »

Si elle eut des amants, au sens moderne du terme, c'est assurément à cette époque, car on conviendra, avec Jean Cordelier, qu'il est peu vraisemblable que la Belle Indienne soit « arrivée vierge dans les bras du roi ».

Le nom le plus couramment cité est celui de Villarceaux, bellâtre entreprenant, connu pour ses bonnes fortunes. Trois indices permettent d'accorder quelque crédit à cette aventure : un tableau autrefois conservé au château de Villarceaux et représentant Françoise d'Aubigné en indiscrète baigneuse, totalement nue ; une lettre de Ninon de Lenclos à Saint-Evremond datant de 1702 (mais dont l'authenticité a été mise en doute) : « Scarron était mon ami ; sa femme m'a donné mille plaisirs par sa conversation et, dans le temps, je l'ai trouvée trop gauche pour l'amour. Quant aux détails, je n'ai rien su, rien vu, mais je lui ai prêté souvent ma chambre jaune, à elle et à Villarceaux » ; enfin, le bruit rapporté par Primi Visconti selon lequel « elle aurait été vue, vêtue en page, au lit du seigneur de Villarceaux ».

Il est sûr que cette aventure – si aventure il y eut – resta discrète et brève. En 1666, souhaitant maintenir intacte sa réputation, ne donner prise ni à la médisance, ni aux cancans des religieuses qui s'étonnaient du nombre de ses visiteurs, elle décida de prendre un confesseur attitré, comme une grande dame. Ses regards se portèrent sur un homme renommé pour son austérité et sa rigueur morale, l'abbé Gobelin, ancien capitaine de cavalerie – dont il avait gardé l'écorce – devenu prêtre et docteur en Sorbonne. Ce masque de dévotion, qui complétait à merveille l'habit de confidente et de conseillère qu'elle avait endossé, fut certainement déterminant dans le choix de Mme de Montespan.

Le service des bâtards

Au mois de janvier 1669, dans la perspective de ses prochaines couches, Athénaïs avait loué au prix fort (1 500 livres par an) une petite maison en retrait de la rue de l'Echelle, non loin des Tuileries. Cette maison se composait de trois étages surmontés d'un grenier, de deux chambres supplémentaires au-dessus de la porte cochère et d'une remise de carrosses près du puits. La maîtresse du roi ne pouvant signer seule en raison de sa situation matrimoniale, l'acte fut établi au nom de Jean-Baptiste Duché, sieur de la Grange-aux-Bois, intendant et contrôleur général de l'argenterie, menus plaisirs et affaires de Sa Majesté, comme principal preneur et caution solidaire de « ladite dame de Montespan ». Le bailleur, un certain Etienne La Forest, avait accepté de payer par moitié les mille livres nécessaires à la réfection du bâtiment, selon le devis établi par Jean Marot, architecte du roi.

C'est vraisemblablement dans ce lieu discret que la favorite accoucha au temps de Pâques de son premier enfant adultérin. Un récit romancé de l'époque, *La France galante*, a rapporté – avec une évidente fantaisie dans les détails – les précautions exceptionnelles que l'on prit pour dissimuler cette naissance. Aux premières douleurs, l'une des servantes de la marquise s'était précipitée en carrosse rue Saint-Antoine pour chercher Clément, célèbre accoucheur, en le priant de venir les yeux bandés. Celui-ci, habitué à ce genre d'aventure, n'avait élevé aucune objection. Le carrosse, après avoir longtemps roulé, le déposa au pied d'un petit escalier qu'il gravit guidé par la soubrette. Au premier étage, son bandeau enlevé, Clément découvrit une chambre modestement meublée, au fond du lit, une femme dans les douleurs et, à côté d'elle, un homme debout, nerveux, inquiet : le roi. Il eut le tact de ne pas le reconnaître. D'un ton volontairement familier, il demanda « s'il se trouvait dans la maison de Dieu, où il n'est permis ni de boire ni de manger ; que, pour lui, il avait grand faim étant parti de chez lui au moment de se mettre à souper ». Louis ne se fit pas prier : il apporta au praticien un pot de confiture, du pain et versa lui-même une ou deux rasades de vin. « Lorsque maître Clément eut bu il demanda au roi s'il ne boirait pas bien aussi, et le roi ayant répondu que non, il lui dit en souriant que la malade n'en accoucherait pas si bien et que, s'il avait envie qu'elle fût promptement délivrée, il fallait qu'il bût à sa santé. » Ainsi, pour l'amour de sa belle, le Roi-Soleil aurait trinqué comme un brave bourgeois avec un médecin accoucheur ! L'anecdote est amusante si elle n'est authentique. Mais trêve d'historiettes !

C'est sans doute dans cette maison qu'on installa à demeure deux nourrices et une servante et que Mme Scarron, qui avait quitté son couvent pour un modeste logement rue des Tournelles, se rendait tous les jours pour s'occuper de l'enfant[1].

Un an plus tard, le 31 mars 1670, naissait le second fils de la marquise et du roi (le futur duc du Maine). L'accouchement eut lieu en grand secret au château de Saint-Germain, où Athénaïs avait été prise des premières douleurs. Lauzun, confident alors en pleine faveur, se chargea d'emporter l'enfant qu'on enveloppa rapidement dans un linge. Il le prit sous son manteau, traversa ainsi l'appartement de la reine, tremblant que le bambin ne criât, puis remit son précieux dépôt à Mme Scarron, qui attendait dans une voiture à la porte basse du mur de clôture du Petit Parc. Une autre maison, près de Paris, servit de refuge au second bâtard.

La veuve prit donc en charge l'éducation des deux enfants, toujours en grand secret, essayant de conserver ses relations et sa vie mondaine. « La gouvernante, dira-t-elle plus tard dans ses *Entretiens* de Saint-Cyr à propos des deux rejetons royaux, devait les surveiller en toutes choses, mais non pas vivre avec eux. Cette sorte d'honneur assez singulier m'a coûté des peines et des soins infinis. Je montais à l'échelle pour faire l'ouvrage des tapissiers et des ouvriers parce qu'il ne fallait pas qu'ils entrassent. Les nourrices ne mettaient la main à rien de peur d'être fatiguées et que leur lait ne fût moins bon. J'allais souvent de l'une à l'autre [maison], à pied, déguisée, portant sous mon bras du linge, de la viande, et je passais quelquefois les nuits chez l'un de ces enfants malades, dans une petite maison hors de Paris. Je rentrais chez moi le matin, par une porte de derrière et, après m'être habillée, je montais en carrosse par celle du devant pour aller à l'hôtel d'Albret ou de Richelieu afin que ma société ordinaire ne sût pas seulement que j'avais un secret à garder. De peur qu'on ne le pénétrât, je me faisais saigner pour m'empêcher de rougir. »

Les cinq années que passa ainsi Françoise d'Aubigné sont les plus obscures de sa vie pourtant riche d'ombres et de demi-teintes. Un voile de mystère les enveloppe, que viennent à peine éclairer quelques confidences personnelles ou quelques discrètes allusions de Mme de Sévigné. Avec ses déplacements incessants, les travaux matériels, les maladies infantiles, cette double vie se révéla très vite un fardeau insupportable.

Vers la fin de 1671, afin de montrer ostensiblement qu'elle s'occupait d'un enfant, elle pria son amie, Mme d'Heudicourt, de lui confier sa petite fille de trois ans. C'est ainsi que la future Mme de Montgon, dame du palais de la Dauphine, devint la compagne de jeu des deux premiers bâtards. Elle fut élevée de façon si intime qu'on les traitait comme frères et sœur. « La petite d'Heudicourt, disait Mme de Sévigné le 4 décembre 1673, est jolie comme un ange. Elle a été de son chef huit ou dix jours à la cour, toujours pendue au cou du roi. »

La maison de Vaugirard

Après la naissance en juin 1672, au Génitoy, du futur comte de Vexin, on mesura l'inconvénient de disperser les trois frères. On décida donc de les réunir dans une maison discrète du lointain faubourg. C'est ainsi qu'on les installa rue de Vaugirard, un lieu isolé, occupé surtout par des couvents et des jardins, dans un hôtel cossu de deux étages avec fronton triangulaire, sculptures, escalier de pierre de taille et rampe de fer forgé. Cette demeure appartenait à Pierre Thomé, financier intéressé aux fermes générales, qui avait épousé une femme de chambre de Mme de Montespan.

Les grilles en restaient fermées, ne s'ouvrant furtivement que sur une servante ou une femme au visage voilé de dentelles[2]. A partir de cette époque, Françoise d'Aubigné cessa de fréquenter la plupart de ses amies et de ses relations, à leur grande surprise : « Pour Mme Scarron, mandait Mme de Coulanges, c'est une chose étonnante que sa vie. Aucun mortel, sans exception, n'a de commerce avec elle. J'ai reçu une de ses lettres mais je me garde de m'en vanter, de peur des questions infinies que cela attire. »

Villarceaux lui-même, le beau ténébreux, se désespérait de ne plus la voir. C'est à lui vraisemblablement que fait allusion Mme de Coulanges dans une lettre à Mme de Sévigné de mars 1673 : « Nous avons retrouvé Mme Scarron, c'est-à-dire que nous savons où elle est ; car, pour avoir commerce avec elle, cela n'est pas ainsi. Il y a chez une de ses amies (Ninon de Lenclos ?) un certain homme qui la trouve si aimable et de si bonne compagnie qu'il souffre impatiemment son absence. »

Parmi les rares intimes qu'elle conservait, il y avait, outre Mme de Coulanges, Mme de Sévigné, Mme de La Fayette, l'abbé Testu. Ce dernier, appelé familièrement le « Grand Testu » en raison de sa taille, était un prêtre rouquin, maigre, au nez pointu, au visage grimaçant, secoué de tics. Cet ancien familier de l'hôtel d'Albret, où il avait rivalisé d'esprit avec la jeune dame de Montespan, était un homme plein d'humour et de finesse, bon écrivain de surcroît, que l'Académie française avait admis en son sein. « Nous soupâmes hier, écrit Mme de Sévigné, avec Mme Scarron et l'abbé Testu, chez Mme de Coulanges ; nous trouvâmes plaisir de l'aller ramener à minuit, au fin fond du faubourg Saint-Germain : quasi auprès de Vaugirard, dans la campagne, c'est une grande et belle maison, où l'on n'entre point ; il y a un grand et beau jardin, de grands appartements ; elle a un carrosse et des chevaux ; elle est habillée modestement et magnifiquement, comme une personne qui passe sa vie avec des personnes de qualité. »

Jusque-là, Louis XIV ne connaissait pas ses enfants. Un jour, il les fit conduire à Saint-Germain. C'était l'avant-veille de la Noël 1672. « La nourrice entra, raconte la veuve Scarron, et je restai dans l'antichambre.

— A qui sont ces enfants ? dit le roi.

— Ils sont sûrement, dit la femme, à la dame qui demeure avec nous, si l'on en juge par les agitations où je la vois au moindre mal qu'ils ont.

— Et qui croyez-vous qui en soit le père ?

— Je n'en sais rien, répondit la nourrice, mais j'imagine que c'est quelque duc ou quelque président au Parlement. Mme de Montespan est enchantée de cette réponse et le roi en a ri aux larmes. »

Par la suite, le monarque trouva plaisir à rendre visite à ses enfants qu'il chérissait, particulièrement le futur duc du Maine, dont il appréciait les saillies et l'intelligence plus vive que celle du Dauphin. Mme Scarron l'accueillait en maîtresse de maison, simple, polie, recevant avec un léger sourire ses compliments. Il est vrai qu'au début leurs rapports furent assez froids. Louis XIV la prenait pour une précieuse attardée, une pédante, un « bel esprit à qui il fallait des choses sublimes et qui était très difficile à tous égards ». Mais peu à peu ses impressions se modifièrent, ses préventions s'estompèrent. Au demeurant, Françoise d'Aubigné n'était pas la personne stéréotypée que l'on connaît, la bigote effacée, l'austère duègne aux airs patelins ou la prude effarouchée, embéguinée dans ses voilettes de deuil. A trente-huit ans, elle avait les charmes alanguis d'un beau fruit mûr : « Quatre louis de rente, deux grands yeux fort mutins, un très beau corsage, une belle paire de mains et beaucoup d'esprit », telle la décrivait déjà ce gaillard de Scarron. Mais elle imposait naturellement le respect par sa réserve. Le roi, galant avec toutes les femmes, semblait paralysé avec celle-ci. Son vieux fond de timidité réapparaissait. Il lui fit, comme un collégien, une cour discrète à laquelle, en femme avisée, elle se garda de répondre. Que serait une aventure d'un soir ? Une affaire banale, vulgaire, ridicule, dangereuse même : Mme de Montespan ne tarderait pas à l'apprendre et à la chasser. L'honnêteté de sa conduite ne venait pas tant de sa vertu que de sa prudence !

Ceux qui prétendent qu'elle devint très vite la maîtresse du roi commettent une erreur de psychologie. Ils font fi de sa correspondance avec l'abbé Gobelin, où elle révèle sa vraie nature : pieuse sans être dévote, attirée par le monde mais soucieuse de sa réputation, donnant l'impression que les pages troubles de sa vie étaient tournées. Aux poursuites galantes, il y a donc lieu de croire qu'elle opposa une cuirasse de sagesse, au risque d'irriter l'homme à qui nul n'osait résister[3]. Maîtresse de Louis XIV, elle ne le sera qu'après de nombreuses et infructueuses avances, sans doute en 1680, peut-être un peu plus tôt, peut-être un peu plus tard, lorsque Mme de Montespan puis Mlle de Fontanges auront été détrônées, lorsqu'elle sera sûre de son fait. En 1673-

1674, il en allait tout autrement. La veuve Scarron, encore tout éblouie de l'occasion qui lui était offerte de faire fortune, ne songeait qu'à affermir son état et améliorer sa situation matérielle. Faut-il ajouter une lettre de l'intéressée adressée à Mme de Coulanges, que certains datent de mars 1673 : « Ce maître (le roi) vient quelquefois chez moi (rue de Vaugirard), malgré moi, et s'en retourne désespéré, mais sans être rebuté » ? Malheureusement, ce texte est considéré comme l'un des nombreux apocryphes forgés au XVIIIe siècle par La Beaumelle : il est douteux qu'une femme si prudente ait pu confier au papier un aveu si clair.

La rivalité

Après leur légitimation, les bâtards restèrent encore quelque temps dans l'obscurité. « On ne voit point encore ces petits princes, mandait à sa fille Mme de Sévigné le jour de l'an 1674. L'aîné a été trois jours avec père et mère ; il est joli mais personne ne l'a vu. » Puis, dans le courant de janvier, ils firent leur entrée à la cour et vinrent s'installer avec leur gouvernante à Saint-Germain. Le duc du Maine, qui n'avait pas quatre ans, reçut la charge de colonel des Suisses et Grisons, tandis que l'abbaye de Saint-Germain-des-Prés était donnée à son cadet de deux ans, le comte de Vexin.

Au début, les rapports entre Mme de Montespan et la veuve furent sans nuage quoique la première eût toujours considéré la seconde comme « une soubrette », selon le mot de La Fare. Les deux femmes s'estimaient, échangeaient conseils et confidences. Mais cela ne pouvait guère durer car tout dans leur caractère était de nature à les opposer. Mme Scarron, prudente, méthodique, avisée, ordonnée, tenait en horreur la fantaisie, l'imprévu, l'aventure dont raffolait la fantasque et capricieuse Athénaïs.

Leurs chamailleries éclatèrent d'abord à propos de l'éducation des bâtards. Contrairement à Mlle de La Vallière qui n'avait jamais manifesté de grande tendresse pour ses enfants, Mme de Montespan aimait beaucoup les siens (du moins ceux qu'elle avait eus du roi, car elle se souciait peu du jeune d'Antin, son fils légitime, confié à la garde de son mari). Elle souffrait de ne pas les voir plus souvent. Aussi, très vite, éprouva-t-elle un sentiment de jalousie à l'égard de la gouvernante qui captait leur affection et se comportait, consciemment ou non, comme leur mère véritable. Comment se faire chérir d'eux sinon en étant moins sévère ! C'est pourquoi elle leur passait tous leurs caprices, leur donnait des sucreries défendues ou des permissions qui sapaient le bel édifice pédagogique conçu pour eux. Aux yeux de Mme Scarron, les réactions de la favorite étaient désespérantes. Voilà qu'un jour le feu avait pris à une poutre de leur chambre, à Paris. La gouvernante avait fait de son mieux pour l'éteindre et prévenu d'urgence la mère : « J'en suis bien aise ! avait répondu celle-ci en apprenant la nouvelle. Dites à Mme Scarron que c'est une marque de bonheur pour ces enfants ! »

De crainte de perdre son autorité la gouvernante réagissait avec indignation à chaque complaisance de la marquise. Ce n'est pas ainsi que l'on élève des enfants ! On les nourrit mal ! On les gâte trop ! On les tue ! Alors Athénaïs répliquait vertement, rappelait son interlocutrice à sa condition de subalterne et l'autre, ravalant son orgueil, souffrait ces humiliations. « *On* ne nous consulte qu'après avoir pris son parti, gémissait-elle auprès de Mme de Saint-Géran, *on* veut que j'approuve, et non que je dise mon avis ; mon crédit n'est que de bienséance et de politique, *on* ne se sert de moi que pour mieux régner. »

Tout au long de l'année 1674, les scènes se multiplièrent comme en témoignent les lettres à l'abbé Gobelin. « Mme de Montespan et moi, écrit-elle en juillet, avons eu aujourd'hui une contestation fort vive et, comme je suis la partie souffrante, j'ai beaucoup pleuré et elle en a rendu compte au roi à sa mode ; je vous avoue que j'ai bien de la peine à demeurer dans un état où j'aurais tous les jours de ces aventures-là, et qu'il me serait bien doux de me mettre en liberté. J'ai eu mille fois envie de me faire religieuse (…). Je ne saurais comprendre que la volonté de Dieu soit que je souffre de Mme de Montespan. Elle est incapable d'amitié, et je ne puis m'en passer ; elle ne saurait trouver en moi les oppositions qu'elle y trouve sans me haïr ; elle me redonne au roi comme il lui plaît, et m'en fait perdre l'estime ; je suis donc avec lui sur le pied d'une bizarre qu'il faut ménager. Je n'ose lui parler directement parce qu'elle ne me le pardonnerait jamais ; et, quand je lui parlerais, ce que je dois à Mme de Montespan ne me peut permettre de parler contre elle… » Se faire religieuse ? Le mot a filé sous sa plume. Elle le retire bien vite. On peut faire son salut ailleurs qu'au couvent, même à la cour : « Je me suis mal expliquée si vous avez compris que je pense à être religieuse ; je suis trop vieille pour changer de condition. »

L'humeur de Mme de Montespan s'aviva davantage lorsqu'elle s'aperçut que son amant trouvait plaisir en la compagnie de sa subordonnée et que celle-ci ne demandait qu'à s'en laisser conter. Aussi, pour s'en débarrasser, songea-t-elle à la marier à un duc. Duchesse ! Comment refuser le fameux tabouret ! Françoise d'Aubigné n'eut, cependant, aucun mérite à déjouer le piège :

le duc de Villars-Brancas qu'on lui proposa était un vieillard deux fois veuf, bossu, « assez malhonnête et fort gueux ». Une réplique de Scarron, l'esprit en moins ! Or, la gouvernante des bâtards était avide. Foin des honneurs sans pécune ! Il lui fallait du bel et bon argent pour préparer cette « assez jolie vieillesse » dont elle rêvait avec son frère. C'est ce qui l'intéressait en cette année 1674, et non de devenir l'épouse d'un duc ou la favorite d'une nuit vite envolée. Le roi lui avait d'ailleurs triplé sa pension annuelle, qui était passée de 2 000 livres à 2 000 écus, et lui avait fait don d'une gratification extraordinaire de 100 000 livres. Elle songeait à acquérir une terre. En attendant, elle tentait de s'agréger insidieusement à une noble et vieille famille d'Anjou, les d'Aubigny, qui remontait au XIIe siècle. D'Aubigné à Aubigny, le pas fut vite franchi. Et c'est ainsi qu'elle signa désormais malgré les grimaces des généalogistes et des gardes-notes du roi...

Cependant, elle supportait de plus en plus mal sa situation, prise en étau entre le roi et la marquise. Au début d'août, elle sentit à la froideur inattendue du monarque qu'on avait médit sur son compte. « Mes amis s'en sont aperçus, écrit-elle le 7 août à l'abbé Gobelin, et m'ont fait des compliments sur ma disgrâce. » Elle en fut si piquée qu'elle décida de quitter la cour à la fin de l'année. « J'en parlai hier au matin à Mme de Montespan et je lui dis que je priais le roi et elle de ne point regarder la mauvaise humeur où je leur paraissais comme une bouderie contre eux ; que c'était quelque chose de plus sérieux, et que je voyais, à n'en pouvoir douter, que j'étais très mal avec elle, et qu'elle m'avait brouillée avec le roi. Elle me dit sur cela de très mauvaises raisons et nous eûmes une assez vive conversation, mais pourtant fort honnête, de part et d'autre. »

Louis XIV eut écho de cette brouille. S'il aimait passionnément Athénaïs, il ne voulait pas perdre cette « Belle Indienne » dont il subissait, presque malgré lui, l'irrésistible ascendant. Le soir même, il lui dépêcha Louvois avec mission de l'apaiser et de la réconcilier avec sa maîtresse.

A la fin de 1674, une nouvelle gratification du roi de 100 000 livres, en récompense de ses bons et loyaux services, lui permit d'acquérir d'Odet de Riants, marquis de Viller, la terre et seigneurie de Maintenon, dont le beau château de pierre et de brique, flanqué de deux grosses tours, l'une carrée, l'autre ronde, avait été construit dans le style Renaissance par Jean Cottereau, trésorier aux Finances de Louis XII puis de François Ier. La nouvelle propriétaire y entreprendra de nombreux travaux : la construction de deux ailes, l'aménagement du grand canal rectiligne bordé de nappes gazonnées et d'un élégant jardin à la française dessiné par Le Nôtre.

Devenue marquise de Maintenon, la besogneuse veuve Scarron abandonna son projet de retraite, non sans quelque appréhension, car, se retrouvant l'égale de Mme de Montespan, elle savait que leur rivalité allait s'exacerber. Elle ne se trompait pas. Le mercredi des Cendres 27 février 1675, elle mandait à l'abbé Gobelin : « Il se passe ici des choses terribles entre Mme de Montespan et moi, le roi en fut hier témoin, et ces démêlés joints aux maux continuels des enfants me mettent dans un état que je ne pourrais soutenir longtemps... » Mme de Caylus relate l'incident : le monarque, voyant les deux femmes surexcitées et empourprées, demanda la cause de leur trouble. Abandonnant ses scrupules antérieurs, Mme de Maintenon prit la parole et dit avec calme : « Si Votre

Majesté veut passer dans cette autre chambre, j'aurai l'honneur de le lui apprendre. » Le roi accepta. Alors la gouvernante vida son cœur. Elle lui parla de la jalousie de Mme de Montespan, de sa dureté, des tourments qu'elle lui causait. Lui, qui n'ignorait rien des accès d'humeur de sa maîtresse, voulut cependant lui rendre justice et montrer qu'elle n'avait pas l'âme si insensible : « Ne vous êtes-vous pas souvent aperçue, lui répondit-il, que ses beaux yeux se remplissent de larmes lorsqu'on lui raconte quelque action généreuse et touchante ? »

L'autre sujet de préoccupation de Mme de Maintenon était la santé toujours fragile des petits bâtards, singulièrement du duc du Maine. A trois ans, nous dit Mlle d'Aumale, il avait eu de terribles convulsions au moment de la percée des dents. Une de ses jambes « se retira », si bien qu'il devint boiteux (il s'agissait vraisemblablement d'une coxalgie). On essaya en vain tous les remèdes de la Faculté. Françoise d'Aubigné, sous le nom de marquise de Surgères, conduisit discrètement l'enfant à Anvers consulter un empirique qui aggrava son mal. A la fin de 1674, une fistule à la cuisse se déclara. Louis XIV décida alors d'envoyer son fils en cure à Barèges, dans les Pyrénées, et chargea Mme de Maintenon de l'accompagner, ce qui provoqua un nouvel accès de colère de la mère. L'enfant en revint non pas guéri, mais marchant un peu mieux. Quant à la nouvelle marquise, l'« amitié » du roi à son égard ne cessait de croître. « Quoi qu'on vous dise de ma faveur, mandait-elle le jour de Pâques à son cousin Villette, il s'en faut beaucoup que je gouverne l'Etat... » Protestation révélatrice !

CHAPITRE VII

Une crise religieuse

Le carême de 1675

« Vous avez passé votre vie entière hors du chemin de la vérité et de la justice, et, par conséquent, hors de celui de l'Evangile. Vous n'aimez pas Dieu ; vous ne le craignez même que d'une crainte d'esclave ; c'est l'enfer et non Dieu que vous craignez. Votre religion ne consiste qu'en superstitions, en petites pratiques superficielles. Vous êtes scrupuleux sur des bagatelles et endurci sur des maux terribles. Vous n'aimez que votre gloire et votre commodité. »

Ces rudes remontrances sont extraites d'une lettre (ou d'un projet de lettre) de Fénelon, écrite vraisemblablement en 1694 ou 1695 et destinée au roi. Rien ne montre mieux la foi de Louis XIV que ces cruelles vérités. Et encore, à l'époque, passait-il pour un dévot converti par Mme de Maintenon et le père de La Chaise ! Qu'en était-il vingt ans auparavant ? A trente-sept ans, dans la force de l'âge, l'orgueilleux conquérant, ivre de puissance, n'avait conservé de son éducation chrétienne qu'un vernis de piété, une religion de pure forme et de conventions, sans racines, irriguée par aucune source profonde. Ni l'esprit, ni le cœur ne soutenaient ses pratiques et ses gestes. Certes, Louis XIV ne fut jamais un libertin au sens que l'époque donne à ce mot, c'est-à-dire un « esprit fort », agnostique ou athée, à la manière de Saint-Evremond ou Bussy-Rabutin. Il n'était pas non plus un indifférent. Il faisait ses dévotions, disait son chapelet, suivait avec exactitude les prescriptions relatives au jeûne et à la pénitence, assistant à la messe tous les jours, croyait à tous les enseignements de l'Eglise. Pouvait-il, du reste, en être autrement dans une société si fortement imprégnée de catholicisme, où le Roi Très Chrétien était censé incarner le lieutenant de Dieu sur la terre ? Mais son comportement était celui d'un païen, d'un homme qui voyait mal la nécessité de convertir son cœur, de faire pénitence, de rompre avec l'univers de ses passions. Il était convaincu que les exercices de piété suffisent à racheter les péchés. Il croyait servir la cause de la vraie religion par sa politique, sans comprendre que le royaume de Dieu n'est pas de ce monde. Plus tard, il sera persuadé de gagner son ciel en persécutant les protestants.

Parfois, de son âme jaillissaient quelques doutes. Les fortes exhortations des orateurs sacrés, leurs avertissements solennels, leurs objurgations, leurs anathèmes, qui éclataient avec une vigueur digne des prophètes de l'Ancien Testament, n'étaient pas sans l'émouvoir. Si, dans les temps ordinaires, il suivait son chemin sans trop s'occuper des prêtres, les grandes fêtes chrétiennes le tourmentaient. Mme de Caylus le reconnaît : mal faire ses dévotions, se tenir à l'écart du sacrement de pénitence et de l'eucharistie à cause de ses maîtresses troublaient sa conscience. Comme la plupart de ses contemporains, la peur de l'enfer le tenaillait.

En cette année 1675, pour la troisième fois consécutive, le père Louis Bourdaloue prêchait le carême devant la cour. Et il n'y allait pas de main morte, ce rigoureux jésuite ! Du haut de sa chaire, il interpellait le souverain avec une brutale franchise, bien éloignée des prônes onctueux et insipides des abbés mondains : « N'avez-vous pas revu cette personne, écueil de votre fermeté et de votre constance ? N'avez-vous pas recherché des occasions si dangereuses parfois ? » Ah ! s'il se convertissait vraiment, quel exemple offrirait-il à ses sujets ! « Quel attrait ne serait-ce pas pour certains pécheurs découragés et tombés dans le désespoir, lorsqu'ils se diraient à eux-mêmes : voilà cet homme que nous avons vu dans la même débauche que nous, le voilà converti et soumis à Dieu ? »

Autre prédicateur redouté, Jules de Mascaron s'en prenait à son appétit de gloire et de conquêtes : un héros, clamait-il, est un voleur qui fait à la tête des armées ce que les larrons font seuls ! « Notre maître n'en a pas été content, écrivait Mme de Maintenon à son confesseur ; mais jusqu'à cette heure c'est un secret. »

Jouant sur les inquiétudes du roi, profitant de ses fonctions de précepteur du Grand Dauphin, Bossuet, de son côté, cherchait par de fréquents entretiens à émouvoir ce cœur apparemment fermé au repentir et aux élans spirituels. Il lui avait remis une longue « instruction » – que nous possédons encore – dans laquelle il expliquait que le fondement de la vie chrétienne résidait dans l'amour de Dieu, dans le désir constant de se conformer à sa volonté. Si étonnant que cela puisse paraître, Louis XIV en avait été surpris : « Je n'ai jamais ouï parler de cela ; on ne m'en a rien dit ! » Au prix de quels efforts le prélat parvint-il à lui faire admettre que son salut passait par un changement radical de comportement, par la répudiation de sa maîtresse, nul ne pourra jamais le dire. Mais le fait était là : Louis avait fini par se rendre. Il avait promis de faire ses pâques et de rompre avec Mme de Montespan. Il lui restait à franchir le pas. Un hasard providentiel allait le décider.

Le mercredi saint (10 avril 1675), Athénaïs, qui, elle aussi, cherchait à concilier sa situation de pécheresse et ses principes religieux, se présenta au confessionnal du père Lécuyer, un vicaire de Versailles réputé pour son indulgence. Mais là – ô surprise ! – elle reçut une douche froide. Le clerc lui refusa l'absolution et la tança sans ménagement : « Est-ce là cette Mme de Montespan qui scandalise toute la France ? Allez, madame, cessez vos scandales et vous viendrez vous jeter au pied des ministres de Jésus-Christ. »

Cette gifle cinglante cabra la glorieuse. Quel était donc ce prestolet prétentieux qui avait l'audace de l'insulter ? Elle en appela au roi qui ne put dissimuler son embarras surtout lorsqu'il apprit que le curé de la paroisse, le père Thibaut, avait adopté le parti de son vicaire. Le monarque demanda son avis à Bossuet ainsi qu'à M. de Montausier, connu pour sa sagesse et sa grande vertu. Tous deux déclarèrent qu'il devait, en effet, rompre avec cette femme. « Mgr Bossuet, rapporte Mme de Maintenon, n'a pas balancé à dire que le prêtre avait fait son devoir ; M. le duc de Montausier a parlé plus fortement. M. Bossuet a repris la parole et a parlé avec tant de force, a fait venir si à propos la gloire et la religion, que le roi, à qui il ne faut dire que la vérité, s'est levé fort ému et, serrant la main au duc, lui a dit : "Je vous promets de ne la plus revoir." »

On imagine la fureur d'Athénaïs en apprenant la décision royale. Mme de Maintenon était tenue informée par une suivante qu'elle avait gagnée : « La petite me mande que sa maîtresse est dans des rages inexprimables, elle n'a vu personne depuis deux jours ; elle écrit du matin au soir ; en se couchant elle déchire tout. Son état me fait pitié ; personne ne la plaint quoiqu'elle ait fait du bien à beaucoup de gens. »

Au gentilhomme que la reine avait envoyé prendre des nouvelles de sa santé, elle répondit d'un air abattu : « Vous voyez ! remerciez bien Sa Majesté et dites-lui que, quoique aux portes de la mort, je ne me porte encore que trop bien... » Bossuet lui-même lui rendit visite. Aux premiers mots, elle l'accabla de reproches, l'accusa de vouloir par orgueil dominer le roi et la chasser parce qu'elle le gênait. Bossuet, ce roc imprenable, en avait vu d'autres ! Il tint bon sous la tempête. Une fois sa colère apaisée, la terrible femme usa d'insinuations, de promesses, lui fit miroiter les avantages de la pourpre cardinalice qu'il pourrait obtenir en échange d'un peu moins de rigueur... Le précepteur n'écouta pas les sifflements du serpent et reprit ses assauts. Si elle refusait, contre son propre intérêt, de se convertir, qu'au moins elle ne soit pas une occasion de scandale et de damnation pour les autres, qu'elle laisse le roi suivre le chemin du salut !...

Le jour de Pâques, Louis XIV communia à Versailles. C'était une belle victoire ! Mais le prélat comprit qu'elle serait de courte durée si, le carême achevé, il laissait à son pénitent la bride sur le cou. Il passait donc des heures entières à l'encourager et ce n'était pas chose aisée. Louis faiblissait, se sentait tiraillé entre le devoir et la passion, une passion si vive qu'il souffrait réellement, cruellement de l'absence de sa bien-aimée. Il acceptait de revenir à une vie honnête, de ne jamais retomber dans son péché, mais sollicitait un accommodement : la revoir au moins une fois. Il assurait « qu'entre elle et lui, il ne se passerait rien que d'honnête ». Bon connaisseur des âmes, Bossuet savait que, s'il cédait sur ce point, la chute ne tarderait pas. Il fit ressortir qu'un chrétien ne peut s'exposer sans danger à la tentation, que la rechercher c'était prouver que, dans le fond de son âme, il n'avait pas dit non au mal. D'autres voix s'élevaient, participant à ce pieux complot, celle notamment du père de La Chaise (qui avait succédé en février au père Ferrier dans ses fonctions de confesseur du roi) : un poste de choix pour œuvrer à la conversion du prince. Mme de Maintenon, de son côté, jubilait secrètement au spectacle de la chute de la favorite : « Je vis le roi hier, écrit-elle à l'abbé Gobelin. Ne craignez rien : il me semble que je lui parlai en chrétienne et en véritable amie de Mme de Montespan. » Mlle d'Aumale rapporte dans ses *Souvenirs* les propos qu'elle tint et qui, s'ils ont été réellement prononcés, ne manquaient pas de courage : « Sire, vous aimez fort vos mousquetaires, c'est ce qui vous occupe et vous amuse fort aujourd'hui. Que feriez-vous si on venait dire à Votre Majesté qu'un de ces mousquetaires que vous aimez fort a pris la femme d'un homme vivant et qu'il vit actuellement avec elle ? Je suis sûre que, dès ce soir, il sortirait de l'hôtel des mousquetaires et n'y coucherait pas, quelque tard qu'il fût. » Le roi comprit la leçon et sourit de la comparaison.

Ainsi soutenu, il trouva assez de force pour rester ferme dans ses bonnes résolutions. Un jour qu'il traversait le cabinet d'étude du Dauphin (alors âgé de quatorze ans) et qu'il entendait Bossuet le mettre en garde contre les dangers des plaisirs interdits, il s'écria d'une voix émue : « Mon fils, défendez-vous à jamais de ces coupables entraînements, et gardez-vous bien de suivre en cela mon exemple. »

Cependant Athénaïs s'était retirée à Clagny, en proie à l'amertume. Mlle de Montpensier vint un jour la voir : « Je lui demandai si elle ne reviendrait pas bientôt ; elle se mit à rire et ne répondit rien. » Malgré ses promesses, Louis XIV ne put s'empêcher de lui rendre visite avant son départ pour l'armée. Il lui parla dans un cabinet vitré, raconte Mme de Scudéry, « où l'on pouvait les voir de la tête aux pieds. Les conversations ont été longues et tristes ». Les directeurs de conscience étaient malgré tout inquiets.

« Mon père, vous devez être content de moi ? demandait le roi à Bourdaloue, se félicitant de sa sagesse.

— Oui, Sire, répondit le prédicateur, mais Dieu serait plus satisfait si Clagny était à quarante lieues de Versailles ! »

Enfin, le roi allait se rendre dans les Flandres ! Pendant ce temps au moins les deux amants ne se reverraient pas ! Le 11 mai, avant de monter en carrosse, le monarque déclara en présence de la reine, de Bossuet et du curé de Versailles qu'il renonçait pour toujours au désordre de sa vie passée. « Le roi et Mme de Montespan se sont quittés s'aimant plus que la vie, écrivait encore Mme de Scudéry, purement par principe de religion. On dit qu'elle retournera à la cour sans être logée au château, et sans voir jamais le roi que chez la reine. J'en doute, ou du moins que cela puisse durer ainsi, car il y aurait grand danger que l'amour ne reprît le dessus. » C'était bien l'avis de son correspondant, Bussy, qui lui répondait : « On ne remporte la victoire sur l'amour qu'en fuyant. » Aphorisme que reprendra plus tard à son compte Napoléon Bonaparte...

Bossuet aussi le savait bien. Il restait vigilant, préconisant toujours une rupture totale. Vers la fin de mai, il adressa au roi cette lettre :

« Le jour de la Pentecôte approche, où Votre Majesté a résolu de communier. Quoique je ne doute pas qu'elle songe sérieusement à ce qu'elle a promis à Dieu, comme elle m'a commandé de l'en faire souvenir, voici le temps que je me sens le plus obligé de le faire. Songez, Sire, que vous ne pouvez être véritablement converti si vous ne travaillez à ôter de votre cœur non seulement le péché mais la cause qui y porte. La conversion véritable ne se contente pas seulement d'abattre les fruits de mort, comme parle l'Ecriture, c'est-à-dire les péchés ; mais elle va jusqu'à la racine, qui les ferait repousser infailliblement, si elle n'était arrachée. Ce n'est pas l'ouvrage d'un jour, je le confesse ; mais plus cet ouvrage est long et difficile, plus il y faut travailler. Votre Majesté ne croirait pas s'être assurée d'une place rebelle, tant que l'auteur des mouvements y demeurerait en crédit. Ainsi jamais votre cœur ne sera paisiblement à Dieu tant que cet amour violent, qui vous a si longtemps séparé de lui, y règnera (...). On ne parle que de la beauté de vos troupes et de ce qu'elles sont capables d'exécuter sous un aussi grand conducteur ; et moi, Sire, pendant ce temps, je songe secrètement en moi-même à une guerre bien plus importante et à une victoire bien plus difficile que Dieu vous propose. Méditez, Sire, cette parole du fils de Dieu : elle semble être prononcée pour les grands rois et pour les conquérants : "Que sert à l'homme, dit-il, de gagner tout le monde, si cependant il perd son âme, et quel gain pourra le récompenser d'une perte si considérable ?" »

Telle était la franchise de ton de Bossuet. Parallèlement, et dans un langage voisin, il poursuivait son œuvre auprès de Mme de Montespan, enfin revenue de ses hauteurs. Il lui avait remis copie de son « instruction » au roi. Sa lecture lui avait fait verser des larmes. Etait-ce le début du repentir ?

« Je vois autant que je puis Mme de Montespan, comme Votre Majesté me l'a commandé, écrivait-il encore. Je la trouve assez tranquille ; elle s'occupe beaucoup aux bonnes œuvres et je la vois fort touchée des vérités que je lui propose, qui sont les mêmes que je dis aussi à Votre Majesté. Dieu veuille vous les mettre à tous les deux dans le fond du cœur et achever son ouvrage, afin que tant de larmes, tant de violences, tant d'efforts que vous avez faits sur vous-mêmes ne soient pas inutiles. »

Le 2 juin, jour de la Pentecôte, le roi communia au camp de Latines, au milieu de son armée. Mme de Montespan, plus discrètement, fit de même à Versailles. En attendant son retour, elle visitait les couvents ou allait se promener à Trianon avec Marie-Thérèse, qui s'était rapprochée d'elle. Son fils, le comte de Vexin, étant tombé malade, elle passa six jours et six nuits à le veiller, sans lumière, jusqu'à sa guérison. Elle, qui ne supportait pas l'obscurité, avait accepté cette épreuve avec une humilité toute chrétienne.

Pourtant, elle ne parvenait à se défaire de ses airs de reine de Saba. La voici à Clagny, dans toute sa splendeur, surveillant les travaux tandis qu'un pâle soleil de mai dorait la verdure encore tendre du parc. La plupart des dames – la reine en tête – venaient voir l'exilée dans ce chantier grandiose, l'enivraient de compliments et de protestations d'amitié, lui conseillaient de « ne point reprendre ses vieilles brisées » si elle voulait pousser « son autorité et sa grandeur au-delà des nues ». Mme de Sévigné, pour sa part, débordait d'enthousiasme : c'est le palais d'Apollidon, les jardins d'Armide ! Et Athénaïs, rayonnante de majesté, donnait ses ordres à douze cents ouvriers, au milieu des marbres et des plâtras ; c'était Didon faisant bâtir Carthage ! Pour la marquise, Le Nôtre – le grand Le Nôtre – s'était surpassé : il avait aménagé un potager et une pépinière, bâti des tonnelles, planté des boulingrins, des parterres en broderies, ornés de jacinthes, de pieds de julienne et de seringats. L'étang, qu'il avait conservé, reflétait dans ses eaux tranquilles les lignes sobres et harmonieuses du bâtiment central qui s'élevait à vue d'œil. Pour rompre la monotonie des vertes prairies, il avait laissé d'un côté un bois sombre de haute futaie et créé de l'autre des allées d'orangers dont les caisses étaient dissimulées par des palissades fleuries de myrtes, de rosiers de Hollande, de jasmins et d'œillets. Symphonie de couleurs et enchantement des yeux, tel était Clagny, domaine des fées, qui sera détruit au commencement du règne de Louis XVI par le comte d'Angevilliers, directeur des bâtiments du roi, afin d'y construire un nouveau quartier de dix-huit rues, traversé par les boulevards du Roi et de la Reine...

Des camps de Huy, Gembloux et Latines, alors que le canon tonnait, Louis XIV donnait à Colbert instruction sur instruction pour satisfaire les caprices de sa belle. Au milieu de mille soucis il trouvait le temps de songer aux orangers de Clagny : « Je suis très aise que vous ayez acheté des orangers pour Clagny. Continuez à en avoir de plus beaux, si Mme de Montespan le désire » (15 mai). « La dépense est excessive, et je vois par là que, pour me plaire, rien ne vous est impossible. Mme de Montespan me mande que vous vous acquittez fort bien de ce que je vous ai ordonné, et que vous lui demandez toujours si elle veut quelque chose ; continuez à le faire toujours » (8 juin).

Scrupuleusement, le ministre tenait sa comptabilité à jour :

« Au sieur Girard pour 40 orangers..... 6 000 livres
A Mlle Le Sec, pour 50 orangers....... 1 750 livres
Au sieur Dupuis, jardinier,
pour 19 orangers .... 720 livres
Aux directeurs des créanciers
du feu sieur de Faverolles,
pour 94 orangers .... 12 000 livres. »

Chamillart, intendant de Caen, se faisait rembourser 8 950 pieds de jonquilles pour 1 368 livres 11 sols, y compris les frais de transport.

Anticipant sur les bergeries et les jeux bucoliques du XVIIIe siècle, Athénaïs s'était fait construire une ferme modèle. Il en coûta deux mille écus au Trésor royal pour acquérir et acheminer « les tourterelles les plus passionnées, les truies les plus grasses, les vaches les plus pleines, les moutons les plus frisés et les oisons les plus oisons » (Mme de Sévigné).

Les mois passant et la conduite des deux amants étant, par la force des choses, bien raisonnable, chacun fit réflexion sur la situation ainsi créée. N'était-il pas anormal qu'une dame d'honneur de la reine ne puisse approcher sa maîtresse qu'en l'absence du roi ? Les autres femmes de la cour ne le rencontraient-elles pas sans que cela prêtât à conséquence ? Du moment qu'elle avait solennellement renoncé à sa liaison, pourquoi ne vivrait-elle pas en toute amitié avec lui ? Habilement défendue par la duchesse de Richelieu, grande amie de Mme de Montespan, l'idée fit son chemin. La reine n'y trouva rien à redire et l'archevêque de Paris, Mgr de Harlay de Champvallon, plus accommodant que Bossuet, finit par s'y rallier.

Cependant, la campagne de printemps s'achevait. Tandis que le roi campait à Latines, le maréchal de Créqui s'emparait de Givet et de Dinant et le maréchal de Rochefort de Huy. Le 10 juin, la place de Limbourg était investie par Rochefort. Le lendemain, le monarque transporta son camp à Ney, entre Visé et Maëstricht, de façon à couvrir le siège contre les entreprises du prince d'Orange. Attaquée par Condé, son fils et le maréchal de Créqui, la ville capitula le 21. Le reste de la campagne ne fut marqué par aucun fait d'armes d'importance. Après cette victoire, Louis campa à Velain, près de Charleroi. Quelques jours plus tard, il remit le commandement de l'armée au prince de Condé et prit la route du retour par Philippeville, Rocroi et Soissons.

Bossuet, dans l'espoir de le faire revenir sur sa décision de revoir Mme de Montespan, vint à sa rencontre à Luzarches. Mais, en le voyant, le roi brisa sèchement : « Ne me dites rien. J'ai donné mes ordres. »

Il arriva le dimanche 21 juillet à Versailles où la cour s'était rendue la veille. Il salua aimablement l'assemblée, y compris Athénaïs qui avait repris sa place. « Soyez persuadés, dit-il à sa femme et à son fils, que je n'ai pas changé les résolutions que j'avais en partant. Fiez-vous à ma parole et instruisez les curieux de mes sentiments. »

Il était sincère. Et ainsi agit-il. Il ne voyait plus son ancienne maîtresse qu'en public. Il semblait apaisé, heureux. Mais chacun constatait qu'il continuait à lui témoigner un tendre attachement. La marquise, pour sa part, avait repris ses grands airs : « Pour la souveraineté, notait Mme de Sévigné, elle est rétablie comme depuis Pharamond. » Le soir, on soupait chez elle comme chez une princesse du sang. Délaissant leur service, les autres dames de la reine s'empressaient. Athénaïs, superbe, toisait tout le monde, y compris les duchesses à tabouret qui, selon l'étiquette, avaient pourtant rang de préséance. Elle poussait l'insolence jusqu'à jouer en robe d'intérieur « sans busc ni corps » avec la reine, « trop heureuse d'être reçue ». Tout semblait rentré dans l'ordre d'autrefois. Mais ce calme de surface masquait les remous des profondeurs. Bossuet et le père de La Chaise s'inquiétaient de cette trop belle harmonie. A tout moment l'incendie risquait de se rallumer. D'ailleurs les airs galants du roi ne prouvaient-ils pas que dans son cœur il n'avait pas renoncé ? Au début de septembre, à Fontainebleau, le lazariste Durand, curé de la paroisse, fut prié par la duchesse de Richelieu d'entendre Mme de Montespan en confession. Saisi de crainte à l'idée de se voir entraîné dans cette dangereuse affaire d'Etat, le prudent prêtre supplia son interlocutrice de lui éviter cette épreuve. « Elle m'assura, raconte-t-il, qu'il n'y avait point de mal en sa conduite et qu'elle m'en répondait ; je lui répondis que cela ne suffisait pas et que l'occasion et le scandale subsistaient ; elle me pressa de l'aller entendre, je résistai toujours à le faire ; elle me dit : écoutez-la par manière de conférence. Je fus à mon confessionnal ; je dis d'abord à cette dame que je ne pouvais la confesser ; elle me dit bien des choses pleines d'esprit pour m'obliger à le faire ; je la suppliai de m'en dispenser jusqu'à ce que j'eusse pris avis de personnes habiles ; nous brisâmes là-dessus. »

Qu'il était bien difficile, en ce temps, pour une pécheresse publique, de se réconcilier avec Dieu ! Il est vrai que les prêtres exigeaient plus qu'un changement extérieur, une conversion du cœur et de l'âme. Or, Athénaïs n'en était pas là ! Depuis le retour du roi, elle prenait plaisir à son triomphe extérieur, rêvant secrètement d'une vraie restauration. Parfois des airs de langueur, des larmes voilaient l'azur de ses yeux, prouvant sa crainte de voir la passion du roi s'embraser ailleurs...

La rivalité avec Mme de Maintenon s'avivait. Celle-ci avait emmené une nouvelle fois le petit duc du Maine aux eaux de Barèges. Malgré une fièvre tierce puis quarte qui retarda ses bains, la cure donna d'assez bons résultats. L'enfant royal revint non pas guéri mais marchant nettement mieux. Sa mère et ses tantes, Mme de Thianges et l'abbesse de Fontevrault, ravies, allèrent à sa rencontre. Ce succès rejaillit sur la gouvernante, dont la faveur, à vrai dire, prenait des tours inquiétants. Le bruit de l'inimitié régnant entre les deux femmes commençait à se répandre : « Je veux, ma bonne, vous faire voir un petit dessous de carte qui vous surprendra, mandait Mme de Sévigné à sa fille : c'est que cette belle amitié de Mme de Montespan et de son amie qui voyage est une véritable aversion depuis près de deux ans : c'est une aigreur, c'est une antipathie ; c'est du blanc, c'est du noir ; vous demandez d'où cela vient ? C'est que l'amie [Mme de Maintenon] est d'un orgueil qui la rend révoltée contre les ordres de l'autre. Elle n'aime pas à obéir ; elle veut bien être au père, mais non à la mère ; elle fait le voyage [à Barèges] à cause de lui, et point du tout pour l'amour d'elle ; elle lui rend compte et point à elle. On gronde l'ami [le roi] d'avoir trop d'amitié pour cette glorieuse... »

Durant l'été, la situation militaire devint brusquement préoccupante. Le 27 juillet, Turenne était tué par une boulet à Salzbach. Le 11 août, Créqui, envoyé au secours de Trèves qu'assiégeait le duc de Lorraine, fut surpris à Consaarbrück par le duc de Zell-Lunebourg. Il repoussa d'abord l'ennemi au pont de la Sarre qu'il venait de franchir, mais le reste de la cavalerie, refusant de charger, se débanda. Tandis que les fuyards refluaient vers Thionville, bravement Créqui alla se jeter dans Trèves, toujours assiégée. Là encore, il joua de malchance. Le 6 septembre, la majeure partie des troupes françaises se mutina et capitula. Refusant cette honte, il se retira avec ses drapeaux et le dernier carré de fidèles dans la grande église de la ville et la défendit âprement avant d'être fait prisonnier. A son arrivée à Metz, la pitoyable garnison de Trèves fut reprise en main par le maréchal de Rochefort qui, d'ordre du roi, fit fusiller un homme sur vingt. Il ne restait plus qu'à attendre la campagne de l'année suivante.

En cure à Bourbon

Le 16 avril 1676, après avoir fait ses pâques, le roi quitta Versailles pour Péronne où il trouva les troupes de sa maison et, de là, rejoignit le camp des maréchaux de Créqui et d'Humières devant Condé. La reine et les dames n'étant pas du voyage, Mme de Montespan en profita pour aller se reposer quelques jours à

Maintenon. A son retour à Paris, chacun observa les excellents rapports qu'elle entretenait avec la souveraine. Celle-ci, qui croyait tout danger écarté, la traitait avec bonté et s'amusait de sa compagnie, toujours riche d'imprévus. Lors d'une visite aux Grandes Carmélites, elle avait organisé une loterie avec de menus colifichets pour les gagnantes. Louise de la Miséricorde était là, souriante, pleine de grâce et de modestie. Athénaïs s'entretint avec elle, sans embarras ni arrière-pensée. Elle la questionna sur sa vie. Etait-elle bien aise ? « Non, je ne suis point aise, mais je suis contente. » Et le roi ? Avait-elle quelque message à lui transmettre ? « Tout ce que vous voudrez, madame, tout ce que vous voudrez ! » lui répondit-elle d'un ton doux et aimable. Avant de partir, les illustres visiteuses improvisèrent une légère collation avec les sœurs et Mme de Montespan envoya chercher les ingrédients nécessaires à une sauce qu'elle fit de ses belles mains !

Au début de mai, elle partit pour Bourbon, afin de soigner un rhumatisme au genou. Mme de Sévigné, qui la suivait sur la route, avait des échos à chaque étape de la magnificence de son voyage : « Elle est dans une calèche à six chevaux, avec la petite de Thianges ; elle a un carrosse derrière, attelé de la même sorte, avec six filles ; elle a deux fourgons, six mulets, et dix ou douze cavaliers à cheval, sans ses officiers : son train est de quarante-cinq personnes. »

A Nevers, où les prêtres des paroisses et les congrégations vinrent la saluer comme un personnage officiel, elle sema les louis d'or à pleines mains, « partout fort charitablement et de bonne grâce ». A Moulins, elle attribua des pensions à des clercs âgés et sans ressources et dota quelques jeunes filles pauvres. A Bourbon, Jean-François de La Baume Le Blanc, marquis de

La Vallière, gouverneur de la province et frère de l'ancienne favorite, voulut la recevoir solennellement, avec tout le corps de ville, mais elle déclina ces honneurs. Elle continua à prodiguer ses libéralités, créant douze nouveaux lits à l'hôpital et versant une coquette aumône aux Capucins. Elle reçut Marie-Madeleine de Castille, femme de l'ancien surintendant Fouquet, qui lui fit voir, avec tact et pudeur, sa détresse. La malheureuse ne demandait qu'une faveur, celle d'aller s'enfermer le reste de ses jours à Pignerol, en compagnie de son mari. Athénaïs l'écouta « avec douceur et une apparence de compassion charitable ». Ses supplications la touchèrent et elle promit d'en rendre compte au roi. Les premières mesures adoucissant la vie du prisonnier interviendront l'année suivante[1].

Dominée par les trois tours en ruine de son imposante forteresse, Bourbon – aujourd'hui Bourbon-l'Archambault – était au Grand Siècle une station thermale fort réputée qu'avaient fréquentée des personnages aussi différents que Richelieu, Gaston d'Orléans, le Grand Condé ou le poète Scarron. L'effet bénéfique de ses sources bouillonnantes sur les rhumatismes et les fractures était déjà connu des Romains. On y venait aussi soigner la goutte, les fluxions de poitrine, les laryngites, les maladies de nerfs et les douleurs d'estomac. L'intendant des eaux, l'éminent Gilbert Bourdier de Roche, prétendait même que celles-ci étaient souveraines pour les affections du bas-ventre, « ouvrant les obstructions, fondant les humeurs et fortifiant les parties faibles ». La cure ordinaire consistait en seize jours de buvette, neuf jours de bains, trois de « médecines » et deux de repos. A cela s'ajoutaient, selon l'humeur des praticiens, quelques saignées et purgations. Les « verrées » d'eau chaude, au dire de Boileau, coûtaient plus encore « à rendre qu'à avaler » et vous laissaient « tout étourdi le reste du jour sans qu'il soit possible de sommeiller un moment ». Puis venaient les demi-bains jusqu'à la ceinture, en plein air, dans de grandes cuves (telles qu'on peut les voir sur une gravure de Pérelle) : une aventure qu'il fallait tenter avec audace car elle faisait ricaner les valets. Mme de Sévigné trouvait pourtant ces eaux douces, gracieuses et fondantes. Quant aux bains, « balsamiques et charmants », ils étaient tempérés, reposants, en un mot « admirables ». Il est vrai qu'elle n'essaya pas les bourbes ou bains de boue. On faisait aussi venir des eaux de Vichy dans de grandes bonbonnes que l'on plongeait dans les puits bouillants. « Ce mélange est fort bon, disait la marquise. Ces deux rivales se sont raccommodées ensemble ; ce n'est plus qu'un cœur et qu'une âme. Vichy se repose dans le sein de Bourbon et se chauffe au coin de son feu, c'est-à-dire dans le bouillonnement de ses fontaines. »

Au début de juin, Athénaïs prit le chemin du retour avec la princesse de Tarente. Elle « partit jeudi de Moulins, conte l'épistolière le 8, dans un bateau peint et doré, et meublé de damas rouge par-dedans, que lui avait fait préparer Monsieur l'Intendant, avec mille chiffres, mille banderoles de France et de Navarre : jamais il n'y eut rien de plus galant ; cette dépense va à plus de mille écus ». L'incomparable déesse s'embarqua sur l'Allier, prit la Loire à Nevers jusqu'à Tours et se rendit à l'abbaye de Fontevrault chez sa sœur, en attendant le roi.

Le retour du roi

Louis XIV avait mené une rude campagne qui avait commencé par le siège de Condé. La tranchée avait été ouverte dans la nuit du 21 au 22 avril. Vauban, utilisant la méthode qui lui avait valu le succès de Maëstricht en 1673, s'appuya sur le système des tranchées parallèles et le bombardement massif des abords de la place. L'effet fut immédiat : le 26, le gouverneur capitula sans condition. Une armée hispano-hollandaise s'était vainement avancée jusqu'à l'abbaye de Cambon. Au début du mois suivant, tandis que Monsieur, assisté du maréchal de Créqui, assiégeait victorieusement Bouchain, le roi, près de Valenciennes, se trouva nez à nez avec l'ennemi. Il avait derrière lui 48 000 hommes et occupait une position avantageuse. Guillaume d'Orange n'alignait que 35 000 combattants. Jamais meilleure occasion ne s'était présentée. Le monarque était prêt à engager l'action mais le maréchal de La Feuillade, se jetant à ses pieds, le supplia de ne pas hasarder ainsi son auguste personne. Schomberg, d'ordinaire brave et bon militaire, hésita à son tour, bredouilla, n'osa à lui seul prendre la responsabilité du combat. Seul Lorge, neveu de Turenne, fut d'un avis contraire. Louis se rendit à la majorité des opinions. « Comme vous avez tous plus d'expérience que moi, dit-il à ses maréchaux, je cède, mais à regret... » Il devait le regretter toute sa vie.

Pendant quelques semaines le roi promena son armée de Douai à Ath, d'Ath à Condé, dans l'attente d'une nouvelle occasion qui ne vint pas. Alors, il ordonna la destruction de la citadelle de Liège et du château d'Huy, de peur de voir les Hollandais s'y installer, puis il prit la route de la capitale.

Les jeux de la guerre n'avaient pas fait oublier à Louis la superbe Montespan, à qui il avait écrit un billet presque chaque jour. Le 8 juillet, à Saint-Germain, la reine et le Dauphin fêtaient son retour quand, soudain, on annonça l'entrée d'Athénaïs. Aussitôt, il courut à sa rencontre et lui parla longuement. Le lendemain, il l'emmena à Versailles mais en tiers. Mme de Maintenon était le chaperon ! Marie-Thérèse, inquiète, avait déjà les larmes aux yeux. L'impatience du roi était mauvais signe. Cependant, il fallait bien régler leurs rapports. La situation de semi-exil de la dame d'honneur ne pouvait plus durer. On admit donc que le souverain viendrait chez elle, « mais, conte Mme de Caylus, pour ne pas donner à la médisance le moindre sujet de mordre, on convint que des dames respectables, et les plus graves de la cour, seraient présentes à cette entrevue, et que le roi ne verrait Mme de Montespan qu'en leur compagnie. Le roi vint donc chez Mme de Montespan comme il avait été décidé, mais insensiblement il la tira dans une fenêtre ; ils se parlèrent bas assez longtemps, pleurèrent et se dirent ce qu'on a accoutumé de dire en pareil cas ; ils firent ensuite une profonde révérence à ces vénérables matrones, passèrent dans une autre chambre ; et il en advint Mme la duchesse d'Orléans et M. le comte de Toulouse... » Dans le rude combat de « l'amour et du jubilé », le premier l'avait emporté, après plus de quinze mois d'efforts et de bonnes résolutions. Le temps de la « pure et simple amitié » était clos. La passion sensuelle avait repris le dessus.

Avec elle, Versailles avait retrouvé ses airs de fêtes : tous les jours, des comédies, des ballets, des musiques, des promenades en calèches ou en gondoles, des soupers nocturnes, des *medianoches*. Et le jeu, le jeu effréné à la table du roi où les mises n'étaient pas inférieures à mille louis. La cour ne s'installera définitivement dans le palais qu'en mai 1682, lorsque le chantier sera achevé. Mais déjà les appartements étaient attribués. Dans ce décor de théâtre où chaque geste avait son poids, la distribution des pièces était riche de signification : Athénaïs s'était vu promettre une suite incomparable de vingt pièces au premier étage, les plus belles, les plus vastes, tandis que la reine, moins heureuse, n'aurait que onze pièces au second étage...

En juillet 1676, de passage dans le Grand Appartement, Mme de Sévigné fut attirée par l'éblouissante vision de la maîtresse royale, entourée de courtisans, les cartes du reversi à la main. Elle la salua, l'interrogea sur sa cure : Bourbon, lui répondit-elle plaisamment, au lieu de lui guérir un genou lui avait fait mal aux dents ! Elle rayonnait d'esprit et de gaieté. « C'est une chose surprenante que sa beauté, observe l'épistolière ; et sa taille qui n'est pas de la moitié si grosse qu'elle était, sans que son teint, ni ses yeux, ni ses lèvres, en soient moins bien. Elle était toute habillée de point de France ; coiffée de mille boucles ; les deux des tempes lui tombaient fort bas sur les deux joues ; des rubans noirs sur la tête, des perles de la maréchale de L'Hospital, embellies de boucles et de pendeloques de diamant de la dernière beauté, trois ou quatre poinçons, une boîte, point de coiffe, en un mot, une triomphante beauté à faire admirer à tous les ambassadeurs. »

Les textes de Mme de Sévigné sur la favorite sont des bijoux du même genre. On ne résiste pas à citer celui qu'elle consacre quelques mois plus tard à la « galanterie » que lui fit le beau Langlée, arbitre des modes, auteur d'un traité sur les coiffures, faux marquis mais vrai flatteur :

« M. de Langlée, conte-t-elle, a donné à Mme de Montespan une robe d'or sur or, rebrodé d'or, rebordé d'or, et par-dessus un or frisé, rebroché d'un or mêlé avec un certain or, qui fait la plus divine étoffe qui ait jamais été imaginée : ce sont les fées qui ont fait en secret cet ouvrage ; âme vivante n'en avait connaissance. On la voulut donner aussi mystérieusement qu'elle était fabriquée. Le tailleur de Mme de Montespan lui apporta l'habit qu'elle avait ordonné ; il en fit le corps sur des mesures ridicules : voilà des cris et des gronderies, comme vous pouvez penser ; le tailleur dit en tremblant : Madame, comme le temps presse, voyez si cet autre habit que voilà ne pourrait point vous accommoder, faute d'autre.

« On découvre l'habit :

— Ah ! la belle chose ! ah ! quelle étoffe ! vient-elle du ciel ? Il n'y en a point de pareille sur la terre.

« On essaye le corps : il est à peindre. Le roi arrive ; le tailleur dit :

— Madame, il est fait pour vous.

« On comprend que c'est une galanterie ; mais qui peut l'avoir faite ?

— C'est Langlée, dit le roi.

— C'est Langlée assurément, dit Mme de Montespan ; personne que lui ne peut avoir imaginé une telle magnificence.

« "C'est Langlée, c'est Langlée !" tout le monde répète. "C'est Langlée" ; les échos en demeurent d'accord, et disent : "C'est Langlée !" et moi, ma fille, je vous dis pour être à la mode : "C'est Langlée." »

CHAPITRE VIII

Les rivales

Les frasques du Roi-Soleil

Athénaïs savait bien, étant donné l'inconstance amoureuse du roi, qu'être la favorite en titre revenait à défendre une citadelle assiégée ! Plus prudente et sans doute plus clairvoyante que Mlle de La Vallière, elle parait au danger « dès qu'elle pouvait craindre d'être supplantée » (Primi Visconti). Tout d'abord, elle veillait soigneusement à son propre entourage, ne prenait que des dames vertueuses, ennemies des intrigues galantes, et ne les séparait jamais de leur mari. Ses femmes de chambre et ses demoiselles de compagnie, elle ne les choisissait que parmi les plus laides, sans d'ailleurs réussir à en dégoûter totalement le roi, puisque, comme nous le verrons, l'une d'entre elles au moins, Mlle des Œillets, sera plusieurs années sa maîtresse. Son erreur, évidemment, avait été de jeter son dévolu sur une veuve jeune et fraîche, Mme Scarron, pour s'occuper de l'éducation de ses enfants. Elle s'en mordait les doigts. Mais le mal était fait et, ne pouvant plus la chasser, elle s'efforçait de la tenir la plus éloignée possible du roi et de limiter leurs rapports à une innocente galanterie ne prêtant pas à conséquence.

Restaient les autres femmes de la cour, innombrables, la plupart fieffées coquettes, voluptueuses, avides de capter ne fût-ce qu'un rayon du soleil et dont les mignotises, les regards brûlants, les airs aguicheurs, les grâces opulentes, les formes bien galbées, les décolletés généreux aiguisaient le désir. Comment un homme aussi ardent, aussi sensuel que le petit-fils du Vert Galant aurait-il pu résister à ce valeureux bataillon de Cythère, toujours volontaire pour les combats de Vénus ? Etait-il besoin du reste de le provoquer ? Rien ne l'arrêtait et même les plus rustiques étreintes n'étaient pas pour lui déplaire. « Tout lui était bon, écrivait la Palatine, pourvu que ce fussent des femmes ; paysannes, filles de jardiniers, femmes de chambre, dames de qualité, pourvu qu'elles fissent seulement semblant d'être amoureuses de lui. » De ces filles d'Eve, le « bon sire » se servait « comme des chevaux de poste que l'on ne monte qu'une fois et que l'on ne voit jamais plus », disait crûment le marquis de Saint-Maurice. Beaucoup rêvaient de passer une nuit ou deux avec lui. Des maris – mais pas Montespan ! – lui auraient vendu leur femme, des pères leur fille. Ainsi ce même marquis de Saint-Maurice regrettait-il que sa fille ne fût point assez belle ni en âge de pouvoir servir « au plaisir » de Sa Majesté, sinon, assurait le brave homme, il la lui aurait offerte « avec grande joie » ! Etant donné le tempérament du roi, ces passades étaient inévitables. Par la force des choses, Athénaïs était contrainte de fermer les yeux. Mais il y avait les autres, celles qui risquaient de s'incruster, de se poser en rivales. Pour les écarter, Mme de Montespan ne lésinait sur aucun moyen. Toutes les armes lui étaient bonnes, même les plus déloyales. Elle clabaudait, se répandait en médisances, voire en calomnies, tout cela sans en avoir l'air, d'un ton léger, badin, d'une perversité charmante, mais ses morsures étaient féroces. Entrouvrant ses jolies lèvres vermeilles, l'adorable marquise savait lancer la petite phrase qui ruine la réputation la mieux établie, décocher le bon mot qui fait frémir les éventails, tirer la réplique cinglante qui fait mouche et qui tue. L'esprit est l'arme des faibles, dit-on, mais Athénaïs se sentait une femme faible, terriblement faible au milieu des perfidies et des pièges de la cour. Que colportait-on ? Que Mlle de Grancey, l'aimable fille du maréchal, ressemblait de plus en plus à La Vallière et que le roi, après Monsieur, lui jetait de troubles regards de convoitise ? Vite, elle fit courir le bruit qu'elle avait eu un enfant du chevalier de Lorraine[1]. Louis XIV s'intéressait-il aux sortilèges exotiques de la princesse Marie-Anne de Wurtemberg, si redoutable par sa majestueuse beauté ? Aussitôt, elle susurra que cette étrangère se prostituait avec un moine jacobin qui prétendait avoir découvert la pierre philosophale.

Il fallait aussi prévenir les éventuels retours de faveur, celui de Marie Mancini par exemple, que le fils d'Anne d'Autriche avait aimée à la folie au point de vouloir l'épouser. En 1672, fuyant l'ennui mortel de la société romaine et les mesquineries de son mari jaloux, le connétable Colonna, elle était arrivée à Aix en vêtements masculins avec sa sœur Hortense, duchesse de Mazarin. Sa ferme intention était de revenir à la cour. Athénaïs y mit le holà en démontrant au roi combien la situation serait délicate s'il l'accueillait en présence de la reine. Louis XIV se rendit à ses raisons et pria la voyageuse de se retirer dans un couvent ou de regagner l'Italie. « Mme de Montespan, écrit Saint-Maurice le 23 septembre 1672, ne veut pas en entendre parler en aucune manière. Elle sait que c'est une femme d'esprit, et, comme ça a été les premières amours du roi, elle craint qu'il ne lui en reste quelque feu et quelque souvenir. » Marie s'installa d'abord à l'abbaye du Lys, près de Fontainebleau : c'était encore trop près. La marquise exigea une retraite dans une plus lointaine province. La « Mazarinette », « outrée de douleur », séjourna quelques mois à Avenay, non loin de Reims, puis descendit à Nevers et là, ne trouvant aucun couvent agréable, demanda asile au duc de Savoie...

Toute la cour bruissait ainsi de basses intrigues féminines, qu'il serait trop long et sans intérêt de rapporter. Par dépit d'avoir été délaissées, la comtesse de Soissons et Henriette d'Angleterre cherchaient à faire pièce à la favorite. Elles peuplaient donc la chambre des filles de la reine des plus jolis minois, telles Charlotte-Eléonore de La Mothe-Houdancourt (future duchesse de Ventadour), une grande blonde replète, connue pour son doux caractère, Jeanne de Rouvroy (future comtesse de Saint-Vallier), ou encore cette Lydie de Rochefort-Théobon (future comtesse de Beuvron), dont les plantureux appas attirèrent bien des fois les yeux vagabonds du roi. Athénaïs criait au scandale, clamait partout – la vertueuse ! – que ces jeunes effrontées faisaient de la cour « un mauvais lieu ». Elle éveillait les scrupules de la reine, par l'intermédiaire de son amie, Mme de Richelieu. Résultat, le 26 novembre 1673, la chambre des filles de Marie-Thérèse fut supprimée et celles-ci remplacées par des dames du palais connues pour leur sage conduite. « Il est certain, observe Mme de Sévigné, que *Quanto*[2] a trouvé que c'était une hydre que cette chambre des filles ; le plus sûr est de la couper ; ce qui n'arrive pas aujourd'hui peut arriver demain. » Eh bien ! rien n'y faisait ! Sans cesse l'hydre renaissait.

La princesse de Soubise

Le surprenant rétablissement d'Athénaïs durant l'été de 1676 fut un feu de paille. Dès le début d'août on murmurait que l'inconstant monarque s'était à nouveau coiffé de Mlle de Rochefort-Théobon ou des deux filles de Mme de Thianges, Diane-Gabrielle et Louise-Adélaïde. Le 7 août, Mme de Sévigné démentait cette rumeur, ne doutant pas de la souveraine puissance de *Quanto*, comme elle l'appelait : « Elle se sent au-dessus de toutes choses et ne craint non plus ses petites morveuses de nièces que si elles étaient charbonnées. Comme elle a bien de l'esprit, elle paraît entièrement délivrée de la crainte d'enfermer le loup dans la bergerie : sa beauté est extrême, et sa parure est comme sa beauté, et sa gaieté comme sa parure. » Une semaine plus tard, le ton est différent : la « Belle Madame » se lasse de cette vie de représentation ; elle reste chez elle sans s'habiller, rêve d'une existence paresseuse, sans horaire ni étiquette. L'épistolière parle de « changement de théâtre », de gaieté affectée, de bouderie, de chagrin, de larmes même. « On dit que l'on sent la chair fraîche dans le pays de *Quanta* » (21 août). Cette atmosphère toute feutrée attise au plus haut point la curiosité des courtisans qui se mettent en chasse des moindres nouvelles. « On regarde, on observe, on s'imagine, on trouve des rayons de lumière sur des visages que l'on trouvait indignes, il y a un mois, d'être comparés aux autres... » (8 septembre). Le roi paraît gai et insouciant comme aux plus beaux jours tandis qu'Athénaïs, hier resplendissante de bonheur, est soudain « triste, embarrassée, quelquefois larmoyante ». Ces rumeurs, ces chuchotements, ce langage muet des yeux et des visages ne sont-ils pas les signes annonciateurs d'une nouvelle passion ? Beaucoup le souhaitent ; quelques-uns le redoutent. Déjà vole de lèvres en lèvres le nom de l'heureuse élue : Anne de Chabot, princesse de Soubise, petite-fille du duc Henri de Rohan, la sagesse, la vertu mêmes ! Il est vrai que son goût pour la « belle Florice », comme la surnomme Guéret dans sa *Carte de la cour*, ne date pas de la veille. Dès 1665, les contemporains ont parlé de son attrait pour l'épouse du prince de Soubise, tendre et coquette rousse de dix-sept ans dont les doux yeux en amande couleur noisette allaient « tous les jours à la petite guerre ». Mais la mère de la jeune femme, la duchesse Marguerite, avait interrompu les prémices de ce manège amoureux. Les bruits avaient repris à l'automne 1669, lors du voyage de la cour à Chambord. Mme de Soubise, soulignait-on, y était allée sans sa mère. « Tout Paris, relatait le 4 octobre Saint-Maurice, veut que Mme de Soubise ait le dessus de la faveur et qu'elle ait déjà fait le saut ; ceux qui me mandent ces nouvelles en marquent l'heure et le lieu. Pour moi je n'en crois rien ; on a déjà fait plusieurs fois des contes de cette nature et Mme de Montespan a trop de charmes et d'esprit pour se laisser supplanter. » L'intrigue, encore une fois abandonnée, ne reprit que vers la fin de 1673. Anne de Chabot de Rohan, alors dans l'éclat de ses vingt-cinq ans, avait le teint blanc et frais, une belle taille qu'un léger embonpoint – dû à six maternités successives – ne déparait pas. Pour garder la ligne, la jeune princesse s'astreignait d'ailleurs à un régime alimentaire sévère, ne mangeant que du veau, du poulet rôti ou bouilli, de la salade et des fruits. Cependant sa santé était fragile. On la disait scrofuleuse. Selon un pamphlet de l'époque (*Le Grand Alcandre frustré*), Mme de Montespan, pour la perdre dans l'esprit du roi, l'aurait qualifiée de « belle pomme gâtée au-dedans ». Le 1er janvier 1674, elle fut nommée dame du palais de la reine. Quelques mois plus tard, elle donnait naissance au bel Armand-Gaston – le futur cardinal de Rohan – dont la ressemblance avec Louis XIV alimenta les médisances.

La passion du roi pour la jeune femme se ralluma durant l'été de 1676, pendant la cure d'Athénaïs à Bourbon ; mais, à son retour, tout rentra dans l'ordre. A vrai dire, Mme de Soubise n'avait pas un tempérament d'amoureuse. C'était une femme de tête, sèche, calculatrice, très attachée aux biens de ce monde et particulièrement soucieuse d'élever et d'enrichir sa famille. Louis, attiré par sa froide beauté et la blancheur d'albâtre de sa peau, préférait à ses conversations, banales et toujours intéressées, l'inconstance, la fantaisie, le charme sautillant de la favorite qui, avoue Saint-Simon, « rendait agréables les matières les plus sérieuses et ennoblissait les plus communes ».

Le 2 septembre, Mme de Sévigné pouvait écrire : « La vision de Mme de Soubise a passé plus vite qu'un éclair ; tout est raccommodé. *Quanto*, l'autre jour, au jeu, avait la tête tout appuyée familièrement sur l'épaule de son ami [le roi] ; on crut que cette affectation était pour dire : "Je suis mieux que jamais". » Du coup, la rivale éphémère alla passer quelques jours au château de Lorges, en Beauce. « Ce voyage fait grand honneur à sa vertu... », commente la marquise qui ajoute : Elle « est partie avec beaucoup de chagrin, craignant bien qu'on ne lui pardonne pas l'ombre seulement de sa fusée ; car ce fut une grande boucle tirée, lorsqu'on y pensait le moins, qui mit l'alarme au camp ». Cette « grande boucle tirée » était une allusion aux pendants d'oreilles d'émeraude que la princesse mettait au souper ou au dîner du roi pour indiquer qu'elle était libre le soir. « Mme de Montespan, note Mme de Caylus dans ses *Souvenirs*, découvrit cette intrigue par l'affectation que Mme de Soubise avait de mettre certains pendants d'oreilles d'émeraude les jours que M. de Soubise allait à Paris. Sur cette idée, elle observa le roi, le fit suivre, et il se trouva que c'était effectivement le signal du rendez-vous[3]. »

La crainte du mari était, du reste, excessive. Si l'on en croit Saint-Simon, celui-ci eut vite connaissance des infidélités de sa femme mais fit toujours l'aveugle, préférant sa carrière et sa fortune à son honneur. Irons-nous jusqu'à dire que ce brillant officier – capitaine-lieutenant des gendarmes de la garde en 1673, maréchal de camp en 1675, lieutenant général deux ans plus tard – trouvait plaisir à sentir les ramures lui pousser ? Certes non, mais il n'avait ni le caractère ni – avouons-le – le panache d'un Montespan.

Au retour de la princesse, le manège des galanteries reprit, au grand désespoir de la marquise qui voyait ainsi s'effriter son pouvoir de séduction. « Le parti de l'amitié, mandait Mme de Sévigné à sa fille le 30 septembre, n'est point pris nettement : tant de beauté encore et tant d'orgueil se réduisent difficilement à la seconde place. Les jalousies sont vives ; (mais) ont-elles jamais rien empêché ? Il est certain qu'il y a eu des regards, des façons pour la *bonne femme*... » Et quelques jours plus tard : « Si *Quanto* avait bridé sa coiffe à Pâques de l'année qu'elle revint à Paris, elle ne serait pas dans l'agitation où elle est : il y avait du bon esprit à prendre ce parti ; mais la faiblesse humaine est grande ; on veut ménager des restes de beauté ; cette économie ruine plutôt qu'elle n'enrichit[4]. »

L'automne, saison de la chasse, était propice aux amours nouvelles : à la princesse de Soubise succéda donc Mme de Ludres.

La belle de Ludres

Marie-Elisabeth (dite Isabelle) de Ludres était une jeune femme élancée, aux traits réguliers, aux longs cheveux à reflets fauves et aux yeux bleus ensorceleurs. Cette éclatante beauté joignait à tant de perfections les nobles manières d'une éducation soignée et les grâces d'un esprit qui, sans égaler celui des Mortemart, lui avait déjà valu de beaux succès. Elle descendait d'une branche des premiers ducs de Bourgogne, fixée en Lorraine au XIIe siècle. En raison de sa haute naissance, elle avait été admise très jeune parmi les chanoinesses du chapitre des dames nobles de Poussay, dans les Vosges. C'est là qu'en 1662 le vieux et quinteux duc de Lorraine, Charles IV, la vit pour la première fois. Il fut tout de suite subjugué par ses charmes d'adolescente – elle avait quinze ans –, en oublia son âge certain, sa maîtresse, Béatrix de Cusance, princesse de Cantecroix (qu'il avait épousée en secondes noces malgré l'opposition du pape), et deux ou trois autres de ses « fiancées », telle Marianne Pajot, fille de l'apothicaire de la Grande Mademoiselle, ou la jeune Mlle de Saint-Rémy, ancienne compagne de La Vallière. Marie-Isabelle – qu'on appelait « Madame » de Ludres en raison de sa qualité de chanoinesse laïque – fut donc à son tour solennellement promise à cet original souverain, retors et inconstant. Béatrix, répudiée, en mourut de douleur. Tandis que la jeune fille attendait sagement dans son couvent la date du mariage, Charles IV continuait à courir le guilledou. Après deux ou trois demi-mondaines au règne éphémère, il tomba en 1665 éperdument amoureux d'un ravissant tendron de treize ans, Marie-Louise d'Aspremont, qu'il décida d'épouser : sa marotte ! Marie-Isabelle, blessée au plus haut point, forma alors opposition auprès des curés de Nancy, invoquant la parole engagée. Menacée de se faire poursuivre comme « faussaire et criminelle de lèse-majesté », elle ne céda qu'aux supplications de sa mère et retira sa plainte. Après pareil affront elle ne pouvait évidemment plus rester en Lorraine. Elle vint donc à la cour de France, où elle fut admise parmi les demoiselles d'honneur d'Henriette d'Angleterre. A la mort de cette princesse, en juin 1670, elle passa chez la reine jusqu'à la suppression de la chambre des filles en novembre 1673, puis entra au service de la princesse Palatine, seconde femme de Monsieur.

Marie-Isabelle avait un zézaiement et un fort accent tudesque dont s'amusait Mme de Sévigné dans sa correspondance : « Ah ! Zézu ! matame te Crignan, l'étranse sose t'être zetée toute nue dans la mer ! » (Elle avait, en effet, été mordue par un chien, et la reine, conseillée par ses médecins, avait exigé une baignade à Dieppe comme remède contre la rage...). Est-ce ce parler charmant et naturel qui lui valut tant de succès ? Toujours est-il qu'elle eut tout de suite moult admirateurs et soupirants : les poètes Voiture et Bensérade, les ducs de Lesdiguières, de Villeroy et de Vivonne. A son tour, un jeune et bouillant galantin de dix-huit ans, Philippe de Vendôme (le futur Grand Prieur du Temple), se mit sur les rangs. Il devint comme fou, au point de perdre l'appétit et de passer des jours entiers enfermé dans sa chambre à gratter sa guitare et à écrire de mauvais vers. Il voulait se battre contre ses rivaux, y compris le gros Vivonne qui lui avait pourtant sauvé la vie au passage du Rhin, en 1672.

Malgré ses airs de grande coquette et ses œillades aguichantes, Mme de Ludres restait vertueuse. Si elle savourait les hommages masculins, en bonne Lorraine qu'elle était elle voulait du concret, du solide : le mariage, point de belles promesses ni de soupirs langoureux. Ses mourants trouvèrent « la prétention excessive » et s'envolèrent dès que le roi s'intéressa à elle. Toujours sur le qui-vive, Athénaïs ne fut pas longue à s'en apercevoir et trouva la parade : elle fit dire à Sa Majesté, sur le ton de la confidence, que la belle, depuis l'adolescence, avait par intermittence des éruptions de dartres sur le corps[5]. Louis XIV s'inquiéta et renonça. Les mois et les années passèrent. A l'automne de 1676, Mme de Ludres fut à nouveau l'objet de la faveur royale. L'aventure, cette fois, prit consistance puisque Marie-Isabelle, cessant d'être rebelle, abandonna au fougueux amant ses belles mains brûlantes, ses lèvres humides et palpitantes et, bientôt, dans un soupir pâmé, tout le reste... Pour illustrer la nouvelle, un rimailleur forgea cet amusant sixtain :

> « La Vallière était du commun,
> La Montespan était de la noblesse,
> La Ludres était chanoinesse.
> Toutes trois ne sont que pour un :
> C'est le plus grand des potentats
> Qui veut assembler les Etats. »

Le 30 janvier 1677, Bussy-Rabutin écrivait au père Brulart : « Mme de Ludres fait bien du bruit à Saint-Germain ; elle donne, dit-on, de l'amour au roi et des alarmes à Mme de Montespan et les spectateurs attendent quelque changement avec impatience » (Bussy tout particulièrement qui haïssait Athénaïs). Entre les deux femmes les hostilités étaient déclarées. La chanoinesse, de huit ans plus jeune que sa rivale, prenait des airs triomphants et racontait à qui voulait l'entendre qu'elle l'avait « débusquée » tandis que la marquise conjuguait ses efforts à ceux de sa sœur pour la perdre. « J'ai vu aux Tuileries, se souvient Primi Visconti, Mme de Ludres et Mme de Thianges échanger des regards de basilic. Elles se heurtaient quand elles se rencontraient ! »

Cassel

Sur ces entrefaites, le 28 février, laissant la cour à ses intrigues, Louis XIV partit rejoindre les 50 000 hommes qui, sous les ordres du maréchal de Luxembourg et du comte de Montai, effectuaient leur concentration autour de Valenciennes. On ouvrit la tranchée le 9 mars. Vauban, qui dirigeait les travaux du siège, insista pour lancer – contre tout usage – un assaut de jour, alléguant qu'une telle entreprise serait moins meurtrière que de nuit et que la vue du monarque au milieu de ses troupes serait un stimulant supplémentaire. Le roi, après avoir longuement hésité et malgré l'avis contraire de Louvois, se rangea à cette opinion.

Le 17 mars, à neuf heures du matin, les Français – mousquetaires en tête – sortirent de leurs lignes, escaladèrent bastions et ouvrages palissadés, abaissèrent les ponts de communication. Bousculant tout sur leur passage, ils franchirent la porte du côté d'Anzin et se barricadèrent dans les premières maisons de la ville. Cette percée foudroyante jeta l'alarme parmi les assiégés. Le conseil municipal s'assembla, délibéra fiévreusement et accepta de négocier une capitulation. Le 21 mars, cette première victoire acquise, le roi chargea son frère d'aller investir Saint-Omer tandis que lui-même prenait la direction de Cambrai où l'on ouvrit la tranchée quelques jours plus tard. Le siège s'éternisa jusqu'au 17 avril, s'achevant par la reddition de la citadelle.

Pendant ce temps, Monsieur, qui avait appris que de puissants renforts, conduits par Guillaume d'Orange, marchaient en direction de Saint-Omer afin de délivrer la ville, avait séparé son armée en deux, laissant un cordon de soldats poursuivre le siège et se portant avec le reste de la troupe à la rencontre de l'ennemi. Le 11 avril, près de Cassel, il affronta les Hollandais, menant la charge avec une audace et un courage surprenants. Après avoir eu son cheval tué sous lui, reçu deux balles et plusieurs coups d'épée dans la cuirasse, il remporta une victoire éclatante, que vint couronner le 19 la capitulation de Saint-Omer. Il avait fait 3 000 prisonniers, s'était emparé de 60 drapeaux et étendards. Luxembourg lui-même, pourtant peu enclin à partager les lauriers, avait reconnu l'action décisive du prince. « Monsieur a gagné une des plus complètes batailles qui se soient données de nos jours », mandait-il à sa vieille amie, la marquise de Sablé. Etonnant personnage que Philippe d'Orléans, courageux à l'extrême, mais qui partait au combat poudré et fardé comme une coquette se rendant au bal ! Le maréchal d'Humières, qui commandait l'aile droite, avait dû attaquer le premier parce que son chef « n'avait pas encore fini d'ajuster sa perruque devant la glace » !

A son retour à Paris, Monsieur fut accueilli en triomphateur : « Vive le roi et Monsieur qui a gagné la bataille ! » Louis XIV, qui avait toujours préféré la guerre de siège à l'affrontement classique de deux armées, en conçut une terrible jalousie, une jalousie si profonde que jamais plus il ne confiera de commandement d'importance à son frère.

L'armée, quant à elle, éprouvée par cette campagne d'hiver menée tambour battant, regagna ses cantonnements pendant que le monarque effectuait une tournée d'inspection dans les places de Flandre, y compris celles récemment conquises, évitant toutefois Cassel à cause des « mauvais chemins »...

La pauvre Io

Il rentra à Versailles le 31 mai pour trouver un nouveau champ de bataille : celui des dames. Pendant son absence, Mme de Montespan, alors dans les derniers mois d'une nouvelle grossesse, était allée se reposer en compagnie du duc du Maine au château de Maintenon, sur l'invitation de la maîtresse des lieux. Elle n'était revenue à Paris que pour la semaine du jubilé, du 8 au 15 avril (c'est-à-dire du jeudi des Rameaux au Jeudi saint). Le 4, elle avait accouché à Maintenon d'une petite-fille, Françoise-Marie (légitimée plus tard sous le nom de Mlle de Blois). L'enfant avait été confiée à Mme de Jussac, car Françoise Scarron, devenue marquise et châtelaine, ne pouvait décemment plus assurer la tâche ingrate de gouvernante.

La belle de Ludres avait profité du terrain libre pour se comporter comme la favorite en titre, allant jusqu'à feindre d'être enceinte pour mieux asseoir son autorité. La comédie avait du reste trompé son monde. « Sur la seule opinion qu'elle était aimée du roi, conte Primi Visconti, toutes les princesses et toutes les duchesses se levaient à son approche, même en présence de la reine, et ne s'asseyaient que lorsque Mme de Ludres leur en faisait signe, tout comme cela se passait avec Mme de Montespan. » C'est par ces marques de distinction que la reine s'aperçut de la nouvelle infidélité de son époux. Comme de bonnes âmes lui suggéraient de se débarrasser de l'intruse, elle eut cette réponse stupéfiante : « Mais, c'est l'affaire de Mme de Montespan ! »

Mme de Ludres fit elle-même son malheur. Le roi fut vivement irrité de son comportement, car il avait tenu à garder secrète sa liaison, son premier valet de chambre, Chamarande, servant discrètement d'intermédiaire. Or, quelle ne fut pas sa surprise de voir arriver un jour, au camp, le marquis de Montataire, « mauvais garnement sans considération ni crédit », porteur d'un courrier de la jeune fille. Sa colère fut telle qu'aussitôt il décida de rompre et, dès son retour, tout le monde tourna le dos à Marie-Isabelle, qui en tomba malade. Son affliction, ses beaux yeux larmoyants soulevaient davantage les railleries que l'émotion. « Si elle n'avait pas tant fait la sultane pendant qu'elle espérait le devenir, on aurait pitié d'elle », écrivait sentencieusement Mme de Scudéry. Sur sa « désastreuse aventure », chacun avait son mot à dire. Mme de Sévigné surnommait la pauvre victime *Isis* ou *Io*, cette déesse, fille d'Inachos, séduite par Jupiter puis transformée en génisse. La Feuillade affirmait que son tort était d'avoir voulu se porter trop tôt « héritière ». Le seul effet de ses charmes, ironisait M. de La Rongère, était d'avoir ravivé l'amour du roi pour Mme de Montespan, qui commençait à baisser.

De fait, une nouvelle fois, Athénaïs triomphait et n'avait pas le triomphe modeste. Jamais on ne l'avait vue si belle, si rayonnante. Elle écrasait d'une joie méprisante la fille d'honneur de Madame, qu'elle n'appelait plus que ce « haillon ». Et la bonne Sévigné, qui avait assisté à la gloire de cette « Junon tonnante et triomphante », s'exclamait, le 11 juin, dans une lettre à sa fille : « Ah ! ma fille, quel triomphe à Versailles ! Quel orgueil redoublé ! Quel solide établissement ! Quelle duchesse de Valentinois[6] ! Quel ragoût, même par les distractions et par l'absence ! Quelle reprise de possession ! Je fus une heure dans cette chambre : elle était au lit, parée, coiffée ; elle se reposait pour le *medianoche*. Je fis vos compliments : elle répondit des douceurs, des louanges ; sa sœur en haut, se trouvant en elle-même toute *la gloire de Niquée*, donna des traits de haut en bas sur la pauvre *Io*, et riait de ce qu'elle avait l'audace de se plaindre d'elle. Représentez-vous tout ce qu'un orgueil peu généreux peut faire dire dans le triomphe, et vous en approcherez. On dit que la petite reprendra son train ordinaire chez Madame. Elle s'est promenée, dans une solitude parfaite, avec la Moreuil, dans le jardin du maréchal du Plessis. »

Quelques jours plus tard, se rendant à la messe, Louis échangea quelques mots avec la jeune fille. Il n'en fallut pas davantage pour déclencher à nouveau l'ire de la Montespan. Elle se déchaîna d'abord contre Mme de Ludres, « la pensa étrangler, écrit Mme de Montmorency, et lui fit une vie enragée », puis s'en prit au roi qui passa à son tour son humeur sur le prince de Marsillac, accusé d'être le délateur...

La fière Lorraine s'enferma dans son orgueil et but la coupe de la honte jusqu'à la lie. Elle, qui avait régné sur les princesses et les duchesses l'espace de quelques jours, voilà qu'elle se retrouvait fille d'honneur de Madame, toisée et méprisée de tous. Pourtant, elle ne voulut pas s'avouer vaincue. Quand le roi entrait chez la reine, elle quittait la pièce d'un air absent. A la chapelle, lorsque la reine passait devant elle, elle détournait ostensiblement la tête. Fichu caractère ! En vérité, elle était à bout de nerfs. Au début de l'été, elle alla cacher son chagrin au château du Bouchet, près de Corbeil, chez la maréchale de Clérambault, gouvernante des demoiselles d'honneur de Madame. Là, elle goûta le repos et la solitude, loin des médisances et des regards dédaigneux. Puis, vers la fin de juillet, triste et abattue, elle reprit son service comme si de rien n'était. « Les damnés souffrent-ils plus qu'elle ? » demandait Bussy à Mme de Scudéry. Malgré tout, elle n'avait pas perdu le sens de la repartie. Un jour, jouant avec un compas, la princesse Palatine lui dit d'un ton moqueur : « Il faut que je crève ces yeux-là qui font tant mal ! – Crevez-les, Madame, lui répliqua-t-elle, puisqu'ils n'ont pas fait tout celui que je voulais. »

Cependant, un retournement s'effectuait en sa faveur. On ne la plaignait pas encore, mais on l'admirait. Ne venait-elle pas de refuser dignement une importante gratification que Chamarande lui avait proposée de la part de son maître ? Bien des femmes n'auraient pas eu tant de scrupules. Athénaïs trouvait qu'à force de vanter partout cette louable action on risquait de voir le feu renaître sous la cendre. Heureusement, Louis XIV avait tourné la page et oublié « la divine beauté ». Au début de 1678, craignant un ordre d'exil, celle-ci manifestera le désir de se retirer au couvent de la Visitation-Sainte-Marie, rue du Bac. Quand Monsieur en fera la demande, le roi feindra la surprise : « Comment, n'y est-elle pas déjà ? » L'ingrat[7] !

La dame de l'ombre

« *Quanto* et son ami sont plus longtemps et plus vivement ensemble qu'ils n'ont jamais été, remarque

Mme de Sévigné le 2 juillet 1677 ; l'empressement des premières années s'y retrouve, et toutes les contraintes sont bannies pour mettre une bride sur le cou, qui persuade que jamais on n'a vu d'empire plus établi. » Le 30, elle ajoutait : « Mme de Montespan était l'autre jour toute couverte de diamants ; on ne pouvait soutenir l'éclat d'une si brillante divinité. L'attachement paraît plus [fort] qu'il n'a jamais été ; ils en sont aux regards : il ne s'est jamais vu d'amour reprendre terre comme celui-là. »

Tout semblait oublié : les exhortations du père de La Chaise, les prônes de Bossuet, les sermons de Bourdaloue, les pieuses résolutions du carême de 1675. Louis XIV voulait vivre selon son bon plaisir, dussent la morale et les moralistes en souffrir ! Pauvre roi qui croyait retrouver la liberté, alors qu'en retombant dans les rets envoûtants du désir il s'abandonnait à nouveau aux griffes de la capricieuse Mortemart ! Celle-ci, ivre d'un regain de pouvoir, était devenue plus autoritaire encore, infligeant à son amant des scènes dont elle sortait toujours victorieuse. Comme un collégien faisant l'école buissonnière, Louis profitait des absences de sa terrible maîtresse pour prendre des chemins de traverse. A l'automne de 1677, on remarqua son assiduité auprès de Mme de Soubise, encore elle ! Le 8 octobre, Mme de Montmorency mandait à Bussy : « On croit que c'est Mme de Soubise qui inquiète présentement Mme de Montespan qui a eu, ces jours passés, un grand démêlé avec le roi ; mais cela est raccommodé, au moins en apparence. Il est vrai que Sa Majesté n'a fait que coqueter à tous venants pendant son voyage mais sitôt que Mme de Montespan paraissait, il en était tout autrement... »

Il « coquetait » en homme saisi par le démon de midi, mais, dans l'ombre, lentement, patiemment, la sage Maintenon profitait de la situation. Dès 1676, Mme de Sévigné observe la faveur inouïe dont elle jouit : « Tout est comme soumis à son empire ; toutes les femmes de chambre de sa voisine (Mme de Montespan) sont à elle ; l'une lui tient le pot à pâte à genoux devant elle, l'autre lui apporte ses gants, l'autre l'endort ; elle ne salue personne, et je crois que dans son cœur elle rit bien de cette servitude » (6 mai). La reprise de la liaison entre Athénaïs et le roi n'atténua pas le prestige de la gouvernante, bien au contraire. « L'amie de Mme de Montespan est mieux qu'elle n'a jamais été ; c'est une faveur dont elle n'avait jamais approché » (22 juillet). Louis en parlait « comme sa première ou sa seconde amie » (26 août) et lui avait envoyé son illustre jardinier, Le Nôtre, pour aménager le parc de Maintenon.

LE PETIT PRINCE

C'est qu'il prenait de plus en plus d'intérêt au petit duc du Maine. Un jour qu'il jouait avec lui et qu'il était satisfait de ses réponses, il lui dit :
« Vous êtes bien raisonnable.
— Il faut bien que je le sois, répondit l'enfant, j'ai une dame, auprès de moi, qui est la raison même.
— Allez lui dire, reprit le souverain, que vous lui donnerez, ce soir, cent mille francs, pour vos dragées. »
Mme de Maintenon était au comble du ravissement, même si, dans sa correspondance, elle faisait mine de s'affliger des changements continuels auxquels elle était soumise : « La mère me brouille avec le roi, se

plaint-elle à Mme de Saint-Géran, son fils me réconcilie avec lui. Je ne suis pas deux jours de suite dans la même situation ; je ne m'accoutume point à cette vie, moi qui me croyais capable de m'habituer à tout. On ne m'envierait pas ma condition si l'on savait de combien de peines elle est environnée et combien de chagrins elle me coûte. C'est un assujettissement qui n'a point d'exemple ; je n'ai ni le temps d'écrire, ni de faire mes prières ; (c'est) un véritable esclavage... » Un esclavage que pour rien au monde elle ne quitterait ! Une vie pesante qu'elle ne céderait à personne !

Il reste que le petit prince lui donnait vraiment du souci. Il avait la fièvre quarte. Les bains de Barèges, où elle était retournée avec lui, ne faisant plus aucun effet, on résolut d'essayer ceux de Bagnières-de-Bigorre, à quelques lieues au nord. Mais sa santé s'aggrava de façon alarmante. « Me voici donc à envisager sa mort, écrit-elle en septembre à l'abbé Gobelin (...). Dans l'état où on le croit, il est presque impossible de le sauver (...). C'est la plus jolie créature du monde et qui surprend, vingt fois le jour, par son esprit (...). *On* me tourmente du côté de la cour par des [demandes d'] éclaircissements continuels. » Heureusement, l'alerte fut de courte durée et l'état de l'enfant royal s'améliora.

Mme de Maintenon s'attachait à lui autant par amour maternel que par ambition, car elle savait bien qu'il était la source de toute faveur. Ainsi lui avait-elle fait faire des « devoirs de vacances » : des lettres, des récits d'histoire ancienne, un dialogue entre César et Alexandre, des pièces de poésie. Le tout, revu et très largement « corrigé » par elle, fut réuni en un recueil intitulé : *Œuvres diverses d'un auteur de sept ans*. Il s'agissait de montrer par ce débordant babillage que son petit protégé était un enfant prodige et, par là, de se faire valoir. L'épître adressée à la mère était un modèle de flagornerie, destinée en réalité au roi :

« Madame, voici le plus jeune des auteurs qui vient vous demander votre protection pour ses ouvrages. Il aurait bien voulu attendre pour les mettre au jour qu'il eût huit ans accomplis, mais il a eu peur qu'on le soupçonnât d'ingratitude s'il était plus de sept ans au monde sans vous donner des marques publiques de sa reconnaissance. En effet, Madame, il vous doit une bonne partie de ce qu'il est. Quoiqu'il ait eu une naissance assez heureuse et qu'il y ait peu d'auteurs que le Ciel ait favorisés autant que lui, il avoue que votre conversation a beaucoup aidé à perfectionner en sa personne ce que la nature avait commencé. S'il pense avec quelque justesse, s'il s'exprime avec quelque grâce et s'il sait déjà faire un assez juste discernement des hommes, ce sont autant de qualités qu'il a tâché de vous dérober.

« Pour moi, Madame, qui connais ses plus secrètes pensées, je sais avec quelle admiration il vous écoute. Et je puis vous assurer avec vérité qu'il vous étudie beaucoup plus volontiers que tous les livres. Dans le dessein que j'avais de vous offrir un livre, je ne pouvais choisir un auteur qui vous fût plus agréable ni à qui vous puissiez porter plus d'intérêt qu'à celui-ci. Je suis, Madame, votre très humble et très obéissante servante ***[8]. »

Le siège de Gand

La guerre cependant continuait. Le 7 février 1678, Louis XIV quittait Saint-Germain pour la frontière de l'Est, emmenant la reine, les dames et une partie de la cour. Athénaïs, enceinte de cinq mois, aurait préféré se dispenser du voyage. Mme de Maintenon, au contraire, était bien triste d'abandonner le roi. Elle amena le duc du Maine à sa mère, qui, dans l'agitation du départ, embrassa l'enfant assez distraitement ; ce fut l'occasion pour la gouvernante de lui faire la leçon par personne interposée : « Je suis inconsolable, Madame, lui écrivait le petit duc, de vous avoir vue partir aujourd'hui. Le roi m'a fait l'honneur de me regarder, quand il est sorti de la chapelle ; j'ai été ravi du petit signe de tête qu'il m'a fait mais affligé de son départ, et pour vous, Madame, fort mal content de ce que vous ne me paraissiez point affligée ; vous étiez belle comme un ange. Adieu, ma Belle Madame. [signé] Le Mignon. »

Ce voyage, en plein hiver, par des chemins inondés où les carrosses brimbalants et mal calfeutrés s'embourbaient ou se renversaient presque à chaque étape, fut l'un des plus pénibles que la marquise eut à supporter. Après une première nuit à Brie-Comte-Robert, on prit la route de Nangis, Provins et La Fère. Pendant une dizaine de jours, Athénaïs eut des accès intermittents de fièvre tierce, mais il fallait suivre. Le 14 février, Vitry-le-François accueillit le cortège royal avec des feux de joie et des lanternes à toutes les fenêtres. En grand costume de velours brodé, les échevins vinrent offrir à leur souverain quatre douzaines de bouteilles de vin de Reims. La reine reçut pour sa part vingt-six livres de confiture sèche et Mme de Montespan – qu'on se gardait d'oublier ! – une corbeille de poires mûres ornée d'une guirlande de rubans. Dès le lendemain, on reprit la route, toujours sous le mauvais temps, atteignant ainsi Toul le 19 et Metz le 22. Parallèlement, des troupes marchaient en direction des Trois-Evêchés et de l'Alsace.

Les coalisés étaient persuadés que c'était le théâtre d'opérations choisi. Déjà Strasbourg, ville d'Empire, s'inquiétait. A Verdun, le roi commença à intriguer son entourage lorsqu'il dit en riant : « Les ruses pour tromper mes ennemis ont bien fait crever des chevaux de la cour dans les mauvais chemins ; mais on n'est pas au bout et dans deux jours on verra bien autre chose. »

En effet, le 28, à Stenay, abandonnant brusquement la reine et les dames, il partit à cheval avec une faible escorte, fit quatorze lieues d'une seule traite, coucha dans une ferme, passa le 1er mars à Guise, le 2 à Valenciennes, le 3 à Audenarde et arriva le 4 sous les murs de Gand, que le maréchal d'Humières avec 60 000 hommes venait d'investir. La tranchée fut ouverte le lendemain. La ville, dégarnie d'une partie de ses défenseurs, se rendit le 9 mars et la citadelle le 11. Ypres à son tour fut attaquée par le marquis de La Trousse, bientôt rejoint par les maréchaux de Schomberg et de Luxembourg. Louis XIV en personne assista au siège, qui se termina par la capitulation de la ville le 25 mars.

Ces belles et prestigieuses victoires donnèrent l'occasion à Mme de Maintenon de flatter le souverain maître par la plume interposée du « Mignon » : « Si Votre Majesté, écrivait-il après la chute de Gand, continue à prendre des villes, il faudra que je sois ignorant : car M. Le Ragois (son précepteur) ne manque jamais à me faire quitter mon étude, quand la nouvelle en arrive ; et je ne quitte la lettre que j'ai l'honneur de vous écrire que pour aller faire un feu de joie. Je ferai tout mon possible, Sire, pour mériter les louanges que Votre Majesté me donne, et elles m'exciteront de faire de mieux en mieux pour acquérir l'honneur de votre amitié. Je ne trouve rien sur la terre de plus précieux que d'être estimé par le plus grand homme du monde. »

Une petite leçon était encore réservée à Athénaïs : « J'ai reçu une lettre du roi, dont j'ai été transporté de joie ; elle est la plus obligeante du monde. Je ne ferai pas comme vous quand, à Maintenon, vous en brûlâtes une de lui ; bien éloigné de cela, je la garderai toute ma vie, et je me trouve bien glorieux d'avoir une lettre de Sa Majesté dans ma cassette. »

Se servant toujours de la plume du petit préféré, Mme Scarron intriguait habilement pour rejoindre la cour : « Ma Belle Madame (...), il me semble que depuis quelques jours je trouve Mme de Maintenon plus triste, je n'en sais pas le sujet. » Une autre fois : « J'ai une extrême envie de t'aller trouver, je crois en effet que Mme de Maintenon n'y gâterait rien. » Et ceci encore : « Ma Belle Madame, ce que vous me mandez sur le voyage me tient fort au cœur ; depuis que vous m'en avez écrit, je persécute Mme de Maintenon pour obtenir d'aller trouver le roi ; je la fais souvenir toujours de marcher, et je crois que je l'obtiendrai d'elle, parce que je me flatte d'avoir son amitié. »

Pendant que son mari guerroyait, la reine se rendit à Lille. Long et pénible voyage ! La discipline s'était relâchée. Chacun voulait partir à des heures différentes. Les carrosses, les équipages n'étaient jamais prêts à temps. On n'était d'accord ni sur les haltes ni sur l'horaire des repas. « C'est une étrange chose que d'avoir affaire à des femmes, se lamentait dans une lettre à Louvois M. de Villacerf, premier maître d'hôtel de la reine ; je louerai Dieu quand vous m'en aurez délivré »...

Cependant Pâques approchait. Le père de La Chaise allait devoir confesser le roi. Il en était bouleversé. Comment pourrait-il lui donner l'absolution alors que manifestement, depuis des mois déjà, celui-ci avait prouvé son refus de changer de conduite ? Cruel cas de conscience ! Le prudent jésuite ne trouva de salut que dans la fuite. Au lieu de rentrer à Saint-Germain avec la cour, il resta à Lille, prétextant de vieilles douleurs qui s'étaient réveillées... En son absence, Louis XIV envoya quérir le père Etienne Decamp, de la Compagnie de Jésus également, et supérieur de la maison professe de Paris. Celui-ci eut un long entretien spirituel avec le souverain, mais refusa de recevoir sa confession. Le roi ne lui en voulut nullement, en dit partout du bien, mais ne modifia pas pour autant son comportement.

Le 6 juin, à Clagny, Athénaïs, arrivée au terme de sa grossesse, accoucha d'un fils qui devait être le dernier des bâtards. Prénommé Louis-Alexandre – en l'honneur des glorieuses conquêtes du Grand Roi – il sera légitimé sous le nom de comte de Toulouse.

Avant le siège de Gand, la marquise avait manifesté le désir d'être de quelque utilité dans la terrible guerre qui opposait sur mer les Hispano-Hollandais aux Français et qui ruinait le commerce du royaume. Pourquoi n'armerait-elle pas sous son nom, avec des matelots de la région de La Rochelle, un vaisseau qui ferait la course à l'ennemi ? Les caprices d'une femme enceinte étant des ordres, Seignelay fut promptement prié de mettre ce projet sur pied. Du camp d'Audenarde, le 5 mars, il chargea M. de Bonrepaus de s'occuper des vivres et de rassembler des fonds pour cet armement. Puis il demanda à son père, Colbert, resté à Paris, de prendre le relais. On hésita entre plusieurs navires : *L'Adroit, Le Croissant*, qui étaient au Havre, *Le More, Le Hardi* ou *Le Soleil d'Afrique*, à Brest. Finalement, on en choisit un autre, *Le Comte*. Un Poitevin de bonne réputation, Louis de La Motte-Grenouillé, capitaine de vaisseau, fut désigné pour commander le corsaire auquel on adjoignit un petit navire d'escorte. Deux cents officiers et mariniers, dont la moitié originaires de Marennes, de La Tremblade et de la presqu'île d'Arvert (proches de Tonnay-Charente), furent recrutés. « Faites promptement le calcul de ce que coûtera la dépense de cet armement, recommandait Colbert à M. de Seuil, intendant de la Marine à Brest, afin que je puisse pourvoir à vous en envoyer le fonds qui ne doit point entrer dans les dépenses de la marine du roi, étant un armement particulier. » Mais la paix de Nimègue viendra couper court à cette curieuse entreprise qui aurait été fort lucrative pour Mme de Montespan et la comtesse de Soissons, son associée, le roi finançant l'investissement initial et les deux dames recevant les profits de la course (déductions faites, suivant la coutume, de la part de l'équipage et du dixième réservé au capitaine).

La gloire d'Athénaïs

Les prises de Gand et d'Ypres permirent à Louis XIV de négocier dans des conditions plus qu'honorables les traités de paix (trois traités signés à Nimègue : deux en août 1678, un en février 1679 ; un traité signé à Saint-Germain en juin 1679, un autre en novembre). La France restituait aux Hollandais Maëstricht, mais obtenait le libre exercice de la religion catholique aux Pays-Bas, l'abolition du tarif de 1667 et l'instauration de la liberté de navigation pour les navires des deux pays. L'Espagne cédait au roi la Franche-Comté et plusieurs places du Nord ou des Pays-Bas espagnols (Valenciennes, Bouchain, Condé, Cambrai, Aire, Ypres, Saint-Omer, Maubeuge, Cassel, Givet), mais se voyait restituer Charleroi, Ath, Audenarde, Courtrai et Furnes. L'Empereur, de son côté, abandonnait Fribourg mais gardait Philippsbourg.

Ainsi la France avait-elle triomphé de la redoutable coalition, à la fois sur mer et sur terre. Elle sortait agrandie, mais épuisée de cette dure guerre de six ans. Le Roi-Soleil était à son zénith. Saluant avec joie le retour de la paix, les échevins parisiens décidèrent de lui donner le surnom de Louis le Grand...

Cette gloire était un peu celle de Mme de Montespan, à l'apogée de dix ans de faveur. Dans l'histoire du règne, comme l'a bien vu Gonzague Truc, il y a un « âge Montespan » : âge du plaisir plus que de l'amour, de l'attachement sensuel, voire de la frénésie luxurieuse, mais aussi âge de gloire et de triomphe auquel la favorite a indirectement mais activement contribué. « La longueur même de cette liaison (1667-1681), écrit François Bluche dans sa belle biographie de *Louis XIV*, le nombre des enfants illégitimes issus de ces amours, l'illustre naissance de l'intéressée, sa personnalité remarquable, son esprit, sa culture, son influence intellectuelle et mondaine – qui semble, en plus aristocratique et fier, la préfiguration du mécénat de la marquise de Pompadour – devaient attirer sur le Roi les regards de beaucoup. » Le monarque, jeune, beau, chéri des femmes, idolâtré par une foule de dévots admirateurs, fut stimulé par cette superbe Mortemart. Lui, le timide, le secret, rayonnait d'avoir conquis la plus belle et la plus spirituelle femme de son royaume. Il était encore ébloui, étonné de son pouvoir de séduction. Attiré par sa chair, esclave de son charme voluptueux, grisé par son esprit, il chercha à son tour à l'éblouir, à capter son attention, à l'« épater » en quelque sorte. Il voulut « *paraître* aux yeux de la Montespan », dit fort justement Louis Bertrand. Assurément, son tempérament le prédisposait à la passion de la grandeur, à la recherche de la gloire dans les entreprises militaires, mais qui pourrait nier le rôle joué à ses côtés par cette « triomphante beauté à faire admirer à tous les ambassadeurs » ? Elle seule – et non la reine – semblait digne de partager sa couche. Il l'aima, observe Maurice Rat, « parce qu'elle avait les mêmes goûts que lui, le même amour du faste, le même sentiment de la grandeur ». Elle était le plus beau joyau de sa cour, dont Versailles était l'écrin. « Assise dans la ravissante rotonde en marbre rose des bains de Siam, à Versailles, écrit l'historien Capefigue, elle tenait sa cour plénière des arts : elle ordonnait les cascades, le Grand Canal, les tapis de gazon, les groupes d'enfants et d'amours, satyres et nymphes. Appuyée sur la balustrade d'albâtre de la terrasse, du haut des escaliers de porphyre, elle faisait creuser la pièce d'eau des Suisses, qu'ombrageaient les reflets des bois de Satory. Comme une déesse, elle montait dans une gondole sur le Grand Canal, jusqu'à l'île des Cygnes. »

De rôle politique, il faut en convenir, elle n'en exerça aucun. En 1664, devant le maréchal de Gramont, Villeroy, Le Tellier, Lionne et Colbert, Louis XIV avait déclaré : « Je suis jeune et les femmes ont ordinairement bien du pouvoir sur ceux de mon âge. Je vous ordonne à tous que, si vous remarquez qu'une femme, quelle qu'elle puisse être, prenne empire sur moi et me gouverne le moins du monde, vous ayez à m'en avertir. Je ne veux que vingt-quatre heures pour m'en débarrasser. » Il est évident que pas plus Marie Mancini que Louise de La Vallière ou Françoise de Mortemart n'eurent part aux affaires de l'Etat. Mme de Maintenon aura davantage d'influence, bien que celle-ci reste difficile à cerner.

Mais Mme de Montespan n'avait nul besoin d'inspirer la politique du royaume pour exercer son empire. Elle se contentait d'avoir ses protégés, de placer ses amis, de favoriser sa famille. Ainsi, son père devint gouverneur de Paris, sa sœur abbesse de Fontevrault, M. de Montausier, gouverneur du Grand Dauphin, le maréchal d'Albret, gouverneur de Guyenne, le marquis de Thianges, lieutenant des chevau-légers du duc d'Anjou, la duchesse de Richelieu, dame d'honneur de la reine et Mme du Fresnoy, maîtresse de Louvois, dame du lit de la reine (charge copiée sur celle du « lit d'Angleterre »). C'est grâce à son intervention qu'Antoine d'Aquin, premier médecin de Marie-Thérèse, fut nommé premier médecin du roi à la place de Vallot et que La Vienne, célèbre baigneur parisien, fut subitement promu premier valet de chambre de Sa Majesté. Elle arrangea le mariage de sa nièce Diane-Gabrielle de Damas de Thianges avec Philippe-Julien Mancini, duc de Nevers et neveu de Mazarin. Elle fit aussi les noces de son neveu Louis de Rochechouart, duc de Mortemart, avec la troisième fille de Colbert, Anne-Marie, et plus tard celles de sa nièce, Gabrielle-Victoire de Rochechouart, avec le vieux et riche Canaples, frère du maréchal de Créqui.

Par sa faveur, son frère Vivonne fut nommé général des galères, vice-amiral du Levant, vice-roi de Sicile, gouverneur de Champagne et de Brie. L'abbé de Choisy a conté comment, en juillet 1675, le vainqueur de Messine fut compris dans la promotion des maréchaux de France qu'on appela la « monnaie de Turenne » : le roi avait établi avec Louvois la liste de ceux qui devaient recevoir le bâton, après la mort du célèbre maréchal-général des camps et armées. Il eut la maladresse d'en parler à Mme de Montespan qui, audacieusement, fouilla dans ses poches pour la consulter. N'y voyant pas le nom de son frère, elle entra dans une de ses colères auxquelles il ne savait résister. Décontenancé, Louis rougit, bredouilla que Louvois assurément avait oublié de l'y mettre. « Envoyez-le quérir tout de suite ! » ordonna-t-elle. Le ministre vint. Le roi lui fit comprendre et avouer la faute commise. « On mit cette fois M. de Vivonne sur la liste : la dame fut apaisée et se contenta de reprocher à Louvois cette négligence dans une affaire qui la touchait de si près... »

Athénaïs aimait et protégeait les artistes. Et quels artistes, ceux du Grand Siècle ! A son arrivée à la cour, elle avait trouvé son compatriote, le Poitevin Michel Lambert (né à Champigny, près de Vivonne), déjà en fort bonne position. Joueur de luth, chanteur, compositeur, il était depuis 1661 maître de musique de la chambre du roi. Elle soutint activement sa carrière, applaudissant à ses pastorales, ses rondeaux, ses ballets et ses étonnantes *Leçons des Ténèbres*. Son gendre Jean-Baptiste Lulli, surintendant de la musique, qui racheta en 1672 l'Opéra au faux abbé Perrin, trouva en elle un appui éclairé. Elle apprécia aussi son librettiste, Philippe Quinault, auteur de *Cadmus et Hermione* (1673), *Alceste* (1674), *Thésée* (1675), *Atys* (1676), mais se brouilla avec lui à propos d'*Isis*, représenté à Saint-Germain le 5 janvier 1677, tous les courtisans (Mme de Sévigné en tête) ayant cru voir son portrait critique dans le personnage de Junon. Quinault, sans doute innocent, fut exilé du théâtre pour deux ans. La marquise demanda alors à Racine de créer un opéra ayant pour sujet *La Chute de Phaéton*. Embarrassé, celui-ci appela à la rescousse son ami Boileau, mais leur collaboration ne donna pas – loin de là ! – le chef-d'œuvre attendu, si bien que Quinault revint en grâce avec les livrets de *Proserpine*, *Persée* et un autre *Phaéton*.

Mme de Montespan goûtait fort Racine et Boileau. Tous deux, nommés historiographes du roi en 1677, venaient régulièrement lire chez elle, en présence du souverain, leurs récits de batailles et de conquêtes. Spirituelle, moqueuse, aimant rire et faire rire, singeant en société les travers des courtisans les mieux établis, comment n'aurait-elle pas apprécié aussi Molière, ses comédies-ballets, ses danses, ses farces, ses charges contre les médecins, les astrologues, les bourgeois-gentilshommes et... les maris trompés ?

Tout tournait autour de cette reine des fêtes et des plaisirs, légère, désinvolte, brillant au cœur de cet univers baroque de pompe et de parade. Ses trente-huit ans, le modelé de son visage, son fier nez aquilin et la mousse d'or de sa chevelure rayonnaient sur la cour comme un impérissable soleil. La Fontaine, dans le livre VII de ses *Fables*, se mettait sous la protection de cette déesse prodigieusement belle, en attendant d'en encenser d'autres :

« Le Temps, qui détruit tout, respectant votre appui,
Me laissera franchir les ans dans cet ouvrage :
Tout auteur qui voudra vivre encore après lui
Doit s'acquérir votre suffrage.
C'est de vous que mes vers attendaient tout leur prix :
Il n'est beauté dans mes écrits
Dont vous ne connaissiez jusques aux moindres traces.
Eh ! qui connaît mieux que vous les beautés et les grâces ?
Paroles et regards, tout est charme dans vous... »

En cette année 1678, Mme de Montespan paraissait au faîte de la gloire. Sa verve mordante et son humeur capricante écrasaient ses rivales. Elle engageait des milliers de pistoles à la bassette, au reversi, au lansquenet, au hoca, jeux de cartes et de hasard alors fort prisés. Elle jouait des soirées entières avec les courtisans, ne lâchant pas ses débiteurs, exigeant sa revanche quand elle perdait. L'argent lui brûlait les doigts, allumait dans ses yeux des regards dominateurs. Elle misait en une soirée le prix d'un vaisseau ou d'un château, faisant combler le gouffre de ses folies et de ses impérieux caprices par le Trésor royal. Pour ses toilettes, sa suite, ses équipages, elle dépensait des sommes considérables, bien supérieures à sa pension de dame d'honneur (6 000 livres par an) et à celle allouée pour l'éducation de ses enfants (150 000 livres). Elle émargeait sur la cassette personnelle du souverain. Son train de vie était – comme toute sa personne – royal. Le duc de Noailles, capitaine des gardes du corps, portait sa traîne tandis que celle de la reine n'était soutenue que par un simple page ou un exempt de la garde ! Pauvre reine humiliée, qui souffrait les hauteurs de cette grande hétaïre et qu'on entendait souvent gémir : « Cette *poute* me fera mourir ! »

Et pourtant le règne s'achève. Ces pompes, ces ors, cette griserie, cette ivresse des cimes, ce trop-plein d'orgueil ne sont plus que l'apparence des choses. Le roi était las de ses tempêtes, de ses continuelles scènes de harpie, de ses reproches, de ses sarcasmes, de son joug qui le faisait souffrir secrètement de sa propre faiblesse. Il trouvait pesante la sujétion où la tenait cette servante-maîtresse. Il voulait rompre ses chaînes, prouver qu'il n'était pas esclave de ses désirs. Si l'on en croit une confidence faite par Mme de Montespan à Mme de Miramion, il avait cessé toute relation charnelle avec elle après la venue au monde du comte de Toulouse[9]. Athénaïs crut se maintenir par les charmes de l'esprit. Mais déjà naissaient d'autres rivales : Fontanges, dont la fraîche beauté surclassait les plus ravissantes dames de la cour, et, tapie dans l'ombre, rongeant son frein, Mme de Maintenon qui attendait toujours...

CHAPITRE IX

Angélique et le roi...

Un rêve de Cendrillon

Le 27 février 1679, Corbinelli écrivait à Bussy-Rabutin : « Vous savez toutes les nouvelles générales et particulières. On parle de changements d'amour à la cour ; le temps nous en éclairera. » Quelques jours plus tard, le 17 mars, Mme de Maintenon demandait à l'abbé Gobelin de « prier et de faire prier pour le roi qui est sur le bord d'un grand précipice ». Ce précipice, c'était la dernière et folle passion de Louis XIV pour une toute jeune fille, récemment arrivée de son Auvergne natale, Marie-Angélique de Scorailles de Roussille, demoiselle de Fontanges. Une splendide créature belle comme une fleur de mai : une taille de nymphe, un corps souple et fuselé, des cheveux d'or tombant sur les épaules en flots opulents, de grands yeux gris-bleu, la bouche fine s'ouvrant sur une harmonieuse rangée de perles et, par-dessus tout, un air d'Agnès fait de douceur et d'innocence. « On ne pouvait voir rien de plus merveilleux », avouait Madame, peu indulgente pour les femmes, surtout les rousses.

Elle était « fort au-dessus de tout ce qu'on avait vu depuis longtemps à Versailles, écrit Spanheim, accompagnée d'une taille, d'un port et d'un air capable de surprendre et de charmer une cour élégante ». Fontanges ? « Belle comme un ange » était l'expression qui revenait le plus souvent sous la plume des contemporains.

Son père, Jean Rigaud de Scorailles, comte de Roussille, lieutenant du roi en Auvergne, appartenait à l'une des plus anciennes maisons de la région dont les armes portaient « de gueule en chef d'or chargé de trois fleurs de lys d'azur[1] ». Angélique était née en 1661, vraisemblablement à Cropières, près de Raulhac, dans le vieux manoir familial aux tours massives perché sur un plateau. Les chimères et l'ambition avaient nourri sa jeunesse. « Avant de venir chez moi, raconte la Palatine, elle avait rêvé tout ce qui devait lui arriver, et un vieux capucin lui avait expliqué son rêve. Elle me l'a raconté elle-même, avant de devenir la maîtresse du roi. Elle rêva qu'elle était montée sur une haute montagne et qu'étant sur la cime elle fut éblouie par un nuage resplendissant ; que tout à coup elle se trouva dans une si grande obscurité qu'elle se réveilla de frayeur. Quand elle fit part de ce rêve à son confesseur, il lui dit : "Prenez garde à vous : cette montagne est la cour, où il vous arrivera un grand éclat ; cet éclat sera de très peu de durée. Si vous abandonnez Dieu, il vous abandonnera et vous tomberez dans d'éternelles ténèbres." »

Un cousin du comte de Roussille, César de Grollée, baron de Peyre, lieutenant général du roi en Languedoc, qui habitait à vingt lieues de Cropières, au château de la Beaume, avait remarqué l'étonnante beauté de cette oiselle immaculée et proposé à ses parents de l'introduire à la cour. Eblouis par cette perspective, ceux-ci acceptèrent avec empressement. Ils n'étaient pas bien riches, avec trois garçons et quatre filles à élever. Néanmoins, ils « boursillèrent » pour acheter à leur fille un honnête trousseau. Logée à Paris chez la duchesse d'Arpajon, Angélique fut bientôt présentée à la princesse Palatine qui, le 17 octobre 1678, l'admettait parmi ses demoiselles d'honneur, à la place de Mlle de Mesnières devenue duchesse de Villars.

Mme de Montespan avait peut-être le secret espoir d'éloigner le roi de Mme de Maintenon en la lui faisant remarquer : « Regardez donc, Sire, voilà une fort belle statue ; en la voyant, je me demandais dernièrement si elle sortait du ciseau de Girardon et j'ai été bien surprise lorsqu'on m'a dit qu'elle était vivante. — Statue, tant que vous voudrez, répliqua le roi, mais vive Dieu, c'est une belle créature ! » Il se défendit pourtant de tomber amoureux de cette beauté sculpturale, taillée dans le marbre le plus tendre : « Voilà, dit-il en riant à sa belle-sœur, un loup qui ne me mangera pas... »

L'insatiable faune, toujours prêt à servir sous les étendards de Cupidon, courtisait alors une autre fille d'honneur de sa belle-sœur, Uranie de La Cropte-Beauvais. Las de sa résistance et n'ayant pas l'habitude de sécher sur pied, il tourna ses entreprises vers la nouvelle venue qui ne demandait qu'à succomber. Le confident de ses escapades amoureuses, La Rochefoucauld, prince de Marsillac, se chargea de remettre à la belle ingénue un collier de perles et une paire de boucles d'oreilles. Il en sera bientôt récompensé par la charge de grand veneur, « pour avoir mis la bête dans les toiles », diront les facétieux...

Un soir d'automne, à Versailles, tandis que Mme de Montespan jouait à la bassette, le roi s'éclipsa discrètement et monta dans son carrosse, escorté seulement de quelques gardes du corps. Au Palais-Royal, une demoiselle d'honneur complice, Mlle des Adrets, le conduisit jusqu'à la chambre de Mlle de Fontanges. Tels furent les prodromes de cette intrigue galante, selon Primi Visconti. La jeune Auvergnate eut l'exquise pudeur de ces femmes qui, ne voulant paraître capituler à la première sommation, font semblant – mais si peu... – de se défendre avant de s'abandonner. Un pamphlet léger de l'époque se piqua de donner sur la victoire royale des détails plus précis : ce fut un jeudi que « cette place d'importance, après avoir été reconnue, fut attaquée dans les formes. La tranchée fut ouverte : on se saisit des dehors ; et, enfin, après bien des sueurs, des fatigues et du sang répandu, le roi y entra victorieux. On peut dire que jamais conquête ne lui donna tant de peine... Il y eut bien des pleurs et des larmes versés d'un côté, et jamais une virginité mourante n'a versé de plus doux soupirs[2] »...

Le prince, qui venait d'atteindre la quarantaine, était épris comme au plus beau temps de sa jeunesse, prêt à faire des folies pour ce tendron aux grâces accomplies. Il installa la jeune fille dans un pavillon du Château-Neuf de Saint-Germain puis, plus tard, quand sa faveur deviendra officielle, dans un appartement proche du sien.

La passion du roi

Alors tout changea en quelques jours. Les fêtes, les bals, les concerts, les chasses, les grands, les petits soupers, tout était offert à ce nouvel astre, hier inconnu. L'impérieuse Montespan, qui croyait recouvrer son royal amant en le distrayant avec cette provinciale simplette, était prise à son propre piège. Comment aurait-elle pu lutter contre ses dix-huit ans et sa séduction printanière qui lui avaient ravi le sceptre de la beauté ? Les courtisans la boudaient, réservant à la belle Angélique leurs plus suaves flatteries. Mignard s'empressait de faire son portrait. La Fontaine – l'incorrigible ! – composait une épître louangeuse qui débutait ainsi :

> « Charmant objet, digne présent des cieux
> (Et ce n'est point image du Parnasse),
> Votre beauté vient de la main des dieux ;
> Vous l'allez voir au récit que je trace.
> Puisse mes vers présenter tant de grâce
> Que d'être offerts au dompteur des humains,
> Accompagnés d'un mot de votre bouche
> Et présentés par vos divines mains. »

Les coquettes la dévoraient du regard et s'efforçaient de lui ressembler. C'est ainsi que naquit la fameuse coiffure « à la Fontanges » qui fera le tour de l'Europe. Lors d'une galopade dans la forêt de Fontainebleau, la flamboyante chevelure de la cavalière s'était accrochée à un arbre. Vite, avant de paraître devant le roi, elle rajusta son ruban, mais si maladroitement qu'au lieu de tomber sur les épaules, celui-ci flottait sur son front. Louis trouva cette sylvestre parure fort seyante et lui demanda de n'en point changer. Le lendemain, la nouvelle mode était lancée !

Angélique était éblouie, et Louis émerveillé. Sa douceur, son ingénuité le délassaient de la causticité, de l'humeur de Mme de Montespan. Romanesque, certes, mais aussi terriblement ambitieuse, la fille du châtelain de Cropières rêvait maintenant d'être déclarée favorite en titre, clamant partout l'amour du roi pour elle, alors que celui-ci faisait semblant de l'ignorer en public. Elle parvint à ses fins au printemps de 1679. Aussitôt elle laissa éclater une vanité stupide, dépensant 25 000 écus par semaine à des fanfreluches, toisant superbement l'héritière des Rochechouart. « La violence de la passion du roi pour Mme de Montespan n'est plus rien, constatait Mme de Montmorency ; on dit qu'il y a des moments où elle pleure amèrement et cela après des conversations qu'elle a eues avec le roi. » Athénaïs boudait et, quand elle boudait, elle devenait cinglante. Elle raillait le confesseur du monarque qui préférait cette aventure extra-conjugale au double adultère : « Ce père de La Chaise, disait-elle, est une vraie chaise de commodité ! »

Pour la calmer, le roi lui fit don de la charge de surintendante de la reine, dont elle rêvait depuis des années et qu'elle avait une nouvelle fois sollicitée par l'intermédiaire de Colbert. Il l'acheta 200 000 écus à la comtesse de Soissons qui accepta, sous sa forte mais amicale pression, de s'en défaire. Ce ne fut pas tout. Elle aurait bien aimé à cette occasion recevoir une couronne ducale. Malheureusement, il y avait un obstacle de taille en la personne de M. de Montespan qui avait fait savoir qu'il ne voulait pas d'un tel cadeau « au prix des services de sa femme[3] ». Mme de

Richelieu, dame d'honneur de la reine, prétendait avoir, en qualité de duchesse, le pas sur la nouvelle titulaire. Pour résoudre ce petit problème protocolaire, Louis XIV fut contraint de donner à sa maîtresse les mêmes rang et prérogatives que les duchesses, avec droit au fameux tabouret. Il lui accorda pour ce faire le titre de chef du conseil de la reine, assorti d'une pension de 15 000 livres. Ces honneurs ne trompaient que les aveugles. Tous y virent le signe du déclin de la belle Athénaïs.

Celle-ci comprit que le caprice du roi n'était pas une faiblesse passagère, la dernière flèche tirée par Cupidon. Il prenait la dimension d'une passion d'automne, durable, qui s'installait, comme toujours chez Louis XIV, dans le rite et l'habitude. La colère, dans ces conditions, ne servait à rien. Mieux valait feindre la résignation, pousser la complaisance envers la petite jusqu'à simuler l'amitié. C'est la tactique qu'elle avait déjà employée à l'égard de Mlle de La Vallière. C'est celle qu'elle utilisera plus tard avec Mme de Maintenon.

La naïve Fontanges s'y laissa prendre. Au jour de l'an 1680, raconte Bussy, celle-ci parut à Versailles, « comme une divinité, extraordinairement parée de pierreries, d'un habit de même étoffe que celui de Sa Majesté avec des rubans bleus tous deux ». Elle fit cadeau de 20 000 écus aux filles de Madame, ses anciennes compagnes. A sa devancière elle donna un agenda couvert de pierreries avec « une prédiction pour les quatre saisons » composée par cet éternel flatteur de La Fontaine.

Le spectacle qu'offraient les « deux sultanes » était assez surprenant. Ecoutons encore Primi : « Lorsqu'elles assistaient à la messe à Saint-Germain, elles se plaçaient devant le roi, Mme de Montespan avec ses enfants sur la tribune à gauche, vis-à-vis de tout le monde, et l'autre à droite, tandis qu'à Versailles, Mme de Montespan était du côté de l'Evangile et Mlle de Fontanges sur des gradins élevés du côté de l'Epître. Elles priaient, le chapelet ou leur livre de messe à la main, levant les yeux en extase, comme des saintes. Enfin, conclut l'Italien, la cour est la plus belle comédie du monde. »

A la fin de 1679, Angélique avait mis au monde un petit garçon né avant terme, qui ne vécut pas malgré les efforts désespérés de d'Aquin[4]. La mère en fut affligée. Mais, à la cour, il faut vite sécher ses larmes pour suivre le torrent des plaisirs. Le 3 février 1680, à Saint-Germain, on joua pour la première fois *Proserpine*, opéra de Quinault et Lulli. Quand Mlle de Saint-Christophe, qui interprétait le rôle de Cérès, aborda la scène où la déesse devant Mercure déplorait l'inconstance de Jupiter, chacun crut reconnaître une allusion à la situation présente :

CÉRÈS
Peut-être qu'il m'estime encore
Mais il m'avait promis qu'il m'aimerait toujours.

MERCURE
Il sent l'ardeur qu'un tendre amour inspire
Avec plaisir il se laisse enflammer.
Mais un amant chargé d'un grand empire
N'a pas toujours le temps de bien aimer.

CÉRÈS
Quand de son cœur je devins souveraine,
N'avait-il pas le monde à gouverner ?

Et ne trouvait-il pas sans peine
Du temps de reste à me donner ?
Je l'ai vu sous mes lois ce dieu redoutable,
Je l'ai vu plein d'empressement.
Ah ! qu'il serait aimable
S'il aimait constamment !

« Il y a une scène de Mercure et de Cérès qui n'est pas bien difficile à entendre, écrivait Mme de Sévigné à sa fille. Il faut qu'on l'ait approuvée, puisqu'on la chante. »

Le « carrosse gris »

Le 26 février, la nouvelle favorite partit avec le roi, la reine, le Dauphin, à la rencontre de la future Dauphine, Anne-Marie de Bavière. On remarqua la magnificence de ses équipages. Elle prit place avec sa compagne, Mlle des Adrets, dans un carrosse gris – couleur de sa livrée – flambant neuf, tiré par huit chevaux. Ce carrosse était suivi de plusieurs voitures pour les femmes de chambre, de chariots, de fourgons et de mulets pour les vivres et la garde-robe.

Après un souper au Bourget et une première étape le soir à Dammartin, chez le duc de Gesvres, la cour arriva à Villers-Cotterêts le 27. Le lendemain, tandis que la reine allait visiter la chartreuse de Bourg-Fontaine, le roi et Mlle de Fontanges partirent courre le cerf. Dans la soirée, un bal masqué fut donné. La jeune femme, parée des mains de Mme de Montespan, fit sensation. Bien entendu, l'ancienne favorite enrageait sourdement. Avait-on déjà vu une Mortemart jouer les coiffeuses ? Elle se rattrapa au menuet. Malgré un embonpoint digne d'une Vénus de Rubens, elle accomplit les figures avec brio, écrasant sa rivale, rouge et confuse de si mal danser. « Ses jambes n'arrivèrent pas comme vous savez qu'il faut arriver, raconte Mme de Sévigné ; la courante n'alla pas mieux ; elle ne fit plus qu'une révérence. » Cette guerre des femmes ne modifiait pas la situation. Le Roi-Soleil restait éperdument épris de sa ravissante poupée. « Je ne vois pas, notait encore notre précieuse épistolière, que les visites à ce *carrosse gris* aient été publiques ; la passion n'en est pas moins grande. Il y a 10 000 louis d'envoyés, et un service de campagne en vermeil doré ; la libéralité est excessive, et on répand comme on reçoit. » Et quelques jours plus tard : « Le *char gris* est d'une beauté étonnante ; elle vient, l'autre jour, au travers d'un bal, par le beau milieu de la salle, droit au roi, et ne voyant ni à droite, ni à gauche ; on lui dit qu'elle ne voyait pas la reine : il est vrai ; on lui donna une place ; et quoique cela fît un peu d'embarras, on dit que cette action d'une *embevecida* (enivrée) fut extrêmement agréable. »

Le « tabouret » de remerciement

Cependant, au fil des mois, l'enchantement du roi s'émoussait. Il constatait que ce qu'il avait d'abord pris pour de la fraîche naïveté, de la grâce enfantine, n'était que manque d'esprit. Et Dieu sait s'il en fallait pour tenir son rang ! Plus que de l'esprit, on voulait du piquant, du mordant. La pauvre ingénue n'avait rien de tout cela, elle était fade. On la jugea donc « sotte comme un panier ». Une oie blanche ? Non, une adorable bécasse !

Au début d'avril 1680, elle fut titrée duchesse avec 80 000 livres de pension. Comme pour Mlle de La Vallière et Mme de Montespan, cette faveur était la marque du déclin, le cadeau d'un galant à une maîtresse dont il se lassait.

L'intéressée ne s'en rendit pas tout de suite compte. Avant de prendre son « tabouret », elle reçut dans son lit les compliments de la cour. Athénaïs, elle-même, accueillit la nouvelle avec colère. Duchesse ! Cette fille stupide et sans éducation, qui avait eu des amourettes dans sa province ! Duchesse ! Alors qu'elle n'était que marquise !

Pour ne point vieillir, du moins pour retarder la fatale déchéance, Athénaïs passait maintenant des heures à sa toilette. « Elle avait l'habitude de se faire frictionner avec des pommades et des parfums, conte Primi Visconti, étendue toute nue sur un lit pendant deux ou trois heures par jour. Ce n'était déjà plus qu'avec peine que le roi la prenait dans son carrosse et lui donnait la main... » C'est la lassitude des vieux couples dans lesquels chacun souffre des habitudes de l'autre. On se supporte mais on ne s'aime plus. Le roi, qui haïssait la moindre odeur de parfum, était incommodé par les effluves violents émanant de sa favorite. D'où des cris et des pugilats : « Comme le roi, qui partait de Saint-Germain, montait en carrosse avec la reine, rapporte Bussy, il eut de grosses paroles avec Mme de Montespan sur des senteurs dont elle est toujours chargée et qui font mal à Sa Majesté. Il lui parla d'abord honnêtement mais, comme elle répondait avec beaucoup d'aigreur, il finit par s'échauffer. »

Les trois favorites composaient un étrange trio. « Le roi a trois maîtresses, fit remarquer un jour Mme de

Montespan à Mme de Maintenon : moi de nom, cette fille de fait et vous de cœur. »

La châtelaine de Maintenon intervenait souvent en médiatrice pour calmer le jeu : « Je me souviens qu'un jour, raconte-t-elle, le roi m'envoya parler à Mlle de Fontanges. Elle était en fureur sur des mécontentements qu'elle avait reçus. Le roi craignait un éclat et m'avait envoyée vers elle pour la calmer. J'y fus deux heures et j'employai ce temps à lui persuader de quitter le roi et à essayer de la convaincre que ce serait beau et louable. Je me rappelle qu'elle me répondit avec vivacité : "Mais, Madame, vous me parlez de me défaire d'une passion comme de quitter une chemise." » Aveu d'une sincérité poignante...

Le mal secret d'Angélique

Le carême était le temps fort des prédicateurs. Cette année-là, le père Bourdaloue prononça son fameux sermon sur l'impureté. « Il frappe toujours comme un sourd, écrivait Mme de Sévigné, disant des vérités à bride abattue, parlant contre l'adultère à tort et à travers. Sauve qui peut ! Il va toujours son chemin. » Cédant aux objurgations de son confesseur, le roi accepta l'éloignement de sa jeune maîtresse pour le temps de Pâques. Il fut donc convenu qu'elle irait se reposer à Maubuisson, l'austère abbaye de Blanche de Castille, près de Pontoise.

La belle Angélique y resta plus longtemps que prévu. Elle s'était mal remise de son accouchement et se trouvait incommodée « d'une perte de sang très opiniâtre et très désobligeante », accompagnée de poussées de fièvre qui la forcèrent à s'aliter. Son état de santé inquiéta. « Elle commence même à enfler, notait Mme de Sévigné le 1er mai ; son beau visage est un peu bouffi. »

Pour la soigner on fit appel à un empirique du Languedoc, Charles Trimont dit le prieur de Cabrières, singulier personnage, mi-rebouteux, mi-astrologue, toujours bardé de remèdes-miracles – notamment un certain mélange de vin rouge et de sel marin – avec lesquels il se vantait de guérir toutes les maladies. Ce savant, très charitable, humble, désintéressé, habitait un lointain village à quelques lieues de Nîmes, Saint-Geniès-de-Malgoirès. Sa réputation était si bien établie qu'on accourait de partout pour recevoir ses soins. Il vint à la cour et ce fut du délire. Colbert, Louvois, le cardinal de Bouillon, Mme de Maintenon ne juraient que par lui. Il traitait les enfants de Mme de Montespan et le roi lui-même avait grande confiance. Les remèdes de celui que Mme de Sévigné appelait le *médecin forcé* firent d'abord merveille : la fièvre diminua et Angélique put se lever. Le 7 mai, sitôt rétablie, elle sauta dans son carrosse de Cendrillon et rejoignit la cour qui s'apprêtait à partir pour Fontainebleau. Mais son mal ne tarda pas à resurgir...

La jeune fille pleurait de n'être plus aimée comme avant. La pluie d'or et de faveurs tombant sur sa famille, l'établissement de ses sœurs ne parvenaient à la consoler. Sa santé languissante, après avoir ému le roi, l'avait lassé. On se lasse de tout ! Louis XIV avait par nature horreur des gémissements et des souffrances d'autrui. Le 14 juillet, la bonne marquise mandait à sa fille, Mme de Grignan : « Vous avez ri de cette personne blessée dans le service ; elle l'est à un point qu'on la croit invalide. »

La reine se désolait du luxe tapageur de sa jeune rivale tandis que les intrigues féminines allaient bon train. Mme de Maintenon accaparait peu à peu le monarque par des liens plus solides et surtout plus durables que ceux de la chair. Louis passait maintenant de longues heures avec elle, écoutant ses conseils. « Elle lui fait connaître un pays nouveau qui lui était inconnu, qui est la conversation sans contrainte et sans chicane : il en paraît charmé » (Mme de Sévigné). Athénaïs, qui avait toujours pensé triompher de l'esprit médiocre de la Fontanges, se désolait du renouveau de prestige de l'ancienne gouvernante de ses enfants. Aussi, contre cette adversaire de taille, essayait-elle de pousser dans les bras du roi sa propre nièce, Diane-Gabrielle de Thianges, duchesse de Nevers, au risque de provoquer l'ire non seulement du mari mais aussi du duc d'Enghien, fils du Grand Condé, qui en était amoureux... Cette intrigue échoua misérablement. Louis XIV semblait pour l'heure éloigné des désordres sensuels. Il écoutait de bonne grâce le sermon des prêtres et, à la Pentecôte, s'était approché de la sainte table.

Au contact du monde, Mlle de Fontanges avait perdu sa timidité provinciale, qui faisait partie de son charme. Elle savait se faire entendre et réclamer son dû. Rappelant au roi que Mme de Montespan avait obtenu la nomination de sa sœur, Gabrielle de Rochechouart, à Fontevrault, elle demanda avec une belle audace l'abbaye de Chelles pour son aînée, Catherine. Le souverain s'inclina et, moyennant la promesse d'une pension de 6 000 livres, obtint la démission de l'abbesse en place. Chelles ? Un immense domaine à quelques lieues de Meaux, un château sobre et majestueux orné d'un avant-corps surmonté d'un fronton, une église gothique à flèche élancée, des cours plantées d'arbres, un parc à la française, des jardins potagers et fruitiers, un espace de silence et de recueillement protégé des tumultes du monde par de hauts murs. Il fut convenu qu'Angélique, accablée par ses hémorragies continuelles, irait s'y reposer pendant que le roi et la cour se rendraient en Flandre.

Les deux sœurs arrivèrent à l'abbaye en fastueux équipage – quatre carrosses à six chevaux et le grand carrosse à huit chevaux –, amenant un essaim de domestiques, de femmes de chambre, cuisiniers et valets de pied, « mais tout cela si triste qu'on en avait pitié, écrit encore Mme de Sévigné ; la belle perdant tout son sang, pâle, changée, accablée de tristesse ; méprisant 40 000 écus de rente et un tabouret qu'elle a, et voulant la santé et le cœur du roi, qu'elle n'a pas ». De ses jours heureux, que lui restait-il ? La malheureuse, rongée d'un mal sans pardon, n'eut pas même la force d'assister à la réception officielle de sa sœur : harangue du bailli, allocution du médecin de la communauté, présentation des moniales par l'official, *Te Deum* d'action de grâces, messe d'accueil... Le 25 août, le sacre de la nouvelle abbesse par l'archevêque de Paris, Mgr Harlay de Champvallon, attira une foule innombrable : 120 carrosses et voitures de louage venus de Paris, sans compter les charrettes et les chevaux de selle. Amaigrie, le visage pâle, la duchesse de Fontanges parut en robe de chambre, une cornette sur la tête. Elle regarda d'un œil morne le ballet céleste des évêques et des abbés mitrés, en rochet et camail, officiant au milieu des nuages d'encens, dans l'envolée des chœurs et des cloches. Une anecdote courut à ce sujet. La cérémonie se fit avec une telle pompe, dans une église tendue de tapisserie d'or et d'argent, éclairée par une profusion de lustres, de girandoles et de flambeaux, qu'une femme éblouie se serait écriée :

« N'est-ce pas ici le paradis ?

— Ah ! non, madame, lui répondit-on, il n'y aurait pas tant d'évêques ! »

Lors de son séjour à Chelles, la belle Fontanges fut-elle victime d'une tentative d'empoisonnement ? Un fait curieux, rapporté par un correspondant de M. de Mazauges, conseiller au parlement d'Aix, le laisserait supposer : un matin, le médecin traitant de la duchesse lui ordonna de prendre de l'eau minérale d'une certaine source. L'après-midi du même jour, un domestique apporta de sa part six bouteilles pleines auxquelles on ne toucha heureusement pas. Le médecin, de retour le lendemain, fut étonné de leur présence et nia avoir commandé quoi que ce fût. Pris de soupçons, il ouvrit les bouteilles et découvrit qu'elles contenaient toutes du poison !

A la fin d'août, Angélique revint à la cour, bien décidée à reconquérir sa place, malgré sa grande faiblesse. Ce fut hélas ! pour constater que le triomphe de Mme de Maintenon ne se démentait pas. Le roi passait avec elle toutes ses soirées de huit à dix heures, ne laissant aux deux rivales éplorées que de courts et consternants instants. Pour Mlle de Fontanges il ne s'agissait que de visites « pour l'amour de Dieu », c'est-à-dire par charité. Athénaïs n'était pas mieux lotie.

Il faut encore avoir recours à Mme de Sévigné qui, pour tout ce qui concerne la jeune favorite, est notre meilleure source : « On dit que la *belle beauté* a pensé être empoisonnée, écrit-elle le 1er septembre, et que cela va droit à demander des gardes ; elle est toujours languissante, mais si touchée de la grandeur qu'il faut l'imaginer précisément le contraire de cette petite violette (Mlle de La Vallière) qui se cachait sous l'herbe et qui était honteuse d'être maîtresse, d'être mère, d'être duchesse : jamais il n'y en aura sur ce moule-là[5] ! »

La mort de l'éphémère

Au mois de mars, les médecins lui laissant peu d'espoir de guérison, Mlle de Fontanges se décida – probablement sur le conseil de son confesseur – à quitter le monde. Pleurant sur ses rêves perdus, elle se retira à l'abbaye de Port-Royal, faubourg Saint-Jacques. Avec toute sa « maison » – un premier gentilhomme, deux demoiselles d'honneur, un aumônier et une trentaine de pages et de domestiques – elle s'installa au second étage d'une dépendance naguère occupée par les Bénédictines.

Un écrivain du XVIIIe siècle, Sautereau de Mary, a prétendu – mais le fait n'est pas prouvé – que Louis XIV aurait rendu visite à la moribonde et que celle-ci se serait écriée : « Je meurs contente puisque mes derniers regards ont vu pleurer le roi ! »

On est sûr, en revanche, que le souverain envoyait trois fois par semaine le duc de La Feuillade et le duc de Noailles prendre de ses nouvelles. Bientôt un abcès pulmonaire se déclara. Le morticole de l'abbaye, le sieur Vlulant, diagnostiqua une pleurésie purulente et prescrivit les remèdes ordinaires en pareil cas :

Pour les pertes de sang : « Piler un crâne d'homme en poudre et en avaler le poids d'un écu d'or. »

Pour la pleurésie : « Il faut mettre en poudre le sang séché d'un vieux bouc châtré et l'avaler avec un verre de vin. Le malade ne manquera pas de suer. S'il n'est pas guéri à la première fois, recommencer le lendemain. On ne voit guère ce remède manquer son effet. Que si par hasard la pleurésie, chassée de côté, la fluxion se jette sur la rate, qu'on donne au malade un verre de vin d'yeux d'écrevisses et dans peu de jours la douleur se dissipera. »

Le 27 juin, à sept heures du soir, M. de Richebourg, premier gentilhomme de la duchesse, griffonnait en hâte ce billet pathétique au commissaire Delamare : « Je crois, Monsieur, qu'il serait très pressant que vous vous donniez la peine de venir ce soir… Il y a tout à craindre pour cette nuit… Madame crache [le] pus et l'on craint, comme elle ne crache pas beaucoup, qu'il se répande dans la poitrine… Ne dites point à celui qui vous donnera ma lettre ce que je vous écris ; faites comme l'autre fois. » A neuf heures, nouveau billet aussi alarmant[6]. Dans la nuit du 27 au 28, à une heure et demie du matin, Angélique rendit le dernier soupir. Elle avait vingt ans, cette trop belle et fugitive comète qui avait brûlé sa chevelure d'or aux rayons du soleil… *Sic transit gloria mundi*, dira Mme de Sévigné en guise d'oraison funèbre.

Conformément aux instructions reçues, le commissaire Delamare procéda à l'inventaire de l'appartement, prit possession de la correspondance de la jeune femme et d'un portrait du roi, puis apposa les scellés. Son rapport énumère les paires de draps de toile de Hollande, les nappes de petite Venise, les toiles de Caen et les tabliers de chanvre, la vaisselle de vermeil et d'argent, les flambeaux, les aiguières, les bassins, les soucoupes, gobelets, cadenas et assiettes à pan…

Scrupuleusement, Delamare examina tout, bahuts, malles, caisses, visitant jusqu'aux écuries qui abritaient quinze chevaux de carrosse.

Les créanciers de la duchesse ne tardèrent pas à se manifester, notamment plusieurs marchands de dentelles et son propre maître d'hôtel qui lui aurait avancé les sommes nécessaires aux besoins de sa domesticité pendant quinze mois. La lingère, la blanchisseuse, le chef d'office et le cuisinier déclarèrent posséder en propre une partie des ustensiles. Bref, c'était la curée ! Ce qui resta fut remis au dépôt des meubles de la couronne ; en contrepartie, le roi s'engagea à régler les réquisitoires des créanciers, avides et fort nombreux. L'éphémère petite duchesse avait vécu sa courte vie comme la cigale de la fable...

Elle fut inhumée dans l'église de l'ancienne abbaye de Port-Royal et son acte de décès transcrit sur le registre de Saint-Jacques-du-Haut-Pas : « Dame Marie-Angélique de Scorailles de Roussille, duchesse de Fontanges, décédée le 28 juin 1681, dans une chambre d'une maison de l'abbaye de Port-Royal, sur la paroisse de Saint-Jacques, fut prise dans ladite chambre et transportée dans l'église du monastère où elle fut inhumée le 29 en présence de Mgr Anne-Jules, duc de Noailles, pair de France, premier capitaine des gardes du corps du roi, gouverneur général pour Sa Majesté des comtés de Roussillon, Conflans et Cerdagne, ami et parent de la défunte et de messire Anne-Joseph de Scorailles de Roussille, frère de ladite dame qui signèrent. »

En remettant son cœur à l'abbesse de Chelles, sa sœur, le curé de Saint-Séverin fit une courte allocution : « Ce cœur était à Dieu dans les commencements ; le monde l'avait gagné. Dieu a repris enfin ce qui était à lui et ce qu'il avait fait pour lui, mais ça n'a pas été sans peine qu'il s'est rendu. Il a fallu faire de fortes impressions et d'étranges efforts (...). Dieu a éprouvé ce cœur ; il l'a visité pendant la nuit d'une triste maladie et il a fait luire sa lumière et mis le jour dans cette nuit obscure[7]... »

Un an plus tard, à la messe du « bout de l'an », Louis XIV fondera à perpétuité un service annuel pour le repos de l'âme de sa « très chère et bien-aimée cousine, la duchesse de Fontanges », moyennant 6 000 livres aux religieuses de Port-Royal. Un geste qu'il ne renouvellera ni pour La Vallière ni pour Montespan...

Les brèves et tragiques amours sont toujours occasion de philosopher sur le néant des vanités humaines. Les poétereaux du temps ne manquèrent pas à l'usage. Voici les vers de l'un d'eux :

« Autrefois, à la cour, on me vit égale ;
Maîtresse de mon roi, je défis une rivale.
Jamais un temps si court ne fit un sort si beau,
Jamais fortune aussi ne fut sitôt détruite.
Ah ! que la distance est petite
Du comble des grandeurs à l'horreur du tombeau ! »

Et d'un autre ce quatrain élégiaque :

« Amynte va mourir ! Quel changement étrange !
L'état où l'on la voit est un touchant sermon ;
Ses charmes en vivant l'avaient faite un démon
Ses vertus en mourant la font ange[8]. »

Le soupçon

Les étranges circonstances de la disparition de cette jeune femme, resplendissante de santé à son arrivée à la cour, puis s'étiolant doucement comme une plante souffreteuse avant de disparaître à la fleur de l'âge, parurent suspectes à plus d'un contemporain. Personne ne crut à une mort naturelle et l'on parla de poison. Qui pouvait être l'instigatrice de ce crime ? Mme de Montespan, bien sûr ! On évoqua cette obscure histoire de bouteilles empoisonnées livrées à l'abbaye de Chelles. Un écuyer du marquis de Termes, parent du mari de la marquise, fut arrêté et soumis à la question. Hélas ! il mourut sur le chevalet sans avoir parlé.

L'animosité des deux femmes était, en tout cas, un fait public. Un chansonnier, plaisantant sur la disgrâce de *Quanto*, nous montre le roi lui réclamant ses bijoux :

> « Madame de Montespan,
> Rendez-moi vos diamants.
> — Tiens, jusqu'aux moindres présents,
> Voilà tout, je te les rends.
> Fais-en l'ornement
> De la guenipe Fontanges,
> Fais-en l'ornement
> De ce nouveau passe-temps.
> — Tout doux, Madame, tout doux,
> N'excitez pas mon courroux,
> Plutôt respectez
> Celle qui fait mes délices,
> Celle que vous m'avez vantée.
> A ces mots, la Montespan

> Ne desserra plus les dents,
> Mais jura en son cœur
> Quelques traits pleins de noirceur... »

Un pamphlet anonyme, paru à Paris « chez la veuve de Jean Félix », s'intitulait *L'Esprit familier de Trianon ou l'apparition de la duchesse de Fontanges, contenant les secrets de ses amours, les particularités de son empoisonnement et de sa mort*. On y trouve une scène mélodramatique, le fantôme de la jeune provinciale apparaissant au roi dans une chambre du Trianon et lui dénonçant celle qui lui avait donné un breuvage mortel : « Ah ! Scélérate Montespan ! C'est vous qui m'avez empoisonnée pour contenter votre rage envieuse ; le même valet qui m'apporta le bouillon que cette méchante m'envoya m'en a fait confidence un jour que je me promenais, solitaire et triste, proche de l'onde noire, mais l'on vous attend, tigresse, dans le Tartare, où sont tous les empoisonneurs, lieu effroyable par les hurlements et par les grincements de dents que ces misérables font. L'on vous mettra au rang de la Brinvilliers et des autres qui ont attenté à la vie des innocentes créatures. »

Se faisant l'écho des commentaires sur le décès de Mlle de Fontanges, Ezéchiel Spanheim écrit qu'« un bruit assez public, quoique peut-être sans fondement, attribue [cette mort] à un breuvage qui lui aurait été donné par les ordres secrets de Mme de Montespan ». *Sans fondement :* ce sont également les termes qu'emploie Mme de Caylus dans ses *Souvenirs* : « Il courut beaucoup de bruits sur cette mort au désavantage de Mme de Montespan ; mais je suis convaincue qu'ils étaient sans fondement. »

La princesse Palatine, dans sa correspondance, revient à plusieurs reprises sur cette affaire.

15 novembre 1715 : « La Fontanges est morte parce que Mme de Montespan l'a empoisonnée dans du lait ; je ne sais si c'est vrai, mais ce que je sais c'est que deux de ses gens moururent et on disait publiquement qu'ils avaient été empoisonnés. » 22 septembre 1718 : « Je connais trois personnes qu'elle (Mme de Montespan) a empoisonnées : Mlle de Fontanges, son petit garçon et une demoiselle qui était auprès de la Fontanges, sans parler de celles que je ne connais pas. » 14 septembre 1719 : « Elle (Mlle de Fontanges) n'a cessé d'accuser de sa mort la Montespan qui avait, disait-elle, gagné un laquais de Fontanges. Ce coquin l'a empoisonnée avec du lait et quelques-uns de ses domestiques. » 19 novembre 1719 : « Elle est morte dans la ferme persuasion que la Montespan l'avait fait empoisonner avec deux de ses femmes. On a dit publiquement qu'elles étaient empoisonnées. »

On pourrait prendre les allégations de la Palatine pour des ragots d'office, les balayer du revers. Ce que nous savons des procédés de cette dangereuse commère, de sa façon de colporter les malveillances, de déblatérer contre ses ennemis, sa volonté évidente de les salir pourraient certes nous y autoriser. Après tout, n'a-t-elle pas aussi accusé contre toute vraisemblance Mme de Maintenon – la « vieille guenipe », la « ripopée », comme elle l'appelle – d'avoir fait mourir plusieurs personnes par le poison, notamment Louvois et Mansart ?

Le décès du petit garçon de Mlle de Fontanges – né avant terme – n'a jamais, à l'époque, éveillé le moindre soupçon. Pur ragot également que cette histoire de femmes de chambre qui seraient mortes de manœuvres criminelles. En revanche, l'hypothèse de l'empoisonnement de la jeune duchesse mérite examen. Des rumeurs persistantes ont couru. Pour en avoir le cœur net, il convient d'abandonner pour quelques instants la cour du Roi-Soleil et d'ouvrir le dossier de l'« Affaire des poisons », une bien trouble affaire où se mêlent crimes, sacrilèges et magie noire. Nous n'allons pas tarder à y retrouver le nom d'Athénaïs...

CHAPITRE X

L'énigme des poisons

Les débuts de l'affaire

Le 5 septembre 1677, sur les sept heures du matin, François Desgrez, lieutenant du chevalier du guet, accompagné de deux commissaires du Châtelet et de plusieurs archers en armes, arrêtait les occupants du troisième étage d'une petite maison de la rue Mazarine attenante au collège des Quatre-Nations : le chevalier Louis de Vanens et sa jeune maîtresse, Louise Leclerc dite la Finette, qui étaient aussitôt incarcérés à la Bastille. Le même jour, un petit avocat sans cause, Jean Terron du Clausel, et le domestique de Vanens, Jean Barthominat, se retrouvaient également derrière les murs de la forteresse du faubourg Saint-Antoine, bientôt suivis d'un riche banquier, Pierre Cadelan, qui, par l'intermédiaire de ses correspondants de Marseille, Rotterdam et Venise, se livrait à des opérations financières suspectes.

Ce coup de filet avait permis de mettre la main sur une association de malfaiteurs qui, sous couvert d'expériences sur le « Grand Œuvre » et l'« or potable », organisaient un actif commerce de poisons et de fausse monnaie. Dans leur officine de la rue d'Anjou, on découvrit un matériel complet de distillation : des fours à digestion, des alambics, des matras, des creusets, des cucurbites. D'autres affiliés de la cabale tombèrent dans les rets de la police : un ancien chirurgien devenu aveugle, Dalmas, une servante, Catherine Leroy, et un gentilhomme originaire de l'Artois, Robert de Bachimont, dont le laboratoire recelait des produits toxiques comme l'arsenic et l'orpiment. Certains d'entre eux furent fortement soupçonnés d'avoir empoisonné, en juin 1675, le duc de Savoie, Charles-Emmanuel II, et, deux ans plus tard, le vieux chancelier de France, Etienne d'Aligre.

Mais l'arrestation de l'équipe Vanens-Bachimont n'était que le premier maillon d'une chaîne qui allait se révéler – hélas ! – fort longue. Quelques mois plus tard, en effet, une seconde dénonciation permit au lieutenant Desgrez d'appréhender une grosse commère quadragénaire au visage rougeaud, Marie Bosse, qui, prise de vin au cours d'un dîner en joyeuse compagnie rue Courtauvilain, chez une devineresse nommée Marie Vigoureux, s'était écriée : « Quel beau métier ! Et quelle clientèle ! Je ne vois chez moi que duchesses, marquises, princes et seigneurs ! Encore trois empoisonnements et je me retire, fortune faite ! »

Simples propos d'après-boire ? On voulut en avoir le cœur net. La femme d'un archer, envoyée aussitôt au logis de la dénommée Bosse, rue du Grand-Huleu, avec mission de se plaindre de son mari, rapporta une fiole emplie de poison. On arrêta donc cette sorcière, sa fille Manon et ses deux fils, François dit Bel-Amour, soldat aux gardes françaises, et Guillaume, le cadet, âgé de quinze ans. Le même jour, 4 janvier 1679, on interpella Marie Vigoureux et on l'écroua comme les autres au donjon de Vincennes[1].

Grâce à l'interrogatoire des deux mégères, la liste des suspects s'allongea. Marie Bosse, épouse d'un faux-monnayeur condamné aux galères, était diseuse de bonne aventure et marchande de philtres et de « drogues », c'est-à-dire de poisons. Marie Vandon, femme de Mathurin Vigoureux, tailleur d'habits, exerçait le même et lucratif métier.

L'une de leurs meilleures clientes était Marguerite de Jehan, épouse d'Alexandre de Poulaillon, maître des Eaux et Forêts de Champagne, une femme de grande beauté, avide de plaisirs et d'argent. Afin de dérober les économies que son mari serrait jalousement dans un cabinet fermé à clé, elle décida d'abord de l'endormir en lui présentant une décoction de pavot. Ce moyen ayant échoué, elle prit une résolution plus radicale et usa de diverses méthodes pour envoyer le cher homme dans l'autre monde : grains d'opium mêlés à ses aliments, pan de chemise imprégné d'un mélange de savon noir et d'arsenic, lavement composé d'une solution d'eau-forte... Solide comme le granit, le maître des Eaux et Forêts résista. Il était très naïf de nature mais, à force, ses soupçons tombèrent sur sa femme. Cessant de se fier à son charmant sourire, il fit enfermer cette malfaisante tigresse dans un couvent, peu de temps avant que La Reynie, lieutenant général de police, éclairé par les révélations de la Bosse et de la Vigoureux, ne signât son ordre d'incarcération à Vincennes.

Le 12 mars, à huit heures du matin, l'infatigable Desgrez, assisté du commissaire Camuset et de plusieurs huissiers d'armes, arrêta à la sortie de la grand-messe de Notre-Dame-de-Bonne-Nouvelle une pieuse paroissienne au visage poupon : Catherine Deshayes, épouse du sieur Antoine Monvoisin, immortalisée sous le nom de la Voisin. Une des plus grandes sorcières et empoisonneuses de tous les temps ! Elle avait alors quarante-deux ans. Son mari, un bon à rien, avait exercé sans succès les métiers de mercier, joaillier et bonnetier. Pour subvenir aux besoins de sa famille, la Voisin, qui avait appris dans sa jeunesse la chiromancie et la « physionomie », se mit à dire la bonne aventure. Elle eut à plusieurs reprises maille à partir avec la justice, connut la prison et fut même convoquée devant les vicaires généraux de la Sorbonne, sur le soupçon de sorcellerie. Pour échapper aux poursuites, elle se retira, à la fin de 1664, à La Villeneuve-sur-Gravois, située entre les remparts de la capitale et le faubourg Saint-Denis. Dans la rue de Beauregard elle acquit un petit logement avec un jardin, au fond duquel, dans une simple baraque, elle installa son cabinet de consultation. Bien entendu, elle ne se contentait pas de prédire l'avenir ; elle vendait des drogues, des « poudres pour l'amour » (aphrodisiaques) ou des « poudres de succession » (poisons). Elle « accommodait » les filles enceintes, en d'autres termes elle pratiquait des avortements. En prison, un jour qu'elle était ivre, elle avoua avoir « brûlé dans le four ou enterré dans son jardin les corps de plus de deux mille cinq cents enfants nés avant terme » : chiffre manifestement exagéré, qu'il faut sans doute diviser par cinquante pour approcher la réalité. Toujours est-il que la sorcière gagnait par ces pratiques de grandes sommes d'argent et les dépensait en ripailles avec ses complices. Pour impressionner sa clientèle, elle s'était fait tisser une « robe d'empereur » en velours cramoisi, avec impressions d'aigles « esployés à deux têtes d'or fin », qui lui avait coûté 15 000 livres ! Chiromancienne, entremetteuse, avorteuse, sorcière, empoisonneuse, la Voisin connaissait la plupart de ceux qui s'adonnaient à Paris aux mêmes activités : la Delagrange, la Trianon, la Vigoureux, la Bosse, qu'elle hébergea quelque temps, Mulbe, mari de la Bosse et faux-monnayeur, Vanens et sa bande, maître Pierre, berger du Roule, spécialiste des herbes vénéneuses...

Cette femme aux mœurs crapuleuses prenait indifféremment ses amants parmi les jeunes seigneurs, les artistes ou les scélérats de la plus vile espèce : le comte de La Batie, le vicomte de Cousserans, Blessis, ancien lieutenant d'infanterie, l'architecte Fauchet, Regnard dit le « Grand auteur », tailleur de pierres et alchimiste de haute réputation. Dans la liste figurait même le bourreau de Paris, André Guillaume ! Mais son favori, avec lequel elle entretenait une liaison orageuse, était Lesage, de son vrai nom Adam Cœuret, originaire de Venoix près de Caen : un grand diable mal bâti, coiffé d'une perruque roussâtre, ordinairement vêtu d'un manteau de bouracan gris. Cet escroc, passé maître en l'art de l'escamotage, avait fait cinq ans de galères avant d'être libéré en 1673 par une mesure de grâce collective[2]. Il prétendait parler au diable au moyen de billets insérés dans des boulettes de cire contenant de la poudre noire. La boulette jetée au feu explosait dans un bruit d'enfer. « Revenez dans quelques jours, disait-il à ses visiteurs. Satan vous donnera une réponse. » Les crédules revenaient et découvraient avec ébahissement la réponse du Prince des Ténèbres écrite au dos de leur billet...

Alchimistes, sorciers et empoisonneurs

En prison, la Voisin parla beaucoup, livrant non seulement l'identité de ses complices, mais aussi celle de ses clients et clientes dont un grand nombre appartenaient à la haute société. Grâce à ses révélations, La Reynie réussit à mieux connaître les bas-fonds criminels de la capitale. Dans les faubourgs ou dans l'enclos du Temple (jouissant d'une immunité de juridiction) vivaient des centaines de marginaux qui tiraient une activité lucrative de la crédulité humaine. C'étaient des astrologues, des alchimistes, devins et devineresses, chercheurs de trésors, marchands de talismans et de remèdes miracles. La plupart se vantaient de détenir le secret de la transmutation des métaux en or ou en argent, de lire l'avenir dans les lignes de la main, dans un verre d'eau ou un miroir, de tirer des horoscopes, d'arranger un mariage... ou une succession. Florissantes activités ! De grandes dames, des gentilshommes, des officiers, de riches bourgeois se rendaient dans leurs officines à la nuit tombante, après avoir laissé leurs valets et leur carrosse à distance. Lisons ce bon M. de La Fontaine :

> « Perdait-on un chiffon, avait-on un amant,
> Un mari vivant trop au gré de son épouse,
> Une mère fâcheuse, une femme jalouse,
> Chez la devineresse on courait
> Se faire annoncer ce que l'on désirait ! »

Là résidait la face encore avouable de l'entreprise. Plus sordides étaient les activités secrètes de ces individus. Des sorcières vendaient des onguents, des philtres aphrodisiaques où se mêlaient, en de peu ragoûtantes mixtures, l'urine, le sperme, le sang menstruel, les rognures d'ongle, la bave de crapaud et les mouches cantharides. Pour conjurer le mauvais sort, des charlatans proposaient aux joueurs des « mains de gloire » (mains desséchées de pendus), procuraient aux militaires des talismans pour revenir sains et saufs de la guerre, d'autres utilisaient des miroirs magiques, des figures constellées. Des faiseuses d'anges telles la Lepère ou la Voisin pratiquaient les avortements en série. Des paysans, des bergers envoûteurs comme Debray ou Galet transperçaient d'épingles des figurines de cire ou brûlaient des fagots baptisés du nom de celle ou de celui dont on voulait se débarrasser. Des prêtres apostats – l'abbé Lepreux, l'abbé Mariette, l'abbé Deshayes, le chapelain Davot… – s'adonnaient à la magie noire et aux pratiques démoniaques, invoquant Satan et ses légions, Baalbérit, Belzébuth, Baalim ou Astaroth, faisant commerce d'hosties consacrées, glissant sous le calice, au moment de l'élévation, des dés, des cartes à jouer, des poudres de taupe ou de chauve-souris, des poisons pour les « activer », des cordes de pendus, des « arrière-faix » (placentas), des « coiffes » d'enfants nés coiffés… L'abbé Cotton, amant de deux sorcières, la Filastre et la Chappelain, l'abbé Guibourg dit le « prieur », d'autres encore célébraient les fameuses « messes noires », c'est-à-dire des offices consacrés au diable, dans une liturgie récitée à l'envers, car, par une sorte de manichéisme primitif, Satan était considéré comme la réplique négative de Dieu. Ces messes étaient en général dites la nuit dans des caves ou des ruines de maisons isolées, sur le corps nu d'une femme, et s'accompagnaient parfois de sacrifices rituels comme l'égorgement d'un nouveau-né dont on recueillait le sang dans le calice... Ne nous y trompons pas, ces profanations religieuses n'étaient pas de vulgaires parodies impies et antireligieuses, destinées à tourner en dérision la foi chrétienne. Non ! Les sataniques croyaient si fortement au mystère de la sainte messe qu'ils voulaient en quelque sorte en détourner l'énergie spirituelle au profit de leur culte maléfique.

Si les messes noires ne produisaient aucun effet, on passait aux poisons : l'arsenic et ses composés sulfureux (le réalgar ou sulfure rouge), l'orpiment (ou sulfure jaune), le sublimé, l'antimoine, la racine de mandragore, la ciguë, la morelle noire, l'aconit ou encore la célèbre recette des Borgia : le crapaud empoisonné au vert-de-gris dont on recueillait les humeurs provenant de sa putréfaction...

Les empoisonneurs agissaient à cette époque d'autant plus librement que le commerce des substances dangereuses n'était pas réglementé et que les médecins étaient incapables de déceler leurs traces dans le corps humain. Cela explique d'ailleurs la hantise du poison que l'on remarque tout au long du règne de Louis XIV. La mort subite de la jeune belle-sœur du roi, Henriette d'Angleterre (1670), le décès suspect du comte de Soissons, celui du ministre des Affaires étrangères Hugues de Lionne (1673) avaient déjà été attribués à des interventions criminelles. Au même moment, les pénitenciers de Notre-Dame avertissaient les autorités « que la plupart de ceux qui se confessaient à eux depuis quelque temps s'accusaient d'avoir empoisonné quelqu'un ». Naturellement, le procès retentissant et les aveux de Marie-Madeleine d'Aubray, marquise de Brinvilliers, ne firent que renforcer cette psychose. Convaincue d'avoir fait disparaître son père, Antoine Dreux d'Aubray, lieutenant civil de la ville, prévôté et vicomté de Paris, ses deux frères, Antoine et François, et d'avoir attenté à la vie de sa sœur, Marie-Thérèse, cette femme avide et perverse eut la tête tranchée le 16 juillet 1676, en place de Grève, après avoir fait amende honorable sur le parvis de Notre-Dame, nu-pieds, la corde au cou. Témoin de ce spectacle, Mme de Sévigné écrivait : « Enfin, c'en est fait, la Brinvilliers est en l'air : son pauvre petit corps a été jeté après l'exécution dans un fort grand feu, et les cendres au vent ; de sorte que nous la respirons et par la communication des petits esprits, il nous prendra quelque humeur empoisonnante, dont nous serons tous étonnés... » La spirituelle marquise ne croyait pas si bien dire : le procès de la Brinvilliers fut le prologue de l'Affaire des poisons.

Soumise à la torture de l'eau et des brodequins, la condamnée avait livré quelques-uns de ses complices : son amant, le chevalier Godin de Sainte-Croix, mort en 1672, l'apothicaire suisse Glazer, son laquais La Chaussée et quelques comparses mineurs. Elle avait refusé de donner les noms d'autres personnes mêlées à ce genre de crimes, se contentant de dire : « La moitié des gens de condition en sont aussi et je les perdrais si je voulais parler. »

On ne peut comprendre la prolifération des empoisonnements et des pratiques de sorcellerie au XVIIe siècle que si l'on pénètre la mentalité de l'époque, une époque qui, derrière la façade brillante et majestueuse du règne du Roi-Soleil, les victoires militaires, les *Te Deum*, les fêtes, l'éclat de la littérature et des arts, sous le vernis de la civilisation classique, n'avait pas encore exorcisé les vieux démons de l'ombre, ceux du Moyen Age, une époque enfin où la foi religieuse

– malgré les efforts des prédicateurs – restait le plus souvent vide de sens, laissant la meilleure part à la superstition. Ainsi, dans cet univers baroque où le sacré se mêlait inextricablement au profane, le paganisme au christianisme, chaque saint avait sa « spécialité » : saint Denis passait pour réconcilier les ménages désunis, saint Nicolas de Tolentin pour « rabonir » un mari, sainte Marguerite pour un accouchement difficile. Une femme, invoquant saint Nicolas pour obtenir la conversion de son féroce époux, s'étonna de la mort de celui-ci : « Voilà, s'écria-t-elle, un bien bon saint qui donne plus qu'on ne lui demande... »

La Lepère, sage-femme et faiseuse d'anges, ondoyait l'enfant avorté : « Pourvu qu'elle ait senti remuer l'enfant auparavant que de se servir de son remède, notait le greffier chargé de recueillir ses aveux, elle le fait venir au monde et le baptise. Elle le porte elle-même dans une boîte au fossoyeur, à qui elle donne une pièce de trente sols pour le mettre dans un coin du cimetière, ce qu'il fait sans en parler au curé, au vicaire ni à personne. » Une autre sorcière, Françoise Filastre, qui s'était vouée au diable, préférait supprimer sa rivale, Marie Dufayet, avec du poison plutôt qu'avec un pistolet car, dans ce cas, « ladite Dufayet mourrait sans confession ». Louable attention !

Parmi les causes de cette vague d'empoisonnements, il faut noter les violences nées de ménages mal assortis, la tyrannie conjugale que faisaient régner certains époux, forts de leur puissance maritale. Il faut y ajouter les haines familiales, l'avidité d'héritiers impatients de se débarrasser de parents encombrants, l'ambition insatiable de courtisans prêts à tout pour parvenir à leur dessein : le gain au jeu, la réussite de leurs amours ou la victoire à la guerre. Pour les jolies femmes de la cour, le rêve était de dé[trôner la favorite] en titre, Mlle de La Vallière ou Mme [de Montespan.] Beaucoup se seraient fait damner pou[r plaire au] Roi-Soleil.

LA HAUTE SOCIÉTÉ COMPROMISE

Le mal une fois découvert, il fallait l'enrayer sans tarder. Dès le 24 janvier 1679, Louis XIV avait prié Robert, son procureur au Châtelet, de « mettre au plus tôt ces affaires-là en état de finir ». Confier le dossier au parlement de Paris, c'eût été courir le risque de la publicité et du scandale, comme l'avait montré le procès de la Brinvilliers. Mieux valait une justice discrète, efficace et rapide. C'est pourquoi, par lettres patentes du 7 avril 1679, le roi créa une juridiction d'exception dont la procédure serait secrète et les décisions sans appel. Cette juridiction, bientôt surnommée la « Chambre ardente », en souvenir des cours extraordinaires du Moyen Age qui délibéraient dans une salle tendue de drap noir et éclairée par des torches, siégea dans le bâtiment de l'Arsenal. En firent partie six conseillers d'Etat et cinq maîtres des requêtes. Robert occupa le ministère public tandis que Gabriel-Nicolas de La Reynie, lieutenant général de police, et Claude Bazin de Bezons, conseiller ordinaire du roi, furent désignés comme rapporteurs chargés de l'instruction. Sagot, greffier au Châtelet, reçut la mission délicate de transcrire tous les interrogatoires, confrontations et recollements des prisonniers. Enfin, la présidence de la Chambre échut à Louis Boucherat, comte de Compans.

fin d'agir avec la célérité souhaitée, cette nouvelle cour de justice mettra un temps infini à démêler l'écheveau embrouillé des réseaux d'empoisonneurs, à confondre la multitude des accusés et à condamner les coupables. Les interrogatoires se dérouleront à la Bastille ou au donjon de Vincennes, sous la haute surveillance du marquis de Louvois. La Chambre ardente siègera pendant trois ans, tiendra 210 séances, prononcera 319 décrets de prise de corps, obtiendra l'arrestation de 194 personnes, rendra 104 jugements dont 36 condamnations à mort, 4 aux galères, 34 à des peines de bannissement ou d'amende et 30 acquittements. Le 31 juillet 1682, Louis XIV mettra un terme à ce gigantesque procès, non pas que la Chambre ardente eût achevé sa tâche, mais parce qu'en poursuivant ses travaux elle risquait de pousser trop loin ses investigations et d'éclabousser les marches du trône...

Très tôt, en effet, il apparut que tous les milieux étaient touchés. En avril 1679, sur dénonciation de la Voisin, on incarcérait à Vincennes deux émules de la Brinvilliers, Marguerite Leféron, veuve du président de la première chambre des Enquêtes, et Catherine-Françoise Saintot, femme de Philippe de Dreux, maître des requêtes au Parlement. Selon les inculpés, les plus grands personnages de la cour étaient leurs clients : la princesse de Tingry, les duchesses d'Angoulême, de Bouillon et de Vitry, le maréchal de Luxembourg, la maréchale de La Ferté, les ducs de Vendôme et de Brissac, la marquise d'Alluye, les marquis de Cessac et de Feuquières, les comtesses de Soissons et du Roure, la vicomtesse de Polignac. Ces trois dernières auraient cherché « à se bien mettre auprès du Roi » et à obtenir par magie ou poison la mort de Mlle de La Vallière.

Le 6 mai 1679, la Bosse et la Vigoureux furent condamnées au bûcher et François Bosse à la pendaison. Le 10 juin, un nommé Belot, convaincu de plusieurs empoisonnements, était roué vif en place de Grève ; le même jour, la Philbert, amie de la Bosse, périssait dans les flammes après avoir eu le poing coupé ; le 20, la Chéron, marchande de fruits, était étranglée au poteau puis brûlée. En juillet, la femme Pottereau était suppliciée, suivie de la Durand. En août, l'avorteuse Lepère allait rendre ses comptes à Dieu. Seule Mme de Poulaillon, la ravissante épouse du maître des Eaux et Forêts, réussit à sauver sa tête. On cria à l'injustice. Malgré ses crimes, elle ne fut condamnée qu'à la détention perpétuelle aux Pénitentes d'Angers.

Le lundi 22 janvier 1680, la Chambre ardente lança des décrets de prise de corps contre la marquise d'Alluye, la comtesse de Soissons, la vicomtesse de Polignac, le marquis de Cessac et le maréchal de Luxembourg. En outre, elle assigna à comparaître la princesse de Tingry, la maréchale de La Ferté, la duchesse de Bouillon, la comtesse du Roure, le duc de Vendôme et le marquis de Feuquières.

Inutile de dire que cette avalanche de révélations sensationnelles, d'exécutions, d'arrestations souleva une houle d'intense émotion. « On est dans une agitation, on envoie aux nouvelles, on va dans les maisons pour apprendre », constate Mme de Sévigné. Tandis que, chaque soir, une foule innombrable se pressait pour assister à la dernière pièce de Thomas Corneille et Donneau de Visé, *La Devineresse ou les faux enchantements*, la psychose du poison faisait des ravages. Les dénonciations affluaient et les arrestations – pas toujours justifiées – se multipliaient.

La haute société critiquait avec une virulente ironie le lieutenant général de police, ce « fol enragé », et ses amis les petits robins de la Chambre qui faisaient un crime d'une simple visite à une tireuse de cartes ou à un marchand d'onguents.

Accusée faussement par Lesage d'avoir voulu faire périr son mari afin d'épouser le duc de Vendôme, Marie-Anne Mancini, duchesse de Bouillon, nièce de Mazarin, vint fièrement à l'Arsenal aux bras de son mari et de son amant, résolue à ridiculiser les magistrats. Voltaire raconte que La Reynie lui ayant demandé si, au cours de ses cérémonies magiques, elle avait vu le diable, elle lui répliqua qu'elle le voyait en ce moment, qu'il était fort laid et déguisé en conseiller d'Etat...

Après un désagréable séjour à la Bastille et des interrogatoires humiliants, le maréchal de Luxembourg fut reconnu innocent ; il avait seulement eu le tort d'admettre dans son entourage des personnages peu recommandables ayant agi sous son nom, comme Bonnard, son intendant, qui avait signé des pactes avec Satan avant de faire des aveux complets. On lava également de tout soupçon la princesse de Tingry. Jean Racine lui-même, un moment suspecté d'avoir empoisonné sa maîtresse, l'actrice Du Parc, ne fut pas inquiété tant les accusations se révélèrent anodines.

Les plus coupables n'attendirent pas l'arrivée des sbires de La Reynie pour s'enfuir. En souvenir de son amour pour elle, le roi laissa le temps à Olympe Mancini, comtesse de Soissons, autre nièce de Mazarin, de quitter la France. On lui reprochait d'avoir demandé vers 1665 la mort du roi et celle de Mlle de La Vallière et peut-être aussi d'avoir fait disparaître son mari, décédé en juillet 1673, après une brève maladie. « Madame, avait dit Louis XIV à Mme de Carignan, belle-sœur d'Olympe, j'ai bien voulu que Mme la Comtesse se soit sauvée ; peut-être en rendrai-je un jour compte à Dieu et à mes peuples[3]. » La vicomtesse de Polignac, qui avait naguère demandé à Lesage et à l'abbé Mariette de lui obtenir l'amour du roi et la disparition de Louise de La Vallière, quitta son château d'Auvergne quelques heures avant la venue du Grand prévôt et de ses gardes. Quant à M. de Cessac, accusé entre autres bagatelles d'avoir voulu tuer son frère pour lui ravir sa femme, il réussit à s'embarquer pour l'Angleterre sans demander son reste...

Madame de Montespan accusée

Jusque-là, il n'avait pas été question d'Athénaïs. Pas plus la Voisin que Lesage – pour ne citer que les plus bavards – n'avaient parlé d'elle. En revanche, quelques-uns de ses proches avaient été mis en cause, notamment le marquis de Termes, cousin de M. de Montespan, passionné d'« art philosophique », qui avait fréquenté les alchimistes et les « souffleurs » et avait même enlevé et séquestré en son château de Fontenay-en-Brie l'un d'eux, Blessis, afin de l'obliger à travailler pour lui. En septembre 1679, la Voisin avait avoué que Mmes de Vivonne et de La Mothe étaient venues ensemble lui demander « de quoi se défaire de leurs maris » et que « ces deux dames avaient été sur cela en commerce avec Lesage ». Quelques jours plus tard, en remerciement de la politesse, ce dernier accusa sa vieille complice d'avoir été en relation avec

Mlles des Œillets et Cato, deux suivantes de Mme de Montespan, et d'avoir cherché à faire entrer au service de la belle marquise l'une de ses clientes, Marie Lemaire, femme de Verte-mart, huissier de la Chambre des comptes. Poursuivant ses révélations, Lesage parla en termes sibyllins de mystérieux voyages que la sorcière avait faits au château de Saint-Germain peu avant son arrestation.

Cette fois l'affaire parut grave. Le roi, par crainte du scandale, demanda au greffier de consigner sur des feuilles volantes les réponses des prisonniers. Puis on pressa de questions la Voisin. Son compère Lesage avait-il dit vrai ? Elle concéda seulement avoir récité trois neuvaines pour faire entrer Cato au service de Mme de Montespan, nia formellement avoir vu l'autre suivante, Mlle des Œillets, et être intervenue dans le projet de la Vertemart. Quant aux voyages à Saint-Germain, ils avaient pour but de remettre au roi un placet réclamant la libération de Blessis.

Au début d'octobre, à la requête de La Reynie, Louvois se rendit à Vincennes et parla seul à seul avec ce chenapan de Lesage, lui promettant la grâce royale s'il donnait « connaissance à la justice de tout ce qui s'était fait à l'égard des poisons ». Mettant à profit cette invitation, le 14 octobre, l'ancien galérien révéla que, trois ans auparavant, Mme de Vivonne, belle-sœur de Mme de Montespan, les duchesses d'Angoulême et de Vitry, la princesse de Tingry lui avaient demandé le moyen de retirer un « pacte » qui se trouvait entre les mains de la Filastre.

Louis XIV, tenu régulièrement informé, était horrifié de ces déclarations. Le 27 décembre, recevant le président de la Chambre de l'Arsenal Boucherat, les rapporteurs La Reynie, Bazin de Bezons et le procureur général Robert, il leur enjoignit de rendre « une justice exacte sans aucune distinction de personne, de condition ni de sexe », afin de couper, si possible à la racine, « ce malheureux commerce du poison ». Carte blanche était donc donnée aux magistrats instructeurs pour poursuivre leurs investigations et entreprendre notamment le procès de la Voisin. « Il y a seulement une chose sur laquelle Sa Majesté vous recommande d'avoir beaucoup d'attention, mandait Louvois à Robert le 9 janvier 1680, qui est celle de la demoiselle des Œillets et de la femme de chambre de Mme de Montespan nommée Cato, Sa Majesté croyant être assurée qu'il est impossible que Lesage ait dit vrai quand il a parlé d'elles (...). Ce fait sera promptement éclairci par les interrogatoires que MM. les commissaires pourront faire à la Voisin. » En attendant, il priait le procureur général de ne pas rendre de conclusion sur ce point.

Interrogée sur la sellette du 19 au 21 février, la Voisin se mit à dénoncer avec force détails ses complices. Elle parla sans retenue de ses amies ou rivales, la Petit, la Bergerot, la Chappelain, la Vautier ou la Trianon. Elle évoqua de façon assez confuse ses voyages à Saint-Germain, accusant Lesage d'avoir voulu « charmer » le placet destiné au roi « pour le faire réussir », mais, lorsqu'il fut question de ses relations avec des personnes de la cour, elle fut d'un mutisme total. Cato, ancienne demoiselle d'honneur de Madame ? Elle lui avait autrefois regardé les lignes de la main, lui avait prédit qu'elle serait aimée de personnes de qualité. Pour la faire entrer chez Mme de Montespan – il y a de cela bien longtemps –, elle avait commencé une neuvaine qu'elle n'avait pas achevée. Depuis, elle ne l'avait revue. Et Mlle des Œillets ? « Elle ne la connaît point du tout. » A la question : « Quelles personnes elle connaît à la cour qui se mêlent du commerce ou qui soient suspectes de ce commerce ? » elle répondit : « Elle n'en connaît point. »

La sorcière garda le silence pendant la question, qui, semble-t-il, ne lui fut donnée que pour la forme. Après avoir subi fictivement le supplice des brodequins, elle fut déliée et étendue comme d'usage sur un matelas[4]. Les commissaires instructeurs, Bezons et La Reynie, s'approchèrent alors : « Exhortée derechef de déclarer la vérité sur le sujet des voyages qu'elle a faits à Saint-Germain et à Versailles, si elle n'a pas porté des poudres et à quel dessein ? – En l'état où elle est, et n'attendant plus que la mort, elle serait bien misérable, devant rendre compte de ses actions à Dieu, de ne point reconnaître la vérité : elle n'a jamais porté de poudres à Saint-Germain et à Versailles ; les voyages qu'elle a faits à Saint-Germain et à Versailles ont été de la manière et pour le sujet qu'elle a déclaré. »

Le 22 février, vers midi, on la conduisit en voiture de Vincennes à la Bastille où elle entendit à genoux le greffier Sagot lui lire l'arrêt la condamnant à mort. Vers cinq heures du soir, vêtue de bure et tenant à la main un cierge d'un poids de deux livres, elle fut conduite sur le parvis de Notre-Dame par le grand pénitencier, afin de faire amende honorable. Puis on la mena place de Grève où elle fut enchaînée au poteau et brûlée vive pour le plus grand plaisir des badauds. « A Notre-Dame, relate Mme de Sévigné, elle ne voulut jamais prononcer l'amende honorable, et à la Grève elle se défendit, autant qu'elle put, de sortir du tombereau : on la tira de force, on la mit sur le bûcher, assise et liée avec du fer ; on la couvrit de paille ; elle jura beaucoup ; elle repoussa la paille cinq ou six fois ; mais enfin le feu s'augmenta, et on l'a perdue de vue, et ses cendres sont en l'air présentement. » A-t-elle cru jusqu'au dernier instant échapper au supplice en échange de son silence[5] ? Peut-être, car avant de mourir elle déclara à son confesseur « pour la décharge de sa conscience qu'un nombre de personnes de toutes sortes de conditions et de qualités s'étaient adressées à elle pour demander la mort et les moyens de faire mourir beaucoup de personnes, et que c'était la débauche qui était le premier mobile de tous ces désordres ». Mais, comme la Brinvilliers, elle se garda de faire d'ultimes révélations...

La fille Monvoisin parle

Deux jours plus tard, le 24 février 1680, le roi, par lettres patentes, étendait la compétence de la cour aux sacrilèges, impiétés, profanations et expositions de fausse monnaie. Il restait encore à instruire de nombreux procès. Le 28 mars, on interrogea la fille de la Voisin, Marie-Marguerite, âgée de vingt et un ans, elle aussi coupable d'avortements. Elle parla sans retenue sur des sujets que sa mère avait toujours voulu éviter. Elle revint sur le fameux placet que celle-ci devait remettre au roi dans une galerie de Saint-Germain en précisant que le document en question avait été préparé par son propre amant, un nommé Romani, originaire du Languedoc. « Romani dit à sa mère qu'il ne fallait que trois lignes d'écriture, mais qu'il fallait bien se garder de donner le placet à personne avant que le roi l'eût vu parce que cela empêcherait que les affaires ne réussissent et que tout serait perdu. » Munie de la supplique, la Voisin essaya d'approcher le souverain à la fin de février 1679, mais échoua. Elle était accompagnée de Romani et d'un nommé Bertrand et avait écrit à un valet de chambre de M. de Montausier, Léger, qu'elle connaissait, afin qu'il la plaçât sur le passage du roi. Le 5 mars, elle fit une nouvelle tentative, mais Louis XIV était parti pour la chasse. Bertrand, Romani et Marie-Marguerite l'avait suivie jusqu'au coche de Saint-Germain, chez le cabaretier Mue, où on leur « donna du merlan frit et du saumon à déjeuner ». Quelques jours après, la Voisin, de retour à Paris, était arrêtée par la police...

Quelle était donc cette étrange histoire de placet que Lesage avait proposé d'« accommoder » ? La sorcière avait confié à sa fille qu'il fallait qu'elle vînt à bout de son dessein ou qu'elle pérît ; à ces mots, son mari s'était exclamé : « Comment ! Périr ? C'est beaucoup pour un morceau de papier ! » Plus tard, à Vincennes, elle avait confié à l'une de ses compagnes de cellule qu'elle craignait « plus que tout » de se faire interroger « sur certain voyage à la cour ». Et elle avait ajouté : « Dieu a protégé le roi ! » Que voulait-elle dire ? La principale intéressée n'était plus là pour répondre. On l'avait malheureusement brûlée trop tôt !

La Reynie se demandait si l'on n'avait pas voulu empoisonner le papier ou lui jeter un sort pour faire mourir le monarque. Une autre sorcière, la Trianon, n'avait-elle pas avoué à la fille Monvoisin que « le voyage de Saint-Germain porterait malheur à sa mère » et que, d'après ses horoscopes, elle serait prochainement compromise dans une « affaire d'Etat » ? Le 5 juillet, on posa à Marie-Marguerite cette question : « Si elle ne sait pas qu'il avait été fait quelque chose au placet que la Voisin, sa mère, devait présenter au roi ? – Elle ne croit pas que l'on puisse faire rien à du papier comme cela, et si elle l'avait su, elle n'aurait pas attendu qu'elle fût mise à Vincennes pour le dire... »

Une semaine plus tard, le 12 juillet, elle faisait la déclaration suivante qu'a résumée La Reynie dans ses notes secrètes : « Ayant su que sa mère a été jugée, n'ayant plus rien à ménager, [elle] veut reconnaître la vérité (...). Il est vrai que le placet que sa mère fut porter à Saint-Germain, quelques jours avant d'être arrêtée, n'était à autre dessein que pour empoisonner le roi par le moyen du placet (...). La dame qu'elle savait l'avait envoyé chercher dans un carrosse. Après avoir parlé du placet, du sujet et que la Trianon l'eut vu, [elles] descendirent elles deux dans la salle basse. [Elles] revinrent poser le placet avec un petit paquet lié avec du fil ; Trianon dit qu'il fallait que cela ne fût à l'air ; la Voisin le mit dans sa poche. [Il] fut parlé de cent mille écus et de passer en Angleterre. »

Révélation capitale : c'était donc bien un attentat contre le roi qui se tramait lorsque, par chance, Desgrez et ses gardes s'étaient emparés de la sorcière. Qu'il soit ou non possible d'empoisonner quelqu'un avec un morceau de papier imprégné est un sujet de controverse pour les toxicologues. Ce qui est sûr c'est qu'à cette époque, on n'en doutait pas. Mais qui avait promis 100 000 écus (une somme considérable) à ces drôles ? L'interrogatoire ne le dit pas.

Leur curiosité ainsi éveillée, les commissaires instructeurs n'allaient pas lâcher la fille Voisin en si bon chemin. Le 26 juillet, elle poursuivit ses révélations qui glacèrent d'effroi le lieutenant général de police. Parallèlement à la tentative criminelle contre le roi, un second complot aurait eu pour but d'empoisonner sa jeune maîtresse, Mlle de Fontanges. Romani et Bertrand – toujours eux – se seraient introduits chez la jeune fille en se faisant passer pour des marchands. Connaissant son goût du luxe, ils lui auraient présenté une riche pièce d'étoffe de Lyon enduite de poison. Si elle avait refusé de prendre le tissu, ils lui auraient proposé des gants de Grenoble ayant subi le même traitement. La fille Voisin avoua qu'elle n'avait saisi que quelques bribes de cette conversation chez l'abbé Lapierre, frère de Romani et confesseur de Mlle des Œillets[6]. Elle avait entendu Romani et sa mère affirmer que « le poison qui serait mis à la pièce d'étoffe et aux gants la ferait mourir en langueur et qu'ils disaient en même temps qu'on dirait que ce serait du regret de la mort du roi qu'elle serait morte (...). Ne peut juger que ce soit autre chose sinon que l'on devait empoisonner le roi le premier et d'un poison plus prompt. [Elle] l'a entendu dire par sa mère et lorsqu'il fut parlé chez la Trianon du placet dont on devait se servir pour empoisonner le roi, Trianon, parlant sur le fait des assurances de l'argent que sa mère disait avoir eues, et Trianon ne s'en voulant contenter, la Voisin mère nomma plusieurs fois Mme de Montespan et dit qu'elle était bien assurée de son fait, et que la dame ne la tromperait pas (...). Sa mère lui a dit que cette résolution contre le roi n'avait été prise que parce que la dame n'avait pu réussir à d'autres desseins qu'elle avait et qui n'allaient pas à cela, et pour lesquels il avait été fait plusieurs conjurations qui n'avaient point eu d'effet. Le dernier jour que sa mère fut chez la Trianon, étant à table, [elle] dit ces mots : "C'est une belle chose qu'un dépit amoureux." [Elle, fille Voisin] sait que, pendant cinq ou six années, il a été fait diverses machines par sa mère et par diverses personnes qu'elle a employées pour Mme de Montespan. Sa mère lui a apporté diverses fois des poudres à Saint-Germain et à Clagny, y a mené des prêtres, le plus souvent le prieur (l'abbé Guibourg) et un autre prêtre de Montmartre dont elle ne sait le nom ».

La prisonnière ajouta qu'une autre sorcière, la Landry, avait également fait des conjurations ; en mettant le feu à un fagot, elle avait lu un papier ainsi conçu : « Fagot, je te brûle, ce n'est pas toi que je brûle, c'est le corps, l'âme, l'esprit, le cœur, l'entendement de Louis de Bourbon, à ce qu'il n'ait à aller ni à venir, reposer ni dormir qu'il n'ait accompli la volonté d'une telle... Et [elle] nommait le nom de ladite dame. »

Ainsi, non seulement l'altière, la toute-puissante Montespan avait fréquenté les chiromanciennes et les sorcières, en particulier la Voisin, s'était livrée à des pratiques de magie noire à seule fin de posséder le corps et l'esprit du roi – ce qui était déjà en soi un crime de lèse-majesté –, mais, de surcroît, furieuse d'avoir été délaissée, elle avait décidé sa mort et celle de sa rivale, Mlle de Fontanges. De quel terrible secret la fille Voisin était-elle détentrice ! Pourquoi n'avait-elle pas parlé plus tôt ? Disait-elle vrai ? Ne brodait-elle pas un peu ? Elle avait répondu froidement : « Ceux de qui elle a parlé en peuvent dire beaucoup ; [elle] croit avoir diminué plutôt que d'augmenter ; [elle] n'a eu d'autre pensée que de déclarer la vérité. »

Tout cela paraissait sensé, logique, cohérent. Et Mlle des Œillets, que sa mère avait si farouchement nié connaître, voilà qu'elle se trouvait au cœur du drame, jouant le rôle de commissionnaire : « Mlle des Œillets, raconte encore Marie-Marguerite, est venue pendant deux années et plus chez sa mère ; on ne la nommait pas par son nom, non plus que d'autres, ne voulant pas être connue ; et, lorsque sa mère n'y était pas, on disait au retour que la demoiselle brune qui avait sa robe troussée devant et derrière, à deux queues, était venue la demander ; la demoiselle laissait quelquefois des billets ; elle, fille Voisin, la connaissait aussi bien particulièrement pour lui avoir parlé plusieurs fois, et pour l'avoir entendu nommer par sa mère ; sa mère l'ayant rappelée un jour par son nom, en sortant, elle s'en fâcha... »

Le vendredi précédant l'arrestation de la Voisin, des missionnaires de Saint-Vincent-de-Paul, prêchant dans le quartier, vinrent frapper chez elle. Celle-ci, croyant à de nouvelles visites, remit le placet à sa fille qui le jeta au feu le samedi matin « sans le tirer de son papier ».

La Reynie était d'autant plus troublé que d'autres déclarations de prisonniers, sans être aussi nettes, allaient dans le même sens. La Trianon, cette vieille mégère tireuse d'horoscopes, avait confessé que sa complice, la Voisin, avait le projet de se rendre à Saint-Germain puis, comprenant qu'elle en avait trop dit, s'était enfermée dans des réponses confuses et embarrassées. Plus explicite fut Romani. C'était un bel homme, à l'esprit vif, parlant bien et d'une tout autre allure que ses coaccusés. Il avait été l'amant de la fille Voisin dont il avait eu un enfant. Il reconnut qu'il avait accompagné la mère de celle-ci à Saint-Germain, mais uniquement « pour demander la liberté de Blessis ». Quant à son projet d'entrer chez Mlle de Fontanges, il ne le nia pas mais lui donna un autre motif : tout simplement celui de trouver du travail. Enfin, il révéla que par l'intermédiaire de son frère Lapierre, vicaire à Saint-Sauveur, il avait rencontré Mlle des

Œillets – toujours elle ! – qui lui avait proposé une place de maître d'hôtel chez la marquise de Castries. Bertrand, ancien apprenti marchand de soie à Lyon et complice de Romani, fut moins loquace. Questionné sur le projet d'empoisonnement de la jeune favorite, il jura ses grands dieux qu'il n'avait « jamais entendu parler de cela ». Enfin, une autre accusée de la Chambre ardente, Mme de Villedieu, assura connaître Mlle des Œillets depuis plus de quinze ans. Cette demoiselle habitait « chez Leroy, dans la rue du Regard, et elle avait été plus de cinquante fois chez la Voisin, mais elle ne le sait pas autrement, et des Œillets lui a bien dit qu'on lui avait prédit sa fortune à la cour ».

De Flandre, où il s'était rendu pour le mariage de son fils, le Grand Dauphin, Louis XIV accusa réception des procès-verbaux d'interrogatoire de Marie-Marguerite Monvoisin, que lui avait envoyés, perplexe et inquiet, le lieutenant général de police. « Mon intention, répondait-il, est que vous apportiez tous les soins qui dépendront de vous pour éclaircir les faits contenus dans lesdits déclaration et interrogatoire. » Toutefois, une nouvelle procédure secrète était mise en place. La Reynie devait faire écrire « en des cahiers séparés les récolements, confrontations » relatifs à ces « faits particuliers » – en clair ceux touchant de près ou de loin Mme de Montespan – et ne pas rapporter à la Chambre de l'Arsenal les pièces concernant Bertrand et Romani...

Poursuivant ses révélations, le 13 août, Marie-Marguerite précisa que Mme de Montespan s'adressait à sa mère chaque fois qu'elle sentait diminuer la faveur royale. La Voisin « avait aussitôt recours à des prêtres par qui elle faisait dire des messes et donnait des poudres pour les faire prendre au roi ». C'étaient des « poudres pour l'amour » de couleurs différentes – noires, blanches et grises – que sa mère mélangeait en présence de la des Œillets. Parfois, elles étaient portées à l'abbé Guibourg, qui les glissait sous le calice au moment de l'élévation. « Sa mère a mené le prieur aussi bien que d'autres prêtres à Clagny et elle a fait dire des messes par le prieur dans la chapelle de Saint-Antoine-du-Buisson, près de Versailles. Sa mère lui a dit que c'était pour les affaires de Mme de Montespan. » Mais vint un temps où la maîtresse du roi reconnut l'inutilité de ces pratiques. Alors, elle envisagea d'autres solutions, plus radicales : « Sa mère lui a dit que la dame voulait tout porter à l'extrémité et la voulait engager à des choses où elle avait beaucoup de répugnance. Sa mère lui faisait entendre que c'était contre le roi, et, après avoir entendu ce qui s'était passé chez la Trianon au sujet du placet, elle n'en put douter. » La fille Monvoisin admit cependant qu'elle n'avait jamais vu cette dame mais seulement sa suivante, Mlle des Œillets, « pour lui dire si sa mère était chez elle ou si elle n'y était pas ».

La Reynie chercha à obtenir confirmation de ces propos auprès de la Trianon. Il l'interrogea longuement au sujet des voyages à Saint-Germain, des conjurations magiques qu'elle aurait faites sur le nom de Louis de Bourbon et de ses éventuelles relations avec Mme de Montespan, mais la sorcière, madrée, se contenta de banalités désespérantes. A trop vouloir parler ne risquait-elle pas l'horrible supplice de l'écartèlement ?

Le 20 août, Marie-Marguerite alla plus loin dans ses aveux, reconnaissant qu'elle avait vu Mme de Montespan en personne et lui avait remis des poudres. La première fois, c'était deux ans et demi auparavant, soit au début de 1678 : « [Il] fut convenu ce jour-là, jeudi, que la dame viendrait le lundi aux Petits-Pères et qu'elle aurait un masque qu'elle ôterait et [la fille Voisin] ferait semblant de cracher lorsqu'elle verrait la dame : ce qui fut fait, et en passant sans s'arrêter [elle, fille Voisin] lui mit un petit paquet de poudre dans la main, qui n'était pas cacheté et que sa mère lui avait donné. Une autre fois, entre Ville-d'Avray et Clagny, dans la plaine au bas du pavé, on eut ordre de se rendre à une certaine heure, et la dame fit arrêter son carrosse en l'apercevant, et elle était proche de la porte, [elle] dit en deux mots [ce] qu'elle avait charge de lui remettre entre ses mains ; c'était un petit paquet où il y avait de la poudre faite chez la Delaporte, passée sous le calice (...). [Elle] a vu venir, il y a plus de huit ans, Mme de Montespan chez sa mère et d'autres personnes de qualité et n'est entrée dans leurs affaires que par ordre de sa mère. »

L'ABBÉ GUIBOURG

Parallèlement aux interrogatoires de la fille de la Voisin, La Reynie menait ceux de l'abbé Guibourg, le fameux « prieur », ancien vicaire à Issy et à Vanves et grand officiant des messes noires des sorcières. Ce prêtre septuagénaire, au visage épais, hideux, à l'œil chassieux, était un monstre au physique comme au moral. Il « ne peut être comparé à aucun autre sur le nombre des empoisonnements, notait le lieutenant général de police, sur le commerce du poison et les maléfices, sur les sacrilèges et les impiétés... » Il vivait en concubinage avec une dénommée Jeanne

Chanfrain, de Montlhéry, dont il avait eu sept enfants. D'après cette femme, il en aurait sacrifié deux ou trois au diable. Il avouait avoir dit plusieurs messes noires sur les corps de la comtesse d'Argenton, de Mme de Saint-Pont, de Mme de Vivonne que la Voisin avait fait avorter, enfin sur celui de Mme de Montespan.

Il révéla que lorsqu'il était chapelain du comte de Montgomery, au château de Villebousin, près de Montlhéry, un certain Leroy, gouverneur des pages de la Petite Ecurie, l'avait sollicité plus d'un an pour dire une série de trois messes noires pour le compte de Mme de Montespan. Un gentilhomme du nom de Saint-Maurice, au service de l'archevêque de Sens, était intervenu dans le même but. On lui avait offert cinquante pistoles sur-le-champ et un bénéfice ecclésiastique rapportant 2 000 livres. Guibourg avait finalement accepté. La première de ces messes avait été célébrée en plein jour dans la chapelle du château de Villebousin. La femme sur laquelle il avait officié avait toujours conservé ses coiffes baissées « qui lui couvraient le visage et la moitié du sein ». Un nourrisson acheté un écu avait été égorgé. Son cœur et ses entrailles « à ce que lui dirent Leroy et le gentilhomme servirent pour faire des poudres pour le roi et pour Mme de Montespan ». La seconde fois, il officia dans une masure proche des remparts de Saint-Denis et la troisième à Paris (peut-être chez la Voisin). Dans les trois cas la même femme était présente, dans les trois cas il y eut sacrifice d'enfant. Le vieillard eut quelque mal à en préciser l'époque. Dans son interrogatoire du 3 octobre 1680, il parle de sept ou huit ans auparavant (soit 1673 ou 1672) ; le 10 octobre, de huit ou neuf ans (1672 ou 1671) et, un peu plus tard, de treize ou quatorze ans (1667 ou 1666).

Une autre messe noire aurait eu lieu chez la Voisin vers 1675, sur le corps de cette femme « qu'on lui a toujours dit être Mme de Montespan ». Guibourg avoua d'autres turpitudes, notamment une conjuration pour le compte de la des Œillets « qui prétendait faire un charme pour le roi ». Cette jeune personne était accompagnée d'un mystérieux milord anglais. L'abbé fit un mélange de poudre de chauve-souris, de farine, de sang et de semence humaine, qu'il mit dans le calice et, dessus, lut le texte que lui avait remis l'Anglais. Ensuite, cette écœurante mixture fut versée dans « un petit vaisseau que la des Œillets ou l'homme emporta ». A cette occasion également, il y avait eu sacrifice d'enfant.

Si les deux complices habituelles du prêtre, les femmes Delaporte et Pelletier, nièrent toute participation à ces horreurs, d'autres parlèrent à leur place. La Filastre assura que « le prieur ou Guibourg, prêtre de Saint-Denis, lui avait dit avoir travaillé pour la dame de Montespan ». Marie-Marguerite, dans sa déclaration du 20 août 1680, aborda également le sujet : « Lorsqu'elle a été plus avancée en âge, sa mère ne s'est plus défiée d'elle, et a été présente à cette sorte de messes (...). Mme de Montespan s'est fait dire une de ces messes par Guibourg chez la Voisin, il y a environ trois ans ; vint sur les dix heures du soir, n'en sortit que sur le minuit. La Voisin lui promit de dire sur elle-même les deux autres. A quelque temps de là, elle assista à une messe que Guibourg dit de la même manière sur le ventre de sa mère, et à l'élévation dit le nom de Louis de Bourbon et celui de la dame, qui consistait en deux ou trois noms, et ne disait pas celui de Montespan... »

La fille Voisin confirma également « ce qui fut fait par Guibourg avec la des Œillets et le milord anglais, les saletés dans le calice, les poudres ; tout fut mis dans une boîte de fer-blanc, avec [un] paquet de poudre séparé que Guibourg donna au milord anglais. [Il] devait emmener en Angleterre Guibourg et la Voisin. Depuis la prise de sa mère, on a envoyé à Paris un homme avec une lettre ; mais elle, fille Voisin, n'a pas voulu passer en Angleterre. [Elle] a vu trois ou quatre fois la des Œillets et le milord chez elle ; ne sait le dessein ».

Françoise Filastre

Malgré la nausée que devaient lui donner tant d'horreurs avouées en toute sérénité, La Reynie, sans désemparer, poursuivit ses investigations en interrogeant Françoise Filastre qui, avec sa maîtresse, Madeleine Chappelain, formait une équipe distincte de celle de la Voisin, s'occupant de sortilèges, de satanisme et de poisons. Petite, noiraude, agressive, la Filastre avait été arrêtée alors qu'elle revenait d'Auvergne – d'Aigueperse exactement – où elle était allée chercher des poudres. Elle avait participé à des messes noires dites par les abbés Deshayes et Cotton, et vendu au moins l'un de ses enfants pour être sacrifié au diable. Parmi sa clientèle on comptait la duchesse de Vivonne, pour qui Madeleine Chappelain avait fait également de mystérieuses distillations à l'hôtel d'Avaux. L'épouse du général des galères recherchait la mort de son mari et celle de Colbert, demandait le retour aux affaires du surintendant Fouquet et « l'éloignement de quelque personne de la cour » (peut-être sa belle-sœur Mme de Montespan ?). Vers 1674 ou 1675, la Filastre avait fait dans ce but un pacte avec Satan, rédigé par un prêtre de Notre-Dame, pacte dans lequel elle s'offrait au Prince des Ténèbres, corps et âme, pour l'éternité. Fallait-il lancer un décret de prise de corps contre Mme de Vivonne ? Louvois, qui n'avait pas hésité pour son vieil ennemi le maréchal de Luxembourg dont il jalousait la gloire, recula devant cette décision : toucher à Mme de Vivonne n'était-ce pas frapper trop près de Mme de Montespan ? Par prudence, il demanda à La Reynie d'obtenir des prisonniers un « éclaircissement entier » sur ce sujet. En attendant, le procureur général Robert fut prié de ne point requérir contre elle.

De nouvelles intrigues touchant Mlle de Fontanges, révélées par la Filastre, laissèrent perplexe le lieutenant général de police. Il trouvait pour le moins étrange que cette petite sorcière ait désiré se faire admettre comme domestique chez la jeune fille, trois ou quatre mois seulement après la tentative avortée de Bertrand et Romani. Etait-ce seulement, comme elle le prétendait, pour faire avancer les intérêts de sa famille ? Bizarre !

Pendant le voyage du roi en Flandre, on avait suspendu les séances de la Chambre ardente, afin de ne pas clore le procès en cours avant son retour. Cependant, l'état de santé de la Filastre étant fort préoccupant, on fit une exception. Le 6 août, Louvois écrivait à La Reynie : « Sa Majesté trouvera bon qu'elle soit jugée si l'état de sa santé vous donne lieu de craindre qu'elle puisse mourir auparavant le retour de Sa Majesté, pourvu en outre que cette femme n'ait point parlé de la personne qui est nommée dans la déclaration que la fille Voisin a faite le mois passé. »

Le 1er septembre, pour en savoir plus, on interrogea l'un de ses pourvoyeurs de poisons, Philippe Galet, paysan normand du village de Garnetot, qui avoua en effet que, quatre ou cinq ans auparavant, la Filastre et son amant Laboissière étaient venus le trouver à deux reprises pour le compte de Mme de Montespan qui se plaignait de l'inefficacité de certaines poudres. Galet fit une mixture avec du pain et des cantharides et la leur donna. Naturellement, on s'enquit aussitôt de la véracité de ce propos auprès de la Filastre qui donna une version différente : c'était Galet qui, le premier, s'était vanté d'avoir fourni des poudres pour le roi et Mme de Montespan. De son côté, Madeleine Chappelain prétendit, le 3 septembre, que « le premier voyage de la Filastre en Normandie était pour Mme de Vivonne et pour chercher quelque chose pour se faire aimer du roi et pour en éloigner Mme de Montespan ». Le mystère s'épaississait...

Le 30 septembre, coup de théâtre, la Filastre, condamnée à mort et soumise à la question, revint sur ses déclarations : « (...) Au deuxième [coin] de l'extraordinaire, exhortée de dire le sujet de son voyage en Normandie et en Auvergne : C'est la Chappelain qui l'a fait agir et c'est Mme de Montespan qui faisait agir Chappelain afin de donner du poison à Mlle de Fontanges et des poudres pour l'amour et faire rentrer la dame de Montespan aux bonnes grâces du roi. C'est aussi pour cela que Chappelain lui a dit qu'il fallait chercher à se placer et entrer chez Mlle de Fontanges (...). Au quatrième coin de l'extraordinaire, [elle] s'est écriée : Ah ! mon Dieu ! Galet est un méchant homme, il lui a donné des poudres pour poison (...). Guibourg a travaillé pour le pacte de Mme de Vivonne et l'homme qui en voulait à M. Colbert est un homme vieux et qui a deux enfants. [Elle] n'a jamais rien ouï contre le roi ni autre chose à cet égard que ce qu'elle a dit de Mme de Montespan contre Mlle de Fontanges et de la Chappelain. »

Interrogée à nouveau après la question, elle révéla : « C'est la Chappelain qui lui a dit que Mme de Montespan l'avait vue et lui avait demandé de quoi faire mourir Mlle de Fontanges sans qu'il y parût, et aussi de quoi pour se bien remettre dans les bonnes grâces du roi. »

Au cours de la confrontation avec sa maîtresse elle répéta les mêmes propos. Mais, peu avant de partir pour le lieu du supplice, après s'être entretenue avec son confesseur, elle fit rappeler La Reynie et Bazin de Bezons pour leur avouer que ce qu'elle venait de dire à propos de Mme de Montespan était faux. Elle ne l'avait accusée que « pour se libérer de la peine et douleur des tourments et dans la crainte qu'on ne la réappliquât à la question ». Les poudres qu'elle avait demandées à Galet avaient pour but de se défaire de la femme de son amant, Laboissière. Ce fut bien Galet – et non elle – qui lui parla le premier des poudres qu'il avait fournies pour le roi et Mme de Montespan. « Persiste au surplus de tout ce qu'elle a dit, même à l'égard de Guibourg et qu'elle n'a jamais eu d'autre pensée d'entrer chez Mlle de Fontanges que celle qu'elle a dite avant la question. » Après ces ultimes aveux, la Filastre et l'un de ses complices, l'abbé Cotton, furent brûlés vifs en place de Grève.

Mademoiselle des Œillets interrogée

Louis XIV fut atterré par les foudroyantes révélations des inculpés, en particulier celles de la fille Monvoisin, de Guibourg et de la Filastre. Lui, qui, au début, sincèrement, avait réclamé la vérité la plus totale, recula devant le scandale. Il ne pouvait à aucun prix laisser se propager des accusations atteignant la mère de ses enfants. Que des princes, de grands officiers de la Couronne, de prestigieux soldats fussent traduits devant la Chambre ardente n'avait qu'une importance relative, mais toucher à celle qui avait partagé sa couche, c'était inimaginable. On ne soupçonne pas la femme de César ! Dès le lendemain de l'exécution de Françoise Filastre, les travaux de la cour furent suspendus jusqu'à nouvel ordre.

La Reynie, à qui incombait la lourde tâche d'instruire les procès, paraissait lui aussi accablé. Ce grand commis, ce travailleur acharné n'avait pas la rugueuse brutalité ni les procédés expéditifs d'un Louvois. C'était une âme inquiète et tourmentée, bourrelée de scrupules, tergiversant sans cesse avant de se forger une intime conviction. Or, un drame de conscience l'agitait. Il se demandait si Mme de Montespan était vraiment coupable de tant de forfaits. Les aveux des prisonniers de Vincennes et de la Bastille le troublaient, obscurcissaient sa capacité de discernement : « Je reconnais ma faiblesse, avouait-il. Malgré moi, la qualité des faits particuliers imprime plus de craintes dans mon esprit qu'il n'est raisonnable. Ces crimes m'effarouchent. » Comment croire à ce flot nauséeux de monstruosités avouées sans remords ? Comment ne pas y croire devant la concordance de certains témoignages ? Qu'il était difficile de se frayer un chemin à travers la confusion des réponses, les bredouillements des accusés, leurs mensonges embarrassés, leurs aveux arrachés sous la torture, leurs rétractations, leurs arrière-pensées, leurs contradictions ! La Reynie tournait et retournait les arguments en tous sens sans parvenir à une opinion nette et claire. « J'ai fait ce que j'ai pu lorsque j'ai examiné les preuves et les présomptions pour m'assurer et pour demeurer convaincu que ces faits sont véritables et je n'en ai pu venir à bout. J'ai recherché, au contraire, tout ce qui pouvait me persuader qu'ils étaient faux et il m'a été également impossible[7]. » Laisser inachevés les procès en cours ? C'était jeter un discrédit général sur le tribunal. « Il y a cent quarante-sept prisonniers à la Bastille et à Vincennes ; de ce nombre il n'y en a pas un seul contre lequel il n'y ait des charges considérables pour empoisonnement ou pour commerce de poisons et des charges avec cela contre eux pour sacrilèges et impiétés. La plus grande partie de ces scélérats tombe dans le cas de l'impunité[8]. »

Le lieutenant-général de police profita de l'arrêt des procès pour reprendre certains interrogatoires et mettre au clair ses notes. Guibourg donna des précisions insoutenables sur les sacrifices d'enfants qu'il faisait au cours de ses messes noires, révéla l'existence de plusieurs complots contre la vie de Colbert et revint sur les conjurations de la des Œillets et du milord anglais. Lesage fit allusion hors interrogatoire à une messe sacrilège qu'aurait commandée autrefois Henriette d'Angleterre contre son mari, Philippe d'Orléans. Le greffier, prudent, « n'écrivit rien parce qu'il n'avait point d'ordres ». On ne chercha pas à en savoir davantage.

Louis XIV était surtout préoccupé par les intrigues de sa maîtresse et de Mlle des Œillets. A la fin d'octobre 1680, il autorisa Louvois à rendre visite à cette dernière, à lui révéler les accusations dont elle était l'objet et à guetter ses réactions. La jeune femme le prit de haut et protesta avec « une fermeté inconcevable ». La Voisin ? C'est à peine si elle l'avait connue ! Elle n'avait été chez elle qu'une seule fois, voici dix ans, par simple curiosité astrologique, en compagnie de cinq ou six filles du quartier. Les accusés de la Chambre n'avaient vomi que des calomnies ! Pas un des misérables qui l'avaient nommée ne l'avait vue. Qu'on la mette donc en leur présence si on ne la croyait pas ! Elle répondait sur sa vie qu'aucun ne la reconnaîtrait ! Le roi fut-il rassuré par ces propos ? Sans doute et c'est la raison pour laquelle il autorisa cette rencontre, dont le résultat, il l'espérait, blanchirait la demoiselle de compagnie et, par ricochet, Mme de Montespan...

« Il a plu à Sa Majesté, écrivait Louvois à La Reynie le 18 novembre, que je la mènerai à Vincennes vendredi prochain, que je ferai descendre Lesage, la fille de la Voisin, Guibourg et les autres gens que vous me ferez dire avoir parlé d'elle, sous prétexte de leur demander des éclaircissements sur ce qu'ils ont dit de la personne considérable qu'ils ont nommée. Pendant la conversation que j'aurai avec chacun d'eux, la personne dont je viens de vous parler entrera et se montrera à eux et je leur demanderai s'ils la connaissent sans la leur nommer. »

Il manque un récit détaillé de cette confrontation qui eut lieu le 22 novembre 1680 dans une chambre du donjon, mais, par les notes du lieutenant de police et la correspondance de Louvois, on sait qu'elle tourna au désavantage de la « demoiselle à double queue ». Lesage et Guibourg la reconnurent sans hésitation. Marie-Marguerite Monvoisin fit celle qui ne l'avait jamais vue mais, après son départ, avoua son identité.

Sentant le sol se dérober, la jeune femme se débattit comme elle put, jurant que les accusés mentaient tous ou qu'ils s'étaient trompés de personne. Elle avait peut-être un sosie, à moins que sa cousine n'ait pris son nom. Louvois fit observer que cette cousine n'était point de sa taille. Elle répondit qu'elle connaissait chez la marquise de Castelnau une femme de chambre nommée Tériage « qui ressemblait à cette dame à double queue comme deux gouttes d'eau ». Elle se souvint aussi d'une nièce qui « avait extrêmement couru les devineresses ». En février 1681, elle écrivait encore à Louvois qu'il y avait vingt femmes au service de Mme de Montespan dont dix-huit la haïssaient. Peut-être l'une d'elles avait-elle tout machiné ?

Cette défense maladroite n'impressionna pas. A vrai dire, après l'entrevue désastreuse du 22 novembre, Louis XIV avait décidé d'arrêter là les investigations et de ne pas tourmenter davantage une femme qui, certainement, en savait plus qu'elle n'avouait. Il était impensable de faire comparaître devant un tribunal Mme de Montespan ou Mlle des Œillets.

Quant à La Reynie, que nous avons vu si hésitant après les aveux puis la rétractation de Françoise Filastre, il ne doutait plus désormais de l'entière culpabilité des deux femmes.

Colbert défend la marquise

Mais il ne convainquit pas tout le monde à la cour, en particulier Colbert, dont les intérêts étaient liés à ceux de la marquise depuis qu'en février 1679 il avait marié sa fille, Marie-Anne de Seignelay, au neveu de la favorite, Louis de Rochechouart de Vivonne. Le ministre ne parvenait à croire que les abominations proférées contre cette femme d'esprit, si vive et si intelligente, fussent véridiques. Il se demandait si ce n'était pas une machination montée par des canailles attachées à salir des innocents pour avoir la vie sauve. Bien des points lui paraissaient obscurs dans leurs pseudo-révélations. Afin de mettre en forme ses arguments et de les présenter au roi, il consulta l'un de ses conseillers juridiques, Claude Duplessis, ancien ténor du barreau de Paris, auteur d'un ouvrage réputé, le *Traité des matières criminelles*. A partir d'un argumentaire serré établi par l'avocat, Colbert rédigea un rapport confidentiel intitulé : *Mémoire contre les faits calomnieux imputés à Mme de Montespan*. Le ministre y traitait de la double conspiration contre le roi et Mlle de Fontanges, dénoncée par Marie-Marguerite Monvoisin. N'est-il pas étonnant de constater, observait-il, que cette misérable ne s'est mise à parler qu'après le supplice de sa mère, sûre ainsi de n'être contredite par personne ? En citant le nom de Mme de Montespan, ne cherchait-elle pas à différer le moment de la torture, à obliger ses juges à suspendre le déroulement normal de la procédure par crainte du scandale ? Cette fille, poursuivait-il, « prétendait par ce moyen associer à son procès et rendre inséparable de son jugement une dame dont le nom implorât les grâces ». Sa mère, la Voisin, si bavarde sur les turpitudes de son entourage, a pourtant toujours nié connaître Mme de Montespan et Mlle des Œillets. « Pourquoi veut-on que la mère, qui a eu le dernier et le plus sensible de tous les intérêts de dire la vérité, ne l'ait pas dite et qu'au contraire la fille, qui a eu la plus pressante nécessité d'établir un mensonge, ne l'ait pas fait ? » Cette histoire de placet empoisonné, reprenait-il, est une invention de l'imagination désordonnée de cette fille. La Trianon, la Vautier, Bertrand et Romani ont donné une explication plus logique des voyages de la Voisin à Saint-Germain : elle voulait obtenir du roi la libération de Blessis retenu de force chez le marquis de Termes. Quant à Romani, il espérait simplement vendre des pièces d'étoffe à Mlle de Fontanges, comme il l'avait lui-même avoué. « Donc cette fille est démentie par tout le monde et on voudrait qu'elle seule ait dit la vérité ! » D'ailleurs, si la Voisin avait reçu instruction de Mme de Montespan d'empoisonner le roi au moyen du placet, on ne s'expliquerait pas les difficultés qu'elle eut à approcher le souverain. Afin de se poster sur son chemin, nous l'avons dit, elle avait eu recours à un valet de chambre de M. de Montausier. N'est-ce pas la preuve qu'elle n'avait aucune relation importante à la cour ? La marquise aurait-elle eu besoin des services d'une personne obscure, une sorcière issue des bas-fonds parisiens et ne connaissant rien aux usages du monde, elle qui voyait le monarque quotidiennement et prenait souvent ses repas avec lui ? Au reste, continuait Colbert, tout cela est absurde. Quel intérêt aurait eu Mme de Montespan à sa disparition ? « Quoi ! Concevoir le dessein d'empoisonner son maître, son bienfaiteur, son roi, une personne que l'on aime plus que sa vie ; savoir que l'on perdra tout en le perdant et se porter à l'exécution de cette furieuse entreprise, et cependant, dans cette affreuse pensée, conserver toute la tranquillité d'âme qu'une innocence la plus pure peut produire ! Ce sont des choses qui ne se conçoivent pas ; et Sa Majesté qui connaît Mme de Montespan jusqu'au fond de l'âme ne se persuadera jamais qu'elle ait été capable de ces abominations. » La Voisin a conté à toute sa famille, à ses acolytes – Bertrand, Romani, la femme Vautier notamment – son projet de remettre un placet et son espoir de gagner 100 000 livres de rente. Est-ce ainsi qu'agissent les conspirateurs ? « Donc, écrivait Colbert, le dessein de ce voyage n'était point un secret dont elle fit mystère ; donc ce n'était point une conjuration abominable telle que cette calomniatrice le veut faire croire ; donc ce n'était autre chose que le secret de Blessis (pour fabriquer de l'argent) qu'elle voulait proposer au roi et sur lequel elle se formait l'espérance d'une richesse imaginaire comme ont dit les autres accusés. »

En ce qui concerne la confrontation de Mlle des Œillets et de ses accusateurs, le ministre estimait qu'ayant été mal organisée on ne saurait en tirer argument. Au lieu de la présenter seule, on aurait dû la faire venir avec quatre ou cinq personnes de façon à s'assurer que chaque prisonnier, pris individuellement, la reconnaîtrait. Colbert soulignait par ailleurs que la demoiselle en question avait quitté le service de Mme de Montespan dès 1677. Rien ne prouvait donc qu'elle ait demandé deux ans plus tard, pour le compte de son ancienne maîtresse qu'elle ne fréquentait plus, la mort du roi et celle de Mlle de Fontanges. « A supposer que la des Œillets eût fait véritablement toutes ces visites chez la Voisin et qu'elle eût quelque commerce avec elle, s'ensuivrait-il que Mme de Montespan en dût être chargée ? Où est son ordre ? Où est la preuve qu'elle ait agi pour elle ? »

En conclusion, le ministre pensait que rien n'était à retenir du témoignage d'une femme aussi débauchée que Marie-Marguerite Monvoisin, une prostituée, complice des crimes de sa mère, qui s'était contentée de répéter de fausses rumeurs, mêlées de mensonges de son cru et de raisonnements incohérents.

Satisfait des arguments apportés par Duplessis, Colbert, le 25 février 1681, lui commanda un nouveau mémoire sur le projet de Françoise Filastre, « second fait, dit-il, qui n'est pas moins grave que le premier et dont la preuve est, selon moi, plus entière et plus parfaite ». En douze heures de cadran, sans poser la plume, Duplessis rédigea sa consultation. Premier point : que la Filastre ait cherché à entrer au service de Mlle de Fontanges n'est pas niable. « Mais ce fait est sans aucune conséquence ; c'était une condition fort avantageuse et (…) la Filastre a dit elle-même qu'elle n'avait d'autre raison pour y entrer que pour son avancement et celui de sa famille. » Cette dangereuse personne est-elle allée demander des poudres au dénommé Galet en lui affirmant que la commande venait de Mme de Montespan ? Ce n'est pas impossible. Celui-ci l'a reconnu. Mais la Filastre s'est peut-être tout simplement vantée, pour impressionner le paysan normand ou l'égarer sur ses véritables clientes. Et les messes noires de l'abbé Guibourg ? Rien ne prouve que la marquise ait accepté de se prêter à ces ignobles cérémonies. La femme pour qui le prêtre officiait avait le visage caché. Le témoignage de Guibourg, cet imposteur public « qui a fait profession ouverte d'illusion, de malice et de mensonge, chargé de tout ce qui se peut imaginer de crimes », ne tient pas devant la justice. Il est seul à accuser. Or, dit un vieil adage, *Testis unus, testis nullus*. Au reste, les prisonniers sont incapables de citer un nom, une date, un fait certain susceptibles d'étayer leurs propos. Tout ce qu'ils disent est vague et par conséquent suspect. Si l'on admet qu'ils n'ont pas menti – ce qui reste à démontrer –, peut-être quelqu'un a-t-il usurpé le nom et la qualité de Mme de Montespan ?

Duplessis observe enfin que la rétractation *in extremis* de la Filastre décharge pleinement la favorite. La cause est donc entendue ! L'avocat poursuit sa consultation par une plaidoirie en faveur de Mme de Vivonne, elle aussi, selon lui, injustement accusée par des individus aussi peu recommandables que Lesage et la femme Chappelain. Il écarte avec mépris tout ce qui a trait au pacte avec le diable que la belle-sœur de la marquise aurait voulu faire. « Hé ! Qu'est-ce qu'une signature d'esprit ? Un vent, une chimère ! Peut-on s'imaginer que Mme de Vivonne eût été capable de donner dans ces visions ? »

Tous les arguments avancés par Duplessis ne sont pas d'un poids égal. Certains – comme le dernier cité – sont légers ou contestables et donnent l'impression que l'avocat a voulu faire flèche de tout bois, mais, dans l'ensemble, le système de défense adopté paraît solide, cohérent, impressionnant même. Cependant, il ne fit pas changer d'opinion le lieutenant général de police qui, à la lecture du dernier mémoire, se souvint d'avoir omis de signaler que la Filastre, dans son ultime rétractation, n'avait pas totalement blanchi la favorite. Il l'écrivit à Louvois le 17 avril : « La décharge que la Filastre a faite sur la déclaration à l'égard de Mme de Montespan s'applique uniquement au fait du dessein prétendu de l'empoisonnement de Mlle de Fontanges. Il y a deux autres faits, celui de la messe sur le ventre par Guibourg et pour le pacte et celui des poudres de Galet pour le roi, où Mme de Montespan a été nommée, et ces charges sur les deux faits ne subsistent pas seulement telles qu'elles ont été faites à la question, mais elles ont encore été de nouveau confirmées par la même déclaration que la Filastre a rétracté le premier fait. Avec cela, Guibourg et Galet en étant convenus après la question de la Filastre et à la confrontation, ils ont fait entre eux et à leur égard une preuve complète sur ces deux faits, et de grosses charges à l'égard de leurs complices sur les crimes de lèse-majesté. »

Quelles mesures adopter ? Pendant quatre jours, quatre heures durant, un comité secret se réunit pour décider de l'éventuelle réouverture de la Chambre ardente. Il groupait, autour de Louis XIV, Colbert, Louvois, Boucherat et La Reynie. Tous conseillèrent la fermeture définitive de cette juridiction d'exception sauf La Reynie qui préférait éliminer des procès-verbaux ce qui concernait les « faits particuliers » — en présence de Boucherat et du chancelier Le Tellier — et soumettre ces documents expurgés aux juges. Ainsi seraient tant bien que mal sauvegardés deux impératifs contradictoires : d'une part, éviter le scandale public et, d'autre part, ne pas laisser impunis les autres crimes. Seuls les coupables impliqués dans les dénonciations secrètes seraient jugés par le roi en personne, selon la procédure des lettres de cachet qui permettait l'emprisonnement à perpétuité mais excluait la peine de mort. C'est à ce pis-aller que se rallia le souverain. Le 14 mai, par arrêt du Conseil, il ordonna d'extraire des dossiers en cours toutes les pièces relatives aux « faits particuliers ». Mme de Montespan, Mme de Vivonne, Mlle des Œillets étaient sauvées et définitivement écartées d'une menace d'emprisonnement.

L'ÉTOUFFEMENT DE L'AFFAIRE

La Chambre ardente reprit ses audiences le 19 mai et acheva les procès en cours dans l'indifférence de l'opinion. La Joly, une sorcière d'Orléans, fut brûlée vive ainsi que son amie, la Méline, et la Chanfrain, concubine de Guibourg. Brûlée vive également Anne de Carada de Saussay, veuve d'un procureur des Eaux et Forêts. Gilles Davot, chapelain de Notre-Dame-de-Bonne-Nouvelle et compère de la Voisin, fut pendu avec quelques comparses. La cour concentra ensuite son attention sur un mystérieux complot contre le roi mené par un conseiller au Parlement, Pinon du Martroy, parent du surintendant Fouquet, et condamna à mort ceux qui s'y trouvèrent impliqués, notamment un auditeur à la Chambre des comptes nommé Maillard. Le 16 juillet 1682, La Chaboissière, valet de Vanens, fut pendu haut et court en place de Grève. Après cette exécution publique, la Chambre de l'Arsenal ferma ses portes et, quelques jours plus tard, un édit royal réglementa le commerce des produits toxiques, punit les pratiques sacrilèges et interdit dans tout le royaume les devins et devineresses.

Ceux qu'on ne pouvait juger en raison des « faits particuliers » furent donc emprisonnés à vie. Parce qu'elle avait partagé sa cellule avec Marie-Marguerite Monvoisin, la jeune Manon Bosse fut cloîtrée au couvent de la Visitation-Sainte-Marie à Dole. Plus heureux, un nommé Lemaire, compagnon de cellule de l'abbé Guibourg, reçut un petit pécule et fut conduit à Péronne par Desgrez qui l'informa que, « s'il se gouvernait bien, Sa Majesté aurait soin de lui ; mais que, s'il lui arrivait jamais d'écrire ou de parler de ce qu'il avait entendu pendant qu'il était à Vincennes, Elle le ferait arrêter et renfermer pour le reste de ses jours ».

Au fort de Belle-Isle, le sieur Auzillon, exempt de la compagnie du prévôt de l'Ile-de-France, convoya douze femmes parmi lesquelles Marie-Marguerite Monvoisin, Madeleine Chappelain, la Pelletier et la Delaporte. Des précautions exceptionnelles furent prises pour leur éviter tout contact avec le personnel du fort. A la citadelle de Besançon on expédia entre autres Lesage, Guibourg, Romani et Galet. Le château de Saint-André de Salins accueillit le chevalier de Vanens et les époux Bachimont. Le 16 décembre, Louvois écrivait à M. de Chauvelin, intendant de Franche-Comté : « Surtout, recommandez, s'il vous plaît, à ces messieurs (les commandants des forts), d'empêcher que l'on entende les sottises qu'ils pourront crier tout haut, leur étant souvent arrivé d'en dire touchant Mme de Montespan, qui sont sans aucun fondement, les menaçant de les faire corriger si cruellement au moindre bruit qu'ils feront, qu'il n'y en ait pas un qui ose souffler. »

A Salces, dans les Pyrénées, on envoya dix-neuf prisonniers, dont Regnard dit le « Grand auteur », Bertrand et Laboissière, amant de la Filastre. La plupart de ces misérables finirent leurs jours derrière les barreaux, dans des conditions parfois atroces, les pieds enchaînés à la muraille, sans chandelle ni bois pendant l'hiver, vêtus des années avec les mêmes haillons humides. La dernière des prisonnières, la femme Loyseau, mourut en juin 1725 au terme de quarante et un ans de captivité[9].

En juillet 1709, après la mort de La Reynie, Me Nicolas Gaudion, dépositaire des papiers secrets du lieutenant général de police, fut convoqué à Versailles. Il s'y rendit le 13, une lourde cassette de cuir noir sous le bras. En présence de Mme de Maintenon et du chancelier Pontchartrain, Louis XIV jeta au feu, une à une, les liasses jaunies des procès-verbaux secrets de cette affaire maudite. Ainsi pensait-il arracher à la postérité cette peu glorieuse page de son règne. Malheureusement pour lui – et heureusement pour l'Histoire –, La Reynie avait rédigé de sa main des résumés de ces interrogatoires. C'est en particulier grâce à son dossier personnel, conservé dans les manuscrits de la Bibliothèque nationale, que l'on peut faire – au moins partiellement – la lumière sur cette affaire et tenter de porter un jugement équitable sur la culpabilité de Mme de Montespan.

CHAPITRE XI

Madame de Montespan était-elle coupable ?

Essai de jugement

Impressionnés par l'abondance des charges pesant sur la favorite, de nombreux écrivains ou historiens (François Ravaisson, Frantz Funck-Brentano, Victorien Sardou, Armand Praviel, Paul Emard et Suzanne Fournier notamment) ont admis sans discussion ni esprit critique les accusations lancées par la fille Monvoisin, Lesage, Guibourg et la Filastre. Pour eux, il était évident que l'ambitieuse marquise avait fréquenté assidûment l'antre des sorcières, s'était fait livrer des philtres luxurieux destinés au roi, avait participé à plusieurs messes noires, accompagnées d'égorgements d'enfants, puis, dans une crise de dépit amoureux, avait résolu d'empoisonner l'amant infidèle et sa jeune maîtresse.

Au début de ce siècle, un chercheur réputé, Jean Lemoine, s'inspirant des travaux de M. de Ségur réhabilitant le maréchal de Luxembourg, s'éleva contre la thèse communément admise. Pendant des années il rassembla patiemment un faisceau d'arguments dont certains seront repris ultérieurement par les biographes de la marquise attachés à blanchir sa mémoire, tels le lieutenant-colonel Henri Carré, Maurice Rat et plus récemment M. Michel de Decker.

Résumons son point de vue. Tout d'abord, observe Jean Lemoine, comment admettre que la « Belle Madame » ait pu se rendre si fréquemment chez les devineresses sans que nul ne se fût aperçu de ses absences ? N'était-elle pas constamment entourée de domestiques, de femmes de chambre, d'admirateurs ou de flatteurs ? Le roi n'avait-il pas attaché à son service quatre gardes du corps chargés de la protéger et de l'accompagner dans ses moindres déplacements ? Bref, ne paraît-il pas étonnant que, dans une cour où l'on colportait les cancans les plus insignifiants, où le roi disposait d'informateurs patentés, on n'ait jamais rien su des agissements cachés de l'un des acteurs les plus importants ?

Second argument : l'extrême piété dont la marquise a toujours fait preuve. Cette grande pécheresse, qui n'avait pas hésité à afficher le scandale d'amours doublement adultères, était pourtant, nous l'avons dit, une chrétienne pieuse, sincère, scrupuleuse même. « Rien ne lui aurait fait rompre aucun jeûne ni un jour de maigre, relate Saint-Simon. Elle fit tous les carêmes et avec austérité quant aux jeûnes dans tous les temps de son désordre... Jamais qui approchât du doute ou de l'impiété. » A la duchesse d'Uzès qui, un jour, s'en étonnait elle avait répliqué : « Hé quoi ! madame, faut-il, parce que je fais un mal, faire tous les autres ? »

Se penchant minutieusement sur les interrogatoires des accusés, Jean Lemoine relève en outre les imprécisions, contradictions, mensonges qui laissent planer de sérieux doutes sur la sincérité de leurs aveux. Ainsi le pacte que Guibourg aurait lu à l'occasion de la messe dite vers 1675. Le prieur en donne le texte avec une netteté déconcertante : « Je..., fille de..., demande l'amitié du roi et celle de Mgr le Dauphin, et qu'elle me soit continuée, que la reine soit stérile, que le roi quitte son lit et sa table pour moi et que j'obtienne de lui tout ce que je lui demanderai pour moi et mes parents : que mes serviteurs et domestiques lui soient agréables ; chérie et respectée des grands seigneurs, que je puisse être appelée aux Conseils du roi et savoir ce qui s'y passe, et, avec cette amitié redoublant plus que par le passé, le roi quitte et ne regarde plus La Vallière et que, la reine étant répudiée, je puisse épouser le roi. »

Beau tissu d'invraisemblances et d'inepties ! Pourquoi, en 1675, Mme de Montespan aurait-elle demandé l'éloignement de Mlle de La Vallière qui, depuis un an déjà, priait derrière la clôture des Carmélites de la rue Saint-Jacques ? A supposer que ce texte soit vrai, il faudrait en situer la rédaction au début de 1667. Mais comment ce vieillard, dont la mémoire est si souvent déficiente, aurait-il pu le réciter avec autant d'assurance treize années plus tard ? La future favorite y demandait l'amitié du Dauphin ? C'était un garçon de cinq ans ! La stérilité de la reine ? Mais elle avait déjà plusieurs enfants ! Son mariage avec le roi ? Allons donc, une femme aussi intelligente, aussi avisée aurait-elle songé à pareille folie ? Il eût fallu faire casser par Rome deux mariages ! Tout cela semble relever de la plus haute fantaisie. Bref, conclut Jean Lemoine, cette formule n'a pas seulement contre elle une « phraséologie ridicule, digne tout au plus d'une tireuse de cartes de troisième ordre », mais aussi une invraisemblance psychologique :

on imagine mal la fille des Mortemart tombant dans un tel excès d'humilité à l'égard des « grands seigneurs », adoptant cet air de quémandeuse « pour elle, ses parents et ses serviteurs », elle qui avait « toujours l'air de faire plaisir en acceptant des bienfaits ».

Quant au double projet criminel contre Mlle de Fontanges et le roi, comment n'en pas voir les incohérences ? Mme de Montespan n'avait-elle pas écarté sans mal toutes ses rivales, triomphé de Mlle de La Vallière, de Mme de Soubise, de Mme de Ludres ? Pourquoi aurait-elle eu besoin de poison pour se débarrasser de cette provinciale gauche et sans esprit ? Si elle avait quelque souci en 1680, n'était-ce pas plutôt du côté de Mme de Maintenon ? Enfin, quel intérêt aurait-elle eu à faire mourir Louis XIV ? La disparition de son amant aurait inévitablement entraîné sa disgrâce, son exil peut-être. Le voile de la passion ne pouvait lui dissimuler cette réalité.

Jean Lemoine souligne également l'attitude du roi qui continue de garder près de lui une femme accusée de tant de crimes. Non seulement il ne l'incite pas à fuir comme la comtesse de Soissons, non seulement il ne la bannit pas comme la duchesse de Bouillon, mais il lui conserve toute sa confiance. Le 19 novembre 1680, il lui accorde même une gratification extraordinaire de 50 000 livres. Ce n'est que lentement, progressivement, sous l'influence de la marquise de Maintenon, qu'il se détachera d'elle et finira par ne plus la regarder.

Ces arguments, dira-t-on, n'expliquent pas pourquoi le nom de Mme de Montespan fut si abondamment cité par les prisonniers. Comme Colbert et Duplessis, Lemoine estime que ceux-ci se sont concertés dans leur cachot pour adopter ce système de défense. Ils ont cru qu'en multipliant les fausses accusations, en impliquant les plus hauts personnages, en utilisant jusqu'au nom de la maîtresse royale comme un « talisman libérateur », ils parviendraient à échapper au bûcher. Ce calcul – si calcul il y eut – ne fut pas mauvais puisque, nous le savons, un grand nombre de criminels promis à la potence ou au feu échappèrent ainsi à leur destin.

Mais l'explication principale que retient l'historien est la rivalité entre les deux principaux ministres de Louis XIV, Colbert et Louvois, une clé déjà largement utilisée, qui permet de comprendre bien des points obscurs du règne. Colbert aurait dû avoir la tutelle de la Chambre ardente. Louvois s'en serait cependant emparé afin de retrouver son influence prépondérante sur le roi à une époque où, après la signature de la paix de Nimègue en 1678, les affaires militaires risquaient de passer au second rang. Il aurait donc pris en main l'instruction de ce gigantesque procès, l'aurait dirigée, canalisée dans le sens de ses intérêts, grossissant les révélations des uns, les demi-aveux des autres pour mieux inquiéter le roi, intervenant personnellement dans la procédure – ses entretiens « si étrangement suggestifs » avec Lesage le prouvent –, tout cela avec la complicité tacite du lieutenant général de police, un naïf dépassé par les événements. La preuve ? La plupart des grands personnages compromis dans les affaires d'empoisonnement étaient des familiers de Colbert et des ennemis de Louvois : la comtesse de Soissons, la duchesse de Bouillon, le maréchal de Luxembourg, la princesse de Tingry, la duchesse de Vivonne. La libération de Luxembourg fut un cuisant échec pour le ministre. Inquiet, craignant une disgrâce, celui-ci n'aurait eu alors « d'autre moyen de salut que d'éveiller les soupçons du roi sur Mme de Montespan elle-même », cette traîtresse qui était passée dans le parti de son rival en mariant son neveu à la fille de Colbert... C'est dans ce contexte, dont les implications et les conséquences échappaient aux misérables prisonniers de la Chambre ardente, que Desgrez, lieutenant du chevalier du guet et âme damnée de Louvois, aurait reçu instruction de chapitrer la fille Monvoisin. Plus tard, le brutal ministre n'aura aucun scrupule à jeter le masque, avouant à l'intendant Chauvelin que les « sottises » proférées par les captifs sur l'ancienne favorite étaient sans fondement.

Telle est, brièvement résumée, la thèse de Jean Lemoine et de ceux qui, derrière lui, ont pris la défense de la marquise. Leurs arguments – reconnaissons-le – sont plus ou moins probants. « La question des gardes du corps est un peu comique, réplique Armand Praviel. On ne suppose pas, tout de même, que Mme de Montespan se promenât constamment comme le vieux marquis de Nangis dans *Marion Delorme* de Victor Hugo avec quatre grands escogriffes attachés à ses pas ! » On imagine mal qu'elle n'ait pas trouvé quelques heures pour échapper à la surveillance de son entourage. Elle n'était pas, comme la reine, prisonnière de l'étiquette et suivie dans chacun de ses déplacements. On sait qu'elle eut des gardes à partir de l'automne 1671. Auparavant, elle pouvait en toute liberté se rendre chez la Voisin. Après, en admettant qu'elle fût moins libre, rien ne l'empêchait d'utiliser des commissionnaires comme Mlle des Œillets.

La dévotion de la marquise n'est pas non plus – hélas ! – un argument décisif. Nous avons dit ce qu'il fallait penser de la piété au XVIIe siècle, mélange de mysticisme et de superstition, de foi authentique et de paganisme hérité des temps médiévaux. La pratique religieuse – purement formaliste – n'avait pas arrêté la « Belle Madame » devant l'adultère. Pourquoi n'aurait-elle pas sombré dans d'autres dérèglements ?

L'attitude du roi ne paraît pas non plus un argument décisif. Certes, il a gardé près de lui Mme de Montespan, comme si elle était innocente, mais pouvait-il agir autrement, quelle que fût son intime conviction ? Les 50 000 livres versées en novembre 1680 ne sauraient pas non plus nous étonner : cette somme représentait sans doute quelque dette de jeu que le monarque avait l'habitude de régler sans demander de comptes. L'important est de constater qu'à partir de 1680 le pouvoir de la favorite décline inexorablement. « Louis XIV la tolère, remarque l'historien Georges Mongrédien, comme il avait toléré Mlle de La Vallière abandonnée, continue à lui faire publiquement des visites de politesse, sauvant la face, mais ne trompant personne sur ses véritables sentiments. »

Quant au système de défense des prisonniers, on peut émettre des réserves. S'il est vrai que, dans le courant de l'année 1679, la surveillance s'était relâchée, notamment à Vincennes, et que, de ce fait, des informations avaient pu filtrer jusque dans les cachots, il est difficile de croire que les accusés aient eu la possibilité de s'entendre à l'insu de leurs gardiens. D'ailleurs, lorsqu'on eut vent des fuites, on prit des mesures draconiennes pour empêcher toute communication entre l'intérieur et l'extérieur. A la mi-juillet, deux « officiers de sauvegarde » furent spécialement affectés à cette tâche et les gardes suspects déplacés. Or, les révélations de la fille Voisin, de Guibourg et de la Filastre n'intervinrent qu'à la fin de juillet et au début d'août, à une époque précisément où aucune concertation n'était imaginable.

Enfin, il est très exagéré de faire de Louvois le *deus ex machina* de l'Affaire des poisons. Qu'il ait pris un malin plaisir à voir ses ennemis impliqués, par exemple Luxembourg, on n'en doutera pas. Mais ce n'est tout de même pas lui qui a inventé ce drame et ses horreurs, à seule fin de perdre ses adversaires ! Rien, absolument rien ne permet d'affirmer qu'il a soufflé à la canaille de Vincennes et de la Bastille des accusations contre la favorite. Quant aux termes de la lettre à l'intendant Chauvelin, on peut tout aussi bien les prendre pour un habile mensonge destiné à démonétiser les éventuelles révélations des captifs.

Ces réserves faites, il n'est plus possible aujourd'hui d'admettre sans restriction ni inventaire préalable – comme le firent Ravaisson et Funck-Brentano – tous les propos des prisonniers. On relève dans leurs interrogatoires tant de contradictions, d'imprécisions, d'erreurs ou de mensonges (ainsi le texte de la conjuration qui n'est qu'une grossière invention de Guibourg ou de la Voisin) qu'il convient de procéder à un examen sérieux des accusations avant de les tenir pour assurées. Jean Lemoine a raison sur ce point : les prévenus avaient un intérêt évident à bloquer la machine judiciaire. Reprenons le dossier en laissant de côté plaidoyers et réquisitoires et examinons le plus impartialement possible les différentes charges pesant sur Mme de Montespan.

La mort de Mademoiselle de Fontanges

Louis XIV a certainement craint que la mort de sa jeune maîtresse ne fût pas naturelle. Le samedi 28 juin 1681, jour même de son décès, il écrivait au duc de Noailles : « Sur ce que l'on désire faire ouvrir le corps, si on peut l'éviter, je crois que c'est le meilleur parti. » La famille insista-t-elle ? La lettre arriva-t-elle trop tard ? En tout cas, l'autopsie eut bel et bien lieu. Les six praticiens qui opérèrent conclurent à une mort naturelle. Le procès-verbal signé n'a malheureusement pas été retrouvé, mais le commissaire Delamare en a laissé ce résumé :

« Hydropisie dans la poitrine contenant plus de trois pintes d'eau, avec beaucoup de matières purulentes dans les lobes droits du poumon, dont la substance était entièrement corrompue et gangrenée et adhérente de toutes parts. Les lobes de l'autre côté seulement un peu altérés. Le cœur un peu flétri, de l'eau sur la membrane qui l'enveloppe, en trop grande abondance et de mauvaise odeur. Le ventricule (estomac) s'est trouvé fort sain et net. Le foie d'une grandeur démesurée et sa partie droite non seulement altérée, mais sa substance corrompue et sa couleur fort changée. La rate et les reins, les intestins et le mésentère dans une disposition naturelle, excepté quelques glandes au côté droit fort dures et tuméfiées. La matrice et la vessie très saines et très naturelles. La cause de la mort de la dame doit être attribuée à la pourriture totale des lobes droits du poumon, qui s'est faite en suite de l'altération et intempérie chaude et sèche de son foie qui, ayant fait une grande quantité de sang bilieux et âcre, lui avait causé les pertes qui ont précédé. »

Sur ce diagnostic, historiens et médecins se sont penchés attentivement. Littré conclut que la favorite a succombé à une « perforation d'un ulcère simple de l'estomac ». Le Dr Legué pense plutôt à une affection de poitrine, le Dr Nass à une maladie utéro-ovarienne compliquée d'une tuberculose pulmonaire, le Dr Cabanès à une pleuro-pneumonie tuberculeuse accompagnée d'épanchement de liquide dans le péricarde. Revenant sur la question en 1952, le Dr Laulan attribuait le décès à une affection génitale à entérocoques. Les pertes de sang dont la malheureuse avait été affligée peu après son accouchement seraient dues à une rétention placentaire, qui aurait déclenché ultérieurement un abcès pulmonaire. Tout récemment, M. Malinas, professeur de gynécologie à Grenoble, interrogé par Mme Claude Grimmer, auteur d'une biographie romancée de Mlle de Fontanges, concluait à un choriocarcinome, tumeur maligne qui se développe à partir des villosités placentaires. Ce cancer assez rare survient une fois sur dix après l'expulsion d'une môle (kyste du placenta) et une fois sur dix mille après une grossesse normale[1]. Quoi qu'il en soit, la conclusion de la médecine moderne est formelle : Mlle de Fontanges n'a pas été empoisonnée.

Reste, dira-t-on, l'intention criminelle. Psychologiquement, le récit de la fille Monvoisin paraît invraisemblable. Comment admettre, en effet, que, même dans un moment de rage ou de dépit, Athénaïs se soit adressée à une femme aussi perdue de réputation que la Voisin pour commettre une action nécessitant tant de précautions ? Une si inconséquente légèreté n'est pas admissible. Si l'on examine de près la chronologie, on s'aperçoit aisément que la marquise n'a pu commanditer ce double crime. Les dates parlent d'elles-mêmes.

Selon toute vraisemblance, Angélique devint la maîtresse de Louis XIV en décembre 1678, quelques semaines après son arrivée à la cour. Une de ses compagnes du Palais-Royal, Mlle des Adrets, et le prince de Marsillac furent d'abord seuls dans la confidence. En janvier 1679, rien ne filtrait encore de la nouvelle passion du roi, mais on observait que Mme de Montespan était délaissée. « On établit un jeu chez Mme de Montespan pour cet hiver, note Mme de Scudéry le 18 : pourvu qu'elle se puisse passer d'amour, elle aura encore la considération du roi ; c'est tout ce que peut faire un honnête homme quand il n'aime plus. » A la fin de mars, elle semblait s'abandonner à une lassitude tranquille, mi-amère mi-résignée. « Tout est fort paisible, écrivait-elle alors au duc de Noailles, le roi ne vient dans ma chambre qu'après la messe et après souper. Il vaut mieux se voir peu avec douceur que souvent dans l'embarras. » A cette époque, si elle s'était aperçue de la préférence du roi pour la nouvelle fille de Madame, elle ignorait qu'il en avait déjà fait sa maîtresse. Elle ne savait pas non plus que le duc de Noailles, son habituel confident, venait d'être chargé de la protection de Mlle de Fontanges. Le 1er avril, Mme de Montespan n'était toujours pas informée car elle fit une scène à Mme de Maintenon, lui reprochant d'aimer le roi et de le rechercher : « Je n'aurais fait que suivre votre exemple », lui rétorqua celle-ci. Pendant la semaine sainte, on remarqua son agitation, ce qui laisse supposer qu'enfin les écailles lui étaient tombées des yeux. Elle écouta d'une oreille distraite les pieux discours du père César qui avait contribué à la retraite de Louise de La Vallière. « Il y avait déjà quelques jours, mandait le marquis de Trichâteau à Bussy-Rabutin le 14 avril, qu'elle venait souvent à Paris, depuis les bruits que le roi était amoureux d'une fille de Madame appelée Fontanges. Le mercredi, elle retourna à Saint-Germain, où elle fut à Ténèbres, toujours derrière la chaise du roi. La reine l'envoya quérir pour la servir à la cène. Le vendredi, elle revint à Paris ; le samedi, elle alla à Maintenon et, le mardi, elle retourna à Saint-Germain-en-Laye dans son appartement, à son ordinaire, sinon que le roi ne la vit qu'en présence de Monsieur. » Son humeur était exécrable et ses nerfs à fleur de peau. Dans une lettre du 4 mai, Mme de Maintenon relate une scène qui eut lieu, en sa présence, entre le roi et la favorite déchue. « Diane (Mlle de Fontanges) en est le sujet. J'admirai la patience du roi devant l'emportement de cette glorieuse : "Je vous ai déjà dit, madame, que je ne veux pas être gêné." Elle me demande des conseils de Dieu ; elle me croit d'intelligence avec le roi ; elle s'emporte contre la pauvre fille, le père de La Chaise, M. de Noailles ; elle exagère les dépenses, invente des calomnies. » Puis, la rage au cœur, l'impétueuse Montespan alla se claquemurer quelques jours dans son boudoir de Clagny...

Résumons-nous : Mlle de Fontanges devint la maîtresse du roi à la fin de 1678. Mme de Montespan ne l'apprit que plus tard, probablement dans le courant d'avril de l'année suivante. Ses violentes réactions datent du début de mai. Comparons ce calendrier à celui que nous fournit la fille Monvoisin. Elle assure que le projet d'empoisonnement du roi et de Mlle de

Fontanges avait été préparé et discuté au cours des fêtes de Noël 1678. Louis XIV devait succomber le premier d'un poison violent, sa maîtresse d'un poison plus lent : l'incohérence saute aux yeux ! A supposer que ce projet ait été réellement conçu, il est impossible d'y impliquer Mme de Montespan, puisque à ce moment elle ignorait l'existence de cette rivale. Même au début de mars 1679, peu avant l'arrestation de la Voisin, elle n'avait aucune raison d'envisager l'idée du placet empoisonné. Alors ? Ou bien Marie-Marguerite a menti ou bien elle a commis une grave confusion en accusant Athénaïs. Quant à la seconde tentative criminelle, celle dont a parlé Françoise Filastre avant de se rétracter, des arguments aussi solides prouvent son innocence. Selon les aveux de cette sorcière, en août 1679, avant de partir pour l'Auvergne à la recherche de poisons, elle se serait rendue à Saint-Germain et, pendant trois jours, aurait cherché à obtenir une place chez Mlle de Fontanges. Elle sollicita dans ce but l'appui d'un obscur lieutenant d'infanterie, Robin de La Frasse, qui ne put rien pour elle. Madeleine Chappelain, femme du trésorier des aumônes royales, qui l'avait encouragée dans son entreprise, n'y était pas parvenue non plus. Bref, la Filastre quitta Paris le 1er septembre 1679 sur cet échec. Si Mme de Montespan avait vraiment chargé ces deux ribaudes de se débarrasser de sa rivale, ne s'y serait-elle pas prise autrement ? Sans nul doute elle aurait trouvé moyen de faire admettre la Filastre chez Mlle de Fontanges, sans s'en remettre au hasard. Autre fait troublant : les deux conjurés n'avaient pas un liard en poche. Madeleine Chappelain, dont le mari tenait serrés les cordons de la bourse, fut contrainte de mettre en gage pour douze écus une petite croix de diamants. Malgré ce pécule, la Filastre n'eut pas assez pour revenir à Paris. Sans cesse, dans sa correspondance, réitère-t-elle ses demandes : « J'ai fait tout ce que j'ai pu pour emprunter de l'argent, lui répondait la Chappelain. Je ne vous en saurai plus envoyer davantage. Recevez la bonne volonté pour l'effet. » Voilà, on l'avouera, un complot bien mal préparé ! Athénaïs aurait-elle laissé ses complices dans une telle impécuniosité au risque de tout compromettre ? Encore une fois, cela semble de la plus haute invraisemblance. Comment croire d'ailleurs qu'elle ait eu l'inconséquence de reprendre contact avec le monde étroitement surveillé des empoisonneurs après l'arrestation de la Voisin et de Lesage, la condamnation à mort de la Bosse, de la Vigoureux et de la Lepère ? Etait-elle à ce point imprudente ?

Les agissements de Mademoiselle des Œillets

La fille de la Voisin était tenue à l'écart des intrigues que sa mère menait en compagnie de son amant Blessis, du peintre Vautier, de Romani, Bertrand et la Trianon. Tout ce qu'elle savait n'était que suppositions, recoupements, propos surpris au hasard des conversations. Elle en fit l'aveu dans sa déclaration du 26 juillet 1680 : « Elle, fille Voisin, n'a point été présente à toutes les conférences, ni su tout ce qui a été fait ou dit sur ce sujet (...). A entendu dire par Romani et sa mère que le poison qui serait mis à la pièce d'étoffe et aux gants ferait mourir en langueur [Mlle de Fontanges] et qu'ils disaient en même temps qu'on dirait que ce serait du regret de la mort du roi qu'elle serait morte, que cela a été dit trois ou quatre fois chez Lapierre entre Romani et sa mère (...). Ne sait point le motif... » Ses aveux contiennent probablement un fond de vérité, par exemple la double tentative d'empoisonnement du roi et de sa jeune maîtresse : l'attitude ambiguë de la Trianon le prouve. Mais ce qu'en rapporte Marie-Marguerite a été déformé, mal interprété. Entendant parler des infortunes de Mme de Montespan, elle a relié ces deux faits absolument sans rapport.

Essayons d'aller plus loin. Un personnage est au cœur de ces intrigues, Mlle des Œillets, cette grande brune effacée qui se glissait le soir dans le logis de la Voisin pour réclamer des poudres d'amour à l'intention de sa maîtresse, cette « demoiselle à double queue » comme l'appelle Louvois. Elle connaissait toutes les devineresses, les marchands d'onguents et de philtres, les magiciens, les sorciers. Cette femme de confiance de Mme de Montespan, qui courait Paris pour la servir, qui donc était-elle au juste ?

Elle était la fille d'un couple de comédiens jouissant d'une certaine célébrité à l'époque : Nicolas de Vis ou de Vin et son épouse, Alix Faviot, qui avaient adopté le nom de théâtre de des Œillets. Née en 1638, Claude de Vin des Œillets était entrée vers 1667 dans la suite de Mme de Montespan dont elle devint très vite l'une des confidentes. Il est possible qu'elle se soit occupée du premier bâtard de sa maîtresse. En avril 1669, dans un acte notarié, elle est mentionnée comme demeurant près du « palais des Tuileries ». Cette discrétion inhabituelle s'expliquerait ainsi. L'année suivante, le roi lui faisait don des biens d'un étranger, Michel de Moronia, qui revenaient aux Domaines en vertu du droit d'aubaine. En décembre

1672, nouveau cadeau du souverain : un petit terrain à Clagny, de six toises dix pieds de large sur dix toises de profondeur, lui permettant d'édifier un hôtel particulier sur un plan fourni par Colbert. A Paris, elle habitait rue du Regard, paroisse Saint-Sauveur, dans un logement qu'elle louait à un sieur Leroy, greffier à la quatrième chambre des Enquêtes. Puis elle occupa un hôtel particulier rue Montmartre avant d'acheter, en 1684, le château de Suisnes, près de Brie-Comte-Robert, avec la ferme voisine et divers prés et champs au terroir de Sansalles. Elle avait alors à son service un jardinier, un laquais, une servante et un cocher qui conduisait fièrement ses deux carrosses : un grand, garni de velours rouge à ramages et de six glaces de Venise, et un plus petit, tapissé de drap gris avec deux glaces de Venise. A sa mort, le 18 mai 1687, l'inventaire de ses biens permit de constater sa relative aisance : elle possédait plusieurs rentes sur l'Hôtel de Ville et sur les aides et gabelles, de riches tapisseries de Flandre à verdure, de la vaisselle d'argent et de vermeil, des porcelaines de Hollande, des miniatures encadrées de bois doré, un collier de quarante-huit perles estimé à 1 700 livres, une croix de diamants, des bracelets de perles et de diamants, un joli lot de dentelles et plus de 23 000 livres en louis d'or et d'argent.

La richesse de Mlle des Œillets ne venait évidemment pas de sa condition de chambrière de Mme de Montespan, mais de la faveur royale qu'elle avait partagée, de façon assez étonnante, avec sa maîtresse. « Cette demoiselle, raconte Primi Visconti, laissait entendre que le roi avait eu commerce avec elle par diverses fois. Elle paraissait même se vanter d'en avoir eu des enfants. Elle n'est pas belle, mais le roi se trouvait souvent seul avec elle quand sa maîtresse était occupée ou malade. La des Œillets me dit que le roi avait ses ennuis et qu'il se tenait parfois des heures entières près du feu, fortement pensif et poussant des soupirs. »

Parlant des nombreuses aventures galantes du Roi-Soleil, Alexandre Sallé, petit-neveu de la Champmeslé, n'oublie pas la fille des Œillets : « Louis XIV, écrit-il, avait eu beaucoup de maîtresses avant Mme de Maintenon. On prétend même que la première fut Mme de Beauvais, première femme de chambre de la reine-mère, qui, bien que borgnesse, eut les prémices de ses amours. Il en eut depuis quantité qui n'ont point été connues. Bontemps, son premier valet de chambre, qui en avait seul le secret, faisait élever les enfants qui provenaient de ses amours, mariait les filles auxquelles on donnait vingt mille écus, les garçons servaient dans les troupes. Parmi celles-là, il y eut une demoiselle des Œillets, fille d'une comédienne, qui fixa les amitiés du roi pendant un temps assez considérable pour qu'elle pût espérer de devenir maîtresse déclarée, mais le goût du roi changea, ce qui lui causa tant de chagrin qu'elle en mourut d'une maladie de langueur. »

Mlle des Œillets eut au moins un enfant du souverain : Louise, née en 1676 et déclarée plus tard fille de Philippe de Maison-blanche, ancien capitaine de cavalerie, et de Gabrielle de La Tour, sa femme. Dotée de 40 000 livres, elle épousa, à vingt ans, un petit seigneur de l'Ile-de-France, « fort simple et assez médiocrement accommodé » dit Saint-Simon, Bernard de Prez de La Queue, qui fut mestre de camp de cavalerie, avant d'être nommé exempt des gardes du corps.

« Cette Louise de Maisonblanche, note le généalogiste Charles d'Hozier, est une fille naturelle du roi et de N... des Œillets, laquelle était alors femme de chambre de Mme de Montespan, et, comme le roi n'a pas voulu la reconnaître, il l'a fait baptiser et marier sous les faux noms qu'on lui donne et qu'on lui suppose de père et mère lorsqu'on la maria, parce qu'elle ne voulut pas être religieuse. » C'est à peu près tout ce que l'on sait de cette femme qui mourut en décembre 1718, à quarante-deux ans, après avoir donné onze enfants à son mari. Sur le registre paroissial de La Queue-en-Yvelines, elle fut mentionnée sous le nom de « dame Louise de Bourbon-Maisonblanche, fille naturelle de Louis XIV ».

Que Mme de Montespan, comme de nombreuses dames de la cour, ait connu la Voisin ne fait aucun doute. Mlle des Œillets était chargée d'acheter auprès d'elle des « poudres pour l'amour » destinées au roi. Mais, à partir de 1675, elle subit elle aussi les affres de la passion et brûla du désir de supplanter celle dont elle était l'employée. Elle se lassa de vivre dans l'ombre des alcôves, dans l'attente des caprices intermittents de son royal amant. Une devineresse lui avait prédit sa fortune à la cour. Elle eut le malheur de la croire. Que se passa-t-il alors ? Peut-être eut-elle une scène d'explication avec Louis XIV qui refusa de satisfaire à ses ambitions et de légitimer sa fille. Ces paroles désespérantes jetèrent Mlle des Œillets dans des pensées criminelles. C'est ainsi qu'elle résolut de faire périr le roi en remettant à Mme de Montespan non plus des aphrodisiaques, mais du poison : le crime parfait ! Le prince succombait par la main de sa favorite tandis que la délaissée, insoupçonnable, se trouvait vengée ! A cet effet, elle sollicita l'aide de la

Voisin et de Lesage qui se mirent à l'œuvre. Le Bas-Normand fit quelques conjurations diaboliques, mais, lorsqu'il apprit que le monarque avait eu des « vapeurs », il prit peur et rompit toute relation avec la Voisin. C'est du moins ce qu'il prétendit. Le *Journal de la santé du roi*, tenu au jour le jour par d'Aquin, signale qu'au début d'octobre 1675 Louis XIV ressentit de violents maux de tête, accompagnés de frissons et d'étouffements. Le 7, il eut de la fièvre. « Sa peau, note le médecin, demeura chaude le lendemain, les yeux étincelants et le visage enflammé, la bouche amère, la tête pleine de vapeurs et fluxion, lassitude et faiblesse des jambes. » D'Aquin s'employa à purger « l'humeur mélancolique qui se fermentait dans sa rate » par de l'essence de cannelle et de l'esprit d'ammoniac. Cette maladie, qui dura jusqu'au 17 octobre, était-elle d'origine criminelle ? Selon Lesage, deux amis de la Voisin, Regnard dit le « Grand auteur » et le peintre Vautier, s'étaient lancés à cette époque dans la fabrication de poisons. Ils distillaient en particulier de petits serpents appelés norevers, qu'ils allaient chercher du côté de Ménilmontant. Mlle des Œillets venait fréquemment chez la Voisin, en compagnie d'un mystérieux milord anglais qui passait pour son amant. Elle avait promis aux conjurés une récompense de 100 000 écus et devait faciliter leur fuite à l'étranger. L'importance de cette somme, la présence du milord qui, selon la fille Voisin, vint au moins trois ou quatre fois chez sa mère suggèrent l'idée d'un complot politique. Claude de Vin n'aurait été dans ce cas que l'instrument d'autres intérêts.

Le 17 septembre 1679, Lesage faisait la déclaration suivante : « A certain voyage que le roi fit sur la frontière, des Œillets eut beaucoup de commerce avec la

Voisin (...). La Voisin avait en ce temps-là considérablement de l'argent, parlait de sortir du royaume et qu'elle aurait cent mille écus. » Ces gens-là, note La Reynie, « cherchaient à faire un coup et à s'en aller ». Mais quel coup ? Pendant la suspension de la Chambre ardente, le magistrat obtint des précisions de l'ancien galérien : « Le dessein était de faire mourir le roi par magie ; la Voisin l'avait fait travailler pour cela ; Vautier et sa femme lui avaient donné le Grand auteur pour cela. [Mais] la Voisin, voyant que lui, Lesage, n'avançait rien par ses machines, s'était mise entre les mains de l'Auteur. L'Auteur avait travaillé à des poudres empoisonnées chez Vautier, qu'il avait données à la Voisin pour la des Œillets. *Le dessein était de les faire donner comme poudres pour l'amour à Mme de Montespan, et de faire empoisonner le roi par ce moyen et par Mme de Montespan sans qu'elle pensât le faire.* » Cette dernière phrase est capitale en ce qu'elle montre que la favorite n'était pour rien dans les dangereux agissements de sa femme de chambre qui se servait d'elle pour accomplir sa vengeance.

L'échec de cette première tentative ne découragea pas sa suivante. Quelques mois plus tard, en 1677, elle quitta sans raison le service de Mme de Montespan et s'adonna à de répugnantes pratiques de magie noire en compagnie de la Voisin et de l'abbé Guibourg. La Reynie écrit dans un mémoire secret destiné au roi : « Il résulte des faits particuliers qu'un jour la demoiselle des Œillets, avec un étranger qu'on disait être anglais, qu'on appelait milord, vinrent chez la Voisin où Guibourg, après s'être revêtu d'une aube, prit une étole et le manipule ; avait mis des menstrues de des Œillets et de la semence de l'étranger dans le calice, du sang d'un enfant égorgé par la Voisin, des poudres, du sang de chauve-souris, de la farine pour donner corps à cette composition ; Guibourg dit une messe qu'il commença à l'endroit du canon, au *Te igitur*, qu'il appelle "messe sèche", à laquelle il dit une conjuration où était le nom du roi. Le dessein était de faire un charme contre le roi ; ce malheureux s'explique : pour faire mourir le roi. Ce dessein était commun à des Œillets et au milord. Des Œillets parlait avec emportement, faisait des plaintes contre le roi, témoigna être sortie de chez Mme de Montespan ; l'Anglais l'adoucissait. [Ils] prétendaient qu'en mettant de la composition sur les habits du roi, ou bien où il passerait, ce que des Œillets prétendait faire aisément, ayant été à la cour, cela ferait mourir le roi en langueur. C'était un charme selon la méthode du livre de la Voisin. Des Œillets emporta cette abominable composition : l'Anglais était le galant de des Œillets, promettait de l'épouser. »

Tout porte à croire que les projets ultérieurs – ceux de 1678-1679 – contre Louis XIV et Mlle de Fontanges eurent la même origine et ne furent que la continuation des conjurations antérieures. Le nom de Mlle des Œillets était abondamment cité par la fille Voisin. Les conspirateurs se retrouvaient chez l'abbé Lapierre, frère de Romani et confesseur de la jeune femme. C'est chez lui qu'on parla à deux ou trois reprises « du dessein à l'égard de Mlle de Fontanges ». Une fois encore, il fut question d'une rémunération de 100 000 écus et de « passer en Angleterre ». Mlle des Œillets avait-elle fait croire à la Voisin qu'elle agissait encore pour le compte de son ancienne maîtresse ? Peut-être, à moins – comme cela paraît plus probable – que Marie-Marguerite n'ait elle-même fait la confusion. Ce qui est sûr en tout cas, c'est que Mme de Montespan doit être totalement innocentée de ces tentatives criminelles.

Le procès de 1668

Cela signifie-t-il cependant que la « Belle Madame » ait été blanche comme neige ? Certes, non. Il est avéré qu'elle était en relation étroite avec la Voisin et ses deux complices, Lesage et l'abbé Mariette, prêtre à Saint-Séverin. La Reynie a noté scrupuleusement les dépositions des deux compères à ce sujet. Au début de 1668, ceux-ci se rendirent au château de Saint-Germain, dans l'appartement de Mme de Thianges. Là, ayant revêtu son surplis et son étole, l'abbé Mariette fit des aspersions d'eau bénite et récita l'Evangile des rois sur la tête de Mme de Montespan tandis que Lesage brûlait de l'encens. Ensuite Athénaïs lut le texte d'une conjuration visant à obtenir les bonnes grâces du roi et la mort de Mlle de La Vallière selon Lesage, seulement son éloignement selon Mariette. Avant de retourner à Paris, la marquise leur remit deux cœurs de pigeons égorgés sur lesquels ils firent encore des invocations magiques. Quelques jours plus tard, au cours d'une messe à Saint-Séverin, l'abbé glissa sous le calice les deux cœurs qui symbolisaient ceux du roi et de Mme de Montespan. D'autres simagrées de ce genre eurent lieu au domicile de Lesage et à celui de son compère. Mais, au printemps de 1668, les deux coquins furent arrêtés et interrogés au Châtelet. Le 30 juin, Mariette avoua qu'il avait lu des extraits de l'Evangile sur la tête de Mmes de Baugy et de Montespan, de M. de Raffetot et d'une femme du peuple nommée Duverger. Cette déposition capitale, retrouvée ultérieurement par La Reynie, établit de façon indiscutable les relations d'Athénaïs avec les empoisonneurs, à une époque où, celle-ci n'étant pas encore devenue favorite officielle, personne n'avait intérêt à la charger faussement.

De cette première affaire vite étouffée le roi ne sut rien. L'un des juges du Châtelet était en effet cousin par alliance de l'abbé. On préféra transmettre le dossier à la chambre criminelle de la Tournelle. Or, le président de cette instance n'était autre que M. de Mesmes, père de Mme de Vivonne, belle-sœur de Mme de Montespan. Est-ce pour cette raison que, dans leur interrogatoire du 26 septembre 1668, Mariette et Lesage se gardèrent de citer le nom de cette dernière ? Ne leur avait-on pas promis une atténuation de peine en échange de leur silence ? Douze ans plus tard, le lieutenant général de police obtint pleine et entière confirmation des faits : « Lorsque j'ai interrogé sur cela les deux complices qui restent, ils ont dit séparément que le dessein était de parvenir aux bonnes grâces du roi. *L'un et l'autre connaissent Mme de Montespan, ils l'ont vue et lui ont parlé plusieurs fois, et sur cela on pourrait dire qu'entre tous les faits particuliers, il n'y en a aucun autre qui ait plus d'apparence de vérité, et, si ce fait était véritable, peut-être serait-il lui-même une des plus fortes conjectures et des plus grandes présomptions de la vérité à l'égard de Mme de Montespan des autres faits particuliers qui ont précédé et qui ont suivi*[2]. »

Au terme de cette longue mais nécessaire enquête, il convient de résumer nos certitudes et nos interrogations. Il ne fait aucun doute que Mme de Montespan a été en relation avec la Voisin, Lesage, Mariette et leurs complices, et cela dès la fin de 1667 ou le début de 1668. Pour obtenir la faveur du roi, l'éloignement (et peut-être la mort) de sa rivale, elle n'a pas hésité à se livrer à des sortilèges ainsi qu'à des parodies religieuses et à participer à des baptêmes symboliques de pigeons. Plus tard, pour entretenir l'amour du roi, elle eut recours à des magiciennes, des charlatans, astrologues et autres exploiteurs de la crédulité publique. Elle leur acheta des poudres aphrodisiaques, leur demanda des « charmes », peut-être pour éloigner des rivales passagères. En revanche, on peut l'innocenter totalement de la double tentative criminelle contre le roi et Mlle de Fontanges, qui doit être imputée à son ancienne femme de chambre, l'inquiétante Claude des Œillets. Restent les messes noires de Guibourg, celles du château de Villebousin, de Saint-Denis et de Paris. Ces crimes monstrueux ne sont pas invraisemblables. Le prieur, la Filastre, la fille Monvoisin ont été formels. Mais, devant de telles horreurs, on hésite. « On voudrait croire qu'il y eut substitution », écrit Jules Lair à propos de la femme qui prêta son corps pour servir d'autel au sinistre prélat. La Reynie, pour sa part, était convaincu de la réalité des messes noires et de l'identité de leur commanditaire. Il estimait impossible psychologiquement qu'un être aussi frustre que Guibourg ait pu inventer de telles abominations. Mais son intime conviction ne conduit pas, en l'état du dossier, à des certitudes au sens juridique du terme. Pas plus Guibourg que la Filastre n'ont été confrontés à Mme de Montespan qui, n'ayant jamais été interrogée, n'a pas eu à s'expliquer, à se défendre. Sur ce point, comme l'a dit Georges Mongrédien, « la règle, en droit français, est que le doute doit toujours bénéficier à l'accusé ». Il bénéficiera donc à Françoise de Rochechouart...

CHAPITRE XII

La chute de Quanto

« Madame de Maintenant »

Ce que pensa le roi des révélations de l'Affaire des poisons, nous l'ignorons. Soupçonna-t-il sa maîtresse ? C'est possible, comme il est possible aussi qu'il se soit satisfait des mémoires de Colbert et Duplessis pour écarter le doute de son esprit. La violente scène d'explication qu'il aurait eue avec elle est une pure fantaisie rapportée par certains auteurs sur la base d'une lettre apocryphe de Mme de Maintenon. D'après tout ce que nous connaissons du caractère de Louis XIV, on peut imaginer que sa préoccupation essentielle n'était pas de faire coûte que coûte la lumière sur le mystère, de traquer sans merci la femme qu'il avait choisie, la mère de ses enfants. Il préférait jeter un voile pudique sur ce passé inquiétant, quitte à ne rien savoir lui-même, à oublier ses propres interrogations, l'essentiel étant de ne pas laisser éclater le scandale.

Quand les aveux accusateurs de la fille Monvoisin ou de la Filastre parvinrent sur son bureau, il y avait déjà longtemps que Françoise de Rochechouart allait sur son déclin. Parallèlement, l'ascension de Mme de Maintenon se poursuivait de façon fulgurante. En décembre 1679, la voici seconde dame d'atour de la future Dauphine, derrière la marquise de Richelieu, dame d'honneur, et Mme de Rochefort, première dame d'atour. Cette singulière faveur fut suivie de bien d'autres. Au retour de la cour, partie à la rencontre de la fiancée de Monseigneur, on la vit monter dans le carrosse royal « à la portière, à côté du roi ». La très officielle *Gazette* n'hésite pas à rendre compte de l'événement. Chacun parut surpris de la préférence accordée par le souverain à une inconnue, de ses longues conversations en tête à tête, qui se faisaient au détriment des visites à Mme de Montespan et à Mlle de Fontanges. Primi Visconti, subtil observateur, s'est fait l'écho des chuchotements : « Personne, dit-il, ne savait ce qu'il fallait en croire, car elle était âgée ; les uns la regardaient comme la confidente du roi, les autres comme une entremetteuse, d'autres comme une personne habile dont le roi se servait pour rédiger les mémoires de son règne. Il est certain qu'aux habits, à l'ajustement et aux manières on ne savait pas à qui l'on avait affaire. Beaucoup étaient d'avis qu'il y a des hommes dont les sens sont beaucoup plus portés vers les vieilles que vers les jeunes. »

L'abbé Marcel Langlois, le précieux annotateur de la correspondance de Mme de Maintenon, fut le premier à remarquer l'évolution de leurs rapports. A partir de 1680, la faveur de celle-ci est totale. Louis la courtise, la recherche avec empressement. A quarante-cinq ans, Françoise d'Aubigné n'est pas une femme compassée, sans attrait, aux appas flétris et à la chair fatiguée. Elle est belle, épanouie, avec ses grands yeux qui lui dévorent le visage, ses lèvres charnues qui s'ouvrent sur un sourire prometteur, son cou de pigeon légèrement empâté. Elle a le charme des personnes réservées, secrètes, lointaines. Douce, sans arrogance, elle n'a pas l'éclat acide de sa rivale. Tous les contemporains reconnaissent sa séduction, sa « grâce incomparable », son « air d'aisance », dira Saint-Simon. « Il était difficile de la voir souvent sans prendre de l'inclination pour elle », avouera l'abbé de Choisy. Bigote, cette belle veuve ? Allons donc ! Une chrétienne sincère mais assez tiède, vertueuse par tempérament plus que par conviction, davantage attirée par les scintillements du monde que par le désir de faire son salut ou, plutôt, désirant concilier l'un et l'autre. Il suffit de se reporter une fois encore aux lettres qu'elle adresse à son directeur de conscience, le rude abbé Gobelin, pour s'en apercevoir. Elle y dévoile ses hésitations, ses arrière-pensées. Il faut en convenir, la pieuse légende dont se parait l'austère et maussade directrice de Saint-Cyr pour sa propre justification ne résiste pas à l'examen. Non, ce n'est pas pour le salut du roi qu'elle accepta son « amitié » – à quarante-deux ans, le prince triomphant n'était guère enclin à se convertir –, mais pour un autre motif, inavouable à des jeunes filles.

Sa vertu avait résisté des années aux avances du souverain. Scrupuleuse, indécise, soucieuse de sa bonne réputation, peu portée par son éducation sur le « commerce amoureux », prise entre des aspirations contradictoires, la belle gouvernante fut souvent au bord de la défaillance. Qui donc résisterait à Louis, ce demi-dieu si ardent, si entreprenant ? Psychologiquement, tout laisse à penser que sa vertu succomba à cette époque. Pourquoi n'aurait-elle pas été une femme comme les autres avec ses émois, ses passions et ses faiblesses ? Dans les lettres à son frère elle laisse éclater une inhabituelle joie de vivre, un bonheur paisible. On a conservé cette correspondance alors que celle échangée avec l'abbé Gobelin a disparu pour toute l'année 1680, après une dernière lettre datée du 8 janvier.

La charge de dame d'atour est-elle le prélude à sa défaite ou l'hommage d'un amant attentionné ? On ne saurait dire, mais il est sûr que l'attachement du monarque n'est pas celui d'un collégien qui court après une indomptable vestale, prude et frigide. Il l'aime de la fougue d'un homme qui a connu avec elle les ivresses de Cythère. Du reste, n'est-il pas significatif de noter que, depuis la maladie de Mlle de Fontanges, il n'a plus de maîtresse officielle, lui l'insatiable faune ! C'est bien la preuve que la châtelaine de Maintenon lui a enfin cédé. Evoquant plus tard ses relations intimes, celle-ci en fera d'ailleurs le discret aveu à Mlle d'Aumale : « J'étais de bonne humeur, je ne songeais qu'à l'amuser, qu'à le retirer des femmes, ce que je n'aurais pu faire s'il ne m'avait trouvée *complaisante* et toujours égale. *Il aurait été chercher son plaisir ailleurs, s'il ne l'avait trouvé avec moi.* »

Le retour d'une visite aux places de Flandre voit éclore un triomphe qu'elle eût aimé plus discret. Le 18 septembre 1680, Mme de Sévigné écrit : « Je ne sais auquel des courtisans la langue a fourché le premier ; ils appellent tout bas Mme de Maintenon, Mme de Maintenant… Elle passe tous les soirs depuis huit heures jusqu'à dix heures avec Sa Majesté. M. de Chamarande la mène et la ramène, à la face de l'univers. »

Les mois passent et la faveur continue. Elle reconnaît ne plus faire ses dévotions, ne plus approcher les sacrements. Elle a pris goût à la parure. Il n'est plus guère question de salut dans ses lettres à l'abbé Gobelin. « J'avance peu dans ce chemin », soupire-t-elle. La tête lui tourne. Elle est heureuse. La vie qu'elle mène la comble de bonheur. « Tout contribue ici au désordre, avoue-t-elle à propos de son séjour à Chambord à l'automne de 1682, et on en a tant soi-même que l'on ne peut en gronder les autres. »

Peut-être sa répugnance naturelle pour le péché l'incite-t-elle à rapprocher Louis XIV de la reine, à moins que ce ne soit pure tactique : Mlle de La Vallière et Mme de Montespan, avant elle, avaient fait de même. C'était devenu une sorte de rite que d'être intronisée par l'épouse en titre ! « Dieu a suscité Mme de Maintenon, disait la pauvre reine en pleurant de joie, pour me rendre le cœur du roi. » Si on lui recommandait la méfiance, elle répondait imperturbablement : « Le roi ne m'a jamais traitée avec autant de tendresse depuis qu'il l'écoute[1] ! » Mme Scarron était fière de son œuvre : « La famille royale, constate-t-elle, vit dans une union tout à fait édifiante. Le roi s'entretient des heures entières avec la reine. Le don qu'elle m'a fait de son portrait est, dans mon esprit, une distinction infinie. Mme de Montespan n'a jamais rien eu de semblable... » La comparaison est éloquente !

A Pâques, le trouble qui saisissait autrefois sa devancière s'empara d'elle : « Il est vrai que je fis jeudi mes pâques, mande-t-elle le 20 avril 1683 à Mme de Brinon, après une nuit pleine de trouble et de beaucoup de larmes, mais je ne sais que trop qu'elles ne me peuvent être précieuses. » Elle avait le sentiment que son état était moins grave que celui de ses devancières puisque, malgré des attentions parfois un peu trop appuyées, sa liaison n'était pas publique. Par pudeur, par honte peut-être, Françoise d'Aubigné avait refusé d'être intronisée favorite officielle. Elle préférait cet état trouble et incertain qui convenait à son goût de la pénombre.

La donation au duc du Maine

Cependant la belle délaissée gardait encore un atout : les enfants légitimés du roi. Adulé par son père, le petit duc du Maine avait été fait à trois ans colonel général des Suisses et Grisons. Il convenait désormais de lui donner de beaux domaines fonciers sans lesquels il n'est point de grands seigneurs et moins encore de grands princes. Or, une seule personne dans la famille royale disposait de biens immenses et n'avait pas d'héritier direct : la Grande Mademoiselle. Qu'allaient devenir sa souveraineté de Dombes, sa principauté de La Roche-sur-Yon, ses duchés de Montpensier, de Châtellerault et de Saint-Fargeau, son comté d'Eu, sa baronnie de Thiers, ses fiefs et châtellenies de Brosse, de Crevant et de tant d'autres lieux ? Ce patrimoine magnifique faisait l'objet de nombreuses convoitises, en particulier de la part de la reine qui aurait aimé que son fils les reçût en donation. Mais c'était à exclure étant donné les sentiments que lui portait la princesse depuis l'échec de son mariage avec Lauzun. Qui du roi ou de Mme de Montespan songea le premier à faire du duc du Maine l'héritier de la petite-fille de Henri IV ? On ne sait. Il est sûr, en revanche, que tous deux comprirent l'avantage qu'ils pourraient tirer d'une libération de Lauzun. La mise au point de ce troc singulier demanda plusieurs années. La fallacieuse Athénaïs y mit tout son esprit, toute son habileté, toute sa ruse.

Elle enrobait la Grande Mademoiselle de doucereuses paroles, la cajolait, recherchait sa compagnie, l'emmenait se promener en barque ou en calèche et lui soufflait à l'oreille : « Mais songez à ce que vous pourriez faire d'agréable au roi pour qu'il vous accorde ce qui vous tient tant à cœur… ». « Elle jetait de temps en temps des propos de cette nature, rapporte la princesse dans ses *Mémoires*, qui me firent aviser qu'ils pensaient à mon bien. Je me souvins que Pertuis, qui était fort des amis de M. de Lauzun, m'avait dit une fois : "Mais si vous faisiez espérer de faire de M. du Maine votre héritier !" »

Colbert se mit de la partie ainsi qu'un ancien officier des gardes du corps, Barrailh, ami du prisonnier de Pignerol. C'est ainsi qu'à partir de 1679 les conditions de détention de Lauzun s'améliorèrent sensiblement. Il reçut le droit de promenades et de visites. Parallèlement, les tractations avec Mlle de Montpensier se poursuivaient. Mais celle-ci hésitait, se sentait incapable de mener une négociation aussi serrée. Redoutait-elle d'être abusée par la rouerie féminine de l'ancienne favorite, elle si naïve ? « Il me passe tant de choses dans la tête dont je voudrais vous entretenir, disait-elle à la marquise, mais il faudrait que j'en eusse le temps ; on nous trouble toujours. »

Barrailh intervint avec dextérité pour accélérer les discussions. Il se chargea de transmettre à la princesse les désirs de Mme de Montespan qui demandait pour son fils le comté d'Eu et la principauté de Dombes, c'est-à-dire les plus beaux fleurons de son apanage, le tout sous forme de cession entre vifs. En échange, elle laissait espérer la libération de Lauzun et un mariage secret avec lui.

Lorsqu'elle entendit cette proposition, Mademoiselle se cabra : elle voulait bien coucher le bâtard royal sur son testament, mais se dépouiller de son vivant, il n'en était pas question ! Elle répondit qu'elle se portait « trop bien pour vouloir songer davantage à la mort ». Il fallut de nouveau la presser, lui faire comprendre que, sans ce geste généreux, c'en était fini de ses espoirs de revoir un jour Lauzun vivant...

Finalement, le 2 février 1681, dans un petit salon du château de Saint-Germain, la Grande Mademoiselle signa l'acte conférant au duc du Maine la pleine et entière souveraineté sur la principauté de Dombes. Par un second acte, elle lui vendait fictivement le comté d'Eu pour 1 600 000 livres, car la coutume de Normandie interdisait de céder à titre gracieux une propriété. La donatrice conservait seulement l'usufruit de ces deux terres.

Louis XIV et Mme de Montespan eurent assurément partie liée dans ce vil chantage. Le roi avait ses exigences propres. Il ne tenait nullement à retrouver l'arrogant Lauzun au bras de sa cousine germaine. Athénaïs, pour sa part, n'y voyait plus les mêmes inconvénients qu'en 1671. Au contraire, un homme sauvé par son intercession ne pouvait que lui être utile. Elle fut amenée à jouer son propre jeu, louvoyant entre le roi et Mlle de Montpensier, cherchant à concilier les points de vue, s'avançant parfois un peu trop et faisant des promesses qu'ensuite le monarque refusait. Il est certain que la vieille fille, proie facile, fut trompée car elle paya cette lourde rançon et n'obtint qu'une partie de ce qu'on lui avait laissé entrevoir : la libération de Lauzun accompagnée d'un exil sur ses terres. De mariage et d'un retour à la cour il n'était plus question. Mais elle fut davantage la dupe du roi que celle de

Mme de Montespan qui, en l'occasion, n'exprimait que les dures volontés du maître.

C'est ainsi qu'Athénaïs eut la pénible mission de lui annoncer que le captif ne reviendrait pas immédiatement à Paris, qu'il irait à Bourbon où son séjour devrait conserver « un air de prison ». « Quoi, il ne reviendra pas droit ici, après tout ce que j'ai fait ! — Que vous êtes difficile à contenter ! s'exclama la superbe comédienne. Quand vous avez une chose vous en voulez une autre ! » Puis, en promenade dans le parc de Saint-Germain, elle lui assena le coup fatal : « Le roi m'a priée aussi de vous dire qu'il ne veut pas que vous songiez à épouser M. de Lauzun... »

Mademoiselle se récria qu'elle n'avait cédé qu'à cette condition ! Mais il était trop tard... En outre, la princesse allait devoir dédommager Lauzun car, au cours de son emprisonnement, elle lui avait aussi vendu le comté d'Eu à titre fictif.

Elargi de Pignerol en avril 1681 mais restant prisonnier, Lauzun fut admis à se rendre à Bourbon, officiellement pour y faire une cure, en fait et surtout pour y rencontrer Mme de Montespan et arrêter avec elle les conditions de sa renonciation. En juin, un contretemps ayant retardé le départ de la marquise, on décida d'interner quelques semaines le comte à la citadelle de Chalon-sur-Saône. Et ce n'est qu'en septembre que Lauzun s'en vint à Bourbon sous bonne escorte.

La petite bâtarde, Mlle de Tours, âgée de six ans et demi, s'y trouvait déjà, gravement malade. Sur des signes alarmants, Fagon était accouru en poste, mais, hélas ! le 15 septembre, alors que Mme de Montespan s'apprêtait à quitter la cour, l'enfant décéda. De Fontainebleau, Louis XIV ordonna aux moines du prieuré de Saint-Pierre de Souvigny de faire inhumer sa « très chère fille » dans le tombeau des ducs de Bourbon. Enterrement solennel : dans la soirée du 19 septembre, à la lueur des flambeaux, le corps de l'enfant, placé dans un carrosse, fut conduit au lieu de sépulture par le marquis de Lévis, lieutenant du roi de la province, Jubert de Bouville, marquis de Bizy, intendant de Moulins, et toute la noblesse des environs, venue à cheval. Dom Hugues Donnadieu, prieur claustral de Souvigny, entouré de quatre chantres en chape brodée et d'une soixantaine de religieux, récita la prière des morts et célébra la messe tandis qu'une forêt de cent six cierges éclairaient le petit cercueil, couvert d'un drap de satin virginal orné d'hermine et d'une croix d'argent, sur lequel reposait une couronne crêpée de blanc. Mlle de Tours fut placée dans la chapelle neuve dédiée à Notre-Dame, à côté des gisants du duc Charles Ier et de sa femme Agnès de Bourgogne[2].

Enfin à Bourbon après ce tragique intermède, Mme de Montespan retrouva son vieil ennemi qu'elle n'avait pas vu depuis dix ans. Elle lui fit part de la proposition de Mademoiselle de lui donner, en échange de son comté d'Eu, quelques terres d'un revenu annuel d'environ 40 000 livres. Lauzun, sentant qu'il détenait la clé des négociations, fit la fine bouche : il réclama sa charge de capitaine des gardes du corps, une gratification extraordinaire de 200 000 livres que lui devait le Trésor royal et les années d'appointements de ses pensions qu'il n'avait pas touchées. Athénaïs lui promit de l'aider, mais lui conseilla souplesse et modération. Après plusieurs semaines d'âpre discussion entre l'ancien favori, qui voulait faire payer cher sa renonciation, et la Grande Mademoiselle, qui se faisait tirer l'oreille, pensant qu'elle avait suffisamment donné, le marché fut conclu.

Lauzun reçut la baronnie de Thiers en Auvergne rapportant 7 500 livres et la terre de Saint-Fargeau affermée 18 000 livres. A cela s'ajouta un revenu de 10 000 livres à valoir sur les gabelles du Languedoc.

Après toutes ces concessions qui lui arrachaient le cœur, la généreuse bienfaitrice voulut poser ses conditions. Elle s'opposa à rendre publique la donation au duc du Maine si on n'autorisait pas le retour à la cour de l'ancien prisonnier. Athénaïs, une nouvelle fois, servit d'intermédiaire auprès du roi, en route pour Strasbourg. Mais celui-ci fut inflexible : « Madame de Montespan, écrivait-il à Colbert le 5 octobre, m'a envoyé, devant que de me joindre, une lettre de ma grande cousine par laquelle elle me demande des choses que je ne peux lui accorder (...). Vous l'irez donc trouver, et après lui avoir rendu la lettre que je vous envoie pour elle, vous lui expliquerez en termes honnêtes que je reçois toujours les marques de son amitié et de sa confiance avec plaisir et que je suis très fâché quand je ne saurais faire ce qu'elle désire ; que je crois lui avoir assez montré le plaisir que j'ai à lui en faire en accordant à Lauzun ce que je lui viens d'accorder ; que sa nouvelle demande m'a surpris, qu'on peut espérer avec le temps quelque changement (...). Vous joindrez à cela toutes les honnêtetés et tous les compliments que vous croirez convenables[3]... »

Malgré sa mauvaise humeur, Mademoiselle dut s'incliner et la donation au duc du Maine fut rendue publique au début de novembre. Quant à Lauzun, d'abord exilé à Amboise, il retrouva sa princesse, se brouilla très vite avec elle et ne rentra en grâce auprès du roi qu'en 1688, après avoir sauvé la reine d'Angleterre, Marie d'Este, et le petit prince de Galles, menacés par la révolution, et les avoir conduits en France sur un bateau de pêche. Il sera fait duc en avril 1692 et épousera, à soixante-deux ans, une jeunesse de quatorze printemps, Geneviève de Quintin, fille du maréchal de Lorge et belle-sœur de Saint-Simon... Athénaïs avait beaucoup contribué à sa réhabilitation[4].

« Elle sèche notre joie »

Le succès de ces manœuvres, cependant, ne la consolait pas d'avoir perdu le cœur de son amant. Elle enrageait d'assister, impuissante, à l'ascension de son ancienne subordonnée. Se débarrasser de celle-ci n'était pas aussi simple que d'écarter prestement une Ludres ou même une Fontanges. Aussi une haine implacable s'était-elle installée entre les deux femmes, une haine que dissimulaient aux yeux du monde le respect des convenances et les sourires hypocrites : « Mme de Montespan et moi, mandait Mme de Maintenon à M. de Montchevreuil le 27 mai 1681, avons fait aujourd'hui un chemin ensemble, nous tenant sous le bras, riant beaucoup ; nous n'en sommes pas mieux pour cela. » Toujours au même correspondant elle ajoutait : « Mme de Montespan est grossie d'un pied depuis que vous l'avez vue ; elle est étonnante. » Athénaïs s'était en effet bien alourdie ces derniers mois. Son amertume avait lâché la bride à la gourmandise. « Son embonpoint était devenu tel, raconte Primi Visconti, qu'un jour, pendant qu'elle descendait de carrosse, je pus voir une de ses jambes presque aussi grosse que moi. » Et d'ajouter avec ironie : « Je dois dire pour être juste que j'ai beaucoup maigri ! » Le galant homme !

Crut-elle à un retour de faveur lorsqu'elle vit légitimer, en novembre 1681, ses deux derniers enfants, Mlle de Blois et le comte de Toulouse ? En ce cas elle déchanta bien vite. C'étaient ses enfants et non leur mère que Louis XIV entendait distinguer. Le 25 avril, on remarqua avec stupeur qu'il ne fit point *medianoche* chez elle[5]. Cela n'était jamais arrivé. Il écourta même ses visites quotidiennes, au prétexte qu'il se devait à sa belle-fille, la Dauphine, alors enceinte. Le 6 août, celle-ci accoucha d'un fils, Louis, titré duc de Bourgogne. Rarement la cour connut une telle explosion de joie. « On devint presque fou, raconte l'abbé de Choisy. La foule se porta jusqu'aux appartements du roi. Chacun se donna la liberté d'embrasser le monarque, qui tendait sa main à baiser à tout le monde. Le bas peuple paraissait hors de sens. Les porteurs de chaises en brûlèrent les bâtons, et les Suisses jusqu'aux parquets et aux lambris destinés à la grande galerie du château de Versailles, à laquelle on travaillait. » Mme de Montespan, évidemment, n'était pas d'humeur à participer à cet enthousiasme collectif : « Elle sèche notre joie, elle meurt de jalousie, écrivait une Mme de Maintenon radieuse. Tout lui déplaît, tout l'importune : elle prétend que les couches des autres lui sont aussi funestes que les siennes. »

La visite du roi au château de Maintenon, en septembre, raviva sa douleur : quelques jours auparavant, pour bien souligner la rupture de tout lien avec la maîtresse des lieux, elle avait vendu sa ménagerie au bas du parc au valet de chambre du duc du Maine. Il lui semblait qu'un monde nouveau s'organisait sans elle, un monde où elle ne brillait plus au premier rang.

Le mariage secret

Le 26 juillet 1683, à Versailles, au retour d'un voyage en Bourgogne, la reine fut atteinte d'une forte fièvre qui l'obligea à s'aliter. Le surlendemain, comme son état ne s'améliorait pas, Fagon, son premier médecin, ordonna de pratiquer une saignée. Le soir, sous l'aisselle gauche, apparut un gros clou que l'on tenta de faire passer avec un emplâtre humide et tiède. Rien n'y fit. Le 29, du pus s'écoula de l'abcès qui s'était coloré « d'une manière de pourpre ». Bientôt le mal s'aggrava. Le pus parut « se retirer au-dedans avec un très grand feu ». On décida donc de saigner à nouveau la patiente, cette fois au bras droit, de façon à attirer le sang de ce côté, puis on lui fit boire de l'émétique, vomitif fort à la mode composé d'antimoine et de tartrate de potasse : naturellement, cette médecine ne fit que l'affaiblir ; le soir même, elle fut frappée d'un « transport au cerveau » et commença à délirer. Le 30 au matin, avant d'aller présider le Conseil, le roi, inquiet, se rendit à son chevet. La reine avait passé une nuit agitée et souffrait horriblement. Vers onze heures, elle demanda à recevoir le saint sacrement, que l'archevêque de Paris courut chercher à la chapelle du château. La mourante communia puis reçut les exhortations du prélat avec piété et résignation. « Depuis que je suis reine, soupira-t-elle, je n'ai eu qu'un seul jour heureux », sans préciser lequel. A son époux, venu la rejoindre avec son fils et la famille royale, elle recommanda ses œuvres et ses pauvres. Et le Grand Dauphin en larmes lui baisa les mains. A quinze heures, Marie-Thérèse d'Autriche expira[6].

Conformément à l'étiquette qui lui interdisait de rester dans la demeure d'un défunt, Louis XIV partit aussitôt pour Saint-Cloud. Le lendemain soir, le corps, embaumé, fut placé dans son cabinet sur un lit d'apparat à courtines tendues de velours noir frangé d'argent. Le château tout entier, du grand escalier aux salles des gardes en passant par les antichambres et les salons, était drapé de tentures funéraires. Le cœur de la défunte, enfermé dans une double enveloppe de plomb et de vermeil, fut conduit en procession au Val-de-Grâce. Le soir du même jour, le roi, en ample manteau noir, accompagné de toute la cour, s'inclina devant la dépouille mortelle de son épouse et jeta de l'eau bénite sur la bière. Puis il revint à Saint-Cloud et, de là, prit sans attendre la route de Fontainebleau. Marie-Thérèse était déjà oubliée ! Louis, en prévision des chasses d'automne, avait revêtu une tenue de demi-deuil fort élégante, composée d'un justaucorps violet et d'une cravate de toile. Personne, hormis les princesses, les dames de la reine, ses gardes du corps et quelques troupes de la maison du roi mobilisées pour la circonstance, n'assista à l'inhumation dans la crypte de Saint-Denis. Au retour, raconte la Grande Mademoiselle, on rit beaucoup dans les carrosses, et les mousquetaires, dont les tambours étaient voilés de crêpe, s'amusèrent à chasser dans la plaine, toujours fort giboyeuse en cette saison.

Le roi parut plus ennuyé que désemparé. Cette Espagnole, petite et boulotte, niaise et effacée, dirigée par son confesseur comme une carmélite, fut bien la seule femme qu'il n'ait jamais aimée. « C'est le premier chagrin qu'elle m'ait causé », soupira-t-il. La plus grande qualité qu'il lui reconnaissait était sa complaisante docilité. C'était tout dire ! « Le Ciel me l'avait donnée comme il me la fallait, jamais elle n'a dit non. » Monsieur fut encore plus léger. A sa cousine, Mlle de Montpensier, il montra en badinant une boîte de « senteurs d'Allemagne » : « Sentez, lui dit-il, je l'ai tenue deux heures sous le nez de la reine, comme elle se mourait. » A quoi Athénaïs, présente, fit réflexion : « Voilà des récits de gens bien affligés ! » Elle-même s'était comportée avec tact et discrétion. « Elle lui avait rendu tous les devoirs dans la maladie, reconnaissait Mademoiselle. Comme c'est une femme d'esprit, elle fait bien ce qu'il faut faire. »

Si elle pleura, ce fut moins de la disparition de la reine que de la crainte de grands changements : avec la mort de Marie-Thérèse elle perdait en effet ses fonctions de surintendante. Qu'allait-elle devenir sans l'amour du roi ? Retomberait-elle dans les griffes de son mari ?

Cet événement inattendu plongea également Françoise d'Aubigné dans un grand trouble. Certes, la Dauphine, dont elle était dame d'atour, occupait désormais la première place à la cour. Mais son sort était, à d'autres égards, bien incertain. Le roi, dans la force de l'âge, allait assurément convoler. Qui serait la nouvelle reine ? A peine le cercueil de la pauvre Marie-Thérèse gisait-il dans l'ombre humide de Saint-Denis que chacun se mit à en parler.

Le mieux n'était-il pas de lui trouver une bonne princesse, douce et pieuse, comme la précédente ? C'était l'avis de Mme de Montespan : « Il faut songer à le remarier au plus tôt, sans cela, tel que je le connais, il fera un mauvais mariage plutôt que de n'en faire point. » Les ecclésiastiques, Bossuet, le père de La Chaise, Mgr de Harlay, étaient d'avis d'en finir avec le spectacle désolant de ses débordements amoureux. Il devait se ranger, cesser de s'afficher avec des pécheresses publiques, bref montrer l'exemple d'un souverain pieux, du Roi Très Chrétien qu'il était en titre. Pourquoi donc n'épouserait-il pas une personne de son goût, ne régulariserait-il pas sa liaison avec cette marquise de Maintenon, veuve aimable et discrète, qui avait soif d'établissement ? L'idée fit très vite son chemin puisque, le jour même du décès de la reine, La Rochefoucauld souffla à l'intéressée : « Ce n'est pas le temps de quitter le roi, il a besoin de vous. » Il fallait l'entourer, l'enivrer de pieuses et douces exhortations, lui faire sentir combien, dans cette situation nouvelle, sa présence était indispensable. Cela, Françoise le comprit à mi-mot.

Louis XIV arriva à Fontainebleau le 3 août. Il y fut rejoint vingt-quatre heures plus tard par sa maîtresse, bien décidée, en cette heure décisive, à ne pas laisser la place vacante. Elle commit, toutefois, une erreur psychologique : celle de paraître devant lui en grand deuil avec une mine de circonstance. Le roi, dont l'affliction était passée, ne put s'empêcher de rire et de la plaisanter sur ses atours, « à quoi, ajoute Mme de Caylus, je ne jurerais pas qu'elle ne répondît en elle-même : *Le prenez-vous par là ? Ma foi, je ne m'en soucie pas plus que vous !* »

Que se passa-t-il ensuite ? On ne peut que le deviner. « Mme de Maintenon, dira la princesse Palatine, trouva le moyen de le consoler en quatre jours. » Tout son art – son grand art – fut d'insinuer sans jamais se livrer, d'amener le roi à considérer cette union comme la plus simple, la plus raisonnable, la plus agréable pour lui, tout en le mettant en règle vis-à-vis de la loi divine. Le temps des bagatelles était clos. Louis en convenait. Encore lui fallut-il se faire à l'idée d'une alliance avec une femme de très petite noblesse, veuve d'un poète burlesque de douteuse réputation. Cette femme, évidemment, ne pouvait prendre rang devant les princes et les princesses du sang, être une reine déclarée. C'était inconcevable. Ainsi, peu à peu, en vint-il au projet d'une union secrète, bénie par un prêtre, d'un mariage morganatique ne choquant ni la cour ni l'Eglise.

L'habile Mme de Maintenon eut à livrer sans aucun doute un rude combat avec des atermoiements, des moments de doute et de découragement. Dans les lettres de cette époque elle se plaint de ses vapeurs, de ses insomnies, de ses inquiétudes. Mais elle sait aussi qu'elle touche au but. « La raison qui vous empêche de me voir, mande-t-elle à son frère le 7 août, est si utile et si glorieuse que vous n'en devez avoir que de la joie : il ne me convient point d'avoir aucun commerce... » Pour forcer la décision royale, il est possible, comme l'a suggéré Jean Cordelier, qu'après la mort de la reine elle se soit refusée à lui. Un passage d'une lettre à Mme de Brinon le laisse entendre : « Je vous prie de ne vous point lasser de faire prier pour le roi ; il a plus besoin de grâce que jamais pour soutenir un état contraire à ses inclinations et à ses habitudes. » Dès le 27 août, les allusions à sa situation deviennent plus claires : « Il n'y a rien à répondre sur l'article de Louis et Françoise, ce sont des folies. Je voudrais seulement savoir pourquoi elle ne le voudrait pas ; car je n'aurais jamais cru que l'exclusion sur cette affaire fût venue par elle. » A mots couverts, mais faciles à comprendre, elle démentait donc la rumeur selon laquelle elle aurait refusé la demande en mariage. A partir de ce moment, elle semble apaisée, radieuse. A son frère, elle conseille – elle, d'ordinaire si prévoyante, si économe – de dépenser sans compter, sans souci de l'avenir. Ses « agitations », avoue-t-elle à son confesseur, sont terminées, « du moins dans les apparences et je suis dans une paix dont je prendrais plus de plaisir à vous entretenir que des troubles que nous nous communiquâmes (...). Adieu, Monsieur, ne m'oubliez pas devant Dieu, car j'ai grand besoin de forces *pour faire un bon usage de mon bonheur* ». Mme de Caylus témoigne de cette métamorphose : « Pendant le voyage de Fontainebleau qui suivit la mort de la reine, je vis tant d'agitation dans l'esprit de Mme de Maintenon que j'ai jugé depuis, en la rappelant à ma mémoire, qu'elle était causée par une incertitude violente de son état, de ses pensées, de ses craintes et de ses espérances ; en un mot, son cœur n'était pas libre et son esprit restait fort agité. Pour cacher ses divers mouvements, et pour justifier les larmes que son domestique et moi lui vîmes quelquefois répandre, elle se plaignait de vapeurs, et elle allait, disait-elle, chercher à respirer dans la forêt de Fontainebleau avec la seule Mme de Montchevreuil ; elle y allait même quelquefois à des heures indues. Enfin, les vapeurs passèrent : le calme succéda à l'agitation et ce fut à la fin de ce même voyage. Je me garderai bien de pénétrer un mystère respectable pour moi par tant de raisons... »

Selon l'abbé Langlois, l'étrange cérémonie aurait eu lieu dans la nuit du 9 au 10 octobre, dans l'ancienne chapelle de Versailles, en présence de quelques témoins : le père de La Chaise, qui donna la bénédiction nuptiale, l'archevêque de Paris, Mgr de Harlay, M. de Montchevreuil, Louvois et le fidèle valet de chambre du roi, Bontemps. D'autres historiens inclinent pour une date plus tardive : janvier 1684 – le temps de respecter le deuil officiel. D'autres encore la repoussent à janvier 1686. Quoi qu'il en soit, bien que l'on n'ait jamais trouvé trace d'un acte ou d'un procès-verbal attestant le mariage, nul, à l'époque, ne douta de sa réalité[7]. Au fil du temps, Mme de Maintenon elle-même y fera quelques allusions afin que personne ne pût mettre en doute la régularité de sa situation au regard de la morale. « Notre évêque sait à quoi s'en tenir », disait-elle lorsqu'on lui parlait de ses rapports avec le roi. « Elle a toujours gardé sur cela un secret inviolable, reconnaît Mme du Pérou, religieuse de Saint-Cyr ; cependant, un jour que j'avais l'honneur d'être avec elle, elle me dit, en parlant de Mme de Montespan et des autres maîtresses du roi, qu'il y avait bien de la différence de l'amitié du roi pour elle et de celle qu'il avait eue pour ces dames, que c'était des liens sacrés... »

Charles d'Aubigné, l'insupportable frère de Mme de Maintenon, savait lui aussi à quoi s'en tenir. Ses incartades faisaient trembler l'épouse secrète à peu près autant qu'autrefois l'incommode Montespan effrayait sa femme. Elle n'avait pourtant pas été ingrate. Elle l'avait fait nommer gouverneur de Belfort, d'Aigues-Mortes, de Cognac et pour finir de la province du Berry. Tout autre s'en serait contenté. Charles, lui, continua ses frasques, ses écarts de langage. Sur les bancs des Tuileries comme dans la Grande Galerie de Versailles, il révélait à la cantonade les aventures galantes de sa sœur au temps de sa jeunesse et appelait le roi « le beau-frère » ! On finira d'ailleurs par le mettre plus ou moins de force dans la maison de retraite de Saint-Sulpice.

Premiers pas vers la disgrâce

La disparition de Marie-Thérèse plongea nos dames dans une piété surprenante. « Mme de Montespan s'est jetée dans la plus grande dévotion, observe Mme de Maintenon le 10 septembre 1683. Elle paraît uniquement occupée de salut et insensible à toute autre chose : il est bien temps qu'elle nous édifie ! » Le 28, elle notait encore : « Je crois que la reine a demandé à Dieu la conversion de toute la cour. Celle du roi est admirable, et les dames qui en paraissaient le plus éloignées ne sortent plus de l'église. Mme de Montchevreuil, Mme de Chevreuse, Mme de Beauvillier, la princesse d'Harcourt, en un mot toutes nos dévotes n'y sont pas plus souvent que Mme de Montespan, Mme de Thianges, la comtesse de Gramont, la duchesse de Lude et Mme de Soubise. Les simples dimanches sont comme autrefois les jours de Pâques. » Mme de Maintenon, pour sa part, n'avait encore qu'une piété superficielle. Le 16 juillet de l'année suivante, elle confiait à son frère : « Je ne suis pas dévote mais je veux l'être et je suis persuadée que c'est la source de tout bien pour le présent et pour l'avenir. » Sa vraie conversion, comme l'a montré l'abbé Langlois, date de 1686.

Si étrange que cela puisse paraître, Athénaïs l'avait donc précédée sur le chemin de Damas. Etait-elle sincère ? Elle n'agissait ni par courtisanerie, ni pour suivre une mode. Ce retour à Dieu, après des années d'éloignement, correspondait au revirement de son cœur. On sait que, même au temps de ses désordres, de ses superstitions et de ses diableries, elle n'avait jamais totalement abandonné la foi. Cette petite flamme avait grandi insensiblement avec le temps. La mort de Mlle de Tours l'avait ébranlée. Celle de son fils, le comte de Vexin, emporté à douze ans, fut un drame qui la toucha en profondeur. Certes, après ces épreuves, elle aurait pu se réfugier dans une vie sereine, loin de l'agitation vaine et superficielle du monde, mais c'était encore trop exiger. Ce sacrifice était un crève-cœur. « Elle se rongeait les doigts et ne pouvait se décider à quitter la partie », écrit l'abbé de Choisy. Louise de La Vallière avait connu ce déchirement et ne s'était arrachée au monde qu'après bien des années. Les situations d'ailleurs présentaient d'étonnantes ressemblances. Pour protéger son intimité avec Mme de Maintenon, le roi jouait d'Athénaïs comme d'un paravent. L'épouse du marquis de Montespan n'était plus sa maîtresse depuis longtemps mais elle restait la favorite officielle, la mère des enfants légitimés. Chaque jour, à deux heures de l'après-midi, il allait chez elle et y restait en général une demi-heure jusqu'au dîner. Il se rendait ensuite chez la Dauphine, travaillait le reste de l'après-midi ou se promenait dans les jardins. Le soir, à sept ou huit heures, Mme de Maintenon le retenait jusque vers dix heures, heure de son souper. Il retournait ensuite chez Mme de Montespan, jouait avec ses chiens et se couchait entre minuit et demi et une heure du matin pour se lever tôt et travailler jusqu'à la messe. Cet emploi du temps était immuable. Le roi aimait conserver ses habitudes comme de vieux vêtements qu'on endosse avec plaisir. Peut-être recherchait-il encore en Athénaïs la verve étincelante, le talent de conteuse, la spontanéité, le rire moqueur, toutes qualités dont, avec le temps, sa placide et austère épouse semblait vouloir se dépouiller ?

En public, les deux femmes donnaient le change, faisant assaut de douceurs et de câlineries. « Elles ne se voyaient plus l'une chez l'autre, précise Mme de Caylus ; mais partout où elles se rencontraient elles se parlaient et avaient des conversations si vives et si cordiales en apparence que qui les aurait vues sans être au fait des intrigues de la cour aurait cru qu'elles étaient les meilleures amies du monde. »

Athénaïs se résigna – du moins en apparence – à ne plus occuper le premier rang. En septembre 1684, pour le voyage de Chambord, elle se contenta du troisième carrosse, en compagnie du duc du Maine et de Mlle de Nantes. Mme de Maintenon côtoyait dans le premier le roi et la Dauphine, tandis que le second était réservé aux dames d'honneur. Au début de décembre, on la pria de quitter la magnifique suite qu'elle avait à Versailles, au premier étage, pour un logement plus restreint au rez-de-chaussée, derrière le cabinet du roi, « l'appartement des bains » qu'on avait fait parqueter pour l'occasion. « Ce fut, écrit Dangeau, le premier pas de sa disgrâce et de son éloignement. » Au même instant, Mme de Maintenon transporta ses meubles et sa garde-robe dans un appartement contigu à celui du roi.

L'exilée afficha un flegme souverain. Elle n'eut pas un cri, pas une plainte et, pour mieux montrer sa tranquillité d'esprit, offrit en étrennes à l'ingrat un magnifique album à reliure d'or, d'une valeur de 4 000 pistoles, qui contenait des miniatures représentant les sièges de la campagne de Hollande en 1672 et des textes de Boileau et de Racine. Discret rappel de son triomphe passé ! Louis XIV en fut enchanté. En retour, il donna à ses enfants légitimés la propriété du domaine de Clagny et en réserva l'usufruit à leur mère, sa vie durant[8].

Athénaïs comprit que la nouvelle « reine » se tiendrait toujours à l'écart de la vie brillante, préférant le calme douillet de son appartement aux amusements et aux fêtes. C'était là sa chance. Elle la courut. Au carnaval de 1685, elle retrouva sa vivacité, son entrain d'autrefois. Elle offrit chez elle un bal masqué où parurent le duc du Maine, le comte de Toulouse, Mlles de Nantes et de Blois. Pour l'occasion, le roi lui avait prêté ses musiciens et ses danseurs. Après le souper, les convives eurent la surprise d'assister à un spectacle de marionnettes puis à une représentation de la foire Saint-Germain, où chaque boutique était tenue par des jeunes femmes ou des jeunes filles masquées.

Le mariage de Mademoiselle de Nantes

Les deux rivales et leur souverain s'entendaient au moins sur un point : unir les bâtards aux branches légitimes de la famille royale. Aussi, avec quelle joie encouragèrent-ils le projet du Grand Condé et de son fils, M. le Duc, d'unir leur descendant, le jeune prince Louis de Bourbon, à la délicieuse Mlle de Nantes. Certes, ce prétendant de seize ans était franchement laid, avec sa grosse tête difforme et sa taille de nain, ses traits rudes mais, du moins, était-il du sang de France ! Les fiançailles eurent lieu le 23 juillet 1685, à Versailles, en présence d'une assistance nombreuse et richement parée. La fille du roi, âgée de douze ans, portait un habit d'or brodé de perles sur fond de taffetas noir. Louis XIV fixa sa dot à un million de livres, lui assura un revenu de 100 000 livres à titre personnel et un autre de 90 000 livres à son futur époux. Le jeune garçon, pour sa part, recevait de sa mère, Anne de Bavière, un capital de 1 200 000 livres et de son aïeul, le Grand Condé, une rente de 100 000 livres. Après la signature du contrat, la bénédiction et les félicitations d'usage, la journée s'acheva par une agréable promenade en gondole sur le Grand Canal, un souper fin servi à Trianon sous des arceaux fleuris et un feu d'artifice sur l'eau. La noce, fixée au lendemain, fut plus éblouissante encore. Mlle de Nantes, timide et gracile, rayonnait de charme dans un habit de brocart d'argent semé de rubis et d'émeraudes et orné de dentelles d'argent plissées. Sa coiffure, volumineuse pyramide de perles et de pierreries, semblait l'écraser de tout son poids. Le duc, sous un manteau de satin blanc et mauve, arborait un habit brodé d'or sur fond de gros de Naples noir. Malgré tant de magnificence déployée, on ne pouvait s'empêcher de sourire à la vue de ces enfants. « C'était une chose ridicule de voir marier ces deux marionnettes, écrit le marquis de Sourches, car M. le duc de Bourbon était petit jusque dans l'excès. L'on appréhendait qu'il demeurât nain. »

A la tribune de la chapelle un spectacle étonnant s'offrit aux courtisans : les deux mortelles ennemies côte à côte, veillant sur leur œuvre d'un air attendri ! Le soir, on conduisit les jeunes mariés à leur chambre. Louis XIV tendit la chemise à son gendre pendant que la Dauphine en faisait autant à la jeune mariée. L'évêque d'Orléans bénit la couche nuptiale où s'allongèrent les deux jeunes gens. L'on tira les rideaux... pour la forme seulement, car Mlle de Nantes n'était pas nubile. Dès le lendemain, Mme de Maintenon reprit la petite à ses côtés et le duc de Bourbon retomba sous la férule de son précepteur. Huit mois plus tard, le roi acceptera de les réunir, à la grande satisfaction de Mme de Montespan qui avait craint dans ce « temps mort » une répudiation de la part des Condés.

La duchesse de Bourbon fut dès lors de toutes les fêtes. La beauté de ses traits, son esprit malicieux, sa grâce piquante de petit lutin rappelaient à Athénaïs ses triomphes d'autrefois. Elle se retrouvait en elle, prenait plaisir à la satisfaction du roi qui n'avait d'yeux que pour cette enfant chérie. L'hommage rendu à la fille rejaillissait sur la mère. Non, l'esprit des Mortemart n'était pas mort !

La veille des Rois de 1686, on inaugura les pavillons de Marly. Mme de Montespan en profita pour organiser les festivités. Elle fit installer dans les appartements des boutiques de colifichets tenues par des vendeuses improvisées : au comptoir du Printemps, la duchesse de Bourbon et Mme de Chevreuse, à celui de l'Eté, Mme de Thianges et le duc de Bourbon. Elle-même s'était réservée celui de l'Automne avec le Grand Dauphin et avait attribué – non sans ironie – la boutique de l'Hiver à Mme de Maintenon et à son protégé, le duc du Maine. Pour le carnaval, on dansa et on chanta. Malgré ses quarante-six ans, l'ancienne favorite menait les joyeuses farandoles masquées et costumées à travers tout le château de Versailles, faisant irruption jusque dans la chambre du roi. Pauvre Athénaïs ! Elle semblait s'accrocher à cette vie moins par nostalgie, moins par regret de la faveur d'antan que par désir de retarder l'heure fatale où on lui signifierait son congé. Elle cherchait à s'étourdir comme pour figer son destin. Ses enfants étaient sa sauvegarde, son bouclier. Mais pour combien de temps encore ?

Sous ses voilettes noires, Mme de Maintenon, devenue franche dévote plus que bonne chrétienne, soupirait d'impatience. Ce regain de faveur, ce tourbillon de jeunesse, cette bruyante gaieté l'inquiétaient. Elle souffrait en secret, s'affligeait des œillades moqueuses que la marquise lui décochait. « Savez-vous, madame, lui avait lancé un jour l'effrontée alors qu'elle découvrait chez elle le curé et les sœurs grises de Versailles en grande réunion, que votre antichambre est merveilleusement parée pour votre oraison funèbre ? » Il fallait vite mettre le holà à tant d'impertinence.

Depuis longtemps déjà, le roi souffrait d'intolérables douleurs à l'anus où une fistule était apparue. Pour se débarrasser de ce foyer purulent, fallait-il « inciser » comme le préconisait Félix, son premier chirurgien, ou essayer d'abord un remède plus simple comme le proposait Gervais, chirurgien ordinaire : une cure aux eaux de Barèges ? Le roi préféra les eaux et fixa son départ au 6 juin. Il arrêta la liste des familiers qui l'accompagneraient. Athénaïs en était exclue alors que le duc du Maine en faisait partie. Fort dépitée, elle eut ses accès habituels de vapeurs et, sans prendre congé de personne, partit pour Rambouillet chez son vieil ami le duc de Montausier. Son fils cadet, le comte de Toulouse, la suivit mais un billet du roi lui intima l'ordre de revenir, et de revenir seul. Nouvel affront ! Heureusement, un contre-ordre ramena le calme. Le 27 mai, Louis XIV renonça à son voyage, accepta l'opération et chargea le duc du Maine de rappeler sa mère. Celle-ci ne se fit pas prier. « Le lendemain, raconte le marquis de Sourches, le roi alla chez elle à son ordinaire, sans qu'il se fît entre eux aucun éclaircissement sur tout ce qui était arrivé. »

A nouveau, Mme de Maintenon eut à supporter sa présence ! En août, comme Athénaïs avait eu la fantaisie d'aller entendre les vêpres à Saint-Cyr, en compagnie de la Grande Mademoiselle, elle écrivait à la supérieure : « Je prends part à la peine qu'elles vous donneront ; je voudrais y aller, mais il vaut mieux prier Dieu ici que d'aller causer à Saint-Cyr avec elles, les trotter partout... »

Le fils légitime

Revenue de tout, Mme de Montespan se tourna alors vers son fils légitime, le marquis d'Antin, qui touchait à l'âge d'homme et dont elle s'était peu souciée jusque-là.

En 1679, son père l'avait placé au collège de Juilly pour y recevoir l'éducation réputée des Oratoriens. Un jour, il y tomba malade et l'on dut le reconduire chez lui, à Paris. « Ma maladie continuant, rapporte-t-il dans ses *Mémoires*, Mme de Montespan vint m'y voir. C'est la première fois que j'avais eu ce plaisir-là. Elle me fit beaucoup d'amitié, mais des raisons de cœur l'empêchèrent de me voir davantage, dont je fus extrêmement mortifié. » Peu après, son père, qui devait retourner en Gascogne, le mit externe au collège des Jésuites de Paris où il fit une année de rhétorique et deux de philosophie. Puis il rejoignit une académie militaire et y apprit l'équitation, l'escrime, la danse, les mathématiques, la cartographie, la castramétation et l'art des fortifications. Pendant tout ce temps, sa mère ne l'avait vu que deux ou trois fois et « toujours en cachette ». Mais, en 1683, alors qu'il atteignait ses dix-huit ans, elle lui obtint un brevet de lieutenant à la compagnie colonelle du régiment du roi et le fit admettre à la cour. L'année suivante, grâce à l'intervention de Mme de Maintenon, pour une fois mise à contribution, il fut nommé menin de Mgr le Dauphin, c'est-à-dire gentilhomme attaché à son service.

A vingt ans, Louis-Antoine de Pardaillan, marquis d'Antin, était un beau, grand et robuste jeune homme. Son esprit vif, son éloquence naturelle, son excellente mémoire, sa faconde toute gasconne, son aisance dans le monde en faisaient le type du parfait courtisan, empressé à plaire, excellant dans la bassesse comme dans la flagornerie. Sa féroce ambition était le ressort secret de son débordement de vitalité, de ses excès d'assiduité, de souplesse et d'adresse. Ses fonctions auprès du Grand Dauphin lui avaient permis de s'insinuer dans l'étroit cercle des familiers du prince, à telle enseigne qu'il se voyait déjà le favori du nouveau règne.

En avril 1686, revenant de la chasse avec Monseigneur, d'Antin tomba de cheval et reçut un méchant coup de sabot à la tête. Mme de Montespan, tremblante d'émotion et peut-être de remords à l'idée d'avoir été une mère si ingrate, envoya sa voiture et son chirurgien à son secours. A Clagny où elle le fit transporter, elle eut, dit Sourches, « des soins extraordinaires qui le charmaient parce qu'elle ne l'avait pas accoutumé jusqu'alors à recevoir des caresses de sa part ».

Cet accident donna l'occasion au père, qui se trouvait à Paris, de se manifester. Il décida aussitôt de partir pour Versailles. Athénaïs fut prise d'inquiétude à cette nouvelle et, vite, dépêcha à sa rencontre l'abbé

Anselme, chapelain du jeune homme, avec mission de lui faire rebrousser chemin. Au pont de Sèvres, le prédicateur arrêta le carrosse du marquis. Il lui expliqua avec les plus grands ménagements que sa venue, dans les circonstances présentes, risquait de provoquer une entrevue désagréable avec sa femme et, par conséquent, d'être préjudiciable à la santé de son fils qui avait surtout besoin de calme et de repos. Montespan, comme d'habitude, s'emporta, jura, voulut passer outre, mais finalement se rendit aux arguments de son interlocuteur. Il resta vingt-quatre heures à Sèvres dans un hôtel à attendre des nouvelles rassurantes, puis s'en revint à Paris, « après avoir dit bien des folies ».

Malgré le déclin des faveurs royales, les relations entre les deux époux restaient très mauvaises. La séparation de 1674 n'avait pas soustrait la marquise à la nécessité d'obtenir l'autorisation de son mari chaque fois qu'elle voulait disposer de ses biens propres, meubles ou immeubles. Cela donna lieu à maints tracas. Aussi déposa-t-elle une requête au Châtelet qui, par sentence du 5 septembre 1686, l'affranchit de cette pesante tutelle.

D'Antin se rétablit rapidement de sa chute de cheval. Sa mère résolut alors de le marier et lui trouva un beau parti : Julie-Françoise de Crussol, fille aînée du duc d'Uzès, petite-fille du duc de Montausier. A dix-sept ans, elle avait la fraîcheur de la jeunesse, malheureusement des traits un peu mous, déjà empâtés, et les dents, dit Sourches, « peu conformes à sa beauté ». Les parents et même le grand-père, pourtant grand ami de Mme de Montespan, se chagrinèrent de ce projet : ils auraient préféré gendre de meilleur aloi que le fils d'un gentilhomme gascon et d'une ancienne hétaïre royale... Athénaïs, ravalant cette vexation, déploya son éloquence à les persuader, non sans mal. Le duc et la duchesse d'Uzès n'acceptèrent le mariage qu'à la condition de ne pas verser un sol de dot, se contentant de promettre 50 000 écus au ménage à leur décès. Le brave Montausier, plus généreux, offrit 20 000 écus au fiancé et la lieutenance générale du roi en Haute et Basse-Alsace qui rapportait 8 000 écus de rente. Athénaïs assura à son fils une pension annuelle de 2 000 écus et fit meubler un appartement pour sa belle-fille, avec « un grand bassin plein de tout ce qui se peut servir à une dame, de rubans, d'éventails, d'essences, de gants et une fort belle parure de diamants et d'émeraudes, qui valait bien 40 000 livres » (Dangeau).

Le marquis de Montespan, venu signer le contrat, n'offrit rien, et pour cause : il n'avait rien. Il se contenta d'aligner au-dessus de sa signature ses titres de noblesse : « Très haut et très puissant seigneur messire Louis-Henry de Gondrin, marquis de Montespan, d'Antin et de Neuvy, comte de Miélan, vicomte de Muret et autres places, demeurant ordinairement en son château de Bonnefont, sénéchaussée d'Auch, étant maintenant en cette ville de Paris logé à l'hôtel de Sens, rue et paroisse Saint-André-des-Arcs. » La noce fut célébrée le 6 août 1686, à l'hôtel de Rambouillet. Mme de Montespan était radieuse, attendant ses invités. Personne ne vint, ni Louis XIV, ni le Grand Dauphin, ni aucun membre de la famille royale. Les courtisans, jadis si empressés, boudèrent la cérémonie. C'était bien le signe d'une disgrâce irrémédiable.

Chaque jour, sa rivale, avec ses airs de chattemite, marquait des points. Le 23 septembre, sur la liste des invités de Marly, Athénaïs eut la stupeur de ne pas lire son nom. Elle s'en vint trouver le roi et lui dit en raillant « qu'elle avait une grâce à lui demander, c'était de lui laisser le soin d'entretenir les gens du second carrosse et de divertir l'antichambre ». Que n'aurait-elle accepté pour rester à la cour, un rang subalterne, une demi-loge, un strapontin même pour ne rien manquer du prodigieux spectacle qui se déployait autour de la majesté solaire !...

Les succès de sa fille, la jeune duchesse de Bourbon, la consolaient de ses déconvenues. Celle-ci, en effet, continuait de paraître, au côté de son père, aux chasses, aux spectacles, aux voyages. On admirait ses prouesses à la danse, on applaudissait ses bons mots et ses bouts-rimés, on prisait sa gaieté moqueuse, ses airs mutins, jusqu'à ses bouderies de petite coquette, tant elle semblait tout réussir avec grâce. Au carrousel de 1686, elle fit sensation dans son costume de *Thalestris*, reine des amazones. De sa mère, elle n'avait pas seulement hérité l'« esprit des Mortemart » mais le goût frénétique du jeu : au brelan, au lansquenet, au trente-et-quarante elle risquait parfois des sommes considérables, sous le regard bienveillant de son père. Son demi-frère, le Grand Dauphin, qui aimait sa compagnie, l'invitait souvent à l'opéra ou à ses fêtes de Meudon.

Hélas ! à Fontainebleau, Louise-Françoise fut atteinte de la petite vérole. Au chevet de sa fille, Athénaïs vit les médecins impuissants hocher la tête d'un air désespéré. On appela un prêtre qui administra à la malade les derniers sacrements. Elle avait quatorze ans ! Ce fut plus que n'en put supporter sa mère. Bouleversée par l'image de la mort qu'elle voyait sur ses traits enflés et pustuleux, elle quitta Fontainebleau sur les instances de son entourage. On attendait l'issue fatale : miracle ! Au dernier moment le mal recula et la fille chérie du roi guérit[9]. Entre-temps, le Grand Condé, ravagé par la goutte, avait tenu à se rendre au chevet de l'épouse de son petit-fils. Il arriva de Chantilly épuisé, fit un dernier geste de courtisan en voulant interdire à son souverain l'accès de la chambre de la mourante, par peur de la contagion, et s'éteignit quelques jours plus tard. Ce fut un concert unanime de pleurs et de louanges, célébrant le plus grand capitaine de son temps. Son fils prit le titre de M. le Prince ; le duc de Bourbon celui de M. le Duc. Sa femme, désormais appelée Mme la Duchesse, restera le point de mire de la cour jusqu'à l'arrivée de la duchesse de Bourgogne, en 1687.

Les Filles de Saint-Joseph

Mme de Maintenon avait créé à Rueil un établissement d'éducation destiné à des fillettes d'humbles familles protestantes, qu'on instruisait dans la religion catholique et qu'on destinait à la domesticité. Mais elle s'était vite lassée de ces infortunées de basse condition. A Noisy, puis à Saint-Cyr, son œuvre principale, elle préféra s'occuper des demoiselles de la noblesse. Son esprit de caste transparaît dans sa correspondance avec Mme de Brinon, ancienne ursuline devenue surintendante de ses bonnes œuvres : « Je voudrais que vous eussiez quelques petites filles de condition afin que vos merveilleux talents ne fussent pas tous renfermés à des gueuses... Vous êtes bien à plaindre du peu d'honneur que vous font toutes ces gueuses-là, pour qui vous faites ce que vous ne feriez pas pour des princesses... »

Bien qu'imbue du lignage dont elle était issue, Athénaïs n'avait pas ce mépris des humbles. Ses nombreuses charités étaient tournées vers les pauvres de toutes conditions sociales, y compris les « gens du commun », domestiques ou femmes de chambre, ces « gueuses » que méprisait la châtelaine de Maintenon.

En 1678, elle avait fondé à Saint-Germain-en-Laye un hôpital dit des Vieillards et loué un local pour l'installer. Soucieuse de développer son œuvre, en avril 1682 elle acheta pour 17 000 livres non loin de là, à Fillancourt, un bâtiment plus vaste où s'installa l'hôpital. Six ans plus tard, au même endroit, elle acquit un terrain de soixante perches pour y édifier une église et une annexe. Parallèlement, elle fit agrandir l'hôpital général de Saint-Germain et contribua durant de longues années aux dépenses de nourriture et d'entretien de l'établissement. On a retrouvé un marché avec devis passé entre elle et deux maîtres maçons pour la construction, moyennant 4 500 livres, d'une nouvelle salle. Un petit registre en parchemin contenait aussi la liste de ses dons aux sœurs et au chapelain, l'abbé Caille.

Ce n'est pas tout. En 1681, toujours à Saint-Germain, elle confia aux Ursulines de Saint-Denis la responsabilité d'un pensionnat de jeunes filles dont une lettre patente du 28 mars, signée du roi, lui reconnaissait le titre de « fondatrice ». Elle s'occupera de cette œuvre avec assiduité, faisant construire de ses deniers, en mars 1685, un des corps de logis du couvent.

En novembre 1686, « mue de compassion » pour la misère des pauvres orphelines de Fontainebleau, elle fit, « pour la gloire de Dieu et par un pur motif de charité », une donation en vue de créer, rue de La

Rochefoucauld, un hôpital. Neuf ans plus tard, celui-ci sera transformé en hôpital de la Sainte-Famille avec pour objet « l'éducation de soixante pauvres orphelines, reçues à l'âge de six à sept ans, pour y être instruites en la religion, écriture, et les former à des ouvrages de mains, couture et dentelle ».

Mais l'œuvre à laquelle l'ancienne favorite accorda le plus d'attention fut la communauté des Filles de Saint-Joseph, dite de la Providence. Celle-ci avait pris naissance à Bordeaux vers 1616 et s'était développée grâce au zèle et au dévouement de Marie Delpech de L'Estang. Installée à Paris en 1639, dans une maison de la rue du Vieux-Colombier, elle se fixa l'année suivante rue aux Vaches (rue Saint-Dominique), au milieu des jardins bordant le Pré-aux-Clercs.

Les statuts de la société, approuvés par bulle pontificale, précisaient que l'institution était destinée à l'éducation des jeunes filles pauvres et orphelines. Les sœurs portaient des jupes grises, une robe noire à larges manches, un col carré blanc, une coiffe blanche à voile noir comme les bénédictines réformées. Les pensionnaires, toutes vêtues d'un uniforme de serge grise et d'une coiffe blanche, passaient l'essentiel de leurs journées à des travaux manuels : couture, tricot et autres « ouvrages d'aiguilles », vaisselle et travaux ménagers. A la promenade, les sœurs leur apprenaient à « cheminer modestement par les rues », les empêchant « d'oysiveter et de coqueter ». Aux plus douées seulement on enseignait la lecture et l'écriture. Vers dix-sept ans, les orphelines étaient placées au service « d'honnêtes familles » ou, si la vocation leur était venue, envoyées dans « quelque monastère d'honnête religion ». La maison de Paris avait rapidement essaimé en province (Agen, Rouen, Limoges, Toulouse,

Cahors, La Rochelle), non sans connaître de graves difficultés financières. La pieuse Mlle de L'Estang ayant rendu son âme à Dieu en décembre 1671, la communauté fut en proie à des dissensions et périclita.

C'est vers cette époque que Mme de Montespan se pencha sur sa destinée. Ses offrandes, d'abord modestes, se développèrent vers 1676-1677. Il est possible, comme le suggère R.A. Weigert, l'historien des Filles de Saint-Joseph, que la maîtresse du roi, impressionnée par la récente prise de voile de Mlle de La Vallière, ait été soucieuse de se ménager dans ce couvent un éventuel lieu de retraite. Quoi qu'il en soit, ses bienfaits, qui avaient permis d'entretenir une centaine d'orphelines et d'édifier de nouveaux bâtiments, furent si appréciés qu'en mars 1681 les administrateurs laïques de la communauté lui reconnurent les qualités de « fondatrice » et de « supérieure ». Un acte, par eux signé, lui donnait les pleins pouvoirs pour réformer la règle de la maison, choisir les pensionnaires et les religieuses pour « le bien et utilité tant du spirituel que du temporel de ladite maison de Saint-Joseph ».

Mme de Montespan orienta alors la communauté vers des travaux de broderie de haute qualité, sur des modèles exécutés par des artistes de renom. L'institution de Saint-Cyr ne fera qu'imiter à cet égard celle de Saint-Joseph. On réalisait des parements d'autel, des chasubles, des chapes en fils d'or ou points de tapisserie. Devant l'afflux de commandes on dut faire appel à une vingtaine de professionnelles, travaillant non seulement à des tentures de velours et de brocart, des arabesques de fleurs et de feuillages, mais aussi à des meubles couverts de broderies en ronde bosse, épaisses de plusieurs centimètres, selon la technique inventée par Simon Delobel, valet de chambre et tapissier du roi. Ces meubles, exécutés à partir des années 1677-1680, sur commande du Garde-meuble, étaient destinés principalement à la décoration des pièces d'apparat du château de Versailles, dont on achevait les travaux. L'*Inventaire général du mobilier de la Couronne* publié par J.-J. Guiffrey en mentionne plusieurs aujourd'hui disparus : deux grands fauteuils, douze sièges pliants couverts du « brocart des Renommées », tout un ameublement – une tapisserie, des cadres de broderies, deux cassolettes, dix-huit dessus de tabourets – destiné au salon de Mars et à celui de Mercure, un autre ensemble pour « la chambre du grand appartement du roi à Versailles, consistant en un lit d'ange et deux portières de riche broderie de point d'Espagne à jour, deux fauteuils, douze sièges pliants, deux carreaux et une tapisserie de deux riches brocarts or et argent ». Le chef-d'œuvre était ce meuble d'apparat de la salle du trône, dont R.A. Weigert a retrouvé le dessin au National Museum de Stockholm. Il se composait de dix-huit grands pilastres de tissu d'or posés sur des soubassements brodés et soutenant une corniche. Les intervalles entre les pilastres étaient tendus l'hiver de velours rouge, l'été de broderies d'or et d'argent, et décorés de festons, de vases de fleurs, de trophées, d'amours et de petits génies. Cet ensemble éblouissant fut brûlé sous Louis XV. On en retira pour plus de 20 000 livres de métaux précieux.

Autre splendeur, ce meuble de velours bleu enrichi de broderies d'or, décoré par le célèbre ébéniste Boulle et donné par Mme de Montespan au Grand Dauphin pour son cabinet de Versailles. Le destinataire en fut si heureux qu'il lui passa aussitôt commande de quantité de fauteuils, pliants et tabourets destinés à son cabinet des Porcelaines. L'atelier de Saint-Joseph travailla également à des écrans brodés, offerts à Louis XIV par Mme de Maintenon en 1689, à un lit représentant « Le Temple de la Gloire » et surtout à ce curieux lit « montrant tous les rois et les reines de France avec les princes et les princesses du sang en habits de leur temps », qui fit l'étonnement de l'ambassadeur de Siam en 1684.

Lentement, la piété de la marquise s'approfondissait. Un jour, à Saint-Joseph, elle eut avec la vertueuse Mme de Miramion, fondatrice d'un refuge pour filles repenties, un long entretien « pour voir, écrit l'abbé de Choisy, si une conversion toute de Dieu pourrait lui faire oublier les hommes. En embrassant Mme de Miramion, la marquise pleurait beaucoup, mais ses larmes étaient de faiblesse et de désespoir, non de pénitence encore ». Sa pénitence, elle essayait pourtant de la faire avec Bossuet qu'elle invitait fréquemment à son couvent et à qui elle rendait visite à Meaux. Et Dieu sait si le fougueux prélat était devenu d'une austère intransigeance. C'était l'époque où il écrivait en secret son *Traité de la concupiscence*, bâti autour des paroles du Christ dans l'Evangile de saint Jean : « N'aimez pas le monde. » Avec quelle rigueur, quelle sombre âpreté il y stigmatisait les mœurs de ses contemporains : le théâtre de Racine, de Corneille et surtout celui de Molière (qu'il applaudissait autrefois). Il allait jusqu'à estimer inutiles et dangereux le simple désir de savoir, la recherche, les sciences, les lettres, la philosophie, les arts ! L'histoire même avait cessé de trouver grâce à ses yeux. Homère, Virgile, Platon étaient à fuir, attitude surprenante pour l'auteur du *Discours sur l'histoire universelle*. Mme de Montespan, du moins, y puisa quelques rudes leçons...

Chassée de la cour

En mars 1691, Louis XIV décida de partir pour le siège de Mons et d'emmener avec lui le jeune comte de Toulouse. A peu près à la même date, Athénaïs apprenait que sa fille, Mlle de Blois, âgée de douze ans, lui était retirée pour être confiée aux soins de Mme de Montchevreuil, l'épousé du gouverneur du duc du Maine. Elle reçut la nouvelle comme un affront et en conçut un profond chagrin. Elle comprit d'où venait le coup ! La priver de ses enfants, n'était-ce pas supprimer le dernier prétexte pour s'accrocher à la cour ? Par dépit, elle pria Bossuet d'aller avertir le roi que, puisqu'on n'avait plus aucune considération pour elle, elle se retirait chez les Filles de Saint-Joseph. Le souverain sauta sur l'occasion : au lieu de retenir la « Belle Madame », de la supplier de rester, il accepta avec bienveillance sa requête et annonça sans tarder qu'il donnait son appartement de Versailles au duc du Maine et celui du duc à Mlle de Blois. En réalité, le jeune prince, de connivence avec Bossuet, la poussait depuis longtemps à cette retraite car il se sentait dans une position inconfortable, entre deux femmes qui se jalousaient et se haïssaient. Il savait qu'il n'avait plus rien à espérer de sa mère et, au contraire, tout à attendre de la reine secrète. Aussi sa joie fut-elle intense, peut-être un peu trop éclatante. Si l'on en croit la princesse Palatine, il fit expédier sans délai à Clagny les bagages de l'ancienne favorite et jeter tous ses meubles par la fenêtre !

Athénaïs dut se mordre les lèvres d'avoir été si impulsive comme toujours ! Elle qui s'était jurée de ne jamais donner occasion au monarque de se débarrasser d'elle ! Pourtant, elle prit la situation avec sérénité, en apparence du moins, et passa quelques jours à Clagny. « Elle dit qu'elle n'a point absolument renoncé à la cour, consigne Dangeau dans son *Journal*, qu'elle verra encore le roi quelquefois et qu'à la vérité on s'est un peu trop hâté de faire démeubler son appartement » !

En public, Mme de Maintenon se garda d'afficher la moindre satisfaction. Ce Tartuffe en jupons et coiffes de dentelle protestait au contraire de sa bonne amitié. « Je suis ravie d'avoir reçu quelques marques de souvenir de Mme de Montespan, écrivait-elle à l'abbesse de Fontevrault six mois seulement après son départ. Je craignais d'être mal avec elle : Dieu sait si j'ai fait quelque chose qui l'eût mérité et comment mon cœur est pour elle ! »

En quittant la cour, Athénaïs, si longtemps dispensatrice de toutes les grâces, s'était promis de ne jamais rien solliciter ni pour ses proches ni pour elle. Une seule fois, cependant, elle intervint auprès de Mme de Maintenon pour un pieux motif d'ordre familial concernant l'une de ses nièces religieuses, Mlle de Vivonne. La toute-puissante dame lui donna satisfaction mais lui signifia que le silence de sa part lui serait plus agréable. « Mme de Maintenon, dira-t-elle, m'a montré tout net que mon commerce n'est point de son goût et que je n'en suis pas plus mal avec elle. » Voici comment, plus tard, dans une allocution aux demoiselles de Saint-Cyr, celle qu'on appellera « l'abbesse universelle » et à qui le pape décernera la Rose d'or réservée aux souverains expliquera ses relations avec sa rivale : « Mme de Montespan et moi, nous avons été les plus grandes amies du monde ; elle me goûtait fort et moi, *simple comme j'étais*, je donnais dans cette amitié. C'était une femme de beaucoup d'esprit et pleine de charmes ; elle me parlait avec une grande confiance et me disait tout ce qu'elle pensait. Nous voilà cependant brouillées sans que nous ayons eu dessein de rompre. *Il n'y a pas eu assurément de ma faute de mon côté*, et si cependant quelqu'un a sujet de se plaindre, c'est elle, car elle peut dire avec vérité : "C'est moi qui suis cause de son élévation ; c'est moi qui l'ai fait connaître et goûter au roi ; puis elle devint la favorite et je suis chassée." D'un autre côté, ai-je tort d'avoir accepté l'amitié du roi, aux conditions que j'ai acceptées ? Ai-je tort de lui avoir donné de bons conseils et d'avoir tâché, autant que je l'ai pu, de rompre ses commerces ? Mais revenons à ce que j'ai voulu dire d'abord. Si en aimant Mme de Montespan comme je l'aimais j'étais entrée d'une mauvaise manière dans ses intrigues ; si je lui avais donné de mauvais conseils, ou selon Dieu ou selon le monde ; si au lieu de la porter tant que je pouvais à rompre ses liens je lui avais enseigné le moyen de se conserver l'amitié du roi, n'aurait-elle pas à présent entre les mains de quoi me perdre, si elle voulait se venger ? »

La châtelaine de Maintenon, trop heureuse d'être libérée de sa présence, ne poussa pourtant pas la charité jusqu'à l'inviter au mariage de sa propre fille, Mlle de Blois, avec le duc de Chartres, neveu de Louis XIV (et futur Régent) ! Quelle affaire ! Que d'obstacles lui avait-il fallu franchir ! D'abord l'opposition des parents, celle de Monsieur mais surtout celle de Madame, farouchement hostile à l'alliance de son rejeton avec une « bâtarde ». Enfin, celle du jeune prince lui-même, timide et rougissant, dûment chapitré par sa mère. Elle usa de tous les moyens : de vagues promesses du roi et un peu d'argent pour le chevalier de Lorraine, mignon de Monsieur, avaient suffi à calmer le duc d'Orléans ; l'intervention habile de l'abbé Dubois, précepteur du duc de Chartres, avait triomphé du manque d'enthousiasme du principal intéressé. La Palatine, restée seule, avait dû capituler devant la ferme volonté royale, mais avait administré en public un magistral soufflet à son fils. Les fiançailles, bénies à Versailles le 17 février 1692, furent suivies du mariage le lendemain. Louis XIV accorda à la jeune épousée de quatorze ans une dot de deux millions de livres (le double de celle consentie à son aînée Mlle de Nantes), une pension annuelle de 150 000 livres et des pierreries pour environ 600 000 livres : une parure de diamants comprenant boucles d'oreilles, pendentifs et attaches, une parure de rubis, une de saphirs et une autre de topazes. Il fut toutefois convenu qu'en raison de la guerre et des difficultés du royaume les deux millions de la dot ne seraient versés qu'après la signature de la paix.

Un mois plus tard, le 18 mars, on célébra les fiançailles du duc du Maine, âgé de vingt-deux ans, avec l'une des filles de M. le Prince, Louise-Bénédicte de Bourbon. Pas plus que précédemment Athénaïs ne fut de la fête dont elle put lire le récit détaillé dans *Le Mercure galant*...

Pourtant, elle se rendait de temps en temps à Versailles pour ne pas se faire oublier. Mais rien n'était comme avant. Sans appartement, elle passait en étrangère, rencontrait de nouveaux visages. « On disait à la cour, notait Mme de Caylus, que Mme de Montespan était comme ces âmes malheureuses qui reviennent expier leurs fautes dans les lieux qu'elles ont jadis habités. » On vit ainsi son fantôme, en août 1692, à la naissance de son petit-fils, Louis-Henri de Bourbon[10]. A cette occasion elle fit don à sa fille, Mme la Duchesse, de ses plus belles parures de perles et de diamants. On l'aperçut encore – ombre perdue dans la foule – en mai 1695, au souper parisien offert par le beau Langlée au duc et à la duchesse de Chartres. Le baptême de Louis-Henri, en 1698, fut l'une de ses dernières et rares sorties dans le monde...

Reine déchue

Pour rêver et se donner l'illusion d'une grandeur depuis longtemps dissipée, elle se rendait fréquemment en son château de Clagny, qui s'agrémentait maintenant d'une belle orangerie. Si trop peu de monde à son goût venait la visiter, du moins avait-elle la satisfaction de se trouver toute proche du Soleil. Mais, le plus souvent, on la rencontrait chez les Filles de Saint-Joseph, rue Saint-Dominique, où elle avait acheté plusieurs terrains, fait construire des logements ainsi qu'une chapelle.

La dévotion et les exercices spirituels peuvent raboter les aspérités d'un caractère, jamais ils ne peuvent les aplanir. Mme de Montespan régnait sur sa communauté en maîtresse impérieuse, comme autrefois à Versailles, faisant souffrir ses pensionnaires. Un *Mémoire de l'état de la maison de Saint-Joseph*, adressé à Mgr de Noailles, archevêque de Paris, par un ecclésiastique attaché à cette institution, se plaint de ses excès d'autorité : « Mme de Montespan, aidée par une dame Marthe Le Roy, qu'elle s'est attachée depuis plus de vingt ans, ruine la maison dans ses fondements par son humeur absolue et changeante, par ses variations continuelles, par ses dures injustices envers les sœurs, par son esprit inquiet peu propre à la conduite d'œuvres utiles[11]... » Il convient dans ces propos de faire la part de la jalousie et de la malveillance, car ses fonctions de fondatrice et de supérieure lui furent renouvelées en mai 1693, avec substitution après son décès à sa nièce, Marie-Elisabeth de Mortemart, demoiselle de Tonnay-Charente, troisième fille du maréchal de Vivonne. Par le même acte, Athénaïs fit donation à la communauté de tous les terrains et constructions qu'elle avait acquis, excluant seulement les meubles, tableaux de famille et miniatures de l'histoire biblique qui se trouvaient dans son appartement. Ses relations avec la cour se distendant, l'atelier de broderie du couvent fut mis en sommeil et l'une de ses responsables, Marthe Le Roy, alla s'installer avec quelques-unes des meilleures ouvrières à La Flèche, sa ville natale, où elle poursuivit son œuvre jusqu'à sa mort, sans jamais perdre l'appui de sa bienfaitrice.

Dans son bel appartement tendu de toile jaune à rayures feu, l'ancienne favorite recevait les visiteurs en reine déchue. Un salon mondain dans un couvent ! Si Clagny, trop proche du palais, attirait peu de monde, on trouvait toujours rue Saint-Dominique une foule empressée. « Son fauteuil, se souvient Saint-Simon, avait le dos joignant le pied de son lit ; il n'en fallait point chercher d'autres dans la chambre, non pas même pour ses enfants naturels, Mme la duchesse d'Orléans pas plus que les autres. Monsieur et la Grande Mademoiselle l'avaient toujours aimée et l'allaient voir assez souvent : à ceux-là on apportait des fauteuils, et à Mme la Princesse ; mais elle ne bougeait pas à se déranger du sien ni à les conduire (...). Il y avait de petites chaises à dos lardées de ployants de part et d'autre depuis son fauteuil, vis-à-vis les uns des autres, pour la compagnie qui venait, et pour celle qui logeait chez elle, nièces, pauvres demoiselles, filles et femmes qu'elle entretenait, et qui faisaient les honneurs. Toute la France y allait (...). Elle parlait à chacun comme une reine qui tient sa cour et qui honore en adressant la parole. C'était toujours avec un air de grand respect, qui que ce fût qui entrât chez elle, et, de visites, elle n'en faisait jamais... »

Plus qu'auparavant elle cherchait à réparer les torts envers son fils légitime. En 1695, elle lui acheta pour 40 000 écus le magnifique domaine de Petit-Bourg qui avait appartenu à l'abbé de La Rivière, ancien favori de Gaston d'Orléans, et s'en réserva l'usufruit. Elle fit abattre le bâtiment qui s'y trouvait et confia à l'architecte Lassurance le soin de construire à sa place un grandiose château au toit mansardé, avec un pavillon central orné d'un portique dorique et deux ailes latérales également surmontées de frontons. Ce qui souciait la marquise chez ce jeune homme de trente ans, ce n'était ni sa furieuse gourmandise, qui lui faisait prendre de l'embonpoint, ni même sa réputation de poltronnerie devant l'ennemi, qui lui avait valu quelques vertes plaisanteries de M. le Duc, du prince de Conti et de l'insignifiant La Feuillade – après tout, sa carrière militaire n'avait pas été mal menée et, s'il ne brillait pas au feu, il excellait comme intendant d'armée –, non, ce qui la mettait hors d'elle, c'était sa passion du jeu, une passion dévorante qu'elle avait partagée et qu'elle s'efforçait de juguler. D'Antin vivait comme un prince, dépensait avec prodigalité pour sa table, son domestique et ses équipages et, pour mener ce train, misait chaque soir des sacs de louis d'or. Elle tenta de le corriger en lui proposant de tripler la pension qu'elle lui versait depuis son mariage : 6 000 écus au lieu de 2 000. En échange, il devait renoncer à son démon. D'Antin accepta. Pour donner plus de solennité à cet engagement, elle chargea le comte de Toulouse de l'annoncer au roi qui haussa les épaules : peu lui importait que d'Antin jouât ou non ! Et cette attitude déclencha le rire des courtisans, preuve qu'Athénaïs était décidément bien oubliée...

CHAPITRE XIII

La longue pénitence de Françoise de Rochechouart

Le père de La Tour

Aux abords de la soixantaine, la marquise de Montespan avait perdu l'éclat de cette beauté qui avait tant soulevé l'admiration de ses contemporains. La finesse de ses traits s'était à jamais évanouie. Sa gourmandise, son féroce appétit, qui n'avait d'égal que celui du roi, ses maternités répétées, sa vie oisive avaient encore alourdi sa taille. Elle était devenue forte et trapue. La princesse Palatine jubilait de la voir lui ressembler ! « Elle a la figure toute rouge, écrivait-elle, la peau toute plissée et le visage entièrement sillonné de petites rides, si rapprochées que c'en est devenu étonnant. Ses beaux cheveux sont blancs comme la neige et toute sa figure est rouge. »

Mais Athénaïs ne se souciait plus de sa beauté. Son âme seule lui importait. Elle avait choisi pour directeur de conscience un austère oratorien de grande réputation, Pierre François d'Arères de La Tour, fils d'un premier écuyer de la Grande Mademoiselle et responsable du séminaire de Saint-Magloire, « un grand homme bien fait, dit Saint-Simon, d'un visage agréable, mais imposant, fort connu par son esprit liant mais ferme, adroit mais fort, par ses sermons, par ses directions ». Sa conversation était gaie, amusante, souvent salée, sans pour autant sortir de la mesure. Sa rigueur morale le fit soupçonner de jansénisme, si bien que Jésuites et Sulpiciens le surveillèrent sans parvenir jamais à le mettre en défaut.

Il mena son illustre pénitente de « façon fort raide », la contraignant à modifier son comportement extérieur, son mode de vie et ses plus secrètes pensées. Son premier soin fut de lui faire renoncer définitivement à la cour. Il y parvint non sans mal, car la marquise avait longtemps conservé un plan de reconquête du roi : escomptant la mort de Mme de Maintenon, plus âgée qu'elle, et celle de son mari, qu'on voyait parfois dans les remèdes, elle espérait qu'alors, « se trouvant veuve et le roi aussi, rien ne s'opposerait à rallumer un feu autrefois si actif... et qui, n'ayant plus de scrupules à combattre, pourrait la faire succéder à tous les droits de son ennemie » (Saint-Simon). Ainsi libérés de tous liens, les anciens amants auraient pu contracter un mariage secret. Athénaïs accepta de chasser ces coupables chimères – car elles reposaient sur la mort d'autrui. Pécheresse repentie, revenue des vanités, elle se mit dès lors à multiplier les actes et les gestes de charité, les mortifications volontaires.

Au couvent de Saint-Joseph, où elle aurait pu vivre en abbesse bienfaitrice, elle prit une petite chambre simple et sans apprêt, menant l'existence humble et banale d'une religieuse. « Ses chemises et ses draps, nous dit encore Saint-Simon, étaient de toile jaune la plus dure et la plus grossière, cachée sous des draps et une chemise ordinaire. » Elle alternait exercices spirituels et travaux d'aiguille, réparant les robes et vêtements des pensionnaires. Ses repas étaient frugaux et ses jeûnes fréquents. Quand elle était en société ou qu'elle recevait de la visite, elle évitait de s'asseoir à une table de jeu. On imagine le sacrifice ! Si, pour une raison de bienséance, elle ne pouvait faire autrement, elle ne misait que des sommes modestes, sans comparaison avec les fortunes qu'elle avait gaspillées des nuits entières, dans la frénésie des cartes. Volontairement – et cet effort lui coûtait beaucoup –, elle avait cessé de briller aux dépens des autres, mettant un frein à son esprit mordant qui blessait cruellement. Au reste, cette discipline n'affadissait point le plaisir de sa compagnie, toujours fort recherchée. On aimait la tournure de son esprit, les agréments de sa conversation, la finesse de son badinage. Chaque heure, qu'elle fût seule ou en société, elle interrompait ses activités pour se mettre en prière et rester un long moment en méditation. Elle avait un désir sincère d'expier ses péchés, de faire oublier le scandale de sa vie passée. Pourtant, comme le remarque Saint-Simon, « parmi tant de macérations et de pratiques d'humilité, cet air de grandeur, de domination, de majesté, qui la montrait reine en quelque lieu que ce fût, ne put jamais l'abandonner ».

Fontevrault et le Jargueneau

Elle passait désormais plusieurs mois de l'année à l'abbaye de Fontevrault, chez sa sœur qu'elle chérissait. En 1699, Gabrielle de Rochechouart écrivait au poète Segrais : « Il me paraît que toutes les personnes avec qui j'ai à vivre ont de l'amitié pour moi. J'ai la compagnie de ma sœur au moins la moitié de l'année et cela attire encore d'autres qui peuplent assez ce désert pour lui ôter la tristesse que pourrait causer une solitude trop grande et trop continuelle. » Pour ne point troubler les religieuses dans leur vie quotidienne, Mme de Montespan descendait à l'hôtel voisin du « Petit-Bourbon », ce qui ne veut pas dire qu'elle ne s'associait pas aux jeûnes et aux prières conventuelles. Elle s'intéressait aux vocations nouvelles. Ainsi fit-elle admettre comme dame de chœur puis comme religieuse, en réglant sa dot, Sylvie Grignion de Montfort, sœur de Louis-Marie, le futur saint breton. C'est d'ailleurs à l'occasion de cette prise de voile qu'elle rencontra le grand mystique[1].

Elle n'avait pas perdu le goût des mariages mais elle l'exerçait maintenant, sans souci de mondanités, au profit de jeunes filles pauvres. Ses libéralités charitables, ses généreuses interventions ne se comptaient plus. Elle agissait toujours avec tact et discrétion. Ainsi aida-t-elle un pauvre gentilhomme des environs, Georges-Aubert Dupetit-Thouars, de la paroisse de Saint-Germain-sur-Vienne, père de quatorze enfants, qui s'était ruiné en cherchant la pierre philosophale. Elle prit la fille aînée à son service comme lectrice, maria certaines des cadettes, favorisa l'entrée en religion des autres et aida les garçons à se placer dans le monde.

Le 2 octobre 1684, elle réunissait devant Me Sorin, notaire à Fontevrault, son fils, le comte de Toulouse, et ses deux filles, Louise-Françoise et Françoise-Marie. Sa sœur, Gabrielle de Rochechouart, et six religieuses du conseil signèrent l'acte comme témoins. La marquise fondait à perpétuité pour elle et ses enfants une messe quotidienne dans la chapelle de l'abbaye. Cette messe dite « des anges gardiens » serait célébrée le lundi pour le duc du Maine, le comte de Toulouse, Mlle de Nantes et Mlle de Blois, le mardi pour le duc du Maine, le mercredi pour Mlle de Nantes, le jeudi pour Mlle de Blois, le vendredi pour Mme de Montespan, le samedi pour toute la famille et le dimanche pour le comte de Toulouse. En contrepartie, elle donnait une somme de 5 000 livres destinée à l'achat de deux pièces de terre dont les revenus devaient pourvoir à l'entretien du chapelain.

Quelques années plus tard, le 8 avril 1693, devant Me Lefèvre, elle ouvrait à Fontevrault, dans une dépendance de l'abbaye, l'hospice de la Sainte-Famille réservé à une centaine d'indigents. Elle chargeait de cette œuvre les sœurs de la Charité, les dotant de 400 livres de rente.

La région de Fontevrault l'attirait par la douceur de son climat et de ses paysages. A chacune de ses visites, elle passait par Saumur, à moins de trois lieues, et s'arrêtait au sanctuaire des Ardilliers dont les vastes bâtiments de style classique, surmontés d'un dôme imposant couvert d'ardoises, dominent encore de leur sobre grandeur les bords de Loire. C'est là qu'en 1454 un paysan bêchant au bord d'une fontaine découvrit une petite statue de pierre représentant une descente de croix. Cette *pietà* mystérieuse, qui avait, pense-t-on, échappé au sac de l'abbaye de Saint-Florent au temps de Yolande d'Aragon, fut tout de suite l'objet d'un culte fervent. On lui prêta des guérisons, de nombreux miracles et la ville de Saumur, menacée d'inondation, se consacra à elle en 1615. Une première église, construite au milieu du XVIe siècle, fut placée sous l'invocation de Notre-Dame des Ardilliers (du nom de l'argile dans laquelle la statue était enfouie). Mais elle se révéla trop exiguë devant l'afflux des pèlerins. Les Oratoriens, à qui Louis XIII avait confié la garde du site, décidèrent donc l'édification d'un nouveau sanctuaire en rotonde avec chapelles rayonnantes. Cette œuvre grandiose ne fut achevée qu'à la fin du XVIIe siècle, grâce aux dons de divers bienfaiteurs dont le roi, l'abbé de Bérulle, la maréchale de La Meilleraye et son fils, le duc de Mazarin.

Mme de Montespan s'intéressait particulièrement à ce sanctuaire parce que son confesseur, le père de La Tour, élu supérieur général de l'Oratoire en 1696, y faisait de fréquents séjours. Elle ne finança pas l'achèvement du dôme – comme on l'affirme souvent – mais elle offrit plusieurs objets à l'église, notamment un beau collier et quelques tapisseries d'Aubusson. Le 5 juin 1697, elle acquit des religieux pour 2 200 livres l'agréable maison Renaissance du Jargueneau, située à proximité. Cette propriété avait été celle du sculpteur Pierre Biardeau, chargé d'exécuter le maître-autel, avant de passer aux mains d'un sieur Bigot de Gastines puis du duc de Mazarin, qui la restaurèrent de fond en comble. Lorsque Mme de Montespan l'acheta, elle comprenait « un corps de logis ayant par le bas un salon et une cuisine, l'escalier entre deux, trois petites pièces en haut, et deux greniers ou chambres de domestiques au-dessus ». Un jardin et un clos de vigne complétaient cet ensemble modeste mais de bon goût. La nouvelle propriétaire fit d'ailleurs remodeler les parterres et bâtir une terrasse dominant le fleuve. Le Jargueneau comme les Ardilliers furent incendiés en juin 1940, lors de l'avance allemande. Après la Libération, le sanctuaire marial fut restauré tandis que la maison de Mme de Montespan – beaucoup plus atteinte – fut rasée.

Le château d'Oiron

Athénaïs avait longtemps cherché une résidence seigneuriale en province. Du temps de sa splendeur, le roi lui avait fait acquérir le château de Sommières-du-Clain, en Poitou, confiant à Mansart le soin de rénover cette gigantesque bâtisse dont les écuries pouvaient abriter jusqu'à cent chevaux. Le Nôtre avait pris en charge la rénovation du parc. Malheureusement, les travaux s'éternisèrent. Quand tout fut achevé au bout de quatorze ans, la marquise n'eut plus envie d'y vivre. En juin 1679, un homme d'affaires du maréchal de Vivonne, M. de Lagebertye, avait cherché un autre domaine susceptible de lui plaire mais était revenu bredouille de sa tournée provinciale. Longtemps plus tard, en 1700, elle acheta aux créanciers de Louis d'Aubusson, duc de La Feuillade, fils du maréchal, le joli château d'Oiron, en Poitou, entre Thouars et Loudun.

Cette belle demeure peut rivaliser de magnificence avec les résidences royales des bords de Loire et sans doute connaîtrait-elle aujourd'hui la même affluence si elle était située sur un itinéraire touristique. A Oiron, ce qui frappe au premier abord, c'est la majesté, la grâce de l'ordonnance, l'harmonie des lignes, le mariage heureux des époques et des styles. La partie la plus ancienne date de la Renaissance. Elle est due au munificent Artus Gouffier, chambellan de François Ier et grand maître de France, qui fit édifier le grand escalier à caissons et l'aile nord, avec sa galerie à arcades et sa salle des gardes, longue de 55 mètres, ornée d'une monumentale cheminée, de fresques relatant la guerre de Troie et d'un plafond couvert d'un millier de panneaux dorés représentant des paysages, des monogrammes, des fleurs ou des fruits. A la mort d'Artus, les travaux furent poursuivis par sa veuve, Hélène de Hangest, puis par son fils, Claude Gouffier, duc de Roannez, grand écuyer de France. Le château fut profondément remanié au XVIIe siècle par le maréchal de La Feuillade à qui l'on doit la réfection des deux pavillons d'angle – des Trophées et du Roi – ainsi que celle du corps de logis principal à haute toiture, dans un style classique avec moulures, festons et trophées d'armes. A l'extrémité des ailes, deux tours à clochetons – dont l'une peut-être reconstruite par Mme de Montespan – reflètent leurs ardoises bleutées dans la moirure verte des douves, conférant à l'ensemble un air de charme antique et de lointaine solitude. Du haut de la collégiale Saint-Maurice, non loin de là, la vue s'étend sur l'immense et fertile plaine poitevine, avec des champs d'orge et de blé aux reflets fauves, coupés çà et là de bouquets de verdure. Mme de Montespan acheta le domaine pour 315 000 livres avec les baronnies de Curçay et de Moncontour, auxquelles elle ajouta, en juin 1702, la terre de Tersay pour 24 000 livres. C'était une bonne partie de sa fortune. Mais, comme elle venait de rendre au roi un collier de vingt et une perles de grande valeur, celui-ci eut l'élégance de lui envoyer une gratification extraordinaire de 100 000 livres, qui lui permit de verser un premier acompte de 120 000 livres aux créanciers du duc qui avaient saisi le château. La marquise achetait Oiron au nom de son fils légitime, se réservant la jouissance de la demeure, sa vie durant, et prenant à sa charge les frais de réparations fort élevés car les bâtiments n'étaient pas en bon état. En compensation, d'Antin s'engageait à payer une rente viagère de 3 000 livres et une somme de 100 000 livres aux personnes que sa mère désignerait par donation ou testament.

Un inventaire dressé en juillet 1707, peu après le décès de Mme de Montespan, nous fait découvrir le cadre dans lequel elle vécut ses dernières années. Plus qu'un riche mobilier on trouvait de nombreux tableaux : des portraits de la maîtresse des lieux (dont deux en Madeleine repentante), de Mme de Thianges, du Grand Dauphin, du roi, de la duchesse de Bourbon, sa fille, du comte de Toulouse (en Neptune) et du roi d'Espagne. Une autre toile représentait saint Vincent de Paul et Louise de Marillac.

La bibliothèque regorgeait d'ouvrages d'édification et de piété : l'*Office ou pratique de dévotion* de l'année 1680, le *Catéchisme de Grenade* en quatre volumes, un *Abrégé de la vie de Jésus-Christ*, le *Mémorial de la vie chrétienne*, les *Confessions* et les *Sentences* de saint Augustin, le *Guide des pécheurs*, une *Histoire des Juifs* en deux volumes, un traité *De l'immortalité de l'âme*, un autre sur les *Motifs de conversion*, les *Œuvres* de Jansénius, le *Livre de Grégoire le Grand*, la *Vie des saints pères du désert* d'Arnauld d'Andilly, les *Psaumes* de David..., titres révélateurs des préoccupations de notre belle pécheresse. Mais les ouvrages profanes n'étaient pas absents : on trouvait les *Mémoires de la cour d'Espagne*, l'*Histoire de la vie du duc d'Epernon*, celle du marquis de Beauvau, les *Œuvres royales* et quelques livres de médecine ou de pharmacie : le *Recueil des remèdes faciles*, le *Traité des aliments*, *Le Médecin et chirurgien des pauvres*, la *Pharmacopée universelle*...

Au milieu des crucifix et des bénitiers surgissent quelques vestiges des vanités passées : poudriers, boîtes d'argent, d'écail ou de cristal, certaines garnies de diamants. Et, partout présent, le roi : un portrait enrichi d'une ciselure d'argent, un autre dans son cadre de vermeil, un autre encore en miniature le représentant sur un cheval blanc, un buste en argent avec une chevelure d'or, un verre de cristal avec son visage gravé. Des tapisseries de Beauvais consacrées notamment à la prise de Condé et de Palerme embellissent les murailles.

Comme toute demeure d'autrefois, Oiron avait sa « chambre du roi ». Du temps de Mme de Montespan, c'était une vaste pièce meublée d'un grand lit de chêne (avec ses pentes, ses bonnes-grâces, son impériale et sa courtepointe), d'une table de marbre jaspé à pieds dorés, de dix fauteuils et d'un ensemble de tapisseries représentant les douze sibylles. L'étoffe dominante était le velours noir brodé d'or et d'argent, qui conférait à la pièce une allure somptueuse mais austère. Au-dessus de la cheminée se dressait un magnifique portrait de Louis XIII. Aujourd'hui sans meubles, la pièce a été restaurée. Comme l'écrit avec humour le chanoine L. A. Bossebœuf, l'historien d'Oiron, elle se fait remarquer « par la richesse extraordinaire du plafond dont les lourdes guirlandes, les pendentifs peints et dorés, au lieu d'admiration, inspireraient presque la frayeur, s'ils n'étaient aussi solidement attachés ». Dans les caissons figurent les Parques, Mars, Minerve, Junon, Phaéton et la chute d'Icare.

La chambre de la marquise était plus riante avec son lit « à la duchesse », ses rideaux de taffetas blanc, ses pentes de serge olive, ses fauteuils et ses tabourets de brocart, sa pendule de Du Courroi. Dans un coquet bureau marqueté on trouva un reliquaire et sa boîte d'écaille, un cornet d'argent et son poudrier, cinq chapelets – quatre de paille, un autre de crin –, un écritoire et quatre douzaines d'assiettes d'étain aux armes de la châtelaine. L'ensemble était de bon goût, sans luxe tapageur.

Mme de Montespan avait emporté à Oiron son clavecin et une partie de sa garde-robe : des dentelles d'or et d'argent, trente corsets, une profusion de manteaux de brocart d'or, de moire, de damas pourpre, de satin, de velours, de taffetas doublé de bleu, de violet et de jaune citron, des jupes de velours et de brocart, des tabliers, des pièces de taffetas vert ou bleu rayé d'argent, cerise rayé bleu et argent, blanc ou bleu semé de fleurs d'or...

De tout cela, il ne reste rien. Les soieries, les meubles ont disparu, emportant avec eux les ombres d'autrefois et ne laissant que vide et silence. Le seul souvenir de la marquise encore présent à Oiron est un carrelage de camaïeu bleu sur fond blanc, commandé à Nevers et retrouvé dans les combles. Il couvre aujourd'hui une partie d'un mur d'une petite pièce du rez-de-chaussée. Alternant avec des paysages et d'élégantes arabesques, on y reconnaît les armes des Rochechouart.

L'HOSPICE DES PAUVRES

A vrai dire, la pénitente du couvent de Saint-Joseph ne cherchait nullement à se retirer dans une oisive retraite provinciale pour y vivre dans un confort égoïste et douillet. Si elle avait décidé de s'installer dans ce bourg perdu du Poitou, c'était pour mieux protéger et animer l'hospice de la Sainte Famille, qu'elle avait fondé à Fontevrault et décidé de transférer à Oiron. On peut toujours voir à quelques centaines de mètres du château, profondément remaniés, les trois grands corps de logis d'un seul étage surmonté de combles mansardés, bâtis en équerre, et les quatre pavillons d'angle de cet « hôpital des pauvres », dû à la pieuse générosité de la marquise. Confié aux sœurs de la Charité ou de Saint-Lazare, il était destiné « à la nourriture, subsistance et entretien de cent pauvres de l'un et l'autre sexes », vieillards, infirmes ou orphelins. Mme de Montespan signa l'acte de transfert le 14 novembre 1703 et l'acte de fondation le 3 juillet 1704, devant Me Richard, notaire.

Par ses charités qui affectaient une très large partie de sa fortune, la marquise soulignait l'importance qu'elle attachait à cette œuvre : elle dota l'établissement de 110 000 livres dont 40 000 représentaient le coût de construction des bâtiments, 4 000 le prix d'acquisition de la ferme voisine de Bel-Air avec ses terres et dépendances, 16 000 le capital de 1 000 livres de rente constituée sur les aides et les gabelles. Le solde, soit 50 000 livres, était à prendre après son décès sur la réserve de donation faite à son fils en 1700. En outre, elle mettait de côté une somme de 8 000 livres pour l'entretien des onze sœurs de la Charité affectées à l'hospice et s'engageait à verser, sa vie durant, une rente annuelle de 2 500 livres. Enfin, elle fit don d'une partie de sa vaisselle d'étain et de plusieurs meubles frappés à ses armes.

En remerciement, elle demandait à être associée à toutes les intentions de prières « sans en imposer de particulière ». Elle désirait notamment qu'il soit « fait mention d'elle à la prière du matin et à celle du soir » et que la messe du vendredi en la chapelle lui soit réservée.

Persuadée qu'il « n'y avait rien de plus agréable à Dieu et de plus propre à obtenir la rémission de ses péchés que de secourir les pauvres », la châtelaine d'Oiron consacra sans mesure son temps aux innombrables démarches nécessaires à l'aménagement des bâtiments, à la venue des sœurs et des premiers pensionnaires, ne laissant rien au hasard, se préoccupant avec soin et constance des moindres détails, montrant par là, comme le dit le chanoine Bossebœuf, que « chez elle, les qualités pratiques et utiles n'étaient pas inférieures aux dons de l'esprit ». Non contente d'assurer la subsistance de sa fondation, elle en rédigea en 1705 le règlement intérieur, arrêtant les conditions d'admission, l'emploi du temps et le contenu de l'enseignement à dispenser aux jeunes orphelins.

La direction revenait à une mère supérieure, choisie parmi les religieuses de la Charité, qui, une fois par mois au moins, devait rendre compte de ses actes à la fondatrice. Elle était assistée d'un intendant chargé de gérer les terres et le patrimoine de l'institution et de présenter les comptes à l'assemblée annuelle des administrateurs. Afin de distribuer aux pauvres la plénitude des ressources disponibles, il était convenu que les revenus seraient dépensés au cours de chaque exercice et non capitalisés.

En raison des terres qu'il possédait dans la seigneurie d'Oiron, l'hôpital était tenu de verser chaque année à titre de censive un demi-louis d'or et « la première grappe de raisin mûr qui proviendra des vignes ». Le 3 octobre, fête de saint François, patron de la fondatrice, la supérieure présentait à la messe paroissiale le pain bénit et remettait au curé de la collégiale une offrande d'un louis d'or.

Sur le plan spirituel, l'établissement était placé sous la tutelle de l'évêque diocésain – celui de Poitiers – qui approuvait la nomination du chapelain amovible chargé de dire la messe quotidienne, présidait le conseil supérieur et, à ce titre, faisait une visite annuelle. Trois places de pensionnaires étaient réservées à ses pauvres et six autres à ceux de l'abbesse de Fontevrault. Le reste était pour la communauté villageoise et les paroisses avoisinantes, sans aucune distinction de condition ni de personne.

En mai 1705, Louis XIV confirma par lettres patentes la fondation de son ancienne favorite. Le 26 septembre de la même année, la chapelle fut inaugurée solennellement par messire Boimenet, doyen de la collégiale et curé d'Oiron. A deux reprises, les 13 août 1706 et 25 avril 1707, la marquise augmenta les rentes affectées à son œuvre. Son souci était de la rendre « sûre et solide pour toujours ». Elle était faite pour durer et elle dura en effet, traversant les siècles, les révolutions et les régimes politiques. Elle fonctionne encore aujourd'hui, suivant, il est vrai, des modalités différentes. Les bâtiments ont été agrandis. Le nombre des places a plus que doublé. Mais Françoise de Rochechouart n'est pas oubliée. Peinte par Mignard en Madeleine repentante, mollement étendue sur une natte de jonc, elle trône dans le salon principal, semblant veiller sur son œuvre pour toujours…

LA MORT QUI RÔDE

Dans l'esprit du temps, la mort ne devait arriver qu'après une longue préparation faite de pénitence et de mortification, permettant à l'âme de s'accoutumer, de se détacher progressivement des vaines distractions du monde. Ainsi fallait-il un « intervalle », une antichambre entre la vie et la mort. Tout le siècle est habité par cette vision expiatrice et rédemptrice et, comme l'a bien montré M. Van der Cruysse, elle se trouve au centre des *Mémoires* de Saint-Simon. Les recueils de prières des morts, des *Ars moriendi*, des traités ou exercices de la « bonne mort » étaient innombrables. Leur diffusion avait atteint à cette époque leur niveau maximal. « Vers 1700, observe Pierre Chaunu, et les inventaires après décès le confirment, 80 % au moins des lisants ont lu une préparation à la mort ; par la lecture à haute voix, 50 à 60 % des Français au moins en auront entendu des extraits. »

Profondément imprégnée par la sensibilité religieuse de son temps – témoin les livres de sa bibliothèque –, durement menée par le père de La Tour, ennemi des compromis et des demi-mesures, Mme de Montespan ne songeait plus qu'à gravir ce chemin escarpé. Rien d'autre ne l'occupait que cette lente et difficile ascension vers le Ciel. Sa correspondance avec Daniel Huet, évêque d'Avranches et ancien sous-précepteur du Dauphin, ou avec son amie la duchesse de Noailles est révélatrice de ses aspirations. « Pour les intrigues de cour, écrit-elle, je n'en veux point entendre parler. » Paris est devenu un lieu de perdition : « Quand on est aussi dépaysé que je le suis présentement on se trouve aussi bien loin que près. » Même le simple voisinage de la capitale lui paraît un « écueil » dont elle voudrait sauver toutes les personnes qu'elle aime. Les honneurs, les vanités terrestres la laissent « désabusée ». J'ai, dit-elle, un « naturel assez indifférent sur les biens de la fortune ». L'ambition, la soif du pouvoir, elle ne sait plus ce que c'est : « Je vous assure que je n'ai nulle prétention en ce monde et j'oserais dire que j'y suis si vide de désirs que cela me sauve aussi de toutes sortes de craintes. » Mais son « humeur paisible » lui fait redouter l'agitation des autres : « Je voudrais que chacun demeurât comme il est, que l'on y fût content et que l'on le fût aussi des autres. Il me semble que cela ne serait pas si difficile si chacun voulait bien n'être occupé que de sa place tant pour en jouir que pour se la rendre bonne. » Quel revirement ! Quand, en septembre 1697, Claude Le Peletier, qui avait fait une brillante carrière comme président au Parlement, prévôt des marchands et contrôleur général des Finances, décida de se retirer dans sa maison de Villeneuve-le-Roi afin de songer à son salut, Mme de Montespan lui envoya cette lettre où se dévoile la profondeur de ses sentiments :

« Je ne suis point surprise, Monsieur, de l'action que vous venez de faire ; votre vertu et votre piété ont dû préparer tout. Je l'admire seulement beaucoup et y prends la part que vous devez attendre d'une personne engagée à vous aimer par le passé, le présent et l'avenir (...). J'espère que vous voudrez bien que j'aie l'honneur de vous voir quand je serai à Petit-Bourg et que j'apprenne de vous le véritable détachement où l'on doit finir sa vie. Votre exemple doit toucher tout le monde car vous quittez des possessions légitimes et que l'on vous voyait avec approbation. Je suis si charmée de cette action que je ne finirais pas d'en parler si je ne devais croire qu'une personne qui méprise, comme vous, les biens les plus solides de ce monde, soit bien fatiguée des hommages... »

La mort abominable pour les âmes pures et intransigeantes de ce XVIIe siècle est celle que le monde d'aujourd'hui, dans son rejet de la vie éternelle, préfère : disparaître vite, sans souffrance ni conscience, après avoir bien vécu. Ce genre de trépas brutal choquait infiniment les contemporains du Roi-Soleil. Ils y voyaient un châtiment du Ciel, un avertissement de la Providence : c'est le coup de foudre qui anéantit Don Juan et le précipite en enfer. Ainsi fut enlevé Monsieur, frère du roi, le 9 juin 1701 : une apoplexie à la suite d'une colère et d'un repas un peu trop arrosé, un mince filet de sang qui s'écoule des narines, bientôt suivi du râle de l'agonie... La soudaineté de l'événement plongea la cour dans la stupéfaction. Plus encore que le roi, Mme de Montespan fut particulièrement affectée. Cela réveilla en elle des souvenirs lointains mais aussi de sombres pressentiments. « Elle pensait incessamment à la mort, constate Saint-Simon, et en avait des frayeurs si terribles qu'elle gageait des femmes qui n'avaient d'autre emploi que de la veiller toutes les nuits. Elle dormait ses rideaux ouverts avec force bougies toujours allumées et, toutes les fois qu'elle se réveillait, elle voulait trouver les veilleuses ou parlant, ou jouant, ou mangeant, de peur qu'elles ne s'endormissent. »

Cette phobie de la nuit – prélude à celle du tombeau –, cette anxiété devant la mort, cette insurmontable épouvante à l'idée d'être à jamais damnée surprennent, même si elles correspondent à la spiritualité du temps. Pourquoi une telle angoisse ? Si elle avait tant peur du diable, a-t-on dit, n'était-ce pas parce qu'elle l'avait naguère fréquenté de trop près en compagnie de la Voisin et de l'abbé Guibourg ? Peut-être. Athénaïs, en tout cas, ne vécut pas une retraite sereine. Le remords semblait l'emporter sur l'esprit de pénitence et sa lente ascension vers le Ciel s'accompagnait des tourments du monde des Ténèbres.

Il est vrai que les tortures de l'esprit lui servaient d'aiguillon, la poussaient plus avant dans la voie de la conversion. Le père de La Tour exigea d'elle un terrible acte de pénitence comme suprême effort : demander pardon à son mari et s'abandonner entre ses mains. La fière Mortemart accepta cette dernière humiliation avec les marques de la plus totale soumission. Elle lui écrivit une lettre de repentir, reconnaissant ses torts, offrant de reprendre avec lui la vie conjugale, s'il daignait la recevoir, ou de « se rendre en quelque lieu qu'il voulût lui ordonner ». M. de Montespan, lui, n'avait pas changé. Il avait son amour-propre. Que n'aurait-on dit s'il avait accepté de la revoir ? De quel ridicule aurait-on encore couvert sa générosité ? Il était peu fortuné ; elle avait une belle pension et de grands biens : on lui aurait prêté de bas sentiments. Peut-être aussi ne se sentait-il plus d'âge à essuyer railleries et commérages, à être bafoué. Bref, se drapant dans un sursaut d'orgueil, raconte Saint-Simon, il « lui fit dire qu'il ne voulait ni la recevoir, ni lui prescrire rien, ni ouïr parler d'elle de sa vie ».

Le secret du marquis

Ce M. de Montespan, qu'était-il donc devenu ? Il n'avait plus d'enfant à élever. La petite Marie-Christine, mise en pension à Toulouse, était morte en avril 1675, à onze ans et demi, d'accident ou de maladie, on ne sait. Elle avait été inhumée dans le caveau familial de l'église de la Dalbade, ainsi que l'atteste un acte conservé aux archives du Capitole[2]. Son fils, le marquis (et futur duc) d'Antin, avait commencé sa longue et tortueuse carrière de courtisan et n'avait plus besoin de l'appui paternel.

Seul dans son austère château provincial, face à la verte et caillouteuse Baïse, Montespan trouva dans la chicane un dérivatif à son ennui. Il plaidait pour des affaires d'argent ou d'honneur, pour avoir raison ou tout simplement pour le plaisir, en Gascon. Il prenait prétexte de ses procès pour séjourner longuement à Paris, où en principe il avait interdiction de se rendre. On l'y trouve ainsi en mars, en mai, en juin et en juillet 1676. En avril de l'année suivante, il y était encore, logé « rue Dauphine, à l'hôtel de Genlis, paroisse Saint-André-des-Arcs ». Au printemps de 1678, Louis XIV, alors au camp de Deinze, près de Courtrai, eut vent de sa présence dans la capitale : un homme aussi remuant finit immanquablement par se faire remarquer. Il en informa aussitôt Colbert (17 mai) : « J'oubliai de vous dire en passant que M. de Montespan étant à Paris, il serait bien à propos d'observer sa conduite. C'est un fou capable de faire de grandes extravagances. Je désire donc que vous fassiez voir ce qu'il fait, quels gens il hante, quel discours il tient. » De son château de Sceaux, le ministre répondit qu'une quinzaine auparavant il avait rencontré le fâcheux chez l'archevêque de Sens. Il « m'aborda et me pria de recommander une seconde fois à M. de Novion un procès qu'il avait, dont il attendait le jugement pour se retirer dans sa province, ce que je n'ai point fait, parce que je ne crus pas devoir me mêler de ses affaires sans ordre ». En marge de cette lettre, le roi mit cette apostille : « Vous pouvez faire dire un mot au juge pour qu'il termine les affaires de M. de Montespan, afin qu'il parte. » Ce qui fut plus facile à dire qu'à faire...

Le procès en question, épineux et fort embrouillé, opposait notre marquis à François de Foix-Candale, duc et pair de France, au sujet de la succession du premier duc d'Epernon. Le mari de la favorite revendiquait pour son fils, d'Antin, les droits qu'il tenait de sa grand-mère maternelle, Jeanne de Goth, dame de Rouillac, elle-même fille de Jacques de Goth, baron de Rouillac, et d'Hélène de Nogaret, sœur du duc d'Epernon. La poursuite avait été ardemment engagée par sa mère, Marie-Chrestienne de Zamet. A sa mort, Montespan, plaideur opiniâtre, l'avait reprise non sans plaisir. Le 15 juin, de retour à Saint-Germain, Louis XIV s'impatientait : « Il me revient que Montespan se permet des propos indiscrets, mandait-il à Colbert. C'est un fou que vous me ferez le plaisir de faire suivre de près ; et pour que le prétexte de rester à Paris ne dure pas, voyez Novion, afin qu'on se hâte au Parlement. Je sais que Montespan a menacé de voir sa femme. Comme il en est capable et que les suites seraient à craindre, je me repose encore sur vous pour qu'il ne paraisse pas. N'oubliez pas les détails de cette affaire ; et surtout qu'il sorte de Paris au plus tôt. »

Dix ans s'étaient écoulés depuis leur séparation, quatre ans depuis la sentence du Châtelet et la transaction amiable qui avait suivi. Et pourtant, Montespan était toujours craint. Nul ne pouvait faire attendre le roi, sinon Dame Justice. A mesure qu'il se déroulait, le procès Foix-Candale devenait un buisson de ronces, un brouillamini de plus en plus impénétrable. Des questions de procédure se mêlaient aux problèmes de fond. L'une des parties avait déposé le dossier à la Grand' Chambre du Parlement, l'autre à la première chambre des Enquêtes. D'où un inextricable conflit de corps dont nul ne pouvait prévoir l'issue. Le 11 juillet, le roi, impatienté, désaisissait ces deux juridictions en évoquant l'affaire à son Conseil. Cinq commissaires et deux avocats furent commis à cet effet. Cette mesure radicale n'accéléra rien. En septembre 1678, Montespan était encore à Paris, logé à « l'hôtel de La Guette, rue du Four, faubourg Saint-Germain ». En juillet 1679 et en août de l'année suivante, on le retrouve « rue de Tournon, paroisse Saint-Sulpice ». Sa présence dans la capitale était encore signalée en février 1683, en avril et en juillet 1684, en 1685. On ne parvenait à s'en défaire ! Naturellement, il faisait partie de ces gens mal en cour qu'il convenait d'éviter. « Ne voyez guère M. de Montespan ni M. de Lauzun, recommandait Mme de Maintenon à son frère, on dira que vous recherchez les mécontents. » Le terrible procès s'éternisait. En juillet 1689, on en était encore au même point lorsqu'un arrêt du Conseil constata l'empêchement de deux des cinq commissaires commis, l'un étant mort et l'autre trop absorbé par ailleurs. Il fallut huit bons mois de tractations pour les remplacer. Trois ans plus tard, retour à la case départ : un nouvel arrêt renvoyait le litige à la première chambre des Enquêtes, « lesdits sieurs commissaires qui étaient occupés à plusieurs affaires pour le service du roi ne pouvant vaquer qu'avec beaucoup de peine à celle desdits seigneurs de Foix, marquis de Montespan et marquis d'Antin ». Quinze ans pour rien ! Les parlementaires reprirent l'affaire de leur train de sénateur et l'achevèrent dans les délais habituels, c'est-à-dire sept ans plus tard, en 1701, au détriment de M. de Montespan, débouté de toutes ses requêtes. Etalé sur trente-trois ans, le procès avait absorbé plusieurs générations de plaignants, d'avocats et de conseillers. Bel exemple de longévité judiciaire !

Heureusement, entre-temps, notre chicaneau avait eu d'autres occasions d'assouvir sa passion procédurière. On le retrouve ainsi, cabochard, l'humeur vindicative, toujours pénétré d'une haute idée de ses droits, impliqué dans un litige qui l'oppose au duc de Bellegarde, puis, à la mort de celui-ci, à ses héritiers. Parallèlement, il ferraillait contre le marquis de Savignac, un sien cousin de Gascogne. On voyait souvent ce plaideur opiniâtre arpenter les prétoires de Toulouse et de Grenoble, les poches emplies de requêtes et de factums, escorté de ses conseils, messires Sonnet, Chuppé et Le Verrier, en toge noire et bonnet carré. Passe encore qu'il s'occupât de ses affaires, mais qu'avait-il besoin de se mêler de celles des autres ? En 1678, il plastronnait au procès de la trop galante Mme de Lameth qui défendait avec chaleur la mémoire de son galant, le jeune Charles Amanieu d'Albret, abattu nuitamment dans les douves du château de Pinon par les laquais du mari outragé. Etait-ce la vue de cornes sur la tête d'autrui qui l'attirait dans ces affaires avec tant de gourmandise ? Deux ans plus tard, il s'occupait d'un différend touchant Corbinelli, le spirituel ami de la marquise de Sévigné. « M. de Montespan est devenu son protecteur, écrit-elle ; il ne parle que de mettre deux mille pistoles de dédit pour celui qui se révoltera contre les arbitres, et de cent mille francs pour pousser l'affaire s'il faut plaider. » Le Gascon, on le voit, n'était pas oisif.

En mars 1687, Jean-Antoine de Pardaillan, marquis de Montespan, qui se faisait appeler duc de Bellegarde bien qu'il n'ait été qu'un descendant par les femmes de l'authentique titulaire de ce titre, était mort à Paris, sans enfant, à l'âge de quatre-vingt-onze ans. Son neveu, Louis-Henry, hérita de son nom et de ses armes. Sa « chaumière » de Bonnefont sur la lointaine Baïse, avec ses plafonds écaillés et ses pierres disjointes, lui parut indigne de sa nouvelle condition. Son autre château, à Beaumont-en-Condomois, reçu, dit-on, en héritage de ses cousins de Bezolles, était certes plus vaste mais manquait par trop d'élégance. Il domine encore aujourd'hui de ses hautes murailles la riante vallée de l'Osse[3]. Aussi vint-il s'établir à Saint-Elix, la résidence habituelle des Bellegarde, à quelques lieues seulement de Toulouse : une belle demeure seigneuriale construite au milieu du XVIe siècle, qui reflétait l'ardoise bleutée de sa haute toiture et de ses quatre tours en poivrière dans le miroir d'eau du bassin central. Montespan ajouta sa marque personnelle à la magnificence du domaine : une orangerie et des jardins à la française, avec de belles statues blanches, des ifs taillés comme à Versailles et de secrètes charmilles[4]. Malgré son titre de duc un peu suspect, le nouveau propriétaire était l'une des personnalités les plus en vue de la région. Il exerçait – et avec quel plaisir ! – ses droits de haute et basse justice, donnait son agrément à l'élection des consuls qui, à chaque Toussaint selon la coutume, lui faisaient présent d'une paire de chapons. Et toujours entouré d'une cour de flatteurs, de parasites, de lointains collatéraux qui cherchaient à lui soutirer ses écus ! Certains – comme ce rufian de marquis de Termes, alchimiste et faux-monnayeur couvert de dettes – avaient réussi à lui arracher une rente annuelle. Il est vrai que la vanité n'a pas de prix et que se faire rendre hommage de son duché de mauvais aloi par tant de monde le dédommageait amplement de ses dépenses.

Pourtant, il ne tenait pas en place. Tantôt il chassait l'ours dans les forêts pyrénéennes, tantôt il conviait ses vassaux, en son castel de Beaumont, à des représentations théâtrales. Quand il passait par Trie, près de Bonnefont, la bonne ville dont les Antin étaient coseigneurs avec le roi, il recevait les cadeaux des consuls, en robes rouge et noir, et se faisait escorter jusqu'à la maison de ville par une garde d'honneur de citadins endimanchés dont les cris de joie couvraient la belle envolée du carillon de Notre-Dame-des-Neiges et le tonnerre des vieilles couleuvrines.

Mais c'est à Toulouse qu'il résidait ordinairement, fréquentant la meilleure société des bords de la Garonne, Toulouse, la scintillante, avec ses processions de confréries, ses tréteaux de comédiens dans les rues, ses promenades où se pressaient, le cœur ému, les jeunes filles à marier, Toulouse, toujours bourdonnante d'un carnaval, d'une fête votive, de l'exécution d'un malandrin ou d'une fille publique. Mais le spectacle de la rue l'intéressait moins que celui des salons, souvent transformés en tripots, où l'on jouait gros. Le marquis – pardon le duc ! – fréquentait assidûment l'hôtel de Mme de Lanta, fille de l'ingénieur Riquet, le constructeur du canal des Deux-Mers. Il madrigalisait sa sœur, Mlle de Riquet. Il en était si amoureux, conte Mme Dunoyer, qu'il se déclarait prêt à l'épouser et se proposait d'envoyer une lettre au pape demandant la cassation de son mariage : « Il allègue là-dessus les meilleures raisons du monde et je ne doute point que le pape ne lui eût accordé sa demande, s'il avait reçu cette lettre qui est assurément la plus belle que j'aie jamais vue. Mais M. de Louvois, à qui Montespan en fit voir la minute, l'assura que, s'il l'envoyait au pape et qu'il poussât à bout la patience du roi, il était un homme perdu et qu'il perdrait par là la fortune du marquis d'Antin, son fils. Le pauvre Montespan, intimidé par ces menaces, craignit pour la première fois et rengaina sa lettre. » Qu'y a-t-il de vrai dans cette anecdote ? On sait par d'autres sources que Louis XIV et Mme de Montespan redoutèrent longtemps le dépôt à Rome d'une plainte du mari bafoué, plainte qui aurait entraîné la stigmatisation publique de l'adultère royal par le Saint Père. Aussi le cardinal d'Estrées, ministre de France auprès du Saint-Siège, s'efforçait-il d'empêcher la divulgation du scandale.

Galant homme, Montespan savait l'être. A Mme de Frault, qui lui avait souhaité de gagner alors qu'il misait sur un « coup fort considérable », il offrit généreusement 50 louis pour lui avoir porté chance. Mais il ne fallait pas aborder certain sujet... Un jour, jouant au lansquenet, il perdit son roi de cœur. « Ah ! Monsieur, s'exclama une présidente, ce n'est pas le roi de cœur qui vous a fait le plus mal ! » L'allusion enfiellée mit le bouillant seigneur en colère : « Si ma femme est à un louis, vous, vous êtes à trente sols ! » lui répliqua-t-il avec esprit. Quelques jours plus tard, dans un bal masqué, il reconnut l'impertinente malgré son déguisement. Il la saisit par la manche et, profitant de la situation et des costumes, lui donna le fouet en public... Une autre fois, s'étant pris de querelle avec le jeune Polignac, il lui reprocha, en présence de sa femme, son cocuage, reproche assez piquant de la part d'un homme dont l'infortune était universelle !...

Le personnage n'avait vraiment pas changé. La folie des grandeurs obsédait toujours son esprit chimérique. Nous savons que, par sa mère, il était petit-neveu du premier duc d'Epernon, le violent et rusé mignon de Henri III. Le fils de ce gentilhomme, Bernard, dernier descendant mâle de la branche des Nogaret, étant mort en 1661, le duché était échu à sa petite-fille Louise, carmélite du faubourg Saint-Jacques (car, contrairement au duché de Bellegarde, celui d'Epernon était « femelle », c'est-à-dire transmissible aux femmes). La terre d'Epernon, quant à elle, était passée à un cousin, le marquis de Rouillac, qui, de son propre chef et avec une belle arrogance, s'était octroyé la couronne ducale. Mais Montespan veillait. Quelques années après le décès de ce Rouillac, sa fille Elisabeth se vit refuser le droit de porter le titre usurpé par son père. Ses fiançailles avec le comte d'Estrées en furent rompues et elle prit le voile des Filles du Calvaire. Nous étions au début de 1698.

Louis-Henry de Pardaillan, marquis de Montespan – notre duc de Bellegarde de vaniteuse renommée –, acheta à la demoiselle, moyennant 50 000 écus sonnants et trébuchants, la terre d'Epernon qui ne rapportait que de 4 000 à 5 000 livres par an. Pour le prix, il lui arracha également sa renonciation à porter le nom, ainsi que celle de son oncle, l'abbé Jules de Goth. Puis, sans même attendre la disparition de la vieille carmélite (qui ne surviendra qu'en août 1701), il se para du titre de duc d'Epernon qui faisait de lui le second baron du royaume, derrière le beau-père de son fils, le duc d'Uzès ! Afin d'être sûr de garder ce nom prestigieux dans la famille, le 6 juin 1698, il fit don à son fils des duché-pairie, terre et seigneurie d'Epernon, « se réservant toutefois, sa vie durant, les titres, rangs, privilèges et droits honorifiques attribués à la dignité de duc et pair de France »...

Chacun se gaussa de ces prétentions extravagantes que bien entendu ni le roi, ni le Parlement, ni surtout les ducs authentiques n'acceptèrent de ratifier. Non, M. de Montespan ne fut jamais duc et pair, sauf pour son valet de chambre, et il en fut toujours très dépité ! Cela ne l'empêcha pas de se produire à la cour. Maintenant que sa femme était tombée plus bas que terre, sa présence n'importunait plus, elle amusait. Et Dieu sait si les distractions étaient rares en cette fin de règne qui s'éternisait. Il lui arrivait même de jouer avec les filles bâtardes de sa femme ! « C'était une drôle de chose à voir, raconte la princesse Palatine, lorsque lui et son fils d'Antin jouaient avec Mme d'Orléans et Mme la Duchesse et qu'il donnait, très respectueusement et avec des baisements de mains, les cartes à ces princesses qui passaient pour ses enfants. Il trouvait lui-même cela plaisant ; il se retournait et riait un peu... » On imagine ce demi-sourire et le plissement des yeux empreints d'ironie.

Et pourtant cet homme surprenant avait un secret caché au plus profond du cœur, un secret qui livre peut-être la clé de sa tumultueuse personnalité et qu'on ne connaîtra qu'après sa mort...

La mort ! Le mari de l'ancienne favorite, en cette année 1701, la sentait proche. Une grave maladie le rongeait. Le 23 octobre, à six heures du matin, dans son château de Bonnefont, « haut et puissant messire Louis-Henry de Gondrin, seigneur d'Epernon, pair de France, marquis de Montespan » fit appeler le notaire royal de sa seigneurie, Me Faulquier, et lui dicta ses dernières volontés : il instituait son fils légataire universel, le priant instamment d'acquitter ses dettes et lui donnant pouvoir de vendre, aliéner et engager ses biens. Outre de nombreuses libéralités à ses amis et serviteurs – 3 000 livres à Dubuc, son cher et fidèle intendant, 1 200 livres à Larivière, son domestique, dont il louait les bons et agréables services, une année de gages et un habit à tous les autres, il créait plusieurs fondations de messes à l'église de Bonnefont et à celle de la Dalbade à Toulouse. A ceux qui avaient souffert de son amour excessif des cartes, il entendait apporter une consolation : « Et comme mondit seigneur d'Epernon a fait profession d'être joueur et qu'il ne peut pas connaître ceux à qui il a fait tort, il veut que M. le marquis d'Antin, son fils unique et son héritier universel, institué par sondit testament, emploie 10 000 livres pour faire prier Dieu pour ceux à qui il peut avoir fait tort. »

Sa femme – oui, sa femme ! – qu'il avait couverte d'insultes, poursuivie dans les corridors du château de Saint-Germain et enterrée fictivement, n'était pas oubliée non plus. Il faut ici, après Jean Lemoine qui a découvert le testament en 1907, en citer les passages essentiels : « A dit aussi et déclaré ledit seigneur testateur qu'il a toujours eu une confiance entière à la charité de Mme la marquise de Montespan, son épouse, et particulièrement à l'heure présente, que ledit seigneur en a plus de besoin, étant en un état infirme et atteint d'une maladie qui lui en fait vouloir faire prier Dieu après son décès pour le même repos et soulagement de son âme, ce qu'il espère et se promet de sa bonté et amitié, et par cette raison la nomme et la choisit présentement, *comme il l'avait fait déjà par ses autres précédents testaments*, et la prie de vouloir être son exécutrice testamentaire conjointement avec M. d'Aguesseau, conseiller d'Etat ordinaire ; lequel ledit seigneur testateur choisit aussi, nomme, supplie de vouloir accepter ladite charge de son exécuteur testamentaire avec Mme la marquise de Montespan, laquelle dame ledit seigneur supplie d'abondant par toute l'amitié et la tendresse très sincère qu'il a conservées pour elle, de vouloir faire ponctuellement exécuter le contenu en son présent testament et de vouloir charitablement pour l'amour de lui aussi faire payer exactement les dettes à sa décharge et pour le même repos de son âme. »

Un peu plus loin, le marquis, après avoir désigné un autre exécuteur testamentaire en la personne du père Defès, premier chapelain de Notre-Dame de Garaison, revenait encore à sa femme : « A quoi ledit seigneur testateur prie ladite dame marquise de Montespan, son épouse, et ledit seigneur d'Aguesseau de tenir la main et particulièrement ladite dame, laquelle il conjure pour toute la tendre amitié qu'elle sait bien qu'il a toujours eue pour elle et la confiance particulière qu'il a en sa piété surtout dans une occasion si importante. »

Tel était le cri du cœur du Gascon : il mourait amoureux de sa femme, cette ensorcelante marquise qu'il avait, dans le fond, toujours aimée. Là était bien son plus cruel et plus secret tourment. Malgré les rouéries de l'infidèle, sa nature impulsive, ses caprices de déesse, il continuait à la chérir solitairement, rêvant d'une impossible réconciliation qui ne ferait pas souffrir son orgueil. Il avait tout oublié, tout pardonné. Le reste était sans importance. Les imprécations, les cris vengeurs, les injures grossières, le mépris affiché, le jeu, le libertinage, la débauche, tout cela n'était que la façade extérieure d'une nature colérique aimant à se donner en spectacle. Sous les artifices de son tempérament méridional, ses fantaisies déconcertantes saignait la plaie béante. Il avait désigné sa femme à plusieurs reprises pour être son exécutrice testamentaire ; preuve que ses sentiments n'étaient pas un simple sursaut de charité chrétienne à l'approche de la mort. Cette persistante tendresse, cette élévation d'âme sont tout à l'honneur d'un homme à qui l'on fit jouer, malgré lui, le rôle de bouffon. « Il sera beaucoup pardonné à M. de Montespan », a écrit Jean Lemoine.

Dans son testament du 23 octobre 1701, le marquis demandait à être inhumé sans pompe au pied de la croix du cimetière paroissial de Bonnefont. Il exprimait la volonté que son cœur fût porté et enterré dans la sainte chapelle de Notre-Dame-de-Garaison, sanctuaire marial où la Vierge était apparue en 1510 à une bergerette de douze ans, Anglèze de Sagazan. Mais le 15 novembre, à Toulouse où il s'était fait conduire malgré sa maladie, il désigna dans un codicille le lieu d'inhumation qu'il avait finalement arrêté : l'église paroissiale de Notre-Dame-de-la-Dalbade, où « madame sa mère et mademoiselle sa fille ont été ensevelies ». Il s'éteignit quinze jours plus tard dans les bras de son fils, venu l'assister dans ses derniers moments[5].

Sans attendre l'enterrement, d'Antin avait couru à Fontevrault annoncer la nouvelle à sa mère. Celle-ci prit le deuil, fit célébrer un service funèbre sans indiquer le nom du défunt, mais on ignore sa réaction lorsqu'elle apprit, à la lecture du testament, les aveux brûlants de son terrible Gascon.

Prudent, d'Antin n'accepta le testament de son père que sous bénéfice d'inventaire. Il connaissait trop sa réputation ! Le mari de l'ancienne favorite laissait de grands biens, de belles terres comme Epernon et Bellegarde, de la vaisselle d'argent et quelques meubles rares. Dangeau assure même qu'il avait au moins 40 000 livres de rente. Mais tout cela était grevé par les dettes de jeu et les frais des instances en cours : plus de 360 000 livres. Trois ans auparavant, dans une supplique au roi, il se lamentait des emprunts considérables qu'il avait dû contracter, des pensions viagères qu'il servait aux cadets de sa maison. Son procès contre le duc de Foix s'éternisait depuis bientôt trente ans. Un arrêt de « surséance » ayant été une fois encore accordé à son ennemi, ses créanciers en avaient profité pour saisir plus des deux tiers de sa fortune. En 1701, la situation s'était sans doute aggravée, car Montespan avait été définitivement débouté de sa plainte contre le duc de Foix.

La disparition de l'abbesse de Fontevrault

La mort de Gabrielle de Rochechouart, le 15 août 1704, fut un nouvel avertissement – le dernier – pour Mme de Montespan. La belle abbesse n'avait que cinquante-huit ans mais sa santé déclinait depuis plusieurs années déjà. Régulièrement, elle allait faire des cures à Bourbon. Au début d'août 1704, elle fut atteinte d'une maladie de langueur, comme l'on disait alors, « une extrême lassitude accompagnée d'une mélancolie douce ». Le 7, la fièvre monta. Le 11, la malheureuse commença à délirer avant de sombrer dans le coma. Sa nièce, Louise-Françoise de Rochechouart, qui allait lui succéder à la tête de l'abbaye, fut témoin de ses derniers instants. Elle s'éteignit, rapporte-t-elle, « avec une douceur qui tenait plus de l'extase et du ravissement que d'une séparation douloureuse ». Athénaïs apprit la nouvelle le 18 août alors qu'elle se trouvait à Paris. Pour ne pas l'alarmer, on lui avait caché l'état de santé précaire de sa sœur. Elle fut accablée de douleur, qu'elle alla cacher chez ses neveux, le duc et la duchesse de Lesdiguières (fille et gendre du feu duc de Vivonne).

A son petit souper, Louis XIV eut une pensée émue pour la « grande abbesse », avouant qu'il « la regrettait extrêmement ». Il lui avait conservé, écrit Saint-Simon, « une estime, une amitié que l'éloignement de Mme de Montespan ni l'extrême faveur de Mme de Maintenon ne purent émousser ». En donnant l'abbaye à sa nièce, il déclara : « J'ai cru ne pouvoir mieux la remplacer que par une personne qui lui fût proche et qui, ayant été élevée auprès d'elle, eût pris ses maximes et profité de ses exemples. » Gabrielle de Rochechouart était aimée de tous, plaisait par sa douceur et sa grâce, sa vaste culture, sa ferme et calme autorité, son sens rigoureux de la gestion, le tout conjugué à une foi ardente, à un amour de la vérité qui ne s'étaient jamais démentis. Sa nièce, qui n'avait pas le même rayonnement, parvint néanmoins à maintenir l'abbaye dans l'ordre, l'obéissance et la règle, ce qui n'était déjà pas si mal. Fontevrault continuera jusqu'à la fin du XVIIIe siècle à être un foyer de spiritualité attirant de nombreuses vocations. C'est là que furent élevées les quatre filles de Louis XV.

Dès lors, se sentant traquée par la mort, Athénaïs multiplia les macérations et les gestes de piété. Sous ses vêtements, nuit et jour, elle se mit à porter des cilices à pointes de fer, des ceintures, des bracelets d'acier qui lui meurtrissaient la chair, cette chair coupable, trop belle et trop faible. Son âme s'épurait, s'élevait. Elle ne songeait plus qu'à faire le bien. A la Toussaint de 1704, à peine installée à Oiron, elle écrivait à une amie :

« ... Nous sommes à nous-mêmes, la plupart du temps, un grand monde, et nous parlons souvent dans notre âme avec une populace nombreuse de passions, de désirs, de desseins, d'inclinations et de tumultes qui nous agitent par ces inquiétudes, nous troublent par ces révoltes et nous empêchent d'écouter Dieu qui parle à notre cœur et qui seul devrait être notre monde et notre tout (...). Comme nous sommes encore bien près de nous-mêmes et bien éloignées de Dieu, que le jour qui nous est donné est presque passé, que la mort après laquelle on ne pourra plus rien faire s'avance et s'approche de nous incessamment, il n'y a plus de temps à perdre, car si cette nuit funeste nous surprend, tout est perdu pour nous sans retour (...). Ceux qui sont dans le ciel goûtent les fruits de la fidélité qu'ils ont eue de marcher avec courage et avec diligence dans la voie du ciel. Ceux qui expient dans le purgatoire leur lenteur et leurs chutes comprennent bien maintenant de quelle conséquence pour leur salut sont les fautes dont ils ne tenaient pas grand compte en cette vie. Mais ceux qui sont dans l'oubli éternel de Dieu et de l'Eglise regrettent en vain la perte irréparable d'un temps qui ne reviendra jamais (...). Cherchons Dieu pendant qu'il peut être trouvé de peur de le chercher inutilement à la fin d'une vie dont le terme ne saurait être fort long, et craignons de mourir dans notre péché et dans nos désordres... »

Ces lignes montrent à quel degré de spiritualité le père de La Tour – aidé par l'aumônier de la marquise, le père Guy de Quélen – était parvenu à la hisser.

CHAPITRE XIV

L'approche du soir

L'HUMEUR VAGABONDE

Après la mort de sa sœur Gabrielle, Athénaïs ne songea plus qu'à disperser sa fortune au profit des malades et des affligés. La France était alors entraînée dans le tourbillon de la guerre de Succession d'Espagne. Une grande partie des revenus de l'Etat servait aux dépenses militaires, dont le montant ne cessait de croître. Au début de 1707, le roi décida de réduire certaines pensions. Celle de son ancienne maîtresse fut amputée des deux tiers. « Les pauvres, soupira-t-elle, y perdront plus que moi[1] ! » Malgré cela, pour répondre à la montée de la misère, elle doubla ses aumônes et ses allocations charitables.

Elle renonça même aux bijoux, sa passion de toujours. Ainsi fit-elle don à son petit-fils, Louis de Pardaillan, marquis de Gondrin, lors de son mariage avec Marie-Victoire de Noailles, des plus belles pierreries qui lui restaient. Il y en avait pour 100 000 livres ! La jeune femme ne fut pas oubliée : elle reçut également un joli lot de 8 000 livres de perles fines et de diamants[2].

Cependant l'angoisse de la mort la poursuivait. C'était avec le grondement du tonnerre et l'obscurité de la nuit l'une de ses plus grandes frayeurs. Etrange Athénaïs ! Elle avait à la fois le dégoût du monde et une horreur incoercible de la solitude. D'où son humeur inconstante, son goût du vagabondage qui la poussaient sans cesse sur les routes de France. « Je ne suis point surprise qu'elle coure la campagne », écrivait déjà en juin 1701 Mme de Maintenon, après la disparition de Monsieur. Elle voyageait pour se fuir elle-même. Quel feu follet ! La voici à Clagny dans son jardin entre « ses citrouilles et ses choux ». Elle ne tient pas en place, se rend à Paris, au couvent de Saint-Joseph ; elle ne s'y attarde pas. Vite, les chevaux de son carrosse la mènent à Fontevrault. Y trouve-t-elle le repos ? Non, car elle part pour Saumur et le Jargueneau. Elle s'arrête à peine à Oiron pour surveiller quelques travaux, roule vers Bellegarde, passe à Petit-Bourg... Et la ronde recommence ! Elle ne craint ni la poussière des chemins, ni la pluie, ni la boue, ni les cahots des voitures où l'on étouffe entre les vieux coussins et les mantelets de cuir. La saison des eaux la ramène à Bourbon avec les curistes. Elle s'y rend au moins tous les deux ans malgré les avertissements des médecins qui s'inquiètent des fatigues du voyage[3]. La Bruyère, dans ses *Caractères*, s'est amusé de cette fièvre à l'approche du soir. Quel manque de sagesse à son âge de courir ainsi la prétentaine ! Il est plus dur, dit-il, d'appréhender la mort que de la souffrir. Voici donc Irène (Mme de Montespan) à Epidaure (Bourbon) devant l'oracle Esculape qui se contente de proférer des paroles de bon sens mais un brin ironiques : « D'abord elle se plaint qu'elle est lasse et recrue de fatigue ; et le dieu prononce que cela lui arrive par la longueur du chemin qu'elle vient de faire. Elle dit qu'elle est le soir sans appétit ; l'oracle lui ordonne de dîner peu. Elle ajoute qu'elle est sujette à des insomnies ; et il lui prescrit de n'être au lit que pendant la nuit. Elle lui demande pourquoi elle devient pesante, et quel remède ; l'oracle répond qu'elle doit se lever avant midi, et quelquefois se servir de ses jambes pour marcher. Elle lui déclare que le vin lui est nuisible : l'oracle lui dit de boire de l'eau ; qu'elle a des indigestions : et il ajoute qu'elle fasse diète. "Ma vue s'affaiblit, dit Irène. — Prenez des lunettes, dit Esculape. — Je m'affaiblis moi-même, continue-t-elle, et je ne suis ni si forte ni si saine que j'ai été. — C'est, dit le dieu, que vous vieillissez. — Mais quel moyen de guérir de cette langueur ? — Le plus court, Irène, c'est de mourir, comme ont fait votre mère et votre aïeule…" »

LE DERNIER SÉJOUR À BOURBON

Au début de février 1707, elle avait proposé à la duchesse de Noailles d'accompagner à Bourbon son mari, le maréchal, malade et impotent. « Je m'offre de très bon cœur à régler mon voyage sur le sien », lui mandait-elle. Mais celui-ci était si gros, si essoufflé qu'il se sentait incapable d'entreprendre le moindre déplacement. Les Noailles lui confièrent cependant leur fille, Lucie-Félicité, dame du palais de la duchesse de Bourgogne. Cette jeune femme de vingt-quatre ans était maréchale de France ! Elle avait, en effet, épousé Victor-Marie, comte d'Estrées, vice-amiral de France et vice-roi d'Amérique, qui avait reçu le bâton en 1704 et pris le nom de maréchal de Cœuvres. Malgré son rang et son titre, elle partit, sans serviteur ni équipage, dans la suite de Mme de Montespan qui la considérait comme une enfant et « s'en amusait comme d'une poupée » (Saint-Simon).

Cette année-là, à Bourbon, il y avait peu de curistes de renom : Mmes de Saint-Simon et de Lauzun, deux sœurs, filles du maréchal de Lorge, fort sages et fort dévotes, et la jeune Mme Legendre de Saint-Aubin, femme de l'intendant de Montauban, d'origine roturière. L'aîné des Noailles, Adrien-Maurice, commandant de l'armée de Catalogne, ne fit qu'un bref séjour. On est sûr que Mme de Montespan le rencontra car, au début de mai, elle baptisa avec lui une cloche à Couzon, à quelques lieues de là.

Dans la nuit du 22 au 23 mai, Athénaïs eut un premier malaise. Ses veilleuses coururent prévenir la maréchale de Cœuvres. Celle-ci se précipita dans la chambre de la marquise, qu'elle trouva mal en point. Elle avait des suffocations accompagnées d'évanouissements. On redoutait l'apoplexie[4]. Ne trouvant à proximité ni médecin ni chirurgien, la jeune femme prit sur elle de lui faire administrer de l'émétique qui avait la propriété d'achever plutôt que de guérir les malades. Inexpérimentée, celle-ci força un peu trop la dose et fut vite épouvantée des effets. *Le Mercure françois* rapporte que le remède opéra soixante-trois fois[5] !

Athénaïs était partie pour Bourbon avec un mauvais pressentiment. Elle comprit que la mort – cette fois – la réclamait. Elle, qui la redoutait tant, fit preuve d'un calme surprenant. Ses frayeurs se dissipèrent et elle ne songea qu'à se mettre en règle avec sa conscience. Revenant, dit Saint-Simon, « d'un grand assoupissement » de douze ou quinze heures, elle fit appeler tous ses domestiques et, devant eux, avec une piété ardente, confessa ses péchés publics. Elle demanda pardon des scandales qu'elle avait si longtemps causés et même de ses humeurs. Elle remercia Dieu de lui permettre de mourir en un lieu éloigné « des enfants de son péché ». Puis elle se confessa, reçut l'extrême-onction et le saint viatique. Au gardien des Capucins, venu l'assister, elle souffla avec humilité : « Mon père, exhortez-moi en ignorante, le plus simplement que vous pourrez. »

Quelques médecins qui se trouvaient à Bourbon vinrent à son chevet et avouèrent leur impuissance. Cependant, la grâce de Dieu l'habitait. « Elle ne s'occupa plus que de l'éternité, raconte encore Saint-Simon, quelque espérance de guérison dont on voulut la flatter. »

LA MORT QUI VIENT

Le 23 au matin, la maréchale de Cœuvres envoya un courrier rapide au duc d'Antin, le priant de venir au plus vite. Celui-ci se trouvait à Livry, en son château du Raincy, où il avait convié le Grand Dauphin à chasser pendant trois jours. Il partit sur-le-champ en chaise de poste et arriva à Bourbon le 26. Athénaïs était au plus mal. Elle regarda son fils et se contenta de lui dire qu'il la voyait « dans un état différent de celui où il l'avait vue à Bellegarde ». Elle s'éteignit paisiblement dans la nuit du 26 au 27, vers trois heures du matin, après avoir donné ses dernières instructions pour soulager les pauvres et parlé avec émotion de la miséricorde divine[6]. D'Antin rapporte dans ses *Mémoires* : « Arrivé à Bourbon la veille de son dernier jour, je fus le triste témoin de la mort la plus ferme et la plus chrétienne que l'on puisse voir, et les mérites de bonnes œuvres et d'une sincère pénitence n'ont jamais tant éclaté qu'en sa faveur. Je ressentis toute la douleur que l'amitié la plus tendre et la plus sincère peuvent faire ressentir en pareille occasion et je repartis sur l'heure pour me retirer quelque temps à Bellegarde. »

Ce départ précipité d'un fils qui n'attend même pas les obsèques de sa mère fut l'objet de commentaires malveillants. Saint-Simon assure que Mme de Montespan avait fait un testament, l'avait enfermé dans l'une de ses cassettes et que d'Antin, de crainte d'y être maltraité, le subtilisa. Ajoutant de nouveaux détails dans ses *Notes sur le siècle de Louis XIV* (1753), La Beaumelle prétend que ce fils indigne arracha la clé de la cassette qui pendait au cou de sa mère tandis qu'il se trouvait seul avec elle. Ces récits paraissent à tout le moins douteux[7].

Le comte de Toulouse, qui était parti en voiture avec le marquis Villers d'O, son ancien gouverneur, et plusieurs médecins, apprit à Montargis le décès de sa mère. La nouvelle le plongea dans une « affliction prodigieuse ». Il ne se sentit pas la force de poursuivre son chemin et alla cacher son chagrin en sa demeure de Rambouillet[8].

A part le comte de Toulouse, l'annonce du décès laissa la cour dans une relative indifférence. Le roi, qui s'était promené seul et fort tard après une partie de chasse, fut informé presque par hasard par un gentilhomme de la duchesse de Bourbon. Il ne laissa échapper ni une larme, ni un soupir[9]. A la duchesse de Bourgogne, surprise de cette absence d'émotion, « après un amour si passionné de tant d'années », il répondit que « depuis qu'il l'avait congédiée, il avait compté ne la revoir jamais, qu'ainsi elle était dès lors morte pour lui ». Avec l'âge, Louis XIV avait perdu cette sensibilité qui, dans sa jeunesse, lui faisait si facilement monter les larmes aux yeux. Trois ans plus tard, en juin 1710, il accueillera avec la même sécheresse de cœur la nouvelle de la disparition de sœur Louise de la Miséricorde, disant qu'elle était morte pour lui le jour de son entrée aux Carmélites. Seule Mme de Maintenon, pour qui cette perte ravivait de vieux souvenirs, doux ou amers, laissa voir son trouble. « Les larmes la gagnèrent, conte Saint-Simon, que, faute de meilleur asile, elle fut cacher à sa chaise percée. Mme la duchesse de Bourgogne, qui l'y poursuivit, en demeura sans paroles, d'étonnement. » Remise de cette émotion passagère, elle écrira quelques jours plus tard à l'une de ses correspondantes : « La mort de Mme de Montespan ne m'a pas mise hors d'état de vous écrire : mais il est vrai que j'y fus fort sensible, car cette personne-là n'a pu m'être indifférente en aucun temps de ma vie. »

Ni Versailles, ni Saint-Germain, ni Clagny, où cette reine de beauté avait brillé de son plus bel éclat, ne songèrent à célébrer un service religieux pour le repos de son âme. Si la *Gazette* n'eut pas un mot pour celle qui emplissait ses colonnes du temps de sa splendeur, *Le Mercure françois*, lui, se chargea de rendre justice à la pénitente et à la chrétienne qui laissait beaucoup d'inconsolés : « Elle recevait presque tous les mois une assez grosse somme, et l'on peut dire que jamais argent n'a été mieux employé. Il était presque tout destiné pour des hôpitaux et pour des pauvres honteux (…). Elle entrait dans tous leurs besoins et réglait elle-même toutes ces choses. Cependant, cela se faisait sans affectation et presque sans que l'on s'en aperçût (…). Enfin, l'on peut dire que beaucoup d'hôpitaux et quantité de pauvres ont beaucoup perdu en la perdant. On peut dire aussi de cette dame, en prenant les choses de plus haut, qu'elle n'avait cherché qu'à faire du bien dans le temps qu'elle avait pu être utile à ses amis, aux personnes de distinction, aux gens de lettres, et généralement à tous ceux qui avaient quelque mérite. Elle était bienfaisante, et elle n'avait jamais cherché à nuire à personne. Elle aimait les beaux-arts et ceux qui ont excellé dans le temps où elle pouvait leur être utile ont eu de grands sujets de s'en louer, et elle n'a pu s'empêcher de donner de l'occupation à quelques-uns, presque jusqu'aux derniers moments de sa vie. »

Les obsèques

Il était dit que personne ne veillerait le corps de Mme de Montespan. D'Antin était parti précipitamment sans même donner ses instructions pour les obsèques. Le comte de Toulouse s'était retiré à Rambouillet. Le duc du Maine était à Sceaux auprès de sa femme, enceinte et « fort incommodée » tandis que les duchesses de Bourbon et d'Orléans, très affligées, restaient « consignées » à la cour[10]. Quant à la jeune maréchale de Cœuvres, épuisée par ses nuits de veille et surtout torturée par le remords d'avoir hâté le trépas de la marquise, elle s'était réfugiée à l'abbaye bénédictine de Saint-Menoux, à deux lieues de Bourbon, dont une nièce du père de La Chaise était abbesse.

Le corps de la défunte fut la proie d'un chirurgien maladroit, celui de Mme Legendre, femme de l'intendant de Montauban. Tandis que les pauvres accouraient par centaines de tous les environs, les capucins de la Sainte-Chapelle du château ducal et les prêtres de la paroisse Saint-Georges se disputèrent avec indécence le privilège d'accueillir son cercueil. Finalement, il fut convenu que les moines le veilleraient dans le « caveau commun » (c'est-à-dire le reposoir) de l'église paroissiale, « comme y eût pu être celui de la moindre bourgeoise du lieu », s'indigne Saint-Simon. Avec la sécheresse d'un clerc de notaire, Antoine Pétillon, archiprêtre et curé de Bourbon, transcrivit sur le registre de Saint-Georges l'acte de décès : « Aujourd'hui 28 mai 1707, par moi curé soussigné a été apporté en cette église le corps de Mme Marie *(sic)* Françoise de Rochechouart de Montespan, surintendante de la maison de la reine, décédée en cette ville le vendredi 27 après avoir reçu tous les sacrements et où repose jusqu'à ce qu'on dispose autrement. » Les chanoines du chapitre ainsi que les curés de plusieurs paroisses des environs apposèrent leur signature au bas de l'acte.

Conformément aux vœux de la défunte, ses entrailles furent portées à l'abbaye de Saint-Menoux[11]. Une anecdote macabre – sujette à caution – courut à ce sujet : le paysan chargé de ce transport n'était au courant de rien. Incommodé par l'odeur, il souleva le couvercle de l'urne. Horreur ! Ce qu'il vit lui fit croire à une mauvaise plaisanterie. D'un geste de dégoût, il poussa du pied dans le fossé le vase et les entrailles qui firent le festin d'un troupeau de porcs passant par là... Lorsqu'on conta cette histoire à Mme de Tencin, elle eut ce mot : « Des entrailles ? Est-ce qu'elle en a jamais eu[12] ? »

Placé dans le reposoir de l'église Saint-Georges, le corps de la marquise fut bientôt conduit à Poitiers, sur instruction du marquis d'Antin, pour y être inhumé dans l'église des Cordeliers où les Rochechouart avaient leur mausolée depuis 1595. Le 4 août au soir, à la lueur des torches, le cercueil était solennellement reçu par les pères après une courte harangue de l'abbé Anselme. Pour donner plus d'éclat à la cérémonie, le chapitre de Saint-Hilaire-le-Grand avait donné l'autorisation de placer le corps dans la chapelle de vermeil. L'inhumation eut lieu le lendemain, sous l'impressionnant tombeau de marbre noir de René de Rochechouart et de Jeanne de Saulx-Tavannes, où reposaient depuis dix-neuf ans déjà les restes de son frère, Louis-Victor duc de Vivonne, le « gros crevé » de Mme de Sévigné[13]...

Louis XIV croyait en avoir fini avec sa vieille maîtresse. Il se trompait ! Lorsqu'il mourut en septembre 1715, on chercha en hâte un lit d'apparat sur lequel exposer sa dépouille mortelle. On en trouva un dans un comble du château, qu'on installa dans la chambre contiguë à la salle du trône. Mais personne, ni Mme de Maintenon, ni la famille royale, ni le capitaine des gardes, ni les premiers gentilshommes de la chambre, ni les moines, ni les prêtres psalmodiant la prière des morts, ne remarqua que dans le ciel de ce lit, regardant fixement le roi défunt, il y avait un portrait : celui de la flamboyante marquise, fraîche et rayonnante comme aux plus belles années de sa gloire. On avait tout simplement oublié de l'enlever.

NOTES

Chapitre premier : athénaïs (pp. 7-36)

1. Communauté religieuse située à Paris rue de Sèvres.
2. Sur ce duel célèbre, voir la lettre de l'ambassadeur vénitien Grimani au doge du 24 janvier 1662 et les documents rassemblés par François Ravaisson au t. III de ses *Archives de la Bastille*, ainsi que les *Mémoires de M.L.C.D.R.* (M. le comte de Rochefort), dus à Courtilz de Sandras.
3. La Chenaye-Desbois, *Dictionnaire de la noblesse*, 1755, t. X et XI (art. « Montespan » et « Pardaillan »).
4. L'hôtel était situé au 27 rue Saint-Guillaume (alors rue des Rosiers), à l'emplacement du bâtiment actuellement occupé par l'Institut d'Etudes Politiques de Paris.
5. Certains contemporains lui prêtaient également le prénom de Marie, d'autres celui de sa mère, Diane. On l'a vu, à sa naissance, Mme de Montespan ne reçut que le prénom de Françoise.
6. Copie manuscrite du registre de Saint-Sulpice, B.N. Mss. Français 32 593.
7. Voir le dossier de l'affaire Pichault-Laval à la Bibliothèque nationale (Mss. 21655) ainsi que les lettres du marquis de Saint-Maurice, ambassadeur de Savoie en France, des 5 et 12 décembre 1670 (éd. J. Lemoine, 1911).

Chapitre II : Le mari ou le roi ? (pp. 37-70)

1. « Le 26 juin, notait le chanoine Deslyons dans son *Journal*, j'ai appris de Mme la marquise d'Humières les particularités de la disgrâce de N. [Mlle de La Vallière] au dernier voyage d'Avesnes avec la reine. Elle communia à Liesse seulement parce qu'elle était résolue en son cœur de pardonner et qu'il y avait quatre mois, à ce qu'elle lui avoua confidemment, qu'elle ne disait point son *Pater*. Je connus par cet entretien qu'à la cour ils croyaient que le seul péché de haine et de vengeance les rend indignes de communier » (cité par J. Lemoine et A. Lichtenberger, *De La Vallière à Montespan*, pp. 187-188).

2. Des lettres (sans doute apocryphes) de Mme de Maintenon jettent un doute sur le sexe de l'enfant en en faisant une petite fille. Les contemporains (Mme de Caylus, le marquis de Saint-Maurice notamment) parlent d'un garçon qui serait mort en 1672. A propos du duc du Maine, la veuve Scarron écrivait en 1674 : « Je n'aime pas moins cet enfant-ci que j'aimais l'autre. » Le père Tixier, prieur de l'abbaye de Saint-Germain-des-Prés, commet sans doute une confusion lorsqu'il écrit que « le fils aîné du roi et de Mme de Montespan mourut à huit ans ». Il poursuit : « Mme Sc. [Scarron] m'envoya quérir et M. de Louvois vint de l'autre côté. Il avait été rendu fort savant par son précepteur Dandin qui fut ensuite fait par Montausier aumônier des Suisses et abbé de mille écus de rente. Ce petit prince avait une tête excessivement grosse qu'à peine pouvait-il porter : on l'ouvrit et on lui trouva le crâne épais d'un gros pouce et la tête sans suture. »

Chapitre III : La colère du mari (pp. 71-90)

1. Pierre Clément, *Mme de Montespan et Louis XIV*, p. 14. L'abbé Boileau, frère du poète, raconte avec plus de vraisemblance que, lorsqu'il apprit la conduite de sa nièce, l'archevêque de Sens mit publiquement en pénitence une femme adultère de la ville et fit publier dans son diocèse les canons condamnant le concubinage.

2. Selon Mme Dunoyer (*Lettres historiques et galantes*, 1720, t. I, p. 341 et suiv.), qui tenait le récit détaillé du chevalier de Gondrin, cousin du marquis, la scène se serait passée au contraire en public : « Pour se venger de Mme de Montausier, qu'il croyait avoir favorisé

les desseins du roi, il avait fait prier cette duchesse, une bonne partie de la cour à dîner chez elle, et, au milieu du repas, il avait dit à toute la compagnie que c'était lui qui les avait fait rassembler, pour leur faire voir la plus fameuse entremetteuse de la cour – il lui donna même un autre nom, dont je ne trouve pas à propos de me servir –, il renversa la table et fit un si terrible fracas que l'on prétend que Mme de Montausier en perdit l'esprit. »

3. La duchesse de Longueville, fidèle soutien de Mgr de Gondrin, craignait que cette aventure n'attirât quelque mauvaise affaire au prélat janséniste : « N'avez-vous point peur, écrivait-elle à Mme de Sablé, qu'on fasse quelque trait à M. de Sens ?... Comme tout le monde a dans la tête de l'embarrasser dans l'emportement de M. de Montespan, je crois que rien ne peut être mieux pour lui que la lettre qu'il vous a priée d'écrire à Mme de Montausier » (Sainte-Beuve, *Histoire de Port-Royal*, t. IV, p. 284).

4. Le donjon du château de Bonnefont, bien abîmé par les remaniements successifs, a été détruit il y a peu d'années, non sans mal d'ailleurs, tant ses murs étaient épais et résistants (une photographie du bâtiment figure dans l'ouvrage de J. Estarvielle, *Monsieur de Montespan*, Paris, 1929). A son emplacement s'élève un centre pour handicapés.

5. L'église du village existe encore ainsi que la cloche de bronze, baptisée en 1668 par « messire Louis-Anthoine de Pardeilhan de Gondrin, fils de messire haut et puissant seigneur Louis-Henry de Pardeilhan de Gondrin, marquis de Montespan, et de puissante et haute dame Françoise-Diane de Rochechoar de Mortamar, marquise de Montespan, ses père et mère, lequel est aagé de deux ans et huict mois ».

Chapitre IV : les trois reines (pp. 91-120)

1. Louis XIV, *Œuvres*, éd. Grimoard, 1806, T. V., p. 515. Quelque temps plus tard, l'un des architectes, qui avait travaillé à cette commande, écrivit à Colbert que Mme de Montespan était fort satisfaite « du jet d'eau qu'on venait d'établir au milieu des jardins de l'un des balcons de sa chambre » (Bibl. Nat., Mss. Mélanges Colbert, vol. 529 f° 166 bis). Les travaux se poursuivirent jusqu'en décembre 1673 sous la conduite de Louis Petit, contrôleur des bâtiments, qui mandait à son tour à Colbert (6 décembre) : « J'ai fait travailler tous ces jours passés et fait veiller jusqu'à minuit aux ouvrages que Sa

Majesté a ordonné de faire chez Mme de Montespan, lesquels ont été achevés hier au soir. Le roi et ladite dame sont fort contents de mes soins. Mme de Montespan m'a ce matin chargé de dire à Monseigneur [Colbert] qu'elle souhaiterait fort d'avoir de l'eau dans ses nouvelles cuisines, et même en a depuis parlé à Mme Colbert pour le dire à Monseigneur. »

Chapitre V : les succès d'une favorite (pp. 121-140)

1. Sur Clagny, voir aux Archives nationales les « Comptes des bâtiments du roi » pour les années 1674-1681 (O^1 2138-2151).

2. Le duc de Luynes, dans ses *Mémoires* (t. IX, p. 255), prétend que le roi fit d'abord bâtir une maison pour Mme de Montespan qui n'en fut pas satisfaite, la trouvant digne « d'une fille d'opéra ». Il l'aurait donc fait abattre. Sur son emplacement, on aurait construit le château de Clagny. On ne trouve rien à ce propos dans les mémoires du temps ni dans les archives des bâtiments du roi. Il est vraisemblable que le duc de Luynes a établi une confusion avec l'ancien château de Clagny qui fut effectivement rasé en 1677.

Chapitre VI : la gouvernante (pp. 141-164)

1. Le 18 juin 1669, la veuve Scarron louait à partir de la Saint-Remi (1er octobre) pour 950 livres par an la maison que possédait la marquise de Kerjean rue des Tournelles.

2. L'entrée de cette maison était située à l'emplacement actuel du n° 108 de la rue de Vaugirard. La propriété appartint ensuite, de 1674 à 1781, à la famille des teinturiers Gluck et Julienne. C'est par erreur que Lecestre (t. XXVIII des *Mémoires* de Saint-Simon) identifie la maison de Mme Scarron avec l'hôtel dont la façade subsiste au n° 25 du boulevard du Montparnasse (n° 132 de la rue de Vaugirard). Cet hôtel ne fut construit qu'en 1712 par Mathurin Chouanne et servit de résidence au Grand Prieur de Vendôme (J. Hillairet, *Connaissance du vieux Paris*, 1963, T. II, p. 183).

3. Pierre Audiat (*Le Littéraire*, 1er février 1947) et Françoise Chandernagor (*L'Allée du roi*, 1981) ont soutenu la thèse contraire, selon laquelle la veuve Scarron serait devenue rapidement la maîtresse du roi.

Chapitre VII : une crise religieuse (pp. 165-186)

1. Mme de Sévigné reçut ensuite les confidences de Mme Fouquet. De Moulins, le 18 juin, elle s'adressait à sa fille : « Je vous écrirai de Pomé de grandes particularités, qui vous surprendront de Mme de Montespan : ce qui vous paraîtra bon c'est que ce seront des vérités, et toutes des plus mystérieuses. »

Chapitre VIII : les rivales (pp. 187-218)

1. Il s'agit d'Elisabeth Rouxel de Grancey, fille de Jacques Rouxel, comte de Grancey et de Médavy, maréchal de France, et de Charlotte de Mornay-Villarceaux. Réputée pour sa beauté, elle était surnommée « l'Ange » par Mme de Sévigné. Selon la princesse Palatine, elle avait eu un enfant avant que le chevalier de Lorraine ne devînt son amant (*Correspondance*, éd. Brunet, t. I, p. 403). Dès le 10 mai 1669, Saint-Maurice écrivait à son maître : « On tient pour certain que le roi est las de Mme de Montespan et qu'il regarde de bon œil Mlle de Grancey, que M. et Mme de Coëtquen poussent à la faveur. Le maréchal de Grancey, qui m'en a fait la confidence, en a grande alarme. Je le persuade que ce sera sa fortune et celle de sa maison ; il témoigne y répugner, mais je crois qu'il le souhaite... »

2. *Quanto* ou *Quantova*, sobriquets servant à désigner Mme de Montespan et provenant d'un jeu de l'époque.

3. Dans ses *Mémoires* (éd. Chéruel, t. IV, pp. 419-420), Mlle de Montpensier rapporte la même anecdote : « Il se passa une petite histoire de galanterie en ce temps-là. Un soir, le roi ne revint qu'à quatre heures se coucher : la reine avait envoyé voir ce qu'il faisait et s'il était chez Mme de Montespan ; on dit que non. Il n'était pas chez lui ; tout le monde raisonnait ; enfin on sut où c'était. On nomma la dame et on dit que le roi, dans un chagrin qu'il eut contre elle, le dit à la reine, et que toutes les fois qu'elle voulait qu'il allât chez elle (car elle avait des précautions à prendre, ayant un mari), elle mettait des pendants d'oreilles d'émeraude au dîner et au souper du roi, où elle se trouvait. »

4. La princesse Palatine, Mme de Caylus et Saint-Simon affirment que Mme de Soubise a été la maîtresse de Louis XIV. S'appuyant sur d'autres témoignages, A. de Boislisle, le savant anno-

tateur des *Mémoires* de Saint-Simon, a cherché au contraire à la réhabiliter en la lavant de tout soupçon (T. V. des *Mémoires*, pp. 539-566). Deux pamphlets du temps, qui n'avaient personne à ménager, *Le Grand Alcandre frustré* (écrit vers 1676) et *La France galante ou les derniers dérèglements de la cour* (qui date sans doute de 1678) parlent, en effet, de l'amour du roi pour la princesse, de l'inclination de la jeune femme pour lui, mais aussi de son grand fond de vertu, de sa fidélité, de sa crainte de se compromettre. Ezéchiel Spanheim, envoyé de la cour de Brandebourg à Paris, la cite parmi les trois femmes qui se seraient refusées à Louis XIV, avec Mlle d'Elbeuf (Anne-Elisabeth de Lorraine, épouse en 1669 du prince de Vaudémont) et Mlle de Toucy (Françoise-Angélique de La Mothe-Houdancourt, mariée en 1669 au duc d'Aumont).

5. Lettre de la princesse Palatine du 3 septembre 1718 : « La Montespan fit prévenir le roi que Ludres avait des dartres sur le corps qui étaient la suite du poison que Mme de Cantecroix lui avait fait prendre dans sa première jeunesse, lorsqu'elle n'avait que douze ou treize ans, parce que le vieux duc de Lorraine était si fort amoureux de cet enfant qu'il voulait l'épouser. Le poison fit éruption et la couvrit de taches depuis la tête jusqu'aux pieds. Le mariage fut ainsi empêché. Elle fut assez soignée pour sauver sa figure, mais, de temps en temps, elle a encore des attaques de son mal. » Primi Visconti situe cet épisode en 1674. En effet, une « haine mortelle » opposait Mme de Montespan à la princesse Palatine depuis que cette dernière avait admis la trop belle Mme de Ludres parmi ses demoiselles d'honneur. « Aussi, écrit-il, le bruit fut-il répandu que la Ludres avait la gale, la lèpre et toutes les maladies imaginables » (*Mémoires sur la cour de Louis XIV*, 1909).

6. Diane de Poitiers.

7. Quelques mois plus tard, surmontant son amour-propre, Marie-Isabelle, qui se débattait dans de graves ennuis financiers, accepta l'argent du roi. « Vous savez bien, disait Mme de Sévigné le 2 octobre 1680, que Mme de Ludres, lasse de bouder sans qu'on y prît garde, a enfin obtenu de son orgueil, si bien réglé, de prendre du roi 2 000 écus de pension et 25 000 francs pour payer ses pauvres créanciers, qui, n'ayant point été outragés, souhaitaient fort d'être payés grossièrement sans rancune. » Elle passera le reste de ses jours pensionnaire dans des couvents, à Port-Royal puis dans sa Lorraine natale, sans jamais se marier. Elle mourra le 28 janvier 1726, à soixante-dix-neuf ans, après être restée, dit-on, fort belle jusque dans un âge très avancé.

8. Pour les étrennes du 1er janvier 1679 Mme de Maintenon offrit à sa rivale une splendide édition de cette œuvre, dans une reliure imprimée en lettres d'or et garnie d'émeraudes. Le livre, qui servait uniquement de présent, fut tiré à un très petit nombre d'exemplaires (il en existe un à la Réserve de la Bibliothèque nationale). Ainsi, ni Mme de Sévigné ni Saint-Simon n'en parlèrent. L'épître liminaire a été attribuée à Jean Racine parce que, sur un exemplaire possédé par La Beaumelle, Louis Racine avait attesté que son père en était l'auteur. Mais cette assertion est contestable (Louis Racine n'avait que sept ans à la mort de son père).

Saint-Simon, qui exècre le duc du Maine, reconnaît sa grâce, son esprit, la vivacité de ses reparties. Mme de Sévigné également. Le 29 juillet 1676, elle écrivait à sa fille : « M. du Maine est incomparable ; l'esprit qu'il a est étonnant ; les choses qu'il dit ne se peuvent imaginer. » Le 7 août, elle ajoutait : « M. du Maine est un prodige d'esprit. Premièrement, aucun ton et aucune finesse ne lui manque. Il en veut, comme les autres, à M. de Montausier, pour badiner avec lui (...). Il le vit l'autre jour passer sous ses fenêtres avec une petite baguette qu'il tenait en l'air ; il lui cria : "M. de Montausier, toujours le bâton haut." Mettez-y le ton et l'intelligence, et vous verrez qu'à six ans on n'a guère de ces manières-là : il en dit tous les jours mille de cette sorte. Il était, il y a quelques jours, sur le canal dans une gondole, où il soupait, fort près de celle du roi ; on ne veut point qu'il l'appelle *mon papa* ; il se mit à boire, et follement s'écria : "A la santé du roi, mon père" ; et puis se jeta, en mourant de rire, sur Mme de Maintenon. » Il y a, certes, bien loin de ces saillies enfantines aux réflexions, aux maximes qui figurent dans les *Œuvres diverses d'un auteur de sept ans*, dont la rédaction, contrairement à ce que pensait Pierre Bayle *(Les Nouvelles de la République des Lettres*, février 1685), est entièrement due à la plume de Mme de Maintenon. (*Cf.* Louis Hastier, *Vieilles histoires, vieilles énigmes*, 2e série, Paris, 1957, pp. 39-49).

9. L'aveu date de 1686 : abbé de Choisy, *Mémoires*, éd. Mongrédien, p. 136.

CHAPITRE IX : ANGÉLIQUE ET LE ROI... (pp. 219-242)

1. B. N., Cabinet des titres, Dossier bleu 608, *Scorailles*. Moreri, *Dictionnaire*, t. IX, p. 292.

2. *Le Passe-temps royal ou les amours de Mlle de Fontanges*, libellé anonyme injustement attribué à Bussy-Rabutin.

3. Primi Visconti, *op. cit.*, p. 241. Les provisions de surintendante de la reine accordées à Mme de Montespan sont datées du 10 avril 1679 (Arch. Nat. 0^1 3714 f° 16 v° 18). Le brevet lui donnant rang de duchesse est du 11 (Arch. Nat. 0^1 23 f° 97 v.).

4. On fit une chanson cruelle sur l'enfant de Mlle de Fontanges :
« Notre prince, grand et bien fait,
Qui ne fait rien que de parfait,
Landerirette,
Ne travaille plus qu'à demi,
Landeriri.
Sa jeune maîtresse, dit-on,
A mis au monde un avorton,
Landerirette,
La grosse [Montespan] en a le cœur bouffi,
Landeriri. »
(*Recueil Maurepas*, Leyde, 1865, t. II, p. 4).

5. Vers cette époque, il arriva à Saint-Germain une aventure assez divertissante que conta le père Quesnel à son ami Antoine Arnauld : « Mme de Montespan a deux ours qui vont et viennent comme bon leur semble. Ils ont passé une nuit dans un magnifique appartement que l'on a fait à Mlle de Fontanges. Les peintres, en sortant le soir, n'avaient pas songé à fermer les portes ; ceux qui ont soin de cet appartement avaient eu autant de négligence que les peintres : ainsi, les ours, trouvant les portes ouvertes, entrèrent, et, toute la nuit, gâtèrent tout. Le lendemain, on dit que les ours avaient vengé leur maîtresse, et autres folies de poètes. Ceux qui devaient avoir fermé l'appartement furent grondés, mais de telle sorte qu'ils résolurent bien de fermer les portes de bonne heure. Cependant, comme on parlait fort du dégât des ours, quantité de gens allèrent dans l'appartement voir tout ce désordre. Messieurs Despréaux [Boileau] et Racine y allèrent aussi vers le soir, et, entrant de chambre en chambre, enfoncés ou dans leur curiosité ou dans leur douce conversation, ils ne prirent pas garde qu'on fermait les premières chambres ; de sorte que, quand ils voulurent sortir, ils ne le purent. Ils crièrent par les fenêtres, mais on ne les entendit point. Les deux poètes firent bivouac où les deux ours l'avaient fait la nuit précédente, et eurent le loisir de songer ou à leur poésie passée ou à leur histoire future. »

6. B. N., Mss Fr. 21 591 f° 176-177.

7. B. N., Mss Fr. 17 046 f° 7.
8. B. N., Mss Fr. 22 597 f° 156.

CHAPITRE X : L'ÉNIGME DES POISONS (pp. 243-288)

1. Les pièces du procès des poisons – correspondances, notes et rapports de police, inventaires, interrogatoires, confrontations, recollements, procès-verbaux, arrêts et pièces diverses – se trouvent à la Bibliothèque de l'Arsenal, « Archives de la Bastille » 10 338-10 359 (1668-1682). Les lettres d'instruction de Louvois sont au Service historique de l'armée, section moderne, série A^1 (volumes 530 à 846). La majeure partie de ces documents a été publiée par l'archiviste François Ravaisson (*Archives de la Bastille*, t. IV à VII).

2. Lesage ne fut délivré ni par le « crédit de la Voisin », comme l'a écrit l'historien Frantz Funck-Brentano, ni par l'intervention de Mme de Montespan, comme le suggèrent Paul Emard et Suzanne Fournier (*Les Années criminelles de Mme de Montespan*, Paris, 1939). Le 28 mars 1679, Louvois écrivait à Seignelay (qui travaillait avec son père, Colbert, pour les affaires du secrétariat d'Etat à la Marine) : « Etant impatient de savoir à la sollicitation de qui ont été expédiés en l'année 1673, pendant le siège de Maëstricht, des ordres du roi pour faire détacher des galères le nommé Cœuret dit Dubuisson, Sa Majesté m'a commandé de vous envoyer ce billet afin qu'il vous plaise d'essayer de vous en souvenir. » Nous n'avons pas la réponse à ce billet mais on voit, par la correspondance de l'intendant des galères Arnoul, qu'en juin 1673 l'escadre des galères, commandée par M. de Manse, avait fait une petite démonstration militaire au large des côtes de la République de Gênes et arraisonné quelques bateaux de pêche. Une galère s'était particulièrement signalée. Le 22 juin 1673, Seignelay mandait à Arnoul : « Envoyez-moi les noms des quinze Français qui se sont trouvés sur la galère de Gênes, le roi voulant leur donner la liberté » (Bib. Nat. Mss. Nouv. acq. franç. 21 314, f° 238). C'est grâce à cette mesure qu'Adam Cœuret, dit Dubuisson, dit Lesage, revint à Paris dans le courant de l'année 1673.

3. La comtesse de Soissons fut-elle vraiment coupable ? Son biographe, Amédée René (*Les Nièces de Mazarin*, 1857), la lave de tout crime. La princesse Palatine prend également sa défense : « Pour autant que je la connais, je la regarde comme parfaitement innocente de la mort de son mari. Je ne crois pas qu'elle l'ait empoi-

sonné, et je pense qu'ici on ne le croit pas non plus. Mais on a fait semblant de le croire, afin de lui faire peur de la prison, et de la pousser à prendre le parti qu'elle a pris en effet, c'est-à-dire de s'en aller. La raison en est qu'on la redoute, parce qu'elle a beaucoup d'esprit et qu'on la tient pour une très habile intrigante. Elle attirait ainsi à elle une masse de monde, ce qui lui a valu d'être profondément détestée par tout ce que la cour contient de plus hauts personnages » (lettre du 10 septembre 1690). Il reste, malgré tout, que les relations entre la comtesse de Soissons et la Voisin sont prouvées. On la retrouve en 1689 à la cour d'Espagne, mêlée à une nouvelle affaire d'empoisonnement supposé touchant la reine d'Espagne, Marie-Louise d'Orléans, fille de Monsieur et de Henriette d'Angleterre.

4. La question par les brodequins consistait à enserrer les jambes de l'accusé entre de fortes planches de chêne et à enfoncer entre elles, à coups de maillet, des coins de bois : quatre pour la question ordinaire et huit pour la question extraordinaire.

5. Lettre de Mme de Sévigné du 23 février 1680 à M. et Mme de Grignan : « Je ne vous parlerai que de Mme Voisin : ce ne fut point mercredi, comme je vous l'avais mandé, qu'elle fut brûlée, ce ne fut qu'hier. Elle savait son arrêt dès lundi, chose fort extraordinaire. Le soir elle dit à ses gardes : "Quoi ? nous ne ferons point *medianoche !*" Elle mangea avec eux à minuit, par fantaisie, car il n'était point jour maigre ; elle but beaucoup de vin, elle chanta vingt chansons à boire. Le mardi elle eut la question ordinaire, extraordinaire ; elle avait dîné et dormi huit heures ; elle fut confrontée à Mmes de Dreux, Leféron, et plusieurs autres, sur le matelas : on ne dit pas encore ce qu'elle a dit ; on croit toujours qu'on verra des choses étranges. Elle soupa le soir, et recommença, toute brisée qu'elle était, à faire débauche avec scandale : on lui en fit honte, et on lui dit qu'elle ferait bien mieux de penser à Dieu, et de chanter un *Ave maris stella*, ou un *Salve*, que toutes ces chansons : elle chanta l'un et l'autre en ridicule, elle mangea le soir et dormit. Le mercredi se passa de même en confrontations, et débauches, et chansons : elle ne voulut point voir de confesseur. Enfin le jeudi, qui était hier, on ne voulut lui donner qu'un bouillon : elle en gronda, craignant de n'avoir pas la force de parler à ces Messieurs. Elle vint en carrosse de Vincennes à Paris ; elle étouffa un peu, et fut embarrassée ; on la voulut faire confesser, point de nouvelles. A cinq heures on la lia ; et avec une torche à la main, elle parut dans le tombereau, habillée de blanc : c'est une sorte d'habit pour être brûlée ; elle était fort

rouge, et l'on voyait qu'elle repoussait le confesseur et le crucifix avec violence. Nous la vîmes passer à l'hôtel de Sully, Mme de Chaulnes et Mme de Sully, la comtesse [de Fiesque], et bien d'autres... » Comme le montre le récit de Mme de Sévigné, la mort de la Voisin se déroula dans d'étranges conditions. Il semble que jusqu'au dernier moment la sorcière n'a pas redouté la mort. Lui avait-on promis en secret la vie sauve ? S'attendait-elle à être délivrée *in extremis* ? Sa façon de boire, de ripailler, de se moquer de ses gardes et du confesseur pourrait le laisser croire. Ce ne fut que lorsqu'elle se vit lier au bûcher et que les flammes commencèrent à lécher son corps qu'elle fut prise de panique. On notera enfin qu'elle n'eut les questions ordinaire et extraordinaire que « pour la forme ». La Reynie lui-même en ignore la raison. Qui ordonna cette mesure de clémence tout à fait inhabituelle ? Craignit-on en haut lieu des révélations de dernière minute ?

6. L'abbé Lapierre, prêtre de Saint-Eustache, est cité dans le testament de Mlle des Œillets du 10 avril 1687 (Arch. Nat., Minutier central, XXXIII, étude Chauveau, 362). Il était chargé par la testatrice de dire un « annuel de messes » pour le repos de son âme...

7. B. N., Mss Fr. 7 608 : « Recueil des pièces et copies concernant les procès instruits par M. de La Reynie et jugés par la Chambre de l'Arsenal. »

8. Le mémoire de La Reynie (B.N., Mss Fr. 7 608) se poursuit ainsi : « La Trianon, une femme abominable par la qualité de ses crimes, pour son commerce sur le fait du poison, ne peut être jugée, et le public, en perdant la satisfaction de l'exemple, perd sans doute encore le fruit de quelque nouvelle découverte et de la conviction entière de ses complices.

« On ne saurait juger non plus la dame Chappelain, à cause que la Filastre lui a été confrontée : femme d'un grand commerce, appliquée depuis longtemps à la recherche des poisons, ayant travaillé, fait travailler pour cela, suspecte de plusieurs empoisonnements, dans une pratique continuelle d'impiétés, de sacrilèges et de maléfices ; accusée par la Filastre de lui avoir enseigné la pratique de ses abominations avec des prêtres, impliquée considérablement dans les affaires de Vanens.

« Par les mêmes considérations, Galet ne peut être jugé : quoique paysan, homme dangereux, tenant bureau ouvert pour les empoisonnements.

« Lepreux : prêtre de Notre-Dame, engagé dans les mêmes pratiques avec la Chappelain, accusé d'avoir sacrifié au diable l'enfant de la Filastre.

« Guibourg : cet homme qui ne peut être comparé à aucun autre sur le nombre des empoisonnements, sur le commerce du poison et les maléfices, sur les sacrilèges et les impiétés, connaissant et étant connu de tout ce qu'il y a de scélérats, convaincu d'un grand nombre de crimes horribles, cet homme, qui a égorgé et sacrifié plusieurs enfants, qui, outre les sacrilèges dont il est convaincu, confesse des abominations qu'on ne peut concevoir, qui dit avoir, par des moyens diaboliques, travaillé contre la vie du roi, duquel on apprend tous les jours des choses nouvelles et exécrables, chargé d'accusations et de crimes de lèse-majesté divine et humaine, procurera encore l'impunité à d'autres scélérats.

« Sa concubine, la nommée Chanfrain, coupable avec lui du meurtre de quelques-uns de ses enfants, qui a eu part à quelques-uns des sacrilèges de Guibourg, et qui, selon les apparences et l'air du procès, était l'infâme autel sur lequel il faisait ses abominations ordinaires, demeurera impunie.

« Il y a encore une grande suite d'autres accusés considérables qui trouvent l'impunité de leurs crimes. La fille de la Voisin ne peut être jugée, non plus que Mariette, quelque chose qui survienne à son égard. Latour, Vautier, sa femme resteront non seulement impunis mais, par les considérations qui feront tenir leurs crimes secrets, leur procès ne pourra être achevé d'instruire... »

9. Sur la fin des empoisonneurs et des accusés de la Chambre ardente, voir P. Emard et S. Fournier (*op. cit.*, p. 192-216) ; G. Jourdy, *La Citadelle de Besançon, prison d'Etat au XVIIe siècle, épisode de l'Affaire des poisons*, Gray, 1888 ; Pierre Sourbes, « Que sont devenus les empoisonneurs ? », *Histoire pour tous*, juin 1966.

CHAPITRE XI : MADAME DE MONTESPAN ÉTAIT-ELLE COUPABLE ? (pp. 289-312)

1. Claude Grimmer, *Mon Tout, mon roi, la Fontanges (1661-1681)*, Paris, 1988, et « Enquête sur une mort suspecte », *Historama*, avril 1988.

2. Georges Mongrédien, le premier (*Madame de Montespan et l'Affaire des poisons*, Paris, 1953, p. 143 et suiv.), a insisté sur

l'importance du procès de 1668, qui démontre que Mme de Montespan ne pouvait être totalement lavée des accusations lancées contre elle. Il écrit à la page 153 de son ouvrage : « On doit considérer comme prouvés les faits révélés par la procédure, dans des conditions, cette fois, non suspectes, c'est-à-dire les relations, dès 1667, de Mme de Montespan avec la Voisin, Mariette et Lesage, les Evangiles lus sur la tête par un prêtre revêtu du surplis et de l'étole, le recours aux rites magiques et aux sortilèges. On doit considérer comme très probables les faits révélés par Lesage et Mariette en 1680 et relatifs à cette même époque de 1667, à savoir la profanation d'hosties consacrées, les messes sacrilèges dites chez Mme de Thianges, sœur de Mme de Montespan, les herbes, les poudres et les cœurs symboliques de pigeons passés sous le calice pendant la messe, les conjurations pour obtenir l'amour du roi et l'éloignement de Mlle de La Vallière. »

CHAPITRE XII : LA CHUTE DE QUANTO (pp. 313-358)

1. Le 5 mars 1719, la princesse Palatine écrivait : « Ce n'est que fort peu de temps avant sa fin que la reine apprit que la Maintenon l'avait trompée. »

2. Le 2 septembre 1681, Mme de Montespan écrivait au duc du Maine : « Tous les lieux ici (à Fontainebleau) où j'ai vu cette pauvre petite me touchent si sensiblement que je suis bien aise d'entreprendre un voyage qui par lui-même est le plus désagréable du monde, dans l'espérance que la dissipation me diminuera un peu les vapeurs qui ne me quittent point depuis la perte que nous avons faite. » La correspondance de M. de Bouville, intendant de Moulins, au sujet du mausolée à élever en mémoire de Mlle de Tours se trouve à la Bibliothèque nationale (Mélanges Clairambault, vol. 430).

3. Mme de Montespan écrivait aussitôt à Lauzun : « J'ai reçu la réponse du roi par laquelle il me mande qu'il ne peut accorder ce que je lui avais demandé et que tout ce qu'il peut faire présentement est de vous faire mettre dans l'une des quatre villes que vous aimerez le mieux, de Nevers, d'Amboise, de Tours ou Bourges avec un écrit de vous par lequel vous promettez de n'en point sortir (...). Je ne puis m'empêcher de vous prier de ne vous point laisser abattre ; le roi est juste et bon ; ainsi, l'on doit toujours espérer. »

4. L'intérêt que Mme de Montespan prit au rétablissement de Lauzun se heurtait à celui de la Grande Mademoiselle, décidée à récompenser au plus juste prix sa renonciation au comté d'Eu. Le 20 octobre 1681, Athénaïs écrivait au Gascon : « Vos intérêts me sont plus considérables que les miens. Mademoiselle (...) entre dans de grandes justifications sur ce que je trouve qu'elle vous a peu donné... » (Pierre Clément, *Mme de Montespan et Louis XIV*, Paris, 1910, pp. 262-263). M. Michel de Decker (*Madame de Montespan, la grande sultane*, Paris, 1985, pp. 186-188) a publié une lettre de la marquise à Lauzun, datée du 11 janvier 1683, dans laquelle celle-ci dégageait sa responsabilité dans les négociations qui avaient valu au Gascon de perdre le comté d'Eu : « Vous savez, vous, que je n'ai fait aucune démarche pour attirer ce qui est venu et je crois même que si l'on m'avait montré les choses comme elles étaient, l'affaire ne se serait pas faite car je n'aurais jamais consenti à vous ôter un bien. » Elle lui offrait toujours son appui, lui déconseillant de s'adresser à Mme de Maintenon : « Je lui fais des avances continuelles et des civilités auxquelles elle ne répond point du tout et vous devez croire que je n'aurais pas négligé une si bonne voie si j'avais trouvé occasion de m'en servir. »

5. *Journal* du père Léonard, B.N., Mss Fr. 10 265 f° 15 v.

6. B.N., Mss. Fr. 21 743 et 25 555. Saint-Simon rend responsable de cette mort l'ignorance du premier médecin d'Aquin tandis que la princesse Palatine, toute à ses fureurs et à ses rancunes, accuse à tort « ce vieux coquin de Fagon, qui l'a fait exprès pour consolider la faveur de la vieille drôlesse », c'est-à-dire Mme de Maintenon (9 décembre 1719). Voir également une lettre de la même du 31 mai 1719 (recueil Brunet, II, p. 114).

7. Seul Louis Hastier (*Louis XIV et Mme de Maintenon*, 1957) repousse la date du mariage jusqu'en 1697, mais il n'a guère été suivi par les historiens. Le 14 avril 1686, la princesse Palatine écrivait : « Je n'ai pu savoir si le roi a, oui ou non, épousé Mme de Maintenon. Bien des personnes disent qu'elle est sa femme et que l'archevêque de Paris les a mariés, en présence du confesseur du roi et du frère de Mme de Maintenon ; d'autres disent que ce n'est pas vrai et il est impossible de savoir ce qu'il en est. Mais ce qui est certain, c'est que le roi n'a jamais eu, pour aucune maîtresse, la passion qu'il ressent pour celle-ci ; c'est quelque chose de curieux de les voir ensemble. Est-elle dans un endroit ? Il ne peut rester un quart d'heure sans lui glisser quelques mots à l'oreille ou sans lui parler en cachette, bien qu'il ait passé toute la journée auprès d'elle. »

8. Mme de Montespan en profita pour signer le 23 mars 1685 avec François Gauthier, marchand de bois à Paris, un bail général de location de la ferme du château, de la maison seigneuriale de Glatigny, avec ses arpents de blé, ses bois taillis, moyennant un loyer annuel de 20 000 livres. Un second bail du 3 avril 1685 donnait en location les jardins du château à Louis Jouet, jardinier (*cf.* Marcel Delafosse, « Mesdames de Montespan et de Maintenon devant les notaires versaillais », *Revue de l'histoire de Versailles et de Seine-et-Oise*, 1976, t. 61, pp. 23-31).

9. Dans ses *Nouvelles ecclésiastiques*, Mgr Louis Fouquet, évêque d'Agde, écrit le 16 novembre 1686 : « Mme la duchesse de Bourbon est hors de danger. La petite vérole est bien sortie ; elle a été à l'extrémité et avait reçu les sacrements, fort plainte alors, car cette jeune princesse a beaucoup de mérite. Sans cette maladie, la cour aurait resté plus longtemps à Fontainebleau. Madame avait prié le roi qu'il y eût encore une chasse à cause que les jours de fête elle n'y était pas heureuse mais la petite vérole fit changer de résolution. Le roi donna aussitôt ordre à M. et Mme de Bourbon de se retirer. M. le Prince s'y rendit en diligence pour le même projet ayant souvent exposé sa vie à de plus grands dangers. Ce grand prince réduit au lait de femme n'est qu'un squelette (...). Mme de Montespan se lamenta dans la chambre de la malade avec tant de bruit qu'on la pressa de la quitter et elle vint la nuit de mercredi à jeudi coucher à Paris, mais, ayant appris que sa fille se portait mieux, elle retourna le même jour à Fontainebleau » (B.N., Mss. Fr. 23 498).

10. Il fut Premier ministre à la mort de Philippe d'Orléans en 1723 et céda le pouvoir en 1726 au cardinal de Fleury.

11. Bibl. Sainte-Geneviève, Mss. 170.

CHAPITRE XIII : LA LONGUE PÉNITENCE DE FRANÇOISE DE ROCHECHOUART (pp. 359-392)

1. En fait le jeune prêtre était arrivé après la cérémonie, mais il eut l'idée d'aller consulter la protectrice de sa sœur, Mme de Montespan, sur ses projets. Contrairement aux prêtres de la communauté Saint-Clément de Nantes, qui l'avaient traité avec dédain, celle-ci l'encouragea dans son dessein d'évangéliser les déshérités et les malheureux, et le recommanda à deux reprises à Mgr Girard,

évêque de Poitiers, qui le nomma finalement aumônier des pauvres de l'hôpital de la ville.

2. « Damoiselle Marie-Christine de Gondrin de Montespan, âgée d'environ dix ans, décédée le cinquiesme d'avril de la présente année [1675], dans la paroisse de Saint-Estienne, a esté enterrée le sixiesme du dit mois et an dans l'église de la Dalbade, présans le père Joseph du Molin et Pierre Manaut, sous signés. » (Archives du Capitole, fonds de la Dalbade).

3. Ce grand ensemble monumental a été construit à partir de 1606 par Pierre Souffron, à la demande de Jean VI de Bézolles, sur l'emplacement d'un château ou d'un bourg castrai remontant au moins au XIIIe siècle.

4. Le parc a disparu sous la végétation, mais le château existe toujours et est en cours de restauration.

5. Les archives du Capitole (fonds de la Dalbade) conservent son acte de décès : « Le premier jour de décembre 1701, est décédé hault et puissant seigneur Messire Louis-Henry de Gondrin, seigneur-duc d'Epernon, marquis de Montespan, marquis de Gondrin, comte de Miélan, marquis d'Anthin, marquis de Neubye et autres places, âgé de soixante-un ans ou environ, logé à l'hostel de Navarre de Toulouse, lequel a esté inhumé dans le caveau de la chapelle de Saint-Germier, ou Sépulchre, dans l'église de la Dalbade, le deuxième jour dudit mois, et en présence de Monsieur de Sarraméa, Monsieur Dubuc, intendant des affaires du défunt, et de M. Boube, prestre tonsuré. » Cette chapelle, la première en partant du maître-autel, du côté de l'Evangile, s'appelait « Sépulcre » en raison du bas-relief de l'autel représentant la mise au tombeau du Christ. Placée ensuite sous l'invocation de sainte Barbe, elle fut entièrement détruite par la chute du clocher en avril 1926.

CHAPITRE XIV : L'APPROCHE DU SOIR (pp. 393-402)

1. Dangeau, *Journal*, 12 janvier 1707. Le roi lui donnait 12 000 louis d'or par an, versés par quartier de trois mois.

2. Le mariage eut lieu le 25 janvier 1707. Le duc d'Antin donna à son fils, à cette occasion, la terre de Choisy-sur-Loire (sur laquelle avait été reporté le duché de Bellegarde). Sixième fille du maréchal de Noailles, Marie-Victoire deviendra veuve en 1712 et épousera, en secondes noces, en 1723, le comte de Toulouse dont elle aura un fils, Louis, duc de Penthièvre, beau-père de Philippe-Egalité (lui-

même arrière-petit-fils de Françoise-Marie de Bourbon, deuxième Mlle de Blois, et de Philippe II d'Orléans, Régent de France).

3. Sa présence y est signalée en 1681, 1689, 1690, 1693, 1695, 1696, 1697, 1700, 1703.

4. Mme de Montespan avait eu notamment une crise en 1700. Le 25 mai de cette année-là, l'abbesse de Fontevrault écrivait à Roger de Gaignières (le célèbre collectionneur) : « Jusqu'ici je me trouve très bien des eaux, et mieux que l'an passé. Ma sœur s'en trouvait bien aussi ; mais depuis hier elle a des maux de tête accompagnés de vapeurs qui la dérangent un peu et qui me donnent bien de l'inquiétude, quoique cette incommodité soit, par la grâce de Dieu, sans nulle conséquence (Pierre Clément, *Une abbesse de Fontevrault au XVIIe siècle : Gabrielle de Rochechouart-Mortemart*, lettre 64, p. 206). En 1703, toujours à Bourbon, elle eut une nouvelle indisposition. Le 23 mai, Gaignières écrivait à Mme de Marsay : "Je vous suis sensiblement obligé de m'avoir donné des nouvelles de la santé de Mme de Montespan. L'espérance que vous avez que ses remèdes lui feront du bien me donne une grande joie..." La correspondance de Gaignières (conservée à la Bibliothèque nationale) fait souvent allusion aux indispositions de la marquise.

5. *Le Mercure françois*, juin 1707 : « ... Elle tomba dans une espèce de léthargie, causée par une grande plénitude. On proposa l'émétique ; elle en prit, et ce remède opéra soixante-trois fois, de manière qu'il y avait lieu de croire qu'elle était bien dégagée ; mais les efforts que lui fit faire ce remède furent si grands qu'une veine, rompue pendant la violence de ces efforts, fut la cause de la mort. » Le rédacteur de cette notice, informé par des témoins, rectifia partiellement son récit dans une nouvelle lettre parue dans le *Mercure* du mois d'août : Mme de Montespan ne mourut pas subitement.

6. Selon Alexandre Dumas, qui avait recueilli cette information d'un vieux Bourbonnais, la maison dans laquelle était morte Mme de Montespan serait « celle occupée aujourd'hui par le café du Parc et l'hôtel des Sources-Réunies ; elle est située à l'angle de la rue des Trois-Puits et de la rue des Thermes. Elle appartenait au docteur Bourdier de La Mouillère, médecin de Boileau » (Henry Baguet, *Une maîtresse du Roi-Soleil en Bourbonnais, Madame de Montespan à Bourbon-l'Archambault*, Moulins, 1914, p. 69).

7. « ... Tout cela ne fut rien en comparaison de l'affaire du testament, écrit Saint-Simon. On savait que Mme de Montespan en avait fait un il y avait longtemps ; elle ne s'en était pas cachée, elle le dit même en mourant, mais sans ajouter où on le trouverait, parce qu'il

était apparemment dans ses cassettes avec elle, ou, comme on n'en doutait guère, que le P. de La Tour ne l'eût entre les mains. Cependant le testament ne se trouva point, et le P. de La Tour, qui était alors dans ses visites des maisons de l'Oratoire, déclara en arrivant qu'il ne l'avait point, mais sans ajouter qu'il n'en avait point de connaissance : cela acheva de persuader qu'il y en avait un, et qu'il était enlevé et supprimé pour toujours. Le vacarme fut épouvantable, les domestiques firent de grands cris et les personnes subalternes attachées à Mme de Montespan, qui y perdirent tout jusqu'à cette ressource. Ses enfants s'indignèrent de tant d'étranges procédés, et s'en expliquèrent durement à d'Antin lui-même. Il ne fit que glisser et secouer les oreilles sur ce à quoi il s'était bien attendu : il avait été au solide, et se promettait bien que la colère passerait avec la douleur, et ne lui nuirait pas en choses considérables. » Plus indulgente que Saint-Simon, qui le haïssait, la princesse Palatine écrivait que d'Antin était « le seul des enfants de Mme de Montespan qui ait été affligé de la mort de leur mère ».

8. Dans la soirée du 27, un courrier du marquis d'Antin, parti la veille de Bourbon, parvint à Marly. Il apprenait au roi que, malgré « l'effet prodigieux » de l'émétique, Mme de Montespan se trouvait dans un « extrême danger ». Arrivant par le même courrier, une lettre de la maréchale de Cœuvres à son mari laissait entrevoir l'issue fatale. Louis XIV, qui avait laissé partir le comte de Toulouse, refusa à la duchesse de Bourbon et à la duchesse d'Orléans le droit de le suivre, préférant les garder auprès de lui. Le duc du Maine, qui était à Sceaux lorsqu'il apprit l'état désespéré de sa mère, se rendit à Marly, conversa quelques instants avec le souverain puis s'en revint à Sceaux auprès de sa femme qui était enceinte.

9. D'après le *Journal* de Dangeau, la nouvelle serait arrivée à Marly le 28 mai. Le roi l'aurait apprise avant de partir pour la chasse. A son retour, il se serait promené dans les jardins, l'air méditatif, jusqu'à la tombée de la nuit. Les *Mémoires* du marquis de Sourches semblent sur ce point plus crédibles. Louis XIV n'aurait été informé qu'à son retour de la chasse : « En ce temps-là, le roi était à la chasse au cerf, et ensuite il se promena longtemps dans ses jardins ; mais, encore que tout le monde sût cette mort, personne ne s'empressa de la lui apprendre, et il ne la sut que par la duchesse de Bourbon qui lui envoya demander la permission d'aller à Versailles ; ce qui lui ayant fait questionner celui qui lui parlait de sa part, il apprit la nouvelle, qu'il ignorait... »

10. « Les deux filles ont montré une douleur qui a été louée de tout le monde, et qui commence à paraître excessive car *on* n'aime pas les longues afflictions à la cour », écrivait Mme de Maintenon à Mme des Ursins (recueil Bossange, t. I., p. 142). Mme de Montespan n'ayant pas été citée dans leur lettre de légitimation, ses enfants adultérins ne purent prendre le deuil.

11. Saint-Menoux, à huit kilomètres de Bourbon-l'Archambault, sur la route de Moulins. L'église paroissiale, construite au XIIe siècle, abrite derrière le maître-autel les restes de saint Menoux qui passait pour guérir les simples d'esprit (les « bredins » en langage de la région). Dans le sarcophage du saint on voit encore une cavité dans laquelle on glissait la tête des malades à l'effet de les « débrediner ». Mme de Montespan s'était rendue à Saint-Menoux en mai 1700 en compagnie de son aumônier, l'abbé de Quélen. Là, elle avait reconnu M. de Beauchemin qui y était venu en pèlerinage. Ce gentilhomme breton avait l'esprit dérangé : on l'avait vu lancer des pierres dans les rues de Bourbon et crier des propos extravagants. Devant le tombeau du saint, il récita une neuvaine et, peu après, fut effectivement guéri, en présence, dit-on, de Mme de Montespan (J.-J. Moret, *Le Tombeau de saint Menoux*, Moulins, 1909).

12. Ce mot fut aussi attribué à Mme de Caylus et à Fontenelle.

13. Abbé de Vareilles-Sommières, *A propos de quelques sépultures des Rochechouart aux Cordeliers de Poitiers de 1397 à 1786 et à la cathédrale en 1698*, Poitiers, 1928. Le tombeau des Rochechouart ne reçut pas le corps de Gabriel de Mortemart, père de la marquise, qui fut inhumé dans le chœur de l'église du monastère des Pénitents de Picpus, faubourg Saint-Antoine (ce monastère avait été créé en 1611 par les franciscains du tiers ordre réformé, grâce à l'appui de Jeanne de Saulx, veuve de René de Rochechouart, comte de Mortemart). Mme de Thianges, décédée en 1693, y fut également enterrée.

Les registres capitulaires de Saint-Hilaire-le-Grand de Poitiers (Arch. Vienne, G.556) contiennent le compte rendu de la délibération du chapitre relatif à la demande des capucins de mettre à leur disposition « la chapelle de vermeil de l'église de céans pour servir aux funérailles de Mme de Montespan qui doivent se faire en leur église demain jeudi, comme aussi au service qui s'y fera vendredi prochain pour le repos de son âme » (assemblée extraordinaire du 2 août 1707). L'abbé de Vareilles-Sommières cite également cet extrait du journal du père Bobinet, curé annaliste de Bruxerolles : « Le 5 août [1707], le corps d'Athénaïs de Rochechouart de Mortemart, dame de Montespan, qui, après le décès de sa sœur, abbesse de Fontevrault, où elle s'était retirée dans un appartement qu'elle avait fait faire, se retira à Oiron, était décédée à Bourbon où elle prenait des eaux ; ayant été apporté à Poitiers, fut mis en sépulture de ses ancêtres, en l'église des Cordeliers qui le reçurent au soir, aux flambeaux, après la harangue de l'abbé Anselme, fils d'un coutelier de Nîmes qui avait été précepteur de M. le marquis d'Antin, son fils légitime, comme chargé du dépôt, et refusa de donner ce discours éloquent. » Le procès-verbal du transport du corps se trouve à la Bibliothèque nationale (Mss. Nouv. acq., franç. 3629 f° 6581).

A noter que le corps de la mère de Mme de Montespan, Diane de Grandseigne, enterré à Poitiers en 1666 dans la chapelle du monastère des Filles de Sainte-Catherine, fut exhumé en 1786, à la suite de la transformation du monastère en caserne, et placé dans le caveau des Rochechouart. A la Révolution, le beau tombeau fut saccagé et les ossements de la marquise – comme ceux de la famille – furent dispersés. Le mausolée de marbre noir trouva refuge au château des Forges de Verrières puis réintégra Poitiers. Il se trouve aujourd'hui – du moins ce qu'il en reste – dans la cour du musée de Chièvres (M. de Decker, *op. cit.*, p. 232).

SOURCES ET BIBLIOGRAPHIE

SOURCES IMPRIMEES

Antin (Louis-Antoine de Gondrin de Pardaillan de Montespan, duc d'), *Mémoires*, Société des bibliophiles françois, 1822.

Aumale (Mlle d'), *Mémoires et lettres inédites. Cahiers*, pub. par le comte d'Haussonville, Paris, 1902-1905, 2 vol.

Bayle (Pierre), *Choix de correspondance inédite, 1670-1706*, Amsterdam, 1729.

Bossuet (Jacques-Bénigne), *Œuvres et correspondance*, éd. Ch. Urbain et E. Levesque, Paris, 1909-1925.

Bourdaloue (R. P. Louis), *Œuvres complètes*, Paris, 1864.

Bussy-Rabutin (Roger de Rabutin, comte de Bussy), *Correspondance avec sa famille et ses amis (1666-1693)*, éd. Lalanne, 1858-1859.

— *Histoire amoureuse des Gaules*, suivie de *La France galante*, préface et notes de G. Mongrédien, Paris, 1930, 2 vol.

Caylus (Marthe Marguerite Le Valois de Villette, comtesse de), *Souvenirs*, pub. par le comte d'Haussonville, Paris, 1910, éd. B. Noël, Paris, 1965.

Choisy (François-Timoléon, abbé de), *Mémoires pour servir à l'histoire de Louis XIV*, préface de G. Mongrédien, Paris, 1966.

CONDÉ (Louis II de Bourbon, prince de), *Lettres inédites à Marie-Louise de Gonzague, reine de Pologne*, pub. par Emile Magne, Paris, 1920.

DANGEAU (Philippe de Courcillon, marquis de), *Journal*, pub. par Soulié, Dussieux, Chennevières, Mantz et Montaiglon, Paris, 1854-1860.

DUNOYER (Mme), *Lettres historiques et galantes de deux dames de condition, dont l'une était à Paris et l'autre en province*, Cologne, 1720.

FÉLIBIEN (André, sieur des Avaux et de Javercy), *Relation de la fête de Versailles du 18 juillet 1668*, Paris, 1668.

— *Les Divertissements de Versailles donnés par le roi au retour de la conqueste de la Franche-Comté en l'année 1674*, Paris, 1674.

FEUQUIÈRES (Antoine de Pas, marquis de), *Mémoires*, Londres, 1736.

— *Lettres inédites*, Paris, 1845.

FOUCAULT (Nicolas-Joseph), *Mémoires*, pub, par F. Baudry, Paris, 1862.

GUIFFREY (Jules), *Comptes des bâtiments du roi, sous le règne de Louis XIV* (coll. des documents inédits sur l'Histoire de France), Paris, 1881.

LA FARE (Charles-Auguste, marquis de), *Mémoires et réflexions sur les principaux événements du règne de Louis XIV*, t. III, coll. Michaud et Poujoulat, Paris, 1838.

LA FAYETTE (Marie-Madeleine Pioche de la Vergne, comtesse de), *Histoire de Madame, Henriette d'Angleterre*, Paris, 1962.

LE DIEU (abbé François), *Mémoires et journal sur la vie et les ouvrages de Bossuet*, pub. par l'abbé Guettée, Paris, 1856, 4 vol.

LORET (J.), *La Muze historique*, éd. Ravenel (J.), E. de la Pelouze et C.-L. Livet, Paris, 1857-1878, 4 vol.

LOUIS XIV, *Œuvres*, éd. Grimoard-Grouvelle, Paris 1806, 6 vol.

LUYNES (Charles d'Albert, duc de), *Mémoires sur la cour de Louis XIV*, pub. par Dussieux et Soulié, Paris, 1860, t. IX.

MAINTENON (Françoise d'Aubigné, marquise de), *Madame de Maintenon, d'après sa correspondance authentique*, pub. par A. Geffroy, Paris, 1887, 2 vol.
— *Lettres*, pub. par M. Langlois, Paris, 1935-1939, t. II à V (jusqu'en 1701, le t. I n'a pas été publié).
MANCINI (Hortense), *Mémoires*, Paris, 1965.
MANCINI (Marie), *Mémoires*, Paris, 1965.
MONTESPAN (Françoise de Rochechouart de Mortemart, marquise de), *Mémoires*, Paris, 1829, 2 vol. Ces mémoires, apocryphes mais assez bien faits, ont été attribués à Philippe Musoni. Il existe dans la même série des *Mémoires*, également apocryphes, de Mlle de La Vallière.
MONTPENSIER (Anne-Marie-Louise d'Orléans, duchesse de), *Mémoires*, pub. avec des notes biographiques et historiques par A. Chéruel, t. III-IV, Paris, 1858-59.
ORLÉANS (Elisabeth-Charlotte de Bavière, duchesse d'), *Correspondance*, éd. Brunet, 1866 ; éd. Rolland, 1874 ; éd. Jaeglé, 1880 ; éd. M. Goudeket, 1964 ; éd. O. Amiel, 1985.
ROTHSCHILD (baron James de), *Les Continuateurs de Loret. Lettres en vers de La Gravette de Mayolas, Robinet, Boursault, Perdou de Subligny, Laurent et autres (1665-1689)*, Paris, 1881-1889, 3 vol.
SAINT-MAURICE (Thomas-François Chabod, marquis de), *Lettres sur la cour de Louis XIV*, éd. J. Lemoine, Paris, 1911-1912, 2 vol.
SAINT-SIMON (Louis de Rouvroy, duc de), *Ecrits inédits*, t. V, pub. par M. P. Faugère, Paris, 1888.
— *Mémoires*, pub. par A. de Boislile puis J. de Boislile et Lecestre, 42 vol., éd. de la Pléiade par M. Yves Coirault.
SEGRAIS (Jean Regnault de), *Segraisiana ou mélange d'histoire et de littérature*, Paris, 1722, 2 vol.
SÉVIGNÉ (Marie de Rabutin-Chantal, marquise de), *Correspondance*, éd. de la Pléiade par Roger-Duchêne, 1978.
SOURCHES (Louis-François de Bouchet, marquis de), *Mémoires sur le règne de Louis XIV*, éd. Gabriel-Jules de Cosnac et Edouard Pontal, Paris, 1882-1893.

SPANHEIM (Ezéchiel), *Relation de la cour de France en 1690*, Paris, 1973.

VALOT, D'AQUIN, FAGON, *Journal de la santé du roi de l'année 1647 à l'année 1711*, pub. par J. A. Le Roi, Paris, 1862.

VISCONTI (Jean-Baptiste Primi, comte de Saint-Mayol), *Mémoires sur la cour de France*, Paris, éd. J. Lemoine, Paris, 1909.

BIBLIOGRAPHIE

OUVRAGES GÉNÉRAUX

ANQUETIL (Louis, Pierre), *Galerie de l'ancienne cour*, Paris, 1788, t. I.

— *Louis XIV, sa cour et le Régent*, Paris, 1789.

ANSELME (P.), *Histoire de la maison royale de France*, Paris, t. IV.

BARINE (Mme Vincent, dite Arvède), *Louis XIV et la Grande Mademoiselle*, Paris, 1905.

BARRAULT (Serge), *Scènes et tableaux. Le règne de Louis XIV*, Paris, 1938.

BERTRAND (Louis), *Louis XIV intime*, Paris, 1932.

BLUCHE (François), *La Vie quotidienne au temps de Louis XIV*, Paris, 1984.

— *Louis XIV*, Paris, 1986.

CLEMENCEAU-JACQUEMAIRE (Madeleine), *La Vie sensible de Louis XIV*, Paris, 1946.

COURTILZ DE SANDRAS, *Les Intrigues amoureuses de la cour de France*, Cologne, 1685.

DESNOIRESTERRES (Gustave), *Les Cours galantes*, Paris, 1860-1864.

DUCLOS (Charles Pinot), *Mémoires secrets sur les règnes de Louis XIV et Louis XV*, pub. par F. Barrière, Paris, 1846.

DULONG (Claude), *L'Amour au XVIIe siècle*, Paris, 1969.

— *La Vie quotidienne des femmes au Grand Siècle*, Paris, 1984.

Funck-Brentano (Frantz), *La Cour du Roi-Soleil*, Paris, 1937.
Heuzé (Paul), *La Cour intime de Louis XIV*, Paris, 1902.
Huddlerton (S.), *Louis XIV in Love and in War*, Londres, 1929.
Jal (Auguste), *Dictionnaire critique de biographie et d'histoire*, Paris, 1867.
La Force (Auguste, duc de), *Louis XIV et sa cour*, Paris, 1956.
Langlois (Marcel), *Louis XIV et la cour d'après trois témoins nouveaux : Bélise, Beauvillier, Chamillart*, Paris, 1926.
Mazé (Jules), *La Cour de Louis XIV*, Paris, 1945.
Mongrédien (Georges), *La Vie privée de Louis XIV*, Paris, 1938.
— *La Vie quotidienne sous Louis XIV*, Paris, 1948.
Saint-René Taillandier (Mme), *Du Roi-Soleil au roi Voltaire*, Paris, 1953.
Solnon (Jean-François), *La Cour de France*, Paris, 1987.
Voltaire, *Le Siècle de Louis XIV*, éd. L. Flandrin, Paris-Lille, 1925.
Walckenaer (Ch.-A.), *Mémoires touchant la vie ou les écrits de Marie de Rabutin, marquise de Sévigné*, Paris, 6 vol., 1842-1852.
Ziegler (Gilette), *Les Coulisses de Versailles. Le règne de Louis XIV*, Paris, 1963.

MADAME DE MONTESPAN

Audiat (Pierre), *Madame de Montespan*, Paris, 1939.
Bailly (Auguste), « La marquise de Montespan », *Historia*, 1957, n° 126, pp. 405-11.
Bergon (Louis-Frédéric), « Maîtresse et aïeule… de rois », *Aux carrefours de l'Histoire*, 1957, n° 3, pp. 196-207.
Capefigue (J.-B.), *La Marquise de Montespan, Athénaïs de Rochechouart-Mortemart. Les splendeurs de Versailles*, Paris, 1868.
Carré (lieutenant-colonel Henri), *Madame de Montespan. Grandeur et décadence d'une favorite*, 1640-1707, Paris, 1939.
Clément (Pierre), *Madame de Montespan et Louis XIV*, Paris, 1868.

DECKER (Michel de), *Madame de Montespan*, Paris, 1985.
HOUSSAYE (Arsène), *Madame de Montespan. Etudes historiques sur la cour de Louis XIV*, Paris, 1865.
RAT (Maurice), *La Royale Montespan*, Paris, 1959. Certains chapitres de ce livre ont été publiés dans la *Revue des Deux Mondes*, 1965, *Le Cerf-Volant*, 1966, et les *Cahiers de l'Ouest*, 1954, 1955, 1957.
TRUC (Gonzague), *Madame de Montespan*, Paris, 1936.
WILLIAMS (H. Noël), *Madame de Montespan*, Londres et New York, 1903.

SUR MONSIEUR DE MONTESPAN

ABBADIE (François), « Lettres d'un cadet de Gascogne sous Louis XIV (François de Sarraméa) », *Archives historiques de la Gascogne*, 1890, 3-4ᵉ trim.
BRUNET (Serge), « La seigneurie d'Epernon et les Montespan », *Revue de Comminges*, 1977, t. 90, pp. 126-128.
CARRÉ (lieutenant-colonel Henri), « Les incartades du marquis de Montespan », *Historia*, 1954, n° 89, pp. 485-489.
CURIE-SEIMBRES (Lucienne), « Monsieur de Montespan en exil », *Pierre de Fermat, Toulouse et sa région*, 21ᵉ congrès de la fédération des sociétés savantes, Languedoc-Pyrénées-Gascogne, Toulouse, 1966, pp. 253-270.
ESPOUY (Fernand), « Le mari de la favorite », *Aux carrefours de l'Histoire*, n° 14, pp. 325-331.
ESTARVIELLE (Jacques), *Monsieur de Montespan*, Paris, 1929.
— *La France généalogique*, « Famille de Montespan », t. 16, n° 99, pp. 126-128.
LEMOINE (Jean) et LICHTENBERGER (André), *De La Vallière à Montespan*, Paris, 1902.
— « Les dernières volontés de Monsieur de Montespan », *Journal des débats,* 7 décembre 1907.
MONCHICOURT (Ch.), « L'expédition de Djidjelli », *Revue maritime*, 1898.
SANDERS (Joan), *Monsieur de Montespan*, Paris, 1966.

SUR LES AMOURS DU ROI

Anonyme, *Louis XIV et ses amours, galerie historique*, Paris, 1824.

ASSELINE (Alfred), *Madame de Monaco, 1639-1678*, Paris, 1884.

BEAUPRÉ (J.-N.), *La Belle de Ludres, 1648-1725. Essai biographique*, Saint-Nicolas du Port, 1861.

BERTRAND (Louis), *La Vie amoureuse de Louis XIV. Essai psychologique historique*, Paris, 1924.

HUYARD (Etienne), *Les Premières Amours du Grand Roi*, Paris, 1933.

LEMOINE (Henri), « Une fille de Louis XIV à la Queue-les-Yvelines », *Revue d'histoire de Versailles*, 1954, pp. 117-118.

LEMOINE (Jean), *Les des Œillets, une grande comédienne, une maîtresse de Louis XIV*, Paris, 1939.

LUDRES (comte de), *Histoire d'une famille de la chevalerie lorraine*, t. II, Paris, 1894.

MEAUME, *Madame de Ludres et Madame de Montespan*, 1875.

MEYRAC (Albert), *Louis XIV, sa cour, ses maîtresses*, Paris, 1911.

REBOUX (Paul), *Comment aima Louis XIV*, Paris, 1938.

— *Les Alcôves de Louis XIV*, Paris, 1951.

SAINT-AMAND (Imbert de), *Portraits de grandes dames*, Paris, 1975.

— *Les Femmes de Versailles*, Paris, 1891.

SAINTE-BEUVE (Charles-Augustin de), *Quelques portraits féminins*, Paris, 1927.

SUR MADEMOISELLE DE LA VALLIÈRE

BASSET D'AURIAC (Gabrielle), *Les Deux Pénitences de Louise de La Vallière*, Paris, 1924.

CAPEFIGUE (J.-B.), *Mademoiselle de La Vallière et les favorites des trois âges de Louis XIV*, Paris, 1859.

CARRÉ (lieutenant-colonel Henri), *Mademoiselle de La Vallière. De la cour aux Grandes Carmélites 1644-1710*, Paris, 1938.

CLADEL (Judith), *Madame de La Vallière*, Paris, 1912.

CLÉMENT (Pierre), *Notice sur Louise de La Vallière et Réflexions sur la miséricorde de Dieu*, Paris, 1860.

CORNUT (Romain), *Les Confessions de La Vallière repentante*, Paris, 1854.

ERIAU (J.-B.), *Louise de La Vallière. De la cour au Carmel*, Paris, 1931.

— *La Madeleine française. Louise de La Vallière dans sa famille, à la cour, au Carmel*, Paris, 1961.

HOUSSAYE (Arsène), *Mademoiselle de La Vallière et Madame de Montespan*, Paris, 1896.

LAIR (Jules), *Louise de La Vallière et la jeunesse de Louis XIV*, Paris, 1902.

MEYRAC (Albert), *Louise de La Vallière d'après l'« Histoire amoureuse des Gaules », les mémoires et les chansons du temps*, Paris, 1926.

MOYNE (Christiane), *Louise de La Vallière*, Paris, 1978.

SANDERS (Joan), *La « Petite » (Life of Louise de La Vallière)*, Boston, Houghton, 1959.

TRUC (Gonzague), *Louis XIV et Mademoiselle de La Vallière*, Paris, 1933.

SUR MADEMOISELLE DE FONTANGES

BARBOT (Jules), « Une maîtresse du grand roi, Mademoiselle de Fontanges, notes pour servir à son histoire », *Bulletin de la société d'agriculture, industrie, sciences et art de la Lozère*, 1899.

BOURGEOIS (Armand), *Passe-temps de la cour sur Madame de Montespan et Mademoiselle de Fontanges avec le roi*, Paris, 1898.

CABANÈS (Dr Augustin), *Les Indiscrétions de l'Histoire*, deuxième série, Paris, 1952.

DAVET (Michel), *Mademoiselle de Fontanges*, Paris, 1940.

GALLOTTI (Jean), *Mademoiselle de Fontanges*, Paris, 1939.
GRIMMER (Claude), *Mon Tout, mon roi. La Fontanges (1661-1681)*, Paris, 1988.
— « Enquête sur une mort suspecte », *Historama*, avril 1988.
HASTIER (Louis), *Vieilles histoires, étranges énigmes*, septième série, Paris, 1965.
LAULAN (Robert), « La mort de Mademoiselle de Fontanges », *Mercure de France*, 1er avril 1952.
— « Un diagnostic rétrospectif sur la maladie mortelle de Mademoiselle de Fontanges », *Presse médicale*, 4 juin 1952, p. 840.

SUR MADAME DE MAINTENON

AUDIAT (Pierre), « Par son mariage avec Madame de Maintenon, Louis XIV a-t-il régularisé une ancienne liaison clandestine ? », *Le Littéraire*, 1er février 1947.
BAILLY (Auguste), *Madame de Maintenon*, Paris, 1942.
BLENNERHASSET (Lady Ch.), *Louis XIV and Madame de Maintenon*, Londres, 1910.
BOISLISLE (Arthur de), « Paul Scarron et Françoise d'Aubigné », *Revue des questions historiques*, juillet-octobre 1893.
CHANDERNAGOR (Françoise), *L'Allée du roi*, Paris, 1981.
CORDELIER (Jean), *Madame de Maintenon, une femme au Grand Siècle*, Paris, 1955.
DU PÉROU (Mme), *Mémoires sur Madame de Maintenon*, Paris, 1846.
ENGEL (Claire-Eliane), « Autour du second mariage de Louis XIV », *Revue des Deux Mondes*, 1959, n° 14.
GIRARD (Georges), *Madame de Maintenon, celle qui n'a jamais aimé*, Paris, 1937.
GIRAUD (Victor), « La vie énigmatique de Madame de Maintenon », *Revue des Deux Mondes*, 15 octobre 1930.
HASTIER (Louis), *Louis XIV et Madame de Maintenon*, Paris, 1957.
HAUSSONVILLE (comte d') et HANOTAUX (Gabriel), *Souvenirs sur Madame de Maintenon*, Paris, 1902-1905.

La Beaumelle (Laurent Angliviel de), *Mémoires pour servir à l'histoire de Madame de Maintenon*, Amsterdam, 1755.

Langlois (abbé Marcel), *Madame de Maintenon*, Paris, 1932.

Languet de Gergy, *Mémoires inédits sur Madame de Maintenon*, éd. La Vallée, Paris, 1863.

Noailles (duc de), *Histoire de Madame de Maintenon*, Paris, 1848-1858.

Prévot (Jacques), *La Première Institutrice de France, Madame de Maintenon*, Paris, 1981.

Saint-René Taillandier (Mme), *Madame de Maintenon, l'énigme de sa vie auprès du Grand Roi*, Paris, 1920.

Truc (Gonzague), *La Vie de Madame de Maintenon*, Paris, 1929.

SUR LA VIE RELIGIEUSE AU GRAND SIÈCLE

Amoudru (Bernard), *Le Sens religieux du Grand Siècle*, Paris, 1946.

Bausset (cardinal L.F.), *Histoire de J.-B. Bossuet, évêque de Meaux*, 4 vol., Versailles, 1814.

Bénichou (Paul), *Morales du Grand Siècle*, Paris, 1948.

Bremond (abbé H.), *Histoire littéraire du sentiment religieux en France*, Paris, 1916-1936, t. VI.

Busson (Henri), *La Religion des classiques (1660-1685)*, Paris, 1948.

Calvet (Mgr Jean), *Bossuet*, Paris, 1968.

Delumeau (Jean), *Le Péché et la peur (XVIIe-XVIIIe siècles)*, Paris, 1983.

Floquet (A.), *Bossuet, précepteur du Dauphin, évêque de cour (1670-1682)*, Paris, 1864.

Gazier (A.), *Bossuet et Louis XIV (1662-1704). Etude historique sur le caractère de Bossuet*, Paris, 1914.

Guitton (Père Georges), « Cas de conscience pour un confesseur du roi : Madame de Montespan », *Nouvelle revue théologique*, Louvain, 1955, t. 77, n° 1, pp. 61-70.

SUR L'AFFAIRE DES POISONS

CABANES (Dr Augustin) et NASS (Dr Lucien), *Poisons et sortilèges*, deuxième série, 1903.

CARRÉ (lieutenant-colonel Henri), « Madame de Montespan a-t-elle trempé dans l'Affaire des poisons ? », *Historia*, 1960, n° 162, pp. 565-567.

CHARLES (Etienne), « L'affaire Montespan », *La Liberté*, 6 mars 1909.

CLÉMENT (Pierre), *Lettres, instructions et mémoires de Colbert*, Paris, 1861-1882, t. VI.

— *La Police sous Louis XIV*, Paris, 1885.

DAULNY (Jean), *Les Amours diaboliques de la Montespan*, Paris, 1948.

EMARD (Paul) et FOURNIER (Suzanne), *Les Années criminelles de Madame de Montespan*, Paris, 1938.

GAIFFE (Félix), *L'Envers du Grand siècle*, Paris, 1924.

GUILLON (André), *Innocente ou coupable ? Madame de Montespan devant le tribunal de l'Histoire*, Lussac-les-Châteaux, 1981.

HONNORIN (Michel) *et al.*, *Les Grandes Enigmes du temps jadis*, t. VII, « La Montespan a-t-elle voulu empoisonner Louis XIV ? », Paris, 1968.

JOURDY (G.), *La Citadelle de Besançon, prison d'Etat au XVIIe siècle, épisode de l'Affaire des poisons*, 1888.

LEGUÉ (Dr), *Médecins et empoisonneurs au XVIIe siècle*, 1896.

LEMOINE (Jean), *Madame de Montespan et la légende des poisons*, Paris, 1908.

— *L'Affaire Montespan, réponse à MM. Sardou et Funck-Brentano*, 1908.

— « L'énigme Montespan, le réquisitoire de M. Armand Praviel », *Revue des questions historiques*, juillet-septembre 1935.

LOISELEUR (Jules), *Trois énigmes historiques, la Saint-Barthélemy, l'Affaire des poisons et Mme de Montespan, le Masque de fer devant la critique moderne*, Paris, 1883.

Mandrou (Robert), *Magistrats et sorciers en France au XVIIe siècle. Une analyse de psychologie historique*, Paris, 1958.

Mongrédien (Georges), *Madame de Montespan et l'Affaire des poisons*, Paris, 1953.

Mossiker (Frances), *The Affair of the Poisons*, New York, 1969.

Nass (Dr Lucien), *Les Empoisonnements sous Louis XIV*, Paris, 1898.

Petitfils (Jean-Christian), *L'Affaire des poisons. Alchismistes et sorciers sous Louis XIV*, Paris, 1977.

Ploix, « Les empoisonnements sous Louis XIV et Madame de Montespan », *Mémoires de la société des sciences morales, des lettres et arts de Seine-et-Oise*, 1880, t. XII.

Praviel (Armand), *Madame de Montespan empoisonneuse*, Paris, 1934.

— et Douyau (Jean), *Les Secrets de la Montespan*, Paris, 1936.

Ravaisson (François), *Archives de la Bastille*, Paris, t. IV à VII.

Sourbes (Pierre), « Que sont devenus les empoisonneurs ? », *Histoire pour tous*, juin 1966.

CHÂTEAUX, RÉSIDENCES ET VILLÉGIATURES

Baguet (Henri), *Une maîtresse du Roi-Soleil en Bourbonnais, Madame de Montespan à Bourbon-l'Archambault, avec des documents inédits*, Moulins, 1914.

Barry (Joseph), *Versailles, passions et politique*, Paris, 1987.

Bonnassieux (Pierre), *Le Château de Clagny et Madame de Montespan d'après les documents originaux. Histoire d'un quartier de Versailles*, Paris, 1881.

Boppe (Georges), *Hôtes thermaux illustres de Bourbon-l'Archambault. Très haute et très puissante dame, Madame de Montespan, favorite royale*, Bourbon-l'Archambault, 1958.

— *Ma petite ville au grand nom : Bourbon-l'Archambault*, Bourbon-l'Archambault, 1961.

Bosseboeuf (abbé), « Oiron, le château, la collégiale », *Bulletin de la société archéologique de Touraine*, t. VII, 1888, pp. 505-585, tiré à part 1889-1903.

Cabanes (Dr Augustin), *Mœurs intimes du passé (12ᵉ série), Villes d'eau à la mode au Grand siècle*, Paris, 1936.

Cherge (M. de), « Notice sur Oiron », *Mémoire de la société des antiquaires de l'Ouest*, t. VI, 1839, pp. 171-236.

Darle (Francis), *Marly ou la vie de cour sous Louis XIV*, Paris, 1907.

Deguiral (René), « Le château de Montespan », *Pyrénées*, 1964, n° 60, pp. 28-250.

Dumoulin (Maurice), *Le Château de Oiron*, Evreux, 1931.

Gary (Louis et Louise), *Le Château féodal de Montespan en Comminges, un grand nom dans un beau site*, Toulouse, 1962.

Guy (Ch.), *Curiosités historiques sur Bourbon-l'Archambault*, Bourbon-l'Archambault, 1910.

La Motte-Rouge (Daniel de), *Une station thermale au XVIIᵉ siècle, Madame de Montespan aux eaux de Bourbon-l'Archambault*, Saint-Brieuc, 1950.

— « L'étrange destin de Madame de Montespan », *Historama*, janvier 1976, pp. 117-122.

Mazé (Jules) ; *Histoire de deux vieilles maisons : l'hôtel de Brienne et le couvent de Saint-Joseph (ministère de la Guerre)*, Paris, 1927.

Périer (Dr. G.), *Bourbon-l'Archambault sous Louis XIV*, Paris, 1873.

Verlet (Pierre), *Le Château de Versailles*, Paris, 1985.

Weigert (R.-A.), « La retraite de Madame de Montespan. La communauté des Filles de Saint-Joseph dite de la Providence, à Paris (1641-1793) », XVIIᵉ siècle, 1949-1951.

LA DESCENDANCE DE MADAME DE MONTESPAN

Barthélemy (Edouard), *Les Filles du Régent*, Paris, 1874.

Belleval (René, marquis de), *Les Bâtards de la maison de France*, Paris, 1901.

CARRÉ (lieutenant-colonel Henri), *Mademoiselle, fille du Régent*, Paris, 1936.

CASTRO (Eve de), *Les Bâtards du soleil*, Paris, 1987.

CHAFFANJON (Arnaud), *Histoire des familles royales*, Paris, 1980.

CHANGUERAND (A.), *Les Bâtards célèbres*, Paris, 1859.

COUALLIER (Raymond), « La duchesse de Bourbon », *Miroir de l'Histoire*, août 1967, n° 212, pp. 107-113.

HASTIER (Louis), *Vieilles histoires, étranges énigmes*, deuxième série, Paris, 1957.

LA VARENDE (Jean de), « Le mariage de Mademoiselle et ses suites », *Cahiers Saint-Simon*, 1956.

LEWIS (W. H.), *The Sunset of the Splendid century : the Life and Time of Louis-Auguste de Bourbon, duc du Maine 1670-1736*, New York, 1955.

MAUREL (André), *La Duchesse du Maine, reine de Sceaux*, Paris, 1928.

PIÉPAPE (général de), *La Duchesse du Maine, reine de Sceaux et conspiratrice 1676-1753*, Paris, 1936.

VRIGNAULT (Henri), *Légitimés de France de la maison de Bourbon, 1594-1820*, Paris, 1965.

DIVERS

BAUCHARD (Raoul), « Madame de Montespan à Saumur », *Société des lettres, sciences et arts du Saumurois*, 1963, n° 112, pp. 2-10.

CLÉMENT (Pierre), *Une abbesse de Fontevrault au XVIIe siècle : Gabrielle de Rochechouart de Mortemart*, Paris, 1869.

CORVISIER (André), *Louvois*, Paris, 1983.

DELAFOSSE (Marcel), « Mesdames de Montespan et de Maintenon devant les notaires versaillais », *Revue de l'histoire de Versailles et de Seine-et-Oise*, 1976, t. 61, pp. 23-31.

DELAVAUD (Louis), *La Cour de Louis XIV en 1671. Madame de Montespan, Colbert et Louvois*, 1912.

DERBLAY (Claude), *Henriette d'Angleterre et sa légende*, Paris, 1950.

Duclos (H.), *Mademoiselle de La Vallière et Marie-Thérèse*, Paris, 1869.

Dulong (Claude), *Anne d'Autriche, mère de Louis XIV*, Paris, 1980.

Fayolle (marquis de), *Le Chapelet de Madame de Montespan et le reliquaire de saint Mommole à Saint-Benoît-sur-Loire*, Caen, 1895.

Félibien (André), *Les Divertissements de Versailles donnés par le roi au retour de la conquête de la Franche-Comté en l'année 1674*, Paris, 1674.

La Batut (Guy de), *La Cour de Monsieur, frère de Louis XIV*, Paris, 1927.

La Force (Auguste, duc de), *La Grande Mademoiselle*, Paris, 1952.

Levron (Jacques), *Amours et drames du passé*, Paris, 1976.

Magne (Emile), *Ninon de Lenclos*, Paris, 1948.

Melchior-Bonnet (Bernardine), *La Grande Mademoiselle*, Paris, 1985.

Moine (Marie-Christine), *Les Fêtes à la cour du Roi-Soleil*, Paris, 1982.

Mornand (Pierre), « Histoire d'un portrait de Madame de Montespan par Mignard », *La Revue moderne*, octobre 1959, p. 1.

Moulard (P.), *Trois lettres inédites de Madame de Montespan, 1700-1701*, Le Mans, 1881.

Murat (Inès), *Colbert*, Paris, 1980.

Petitfils (Jean-Christian), *Lauzun ou l'insolente séduction*, Paris, 1987.

Roujon (Jacques), *Louvois et son maître*, Paris, 1934.

Rousset (Camille), *Histoire de Louvois et de son administration politique et militaire*, Paris, 1861.

Saint-Germain (Jacques), *Louis XIV secret*, Paris, 1970.

Senamaud de Beaufort (Adrien), « Le lutrin en fer forgé de l'église Saint-Georges de Bourbon-l'Archambault offert par la marquise de Montespan », *Bulletin de la société archéologique et historique du Limousin*, 1954, t. 84, pp. 520-522.

TAPIE (Victor-Lucien), « Madame de Montespan protège un saint », *Revue de Paris*, n° 5, pp. 106-111.

ROCHECHOUART (général, comte de), *Histoire de la maison de Rochechouart*, Paris, 1859.

VAREILLES-SOMMIÈRES (abbé de), *A propos de quelques sépultures des Rochechouart aux Cordeliers de Poitiers de 1397 à 1786 et à la cathédrale en 1698*, Poitiers, 1928.

ZÉVAÈS (Alexandre), « Que sont devenues les entrailles de Madame de Montespan ? », *Miroir de l'Histoire*, 1953, n° 39, pp. 343-348.

GENEALOGIES

I
LES ROCHECHOUART DE MORTEMART

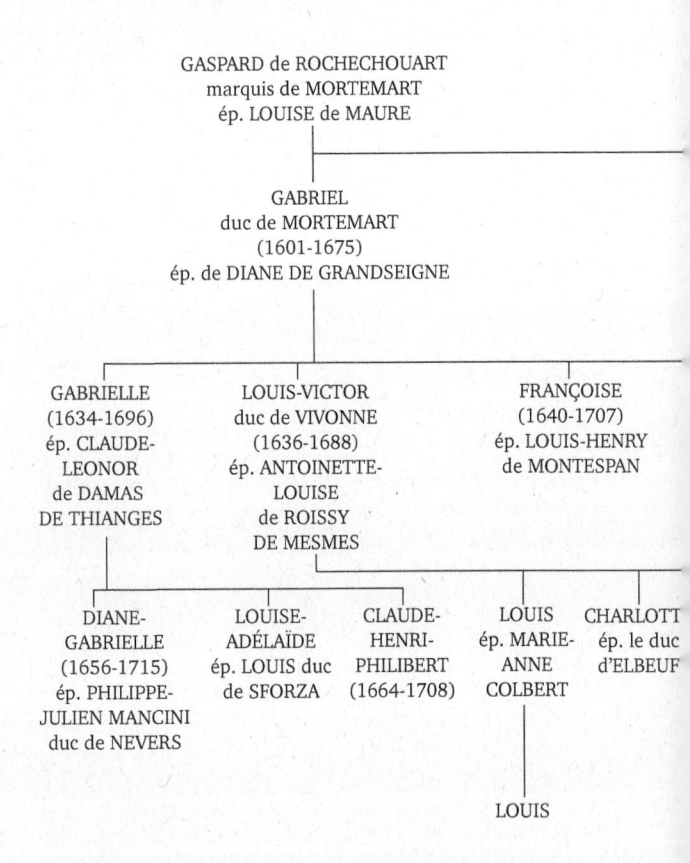

GASPARD de ROCHECHOUART
marquis de MORTEMART
ép. LOUISE de MAURE

GABRIEL
duc de MORTEMART
(1601-1675)
ép. de DIANE DE GRANDSEIGNE

GABRIELLE	LOUIS-VICTOR	FRANÇOISE
(1634-1696)	duc de VIVONNE	(1640-1707)
ép. CLAUDE-LEONOR	(1636-1688)	ép. LOUIS-HENRY
de DAMAS	ép. ANTOINETTE-LOUISE	de MONTESPAN
DE THIANGES	de ROISSY DE MESMES	

DIANE-GABRIELLE (1656-1715) ép. PHILIPPE-JULIEN MANCINI duc de NEVERS

LOUISE-ADÉLAÏDE ép. LOUIS duc de SFORZA

CLAUDE-HENRI-PHILIBERT (1664-1708)

LOUIS ép. MARIE-ANNE COLBERT

CHARLOTT ép. le duc d'ELBEUF

LOUIS

LOUIS
comte de MAURE

MARIE-CHRISTINE
religieuse

MARIE-MADELEINE-
GABRIELLE
(1645-1704)
Abbesse de Fontevrault

LOUISE-FRANÇOISE
Abbesse
de Fontevrault

GABRIELLE-
VICTOIRE
(1671-1740)
ép. Alphonse
de CANAPLES
duc de LESDIGUIÈRES

MARIE-
ELISABETH
ép. M. de
CASTRIES

GABRIELLE
Abbesse de
Beaumont-
lès-Tours

II
LES PARDAILLAN DE MONTESPAN

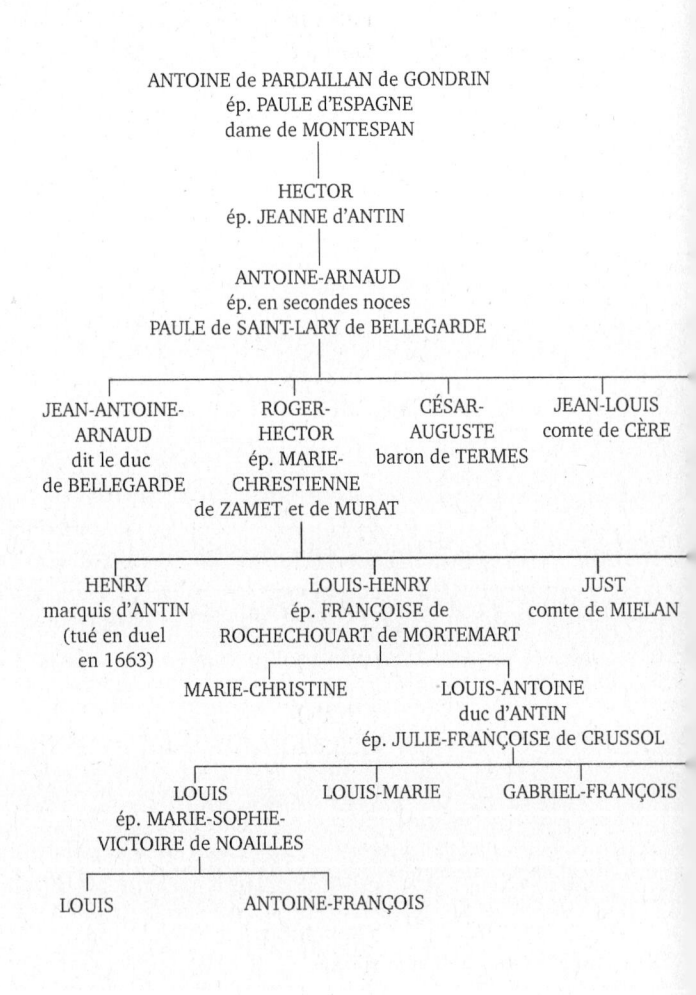

ANTOINE de PARDAILLAN de GONDRIN
ép. PAULE d'ESPAGNE
dame de MONTESPAN

HECTOR
ép. JEANNE d'ANTIN

ANTOINE-ARNAUD
ép. en secondes noces
PAULE de SAINT-LARY de BELLEGARDE

- JEAN-ANTOINE-ARNAUD
dit le duc de BELLEGARDE
- ROGER-HECTOR
ép. MARIE-CHRESTIENNE de ZAMET et de MURAT
- CÉSAR-AUGUSTE
baron de TERMES
- JEAN-LOUIS
comte de CÈRE

- HENRY
marquis d'ANTIN
(tué en duel en 1663)
- LOUIS-HENRY
ép. FRANÇOISE de ROCHECHOUART de MORTEMART
- JUST
comte de MIELAN

MARIE-CHRISTINE — LOUIS-ANTOINE
duc d'ANTIN
ép. JULIE-FRANÇOISE de CRUSSOL

- LOUIS
ép. MARIE-SOPHIE-VICTOIRE de NOAILLES
- LOUIS-MARIE
- GABRIEL-FRANÇOIS

- LOUIS
- ANTOINE-FRANÇOIS

LOUIS-HENRY archevêque de Sens	ANNE ép. HENRY d'ALBRET

N… dit le chevalier de GONDRIN	CESAR-PHOEBUS maréchal d'ALBRET

PIERRE
évêque de Langres

ENFANTS LÉGITIMÉS DE LOUIS XIV
ET
DE MADAME DE MONTESPAN

LOUIS-AUGUSTE
de Bourbon
duc du Maine
(1670-1736)
ép. Anne-Louise-Bénédicte
de Bourbon-Condé

LOUIS-CÉSAR
de Bourbon
Comte de Vexin
abbé de Saint-Germain-des-Prés (1672-1683)

LOUISE-FRANÇOISE
de Bourbon
Mlle de Nantes
dite Mme la Duchesse
(1673-1743)
ép. Louis III
duc de Bourbon-Comté

LOUIS-AUGUSTE
de Bourbon
prince des Dombes
(1700-1755)

LOUIS-CHARLES
de Bourbon
comte d'Eu
(1701-1775)

LOUIS-HENRI
de Bourbon
M. le Duc
(1692-1740)
Premier ministre
de Louis XV
ép. 1) Marie-Anne
de Bourbon
Mlle de Conti
2) Charlotte
de Hesse-Rheinfels

LOUISE-ANNE
de Bourbon
Mlle de Charolais
(1695-1758)

MARIE-ANNE
de Bourbon
Mlle de Clermont
(1697-1741)

CHARLES
de Bourbon
comte de Charolais
(1700-1760)

LOUISE-MARIE-ANTOINETTE de Bourbon Mlle de Tours (1674-1781)	FRANÇOISE-MARIE de Bourbon 2ᵉ Mlle de Blois (1677-1749) ép. Philippe II d'Orléans RÉGENT	LOUIS-ALEXANDRE de Bourbon comte de Toulouse (1678-1737) ép. Marie-Sophie-Victoire de Noailles
	LOUIS Iᵉʳ d'Orléans (1703-1752)	LOUIS-JEAN-MARIE duc de Penthièvre (1725-1793) ép. Marie-Thérèse d'Este-Modène

ÉLISABETH-ALEXANDRINE de Bourbon Mlle de Gex (1705-1765)	LOUIS de Bourbon comte de Clermont abbé de Saint-Germain-des-Prés (1709-1771)	LOUIS-ALEXANDRE-JOSEPH de Bourbon prince de Lamballe (1748-1768)
	LOUIS-PHILIPPE Iᵉʳ d'Orléans (1725-1785)	LOUISE-MARIE-ADÉLAÏDE de Bourbon-Penthièvre (1753-1821) ép. Louis-Philippe II d'Orléans [Philippe-Égalité]
	LOUIS-PHILIPPE II d'Orléans [Philippe-Égalité] (1747-1793)	
	LOUIS-PHILIPPE III d'Orléans [roi des Français] (1773-1850)	

ANNEXE

Les enfants de Madame de Montespan

I. – DE MONSIEUR DE MONTESPAN

1° *Marie-Christine*, née en novembre 1663, morte à Toulouse le 5 avril 1675.

2° *Louis-Antoine*, marquis puis duc d'ANTIN, né le 5 septembre 1665, sous-lieutenant au régiment du roi (1683), colonel du régiment de l'Ile-de-France (1686), menin du Dauphin (1686), lieutenant du roi en Alsace (1686), colonel du régiment de Languedoc (1689), brigadier des armées du roi (1693), maréchal de camp (1696), lieutenant général (1702), gouverneur d'Orléans et d'Amboise (1707), directeur général des Bâtiments (1708), duc et pair de France (1711), président du conseil du Dedans (1715), surintendant des bâtiments (1715). Marié en août 1686 à Julie-Françoise de CRUSSOL, mort le 2 décembre 1736.

II. – DE LOUIS XIV

1° N..., enfant inconnu né en mars 1669, mort vraisemblablement en 1672.

2° *Louis-Auguste de Bourbon*, né le 31 mars 1670, légitimé de France le 20 décembre 1673 et titré duc du Maine, colonel général des Suisses et Grisons (1er février 1674), capitaine de la compagnie des gardes suisses (3 février 1674), colonel du régiment d'infanterie de Turenne (13 août 1675), déclaré prince de Bourbon (11 janvier 1680), prince de Dombes et comte d'Eu (2 février 1681), gouverneur du Languedoc (29 mai 1682), chevalier des Ordres du roi (2 juin 1686), général des galères et lieutenant général des mers du Levant (15 septembre 1688), mestre de camp d'un régiment de cavalerie (24 octobre 1688), maréchal de camp (2 avril 1690), lieutenant général (3 avril 1692), colonel du régiment Royal-Carabiniers (1er novembre 1693), pair de France (mai 1694), grand-maître de l'artillerie (10 septembre 1694), déclaré prince du sang (29 juillet 1714), surintendant de l'éducation du roi Louis XV (septembre 1715), déchu de sa qualité de prince du sang (1er juillet 1717). Marié le 19 mars 1692 à Anne-Louise-Bénédicte de Bourbon, mort le 14 mai 1736.

3° *Louis-César de Bourbon*, né le 20 juin 1672 au château du Génitoy, légitimé de France le 20 février 1673, abbé de Saint-Germain-des-Prés (1673), abbé de Saint-Denis en France (1679), déclaré prince de Bourbon (janvier 1680), mort le 10 janvier 1683.

4° *Louise-Françoise de Bourbon*, née à Tournai le 1er juin 1673, baptisée sous le nom de Mlle de Nantes (20 décembre 1673), déclarée princesse de Bourbon (11 janvier 1680), mariée à Versailles le 24 juillet 1685 à Louis III, duc de Bourbon, d'Enghien, pair et grand maître de France, morte à Paris le 16 juin 1743.

5° *Louise-Marie-Anne de Bourbon*, née le 12 novembre 1674, légitimée de France en janvier 1676 sous le nom de Mlle de Tours, déclarée princesse de Bourbon (janvier 1680), morte à Bourbon-l'Archambault le 15 septembre 1681.

6° *Françoise-Marie de Bourbon*, née le 4 mai 1677, légitimée de France en novembre 1681 sous le nom de Mlle de

Blois, mariée à Philippe, duc de Chartres le 18 février 1692, duchesse d'Orléans à la mort de son beau-père, Philippe d'Orléans (1701), morte à Paris le 1er février 1749.

7° *Louis-Alexandre de Bourbon*, né à Versailles le 6 juin 1678, légitimé de France en novembre 1681 sous le nom de comte de Toulouse, grand amiral de France (novembre 1683), colonel d'un régiment d'infanterie (février 1684), gouverneur général de la Guyenne (1er janvier 1689), chevalier des Ordres du roi (2 février 1692), duc et pair de Damville (novembre 1694), gouverneur de Bretagne (19 mars 1695), chevalier de la Toison d'Or, lieutenant général (1703), duc et pair de Penthièvre (mai 1703), vainqueur de la flotte anglo-batave (24 août 1704), grand veneur (5 mars 1714), déclaré prince du sang (29 juillet 1714), chef du conseil de Marine (septembre 1715), déchu de sa qualité de prince du sang (1er juillet 1717). Marié le 22 février 1723 à Marie-Sophie-Victoire de Noailles (veuve depuis 1712 de Louis, marquis de Gondrin), mort le 1er décembre 1737 à Rambouillet.

INDEX

ABARCA (Philippa), femme de chambre de la reine : 118.

AGUESSEAU (Henri-François d'), conseiller d'Etat : 386.

ALBRET (César-Phœbus, baron de PONS, comte de MIOSSENS, maréchal d') : 27, 88-89, 148-149, 215.

ALBRET (Charles Amanieu, marquis d') : 380.

ALEXANDRE le Grand : 206.

ALI-BEY : 34.

ALIGRE (Etienne d'), chancelier de France : 244.

ALLUYE (Bénigne de MEAUX du FOUILLOUX, marquise d') : 254.

ALPHONSE VI, roi de Portugal : 99.

AMILLY (Nicolas, marquis de WASTY et d') : 22.

ANGEVILLIERS (comte d'), directeur des bâtiments du roi : 174.

ANGOULÊME (Henriette de LA GUICHE, duchesse d') : 254, 258.

ANNE D'AUTRICHE, reine de France : 10, 24, 29-30, 39, 145, 150.

ANSELME (père Antoine) : 342, 402, 422.

ANTIN (Henry de PARDAILLAN, marquis d') : 22.

ANTIN (Julie-Françoise de CRUSSOL, marquise, puis duchesse d') : 342.

ANTIN (Louis-Antoine, marquis, puis duc d') : 36, 78, 160, 340-342, 357-358, 367, 370, 377-379, 385-386, 388, 397-398, 400, 405, 418, 420, 422.

AQUIN (Antoine d'), premier médecin du roi : 215, 226, 307.

ARGENLIEU (vicomte d') : 22.

ARGENTON (comtesse d') : 270.

ARIOSTE (Lodovico ARIOSTO dit L') : 32.

ARMAGNAC (Catherine de NEUFVILLE de VILLEROY, duchesse d') : 30-31, 57.

ARNAULD (Antoine) : 410.
ARNAULD d'Andilly : 367.
ARNOUL (Nicolas), intendant des galères : 411.
ARPAJON (Catherine-Henriette d'HARCOURT, duchesse d') : 221.
ARTAGNAN (Charles de BATZ de CASTELMORE, comte d'), capitaine-lieutenant des mousquetaires : 110, 115.
ARVIEUX (Laurent, chevalier d') : 91.
ASPREMONT (Marie-Louise) : 196.
AUBIGNÉ (Agrippa d') : 143.
AUBIGNÉ (Charles d') : 332.
AUBIGNÉ (Constant d'), baron de SURINEAU : 143.
AUBIGNÉ (Françoise), voir MAINTENON (Mme de).
AUBIGNÉ (Jeanne de CARDILHAC, épouse de Constant d') : 143-144.
AUBRAY (Antoine Dreux d'), lieutenant civil en la ville, prévôté et vicomté de Paris : 251.
AUBRAY (Antoine d'), seigneur d'OFFÉMONT, intendant de l'Orléanais : 251.
AUBRAY (François d'), maître des requêtes : 251.
AUBRAY (Marie-Thérèse d') : 251.
AUDIAT (Pierre), historien : 406.
AUGUSTIN (saint) : 367.
AUMALE (Mlle d') : 65, 164, 170, 316.
AUMONT (Louis, marquis de VILLEQUIER, puis duc d') : 13.
AUMONT (Antoine, maréchal d') : 48, 52, 71, 148.
AUTON (Jean d') : 38.
AUZILLON, exempt : 287.

BACHIMONT (Marie de LA HAYE de SAINT-HILAIRE, épouse de M. de) : 287.
BACHIMONT (Robert de LA MIRÉ, seigneur de) : 244, 287.
BADE (Louise-Chrestienne de SAVOIE, marquise, dite princesse de) : 31, 49-50.
BAGUET (Henry) : 419.
BAILLY (Auguste) : 148.
BALZAC (Jean-Louis GUEZ de) : 13.
BARBE (sainte) : 418.
BARRAILH (Henri de), seigneur de SÉVIGNAC : 319.
BARTHOMINAT (Jean), dit La CHABOISSIÈRE : 243, 286.
BAUDÉAN (Suzanne de) : 145.
BAYLE (Pierre) : 409.
BAZIN de BEZONS (Claude), avocat général, conseiller d'Etat : 253, 258, 275.
BEAUFORT (François de VENDÔME, duc de) : 33-34.
BEAUVAIS (Catherine BELLIER, dame de) : 305.
BEAUVAU (marquis de) : 367.
BEAUVILLIER (Henriette-Louise COLBERT, duchesse de) : 333.
BEAUVILLIER (Paul, duc de) : 123.
BELLEFONDS (Bernardin GIGAULT, marquis de), maréchal de France : 52, 67, 92, 103, 121, 123-125.

BELLEFONDS (Judith GIGAULT de), mère Agnès de JÉSUS MARIA, carmélite : 123.

BELLEGARDE (Jean-Antoine de PARDAILLAN de GONDRIN, marquis de MONTESPAN, dit le duc de) : 23, 32, 380-381.

BELOT (François), garde du roi, empoisonneur : 255.

BENOÎT (saint) : 17.

BENSÉRADE (Isaac de) : 42, 196.

BERGEROT (Catherine MARTIN, femme de G.), empoisonneuse : 259.

BERTRAND, marchand de soie, empoisonneur : 262, 264, 267, 273, 281-282, 287, 302.

BERTRAND (Louis), historien : 213.

BERULLE (Pierre de), cardinal : 364.

BÉTHUNE (Mme de) : 114.

BEUVRON, voir ROCHEFORT-THÉOBON.

BÉZOLLES (Jean VI de) : 418.

BIARDEAU (Pierre) : 364.

BIGOT de GASTINES (M.) : 364.

BIZY (André JUBERT de BOUVILLE, marquis de), intendant du Bourbonnais : 322, 415.

BLESSIS (Denis POCULOT, sieur de), empoisonneur : 247, 257, 281-282, 302.

BLOIS (Françoise-Marie, deuxième demoiselle de), duchesse de Chartres, puis duchesse d'Orléans : 200, 325, 336, 351, 353, 355-356, 362, 367, 385, 400, 419.

BLOIS (Marie-Anne, première demoiselle de) : 46, 121, 125.

BLUCHE (François), historien : 213.

BOBINET (père) : 421.

BOILEAU (abbé) : 404.

BOILEAU (Nicolas), dit DESPRÉAUX, poète : 71, 112, 181, 216, 335, 410, 419.

BOIMENET, curé d'Oiron : 372.

BOISLILE (Arthur de) : 407.

BONAPARTE (Napoléon) : 172.

BONNARD (Pierre), intendant du maréchal de Luxembourg : 256.

BONREPAUS (François DUSSON, marquis de) : 211.

BONTEMPS (Alexandre), premier valet de chambre du roi : 331.

BOSSE (François), dit Bel-Amour, soldat : 244, 255.

BOSSE (Guillaume) : 244.

BOSSE (Marie MARETTE, veuve de Nicolas), empoisonneuse : 244-245, 255, 302.

BOSSE (Marie, dite Manon) : 244, 286.

BOSSEBŒUF (chanoine L. A.) : 368, 371.

BOSSUET (Jacques-Bénigne), évêque de Condom, puis de Meaux, précepteur du Dauphin : 17, 31, 98, 123-124, 167-173, 176-177, 204, 328, 350-351.

BOUBE, prêtre : 418.

BOUCHERAT (Louis, comte de COMPANS) : 253, 258, 285.

BOUILLIER de LA MOUILLÈRE, médecin : 419.
BOUILLON (Emmanuel de La Tour d'AUVERGNE, cardinal de) : 231.
BOUILLON (Marie-Anne MANCINI, duchesse de) : 254, 256, 292-293.
BOULLE (André-Charles), ébéniste : 349.
BOURBON (Charles Ier, duc de) : 322.
BOURBON (Jeanne-Baptiste de) : 16.
BOURBON (Louis III, duc de), fils de Henri-Jules, prince de Condé : 336-338, 345, 357, 417.
BOURBON (Louise-Françoise, demoiselle de NANTES) : 120, 335-338, 344, 354, 362, 385, 398, 400, 417.
BOURDALOUE (père Louis), orateur sacré : 123, 167, 204.
BOURDIER de ROCHE (Gilbert), intendant des eaux de Bourbon : 181.
BOURGOGNE (Agnès de) : 322.
BOURGOGNE (Mgr Louis de FRANCE, duc de), dauphin en 1711 : 325.
BOURGOGNE (Marie-Adélaïde de SAVOIE, duchesse de) : 345, 398-399.
BOURNONVILLE (Alexandre-Hippolyte-Balthasar, duc de) : 128.
BRIÇONNET (Charles) : 137.
BRIERRE (Mr Claude-François) : 131, 134.

BRINON (Mme de) : 317, 330, 345.
BRINVILLIERS (Marie-Madeleine d'AUBRAY, marquise de) : 250, 253, 261.
BRISSAC (Henri-Albert de COSSÉ, duc de) : 254.
BRUAY (comte de) : 55-56.
BRULART (père) : 197.
BRUNET (G.) : 416.
BUEIL (Jacqueline de), comtesse de MORET : 119.
BUSSY-RABUTIN (Roger de Rabutin, comte de BUSSY, dit) : 13, 23, 79, 105, 166, 172, 197-198, 203-204, 219, 225, 229, 300.

CABANÈS (Dr Augustin) : 298.
CABRIÈRES (Charles TRIMONT, dit le prieur de) : 231.
CADELAN (Pierre), banquier : 243.
CAILLE, abbé : 346.
CANAPLES, voir CRÉQUI (Alphonse de).
CANTECROIX (Béatrix de CUSANCE, princesse de) : 195, 408.
CAPEFIGUE (J.-B.), historien : 214.
CARADA DE SAUSSAY (Anne de) : 286.
CARIGNAN (Marie de BOURBON-SOISSONS, femme de Thomas-François de SAVOIE, princesse de) : 101, 257.
CARRÉ (lieutenant-colonel Henri), historien : 290.
CARTET, maréchal des logis : 61, 82, 86.

CASTELNAU (Louise-Marie FOUCAULD de DAUGNON, marquise de) : 279.
CASTRIES (Elizabeth de BONZI, marquise de) : 267.
CATO ou CATAU, demoiselle d'honneur : 258-259.
CAYLUS (Marthe-Marguerite LE VALOIS de VILLETTE, comtesse de) : 15, 44, 47, 69, 89, 95, 142, 163, 166, 184, 194, 240, 329, 331, 404, 407.
CÉSAR (Jean FRICHE dit le père), carme déchaux : 300.
CÉSAR (Jules) : 206.
CESSAC (Louis-Guillaume de CASTELNAU, comte de CLERMONT-LODÈVE, marquis de) : 254, 257.
CHALAIS (Adrien-Moïse de TALLEYRAND, prince de) : 21-22.
CHAMARANDE (Clair Gilbert d'ORNAYSON, comte de) : 201, 316.
CHAMILLART (Guy), intendant de Caen : 175.
CHAMPMESLÉ (Marie DESMARES dite la), actrice : 305.
CHANDERNAGOR (Françoise) : 406.
CHANFRAIN (Jeanne), concubine de l'abbé Guibourg : 270, 286, 414.
CHAPELAIN (Jean), poète : 148.
CHAPPELAIN (François), contrôleur général des domaines et trésorier des offrandes et aumônes du roi : 301.
CHAPPELAIN (Madeleine GARDEY, femme de François) : 249, 259, 272, 274-275, 284, 287, 302, 413-414.

CHARLES II, roi d'Angleterre : 96, 99.
CHARLES II, roi d'Espagne : 116, 367.
CHARLES IV, duc de Lorraine : 28, 116, 179, 195, 407.
CHARLES V, duc de Lorraine : 128.
CHARLES-EMMANUEL II, duc de Savoie : 63, 104, 190, 244.
CHARTRES (duchesse de), voir BLOIS (Françoise-Marie).
CHARTRES (Philippe, duc de), voir ORLÉANS (Philippe II duc d').
CHÂTRIER (Mme de), correspondante du prince de Condé : 45.
CHAULNES (Elisabeth LE FÉRON, duchesse de) : 16, 413.
CHAUNU (Pierre), historien : 373.
CHAUVEAU (M^e), notaire : 413.
CHAUVELIN (Louis), intendant de France-Comté : 287, 294, 296.
CHÉRON (femme), empoisonneuse : 255.
CHEVREUSE (Jeanne-Marie COLBERT, duchesse de) : 333, 338.
CHOISY (François-Timoléon, abbé de) : 55, 95, 102, 215, 315, 325, 334, 409.
CHOPIN (M^e), notaire : 93.
CHOUANNE (Mathurin) : 406.
CHUPPÉ (M^e), avocat : 380.
CLEMENCEAU-JACQUEMAIRE (Madeleine), historienne : 92.
CLÉMENT, médecin-accoucheur : 153.

CLÉMENT (Pierre), historien : 404, 416, 419.

CLÉRAMBAULT (Louise-Françoise BOUTHILLIER, maréchale de) : 203.

CLERVILLE (Louis-Nicolas), chevalier de), ingénieur du roi : 34.

COËTQUEN (Marguerite-Gabrielle de ROHAN-CHABOT, marquise de) : 407.

CŒUVRES (Louise-Félicité de NOAILLES, maréchale de) : 395-397, 400, 420.

CŒUVRES (Victor-Marie, comte d'ESTRÉES, maréchal de) : 395, 420.

COLBERT (Jean-Baptiste) : 36, 115, 118, 130, 135-136, 139, 174, 211-212, 214-215, 224, 231, 272, 274, 277, 280-281, 283, 285, 292-294, 304, 313, 323, 377-378, 405, 411.

COLBERT (Marie CHARRON, femme de Jean-Baptiste) : 141.

COLIGNY (Gaspard de), amiral de France : 7.

COLIGNY (Jean, comte de), lieutenant général : 49.

COLONNA (Marie MANCINI, épouse du connétable) : 189, 214.

CONDÉ (Louis II de BOURBON, prince de), le Grand Condé, M. le Prince : 27, 67, 99-100, 103, 112, 114, 127, 176, 181, 336-337, 345.

CONTI (Armand de BOURBON, prince de), frère puîné du Grand Condé : 27.

CONTI (François-Louis de BOURBON, prince de) : 250, 357.

CORBINELLI (Jean) : 219, 380.

CORDELIER (Jean), historien : 147, 151, 330.

CORNEILLE (Pierre), dramaturge : 350.

CORNEILLE (Thomas), dramaturge : 255.

COTTON (abbé Jacques-Joseph), maître des petites écoles de La Charité de la paroisse Saint-Paul : 249, 272, 275.

COULANGES (Marie-Angélique du GUÉ, femme de Philippe-Emmanuel de) : 156-157, 159.

COULANGES (Philippe-Emmanuel de) : 100.

COURTILZ DE SANDRAS (Gatien) : 403.

COUSSERANS (vicomte de), amant de la Voisin : 247.

CRÉQUI (Alphonse de), comte de CANAPLES, dit le duc de LESDIGUIÈRES : 215, 390.

CRÉQUI (Armande de SAINT-GELAIS de LUSIGNAN de LANSAC, épouse de Charles III, duc de) : 31, 110.

CRÉQUI (Charles III, duc de) : 67.

CRÉQUI (François, maréchal de) : 72, 176, 179, 183.

CRÉQUI (Gabrielle-Victoire de ROCHECHOUART, épouse d'Alphonse de) : 215, 390.

CRUSSOL (Julie-Françoise de), voir ANTIN (duchesse d').

CYRANO DE BERGERAC (Savinien de) : 146, 148.

INDEX

DALMAS (Pierre), chirurgien et alchimiste : 244.

DANDIN (père Thomas) : 120, 404.

DANGEAU (Philippe de COURCILLON, marquis de) : 335, 389, 420.

DAUPHIN (Louis de BOURBON), dauphin de France, Monseigneur, dit le Grand Dauphin : 72, 128, 167, 171, 176, 184, 227, 267, 291, 326, 338, 341, 343-344, 349, 367, 373, 397.

DAUPHINE (Marie-Anne-Christine-Victoire de BAVIÈRE, Madame la) : 227, 314, 325, 328, 334-335, 337.

DAUVERGNE (Claude) : 36.

DAVOT (Gilles), chapelain de Notre-Dame-de-Bonne-Nouvelle : 249, 286.

DEBRAY (Etienne), berger envoûteur : 249.

DECAMP ou DESCAMPS (père Etienne) : 211.

DECKER (Michel de), historien : 290, 416, 422.

DEFÈS, premier chapelain de Notre-Dame de Garaison : 387.

DELAFOSSE (Marcel), historien : 417.

DELAGRANGE (Madeleine GUÉNIVEAU, veuve de Robert MINET, sieur de LA GRANGE ou), empoisonneuse : 291.

DELAMARE (Philibert), conseiller au parlement de Dijon : 89, 102, 109.

DELAMARRE, commissaire : 294.

DELAPORTE (femme), complice de l'abbé Guibourg : 287, 296.

DELOBEL (Simon), valet de chambre et tapissier du roi : 349.

DELORME, premier commis de Fouquet : 149.

DELPECH DE L'ESTANG (Marie), fondatrice du couvent de Saint-Joseph : 347-348.

DENIS (saint) : 252.

DES ADRETS (Mlle), fille d'honneur de Madame : 222, 227, 299.

DES ESSARTS (Charlotte), dame de ROMORANTIN : 16.

DESGREZ (François), lieutenant du chevalier du guet : 243-245, 263, 287, 294.

DESHAYES (Jacques LE ROYER dit l'abbé), prêtre de Notre-Dame : 249, 272.

DESLYONS (chanoine) : 404.

DES ŒILLETS (Alix FAVIOT, épouse de Nicolas), comédienne : 303.

DES ŒILLETS (Claude de VIN, demoiselle), demoiselle de compagnie de Mme de Montespan : 187, 258-259, 264-265, 268, 271-272, 276-277, 279, 281-282, 286, 294, 302-309, 312, 413.

DES ŒILLETS (Nicolas de VIN dit), comédien : 303.

DESROCHES, capitaine de chevau-légers : 86.

DES URSINS (Marie-Anne de LA TRÉMOILLE-NOIRMOUTIER, prin-

cesse Orsini, dite Mme) : 421.
Donnadieu (dom Hugues), prieur de Saint-Pierre de Souvigny : 322.
Donneau de Visé (Jean), littérateur : 255.
Dreux (Catherine-Françoise Sainctot, épouse de Philippe de) : 254, 412.
Dubois (abbé Guillaume), précepteur du duc de Chartres : 354.
Dubuc, intendant de M. de Montespan : 386, 418.
Duché (Jean-Baptiste), sieur de La Grange-aux-Bois, intendant et contrôleur général de l'argenterie, menus plaisirs et affaires de Sa Majesté : 152.
Duchemin (Claude), trésorier de Mlle de Montpensier : 46.
Duchemin (Nicole Charrat, veuve de Claude) : 46.
Du Courroi : 369.
Dufayet (Marie), cuisinière : 252.
Du Fresnoy (Marie Collot, femme d'Elie), maîtresse de Louvois : 215.
Du Martroy (Jacques Pinon), seigneur de Vitry-sur-Seine et de Villejuif, dit le chevalier de La Brosse : 286.
Dumas (Alexandre), romancier : 419.
Du Molin (père Joseph), prêtre de Saint-Etienne de Toulouse : 418.

Dunoyer (Anne-Marguerite Petit, épouse de M.), femme de lettres : 69, 382, 404.
Du Parc (Marquise-Thérèse de Gorle, femme de René Berthelot dit), actrice : 256.
Du Pérou (Mme) : 332.
Dupetit-Thouart (Georges-Aubert) : 362.
Duplessis (Claude), avocat : 280, 283-284, 292, 313.
Du Plessis-Praslin (César de Choiseul, maréchal) : 202.
Durand (femme), cordonnière, complice de la Bosse : 255.
Durand (père), lazariste : 177.
Duras (Jacques-Henri de Durfort, comte, puis duc de) : 52-53.
Du Roure (Claude-Marie du Gast d'Artigny, comtesse) : 46, 254.
Duverger (femme), logeuse de Lesage : 311.

Elbeuf (Anne-Elisabeth de Lorraine, demoiselle d'), princesse de Vaudémont : 408.
Elbeuf (Charles III de Lorraine, prince d'Harcourt, puis duc d') : 119.
Elbeuf (Marie-Marguerite de Lorraine, demoiselle d') : 30-31, 114.
Emard (Paul), historien : 289, 411, 414.
Enghien (Anne de Bavière, duchesse d'), puis princesse de Condé : 337, 356.
Enghien (Louis-Henry de Bourbon, duc d'), fils du Grand

INDEX

Condé, devenu à son tour M. le Prince : 31, 40, 43, 100, 176, 232, 336, 354-355.

ÉPERNON (Anne-*Louise*-Christine de FOIX de LA VALETTE d'), sœur Anne-Marie de Jésus : 384.

ÉPERNON (Bernard de NOGARET de LA VALETTE, duc d') : 384.

ÉPERNON (Jean-Louis de NOGARET de LA VALETTE, duc d') : 378, 384.

ESPALION (M. d'), lieutenant de chevau-légers : 83, 86.

ESPONISA (Maria), femme de chambre de la reine : 118.

ESSARTEAUX (Madeleine d') : 47.

ESTARVIELLE (Jacques d'), historien : 405.

ESTE, voir Marie-Béatrice de MODÈNE.

ESTRÉES (César d'), évêque de Laon puis cardinal : 383.

ESTRÉES (Victor-Marie, comte d'), voir CŒUVRES (maréchal de).

FAGON (Gui-Crescent), médecin du roi : 416.

FAUCHET, architecte : 247.

FAULQUIER (M^e), notaire royal de Bonnefont : 385.

FÉLIBIEN (André) : 67, 139.

FÉLIX, premier chirurgien du roi : 339.

FÉNELON (François de SALIGNAC de LA MOTHE), archevêque de Cambrai : 123, 165.

FERDINAND III, Empereur : 99.

FERHAD, bey de Constantine : 34.

FERRIER (père Jean), s.j., confesseur du roi : 170.

FEUQUIÈRES (Antoine de PAS, marquis de) : 254.

FIENNES (Elisabeth de) : 46.

FIESQUE (Gillonne d'Harcourt, comtesse de) : 413.

FIEUBET (Gaspard de), conseiller au Parlement, ami de Mme de Montespan : 129, 134.

FILASTRE (Françoise), sorcière et empoisonneuse : 249, 252, 258, 271-274, 276, 279, 283-284, 289, 296, 301-302, 312-313, 413-414.

FLAMARENS (François de GROSSOLLES, marquis de) : 22.

FLEURY (Mgr André-Hercule, cardinal de) : 417.

FOIX-CANDALE (François de) : 378-379, 389.

FONTANGES (Marie-Angélique de SCORAILLES de ROUSSILLE, demoiselle de) : 92, 158, 218-220, 222-223, 226-227, 229-231, 233-234, 236-237, 239-241, 264-266, 273-274, 280, 282-283, 285, 292, 297-302, 309, 312, 314, 316, 324, 410.

FORBIN (chevalier de), major des gardes du corps, puis capitaine-lieutenant des mousquetaires : 110.

FOUCAULD (M. de), lieutenant général : 60.

FOUQUET (Mrg Louis), évêque d'Agde : 417.

FOUQUET (Marie-Madeleine de CASTILLE, épouse de Nicolas) : 181, 407.

Fouquet (Nicolas), surintendant des Finances : 110, 272, 286.
Fournier (Suzanne), historienne : 289, 411, 414.
François (saint) : 371.
Frault (Mme de) : 383.
Funck-Brentano (Frantz), historien : 289, 296, 411.

Gadagne (Charles-Félix de Galléans, comte de) : 33-35.
Gaignières (Roger de) : 419.
Galet (Philippe), empoisonneur : 249, 274, 283, 285, 287, 413.
Galles (Jacques, prince de), Jacques III d'Angleterre : 323.
Ganderel, peintre : 16.
Gascard (Henri), peintre : 138.
Gaudion (Nicolas), greffier de M. de La Reynie : 288.
Gauthier (François), marchand : 417.
Gervais, chirurgien ordinaire du roi : 339.
Gesvres (Léon Potier, duc de) : 227.
Girard (Mgr), évêque de Poitiers : 417.
Glazer ou Glaser (Christophe), apothicaire : 251.
Gluck, teinturier : 406.
Gobelin (abbé) : 152, 161-163, 170, 219, 315-317.
Godin de Sainte-Croix, amant de la marquise de Brinvilliers : 251.
Gondrin (Hector-Roger de) : 23, 25, 133.

Gondrin (Chrestienne de Zamet, épouse de Hector-Roger de) : 25, 32, 79, 88, 129, 133, 378.
Gondrin (Louis de Pardaillan, marquis de) : 393.
Gondrin (le chevalier de) : 70, 404.
Gondrin (Mgr Louis-Henry de Pardaillan), archevêque de Sens : 23, 71, 74, 377, 405.
Gondrin (Marie-Sophie-Victoire de Noailles, épouse de Louis, marquis de) : 393, 418.
Goth (abbé Jules de) : 384.
Gouffier (Artus), chambellan de François Ier : 365-366.
Gouffier (Claude), duc de Roannez : 366.
Gourville (Jean Hérault de), intendant du prince de Condé : 140.
Gramont (Antoine III, maréchal de) : 107, 109, 214.
Gramont (Elisabeth Hamilton, femme de Philibert, comte de) : 333.
Grancey (Charlotte de Mornay-Villarceaux, maréchale de) : 407.
Grancey (Elisabeth Rouxel de) : 101, 189, 407.
Grancey (Jacques Rouxel, comte de Médavy, maréchal de) : 407.
Grand Auteur (Le), voir Régnard.
Grand Dauphin (Le), voir Dauphin.

GRANDE MADEMOISELLE (La), voir MONTPENSIER (Mlle de).

GRANDSEIGNE (Diane de), voir MORTEMART (duchesse de).

GRIGNAN (François de CASTELLANE-ADHÉMAR DE MONTEIL, comte de) : 412.

GRIGNAN (Françoise-Marguerite, comtesse de), fille de Mme de Sévigné : 27, 30, 159, 178, 196, 202, 227, 231, 412.

GRIGNION DE MONTFORT (Louis-Marie), saint : 362.

GRIGNION DE MONTFORT (Sylvie) : 362.

GRIMANI (Alvise), ambassadeur de Venise : 403.

GRIMMER (Claude), historienne : 298, 414.

GUÉRET, littérateur : 27, 192.

GUIBOURG (abbé), premier chapier de Villebousin, vicaire à Issy et à Vanves, complice de la Voisin : 249, 265, 268-271, 274, 276, 278-279, 283, 285-286, 291, 295-296, 308-309, 312, 376, 414.

GUICHE (Armand de GRAMONT, comte de) : 29, 107, 122.

GUICHE (Marguerite-Louise-Suzanne de BÉTHUNE-SULLY, comtesse de) : 31.

GUIFFREY (J.-J.) : 349.

GUILLAUME (André), bourreau de Paris et amant de la Voisin : 247.

GUILLAUME III, prince d'ORANGE, puis roi d'Angleterre : 113, 127, 176, 183, 199.

GUISE (Élisabeth d'ORLÉANS, Mlle d'ALENÇON, duchesse de) : 100.

HANGEST (Hélène de), épouse d'Artus GOUFFIER : 366.

HARCOURT (Marie-Françoise de BRANCAS, princesse d') : 46, 333.

HARDOUIN-MANSART (Jules), architecte : 136, 365.

HARLAY (Achilles III), comte de BEAUMONT, seigneur de GROSBOIS, premier président du parlement de Paris : 119, 131.

HARLAY DE CHAMPVALLON (Mgr François), archevêque de Paris : 176, 233, 328, 331.

HASTIER (Louis), historien : 409, 416.

HÉNAULT (Charles, président au Parlement) : 51.

HENRI IV, roi de France et de Navarre : 9, 16, 188.

HEUDICOURT (Bonne de PONS, marquise d') : 46, 51, 142, 155.

HILLAIRET (Jacques), historien : 406.

HOMÈRE, poète grec : 350.

HOZIER (Charles d'), généalogiste du roi : 306.

HUART (M^e), notaire au Châtelet : 46.

HUET (Mgr Pierre-Daniel), évêque de Soissons puis d'Avranches : 373.

HUGO (Victor) : 294.

HUMIÈRES (Louis de CREVANT, maréchal d') : 179, 199, 209.
HUMIÈRES (Louise-Antoine de LA CHÂTRE, maréchale) : 31, 404.

INNOCENT XI (Benedetto ODESCALCHI), pape : 383.

JACQUES II, roi d'Angleterre : 99.
JANSÉNIUS (Mgr Cornelius JANSEN dit), évêque d'Ypres et théologien : 367.
JEAN (saint), évangéliste : 350.
JÉSUS-CHRIST : 350.
JOLY (Marguerite MICHAU, veuve de DOMINESSE, dite la), empoisonneuse : 286.
JOUET (Louis), jardinier : 417.
JOURDY (F.), historien : 414.
JULIENNE, teinturier : 406.
JUSSAC (Mme de) : 200.

LA BATIE (comte de) : 247.
LA BEAUMELLE (Laurent ANGLIVIEL), littérateur : 79, 159.
LA BÉRAUDIÈRE (Catherine de) : 10.
LA BOISSIÈRE, amant de la Filastre : 274-275, 287.
LA BRUYÈRE (Jean de), littérateur : 99, 394.
LA CHABOISSIÈRE, voir BARTHOMINAT.
LA CHAISE ou LA CHAIZE (R. P. François d'Aix de), s.j., confesseur du roi : 165, 170, 177, 204, 210, 224, 300, 328, 331, 400.
LA CHENAYE-DEBOIS : 403.

LA CROPTE-BEAUVAIS (Uranie de), fille d'honneur de Madame, épouse de Louis-Thomas de SAVOIE, comte de SOISSONS : 221.
LA FARE (Charles-Auguste, marquis de) : 38, 106, 159.
LA FAYETTE (Marie-Madeleine PIOCHE de LA VERGNE, comtesse de) : 15, 21, 38, 156.
LA FERTÉ (Henri de SENNETERRE, duc de), maréchal de France : 29, 116.
LA FERTÉ (Madeleine d'ANGENNES de LA LOUPE, maréchale de) : 119, 254.
LA FEUILLADE (François, vicomte d'AUBUSSON, duc de ROANNEZ, maréchal de) : 109, 129, 183, 201, 235.
LA FEUILLADE (Louis d'AUBUSSON, duc de), maréchal de France : 357, 365-366.
LA FONTAINE (Jean de), poète : 217, 225, 248.
LA FOREST (Étienne) : 152.
LA FRASSE (Benoît MONVACHON dit), lieutenant des gendarmes du roi, amant de la Filastre : 301.
LA FRETTE (Gaston-Jean-Baptiste GRUEL, marquis de) : 21-22.
LAGEBERTYE, chargé d'affaires du maréchal de Vivonne : 365.
LA GUILLOTIÈRE, maréchal de camp : 33-34.
LA HOGUETTE (Hardouin FORTIN de), évêque de Saint-Brieuc puis de Poitiers : 18.
LAMBERT (Michel), musicien : 216.

INDEX

La Meilleraye (Marie de Cossé-Brissac, maréchale de) : 364.

Lameth (Mme de) : 380.

La Mothe-Houdancourt (Anne-Lucie de), marquise de La Vieuville : 42, 101.

La Mothe-Houdancourt (Charlotte-Eléonore de), duchesse de Ventadour : 190.

La Mothe-Houdancourt (Louise de Prie, marquise de Toucy, maréchale de) : 126, 257.

La Mothe-Houdancourt (Mgr de) : 18.

La Motte-Argencourt (Mlle de) : 122.

La Motte-Grenouillé (Louis de) : 211.

Landry (femme) : 265.

Langlée (Claude de) : 185-186, 355.

Langlois (abbé Marcel) : 314, 331.

Lanta (Mme de) : 382.

Lapierre (abbé), vicaire à Saint-Eustache, confesseur de Mlle des Œillets : 264, 266, 303, 309, 413.

La Queue (Bernard de Prez de) : 305.

La Reynie (Nicolas-Gabriel de) : 130, 248, 253, 256, 258, 260, 262-263, 266-267, 269, 272-273, 275-276, 278-279, 285, 288, 308, 310, 413.

La Rivière (abbé de) : 357.

Larivière : valet de M. de Montespan : 386.

La Rochefoucauld (François VII, prince de Marsillac, puis duc de) : 202, 221, 329.

La Rongère (M. de) : 201.

La Roque (Jean-Baptiste de), homme d'affaires de Mme de Montespan : 134.

Lassurance, architecte : 357.

La Tour (Pierre-François d'Arènes de), père oratorien : 359, 364, 373, 376, 391, 420.

La Trousse (Philippe-Auguste Le Hardy, marquis de) : 209.

Laulan (Dr Robert) : 298.

Laurent, commis au greffe du Châtelet : 131.

Lauzun (Antonin Nompar de Caumont, comte, puis duc de) : 39, 96, 99, 101-102, 106-107, 109-110, 154, 318-323, 379, 415-416.

Lauzun (Geneviève-Marie de Durfort de Lorge, demoiselle de Quintin, duchesse de) : 324, 396.

La Vallière (Françoise-Louise de La Baume le Blanc de), duchesse de Vaujours : 27, 32, 37, 39, 42-44, 46, 48-53, 56-57, 63, 66, 69, 72, 91-93, 95, 102-104, 107, 114, 116, 120-121, 123-124, 126, 135, 141, 160, 180, 187, 189, 197, 214, 225, 229, 235, 238, 253, 255-256, 291-292, 295, 300, 310, 317, 334, 348, 399, 404, 415.

La Vallière (Jean-François de La Baume le Blanc, marquis de) : 56, 181.

La Vienne (François Quentin dit) : 215.
Lebret (Pierre), avocat au parlement de Paris : 35.
Lecestre, historien : 406.
Leclerc (Louise), dite La Finette, maîtresse du chevalier de Vanens (cf. Barthominat) : 243.
Lécuyer (abbé), vicaire de Versailles : 168.
Leféron (Marguerite Gallard, femme de Jérôme) : 254, 412.
Lefèvre, notaire : 363.
Le Flament (Jean), commissaire des guerres : 47, 63.
Legendre de Saint-Aubin (Mme), épouse de l'intendant de Montauban : 396, 400.
Léger, valet de M. de Montausier : 262, 281.
Legué (Dr G.) : 298.
Lemaire, frère de Mme Vertemart : 287.
Lemoine (Jean), historien : 48, 289-292, 294, 296, 303, 386, 403-404.
Lenclos (Ninon de), courtisane : 148-149, 151.
Lenet (Pierre) : 135.
Le Nôtre (André), jardinier du roi : 163, 174, 205, 365.
Léonard (père) : 416.
Léopold Ier, Empereur : 99, 114, 116, 127, 212.
Le Pèletier (Claude), contrôleur général des Finances : 374.
Lepère (femme), avorteuse et complice de la Voisin : 252, 255, 302.

Lepreux (Michel), vicaire à Notre-Dame : 249, 414.
Le Ragois (abbé), précepteur du duc du Maine : 209.
Leroy, gouverneur des pages de la Petite Ecurie : 270.
Leroy, greffier à la quatrième chambre des Enquêtes du Parlement : 304.
Leroy (Catherine), servante du chevalier de Vanens : 244.
Le Roy (Marthe), brodeuse : 355-356.
Lesage (Adam Cœuret dit Dubuisson dit), complice de la Voisin : 66, 247, 257, 259, 262, 277, 279, 284, 287, 289, 293, 295, 302, 307-308, 310-311, 411, 415.
Lesdiguières (duc de), voir Créqui (Alphonse de).
Lesdiguières (duchesse de), voir Créqui (Gabrielle-Victoire de Rochechouart).
Le Tellier (Mgr Charles-Maurice), archevêque de Reims : 18, 64.
Le Tellier (Michel), secrétaire d'Etat à la guerre, ministre, chancelier de France : 100, 214, 285.
Levau (Louis), architecte : 67, 139.
Le Verrier (M^e), conseil de M. de Montespan : 380.
Lévis (marquis de) : 322.
L'Hospital (Françoise Mignot, maréchale de) : 185.
Liancourt (Nicolas d'Armeval, seigneur de), époux de Gabrielle d'Estrées : 119.

INDEX

LICHTENBERGER (André), historien : 48, 404.
LIGNY (marquis de) : 11.
LIONNE (Hugues de) : ministre et secrétaire d'État aux affaires étrangères : 214, 250.
LITTRÉ (Maximilien-Paul-Emile), philosophe et médecin : 98, 298.
LONGUEVILLE (Anne-Geneviève de BOURBON-CONDÉ, duchesse de) : 38, 58, 75, 405.
LORET (Jean), poète : 13, 20, 25, 31.
LORGE (Guy-Aldonce de DURFORT, duc de), maréchal de France : 183, 396.
LORRAINE (Marguerite), voir ORLÉANS (duchesse d').
LORRAINE (Philippe d'ARMAGNAC, chevalier de) : 98, 189, 353, 408.
LORME (Marion de), courtisane : 146.
LOUIS XIII, roi de France : 9, 364, 368.
LOUIS XIV, roi de France : 10, 12-13, 15, 17-18, 20, 22, 24, 28-29, 31-33, 35, 39-40, 42, 44-47, 49-60, 63-72, 74, 76-78, 87-88, 91-93, 95-96, 98, 100, 102-104, 106-107, 110-113, 115-116, 118-120, 122-123, 126-128, 130, 135-136, 139-142, 151, 153, 155, 157-159, 161-174, 176-187, 189, 191, 193-194, 197-199, 201-205, 207-216, 218-220, 222, 224-225, 227-228, 230-231, 233, 235-236, 238, 240, 242, 250-251, 253, 255, 257-259, 261-264, 267-268, 271, 273-274, 276, 278-281, 285-286, 288, 290-295, 297, 299-301, 303-309, 311-314, 316-318, 320-321, 323, 325-339, 343-346, 349-353, 358-360, 366, 368, 372, 375, 377-379, 383, 385, 390, 393, 398-399, 402, 404-409, 411, 414-415, 417-418, 420.
LOUIS de BOURBON, dauphin de France, fils de Louis XIV dit le GRAND DAUPHIN, voir DAUPHIN.
LOUVOIS (François-Michel LE TELLIER, marquis de), ministre et secrétaire d'Etat à la guerre : 59-60, 78, 83, 85, 87-88, 100, 105, 113, 198, 215-216, 258-259, 273, 276, 278-279, 284, 287, 293-294, 296, 303, 331, 383, 404, 411.
LOYSEAU (femme), empoisonneuse : 287.
LUDE (duchesse de) : 333.
LUDRES (Marie-Elisabeth dite Isabelle de), chanoinesse de Poussay, maîtresse de Louis XIV : 195-198, 200-202, 204, 292, 324, 408.
LULLI (Jean-Baptiste), musicien : 32, 68, 139-140, 216, 226.
LUXEMBOURG (François-Henri de MONTMORENCY-BOUTTEVILLE, maréchal de) : 198-199, 209, 254, 256, 273, 289, 293, 296.
LUYNES (Charles-Philippe d'ALBERT, duc de) : 406.

MACQUERON, intendant du Roussillon : 58-59, 83.

MADEMOISELLE (La GRANDE –), voir MONTPENSIER (duchesse de).

MAILLARD (Jean), conseiller du roi, auditeur à la Chambre des comptes : 286.

MAINE (Louis-Auguste de BOURBON, duc du) : 69, 119-120, 154-155, 159, 164, 178, 200, 205-206, 208-210, 318-320, 323, 325, 335-336, 338-339, 351, 354, 363, 400, 404, 409, 415, 420.

MAINE (Louise-Bénédicte de BOURBON-CONDÉ, duchesse du) : 354, 420.

MAINTENON (Françoise d'AUBIGNÉ, veuve de Paul SCARRON, marquise de) : 37, 47, 92, 116, 124, 142-145, 147-161, 163-165, 167, 169-170, 178, 184, 200, 205, 218-219, 221, 225, 230-232, 234, 241, 288, 292, 299-300, 305, 313-314, 316-317, 324-325, 328-335, 337-341, 345-347, 350, 352-353, 360, 379, 394, 399, 402, 404, 406, 409, 415-417.

MAISONBLANCHE (Louise de) : 305-306.

MALINAS (professeur) : 298.

MANAUT (Pierre) : 418.

MANCINI (Hortense), voir MAZARIN (duchesse de).

MANCINI (Marie), voir COLONNA.

MANCINI (Marie-Anne), voir BOUILLON (duchesse de).

MANCINI (Olympe), voir SOISSONS (comtesse de).

MANICAMP (chevalier LONGUEVAL de) : 135.

MANSART (Jules HARDOUIN), voir HARDOUIN-MANSART.

MANSART (François), architecte : 136.

MANSE (M. de), chef d'escadre : 411.

MARGUERITE (sainte) : 252.

MARIE-ANNE D'AUTRICHE, régente d'ESPAGNE : 118.

MARIE-BÉATRIX de MODÈNE d'ESTE, duchesse d'YORK, puis reine d'Angleterre : 323.

MARIE-THÉRÈSE d'AUTRICHE, reine de France, épouse de LOUIS XIV : 30, 42, 49-50, 53-55, 57-58, 68, 91, 96, 100, 110-111, 115, 118-119, 126-128, 173-174, 177, 179, 184, 190, 202, 208, 227, 300, 317, 326-328, 333, 403.

MARIETTE (François), prêtre de Saint-Séverin, complice de Lesage et de la Voisin : 66, 249, 257, 310-311, 415.

MARILLAC (Louise de), sainte : 367.

MAROT (Jean), architecte : 93, 153.

MARSAY (Mme de) : 419.

MARSILLAC (prince de), voir LA ROCHEFOUCAULD (François VII, duc de).

MARSILLAC (Jean de) : 10.

MARSILLY (marquis de) : 149.

MASCARON (père Jules de), évêque de Tulles puis d'Agen : 167.

MAUCROIX (abbé de) : 92.

MAURE (Louise de) : 9.

MAUREPAS (Jean-Frédéric PHÉLIPEAUX, comte de) : 410.

MAZARIN (Armand-Charles de LA MEILLERAYE, duc de) : 364.

MAZARIN (Hortense MANCINI, duchesse de) : 189.

MAZARIN (Jules, cardinal) : 11, 14, 148.

MAZAUGES (M. de THOMASSIN-), conseiller au parlement d'Aix : 234.

MAZURE, commissaire : 131.

MECKLEMBOURG (Isabelle-Angélique de MONTMORENCY-BOUTTEVILLE, duchesse de CHÂTILLON puis de) : 30.

MENOUX (saint) : 421.

MÉRÉ (Antoine GOMBAUD, chevalier de) : 149, 151.

MÉRIMÉE (Prosper), écrivain : 19.

MESMES (Jean-Antoine de), président au parlement de Paris : 311.

MESNIÈRES (Mlle de), voir VILLARS (duchesse de).

MICHELET (Jules), écrivain : 63.

MIGNARD (Pierre), peintre : 125, 223, 372.

MIOSSENS, voir ALBRET (maréchal d').

MIRAMION (Marie BONNEAU, veuve de Jean-Jacques de) : 218, 350.

MOLIÈRE (Jean-Baptiste POQUELIN dit), auteur dramatique et comédien : 32, 62, 68, 140, 217.

MOLINA (Maria), duègne de Marie-Thérèse d'Autriche : 118.

MONACO (Catherine-Charlotte de GRAMONT, princesse de) : 39.

MONGRÉDIEN (Georges), historien : 295, 312, 409, 414.

MONSIEUR, frère du roi, voir ORLÉANS (Philippe Ier).

MONTAIGNE (Michel EYQUEM de), moraliste : 13.

MONTAL (Charles de MONTSAULNIN, comte de) : 198.

MONTATAIRE (Louis de MADAILLAN, marquis de) : 201.

MONTAUSIER (Charles de SAINT-MAURE, marquis, puis duc de) : 52, 72, 168, 215, 262, 281, 339, 343, 404, 409.

MONTAUSIER (Julie-Lucinia d'ANGENNES, duchesse de) : 49-51, 56, 72, 75, 110, 142, 404-405.

MONTCHEVREUIL (Henri de MORNAY, marquis de), capitaine général de Saint-Germain, gouverneur du duc du Maine : 324, 331.

MONTCHEVREUIL (Mlle BOUCHER d'ORSAY, épouse du marquis de) : 142, 331, 333.

MONTESPAN (Hector-Roger marquis de), voir GONDRIN.

MONTESPAN (Louis-Henry de PARDAILLAN de GONDRIN, marquis de), mari de Françoise de ROCHECHOUART de MORTEMART : 22-24, 26-29, 32, 34-35, 37, 40-41, 46-48, 58-63, 65, 72, 75-76, 78, 80-82, 84,

86, 89, 129, 131-132, 134-135, 141, 224, 340, 343, 376-381, 383-386, 405, 418.

Montespan (Marie-Christine de Gondrin de) : 30, 80, 376, 417-418.

Montgommery (François, comte de) : 270.

Montgon (Louise d'Heudicourt, comtesse de) : 155.

Montmorency (Mme de) : 202, 204, 207-208, 210, 224.

Montpensier (Anne-Marie-Louise d'Orléans, duchesse de), la Grande Mademoiselle : 44, 49-51, 53-54, 56, 74, 96, 98-100, 102-103, 106, 110, 114, 116-117, 126, 128, 171, 318-323, 327-328, 340, 356, 359, 416.

Montpezat (Jean-François, marquis de) : 56.

Monvoisin (Antoine), époux de la Voisin : 246, 262.

Monvoisin (Catherine Deshayes, épouse d'Antoine), dite la Voisin, sorcière et empoisonneuse : 66, 246, 248, 254, 257, 259, 261-264, 266-268, 270-271, 278, 281-282, 294, 296, 298, 301-303, 307-310, 376, 411-413, 415.

Monvoisin (Marie-Marguerite), fille de la Voisin : 261-265, 267-268, 271, 273, 276, 278-280, 283, 286, 289, 294-295, 298, 300-303, 309, 312-313, 414.

Moret (Antoine de Bourbon, comte de), fils naturel de Henri IV et de Jacqueline de Bueil, comtesse de Moret : 119.

Moret (J.-J.), historien : 421.

Moreuil (Hélène Fourré de Dampierre, dame de), fille d'honneur de la reine : 202.

Mornay-Villarceaux (Charlotte de), voir Grancey.

Moronia (Michel de) : 303.

Mortemart (Alix de) : 9.

Mortemart (Anne-Marie Colbert, épouse de Louis de) : 215.

Mortemart (Diane de Grandseigne, duchesse de), mère de Mme de Montespan : 10, 12, 16, 18, 24, 37, 42, 422.

Mortemart (Gabriel de Rochechouart, marquis, puis duc de) : 8-9, 11, 16, 18, 23, 71, 130, 215, 421.

Mortemart (Louis de Rochechouart de) : 215.

Mue, cabaretier : 262.

Mulbe, mari de la Bosse : 247.

Murs (M^e), notaire : 46.

Nantes (Mlle de), voir Bourbon (Louise-Françoise, duchesse de).

Nass (Dr Lucien) : 298.

Navailles (Philippe de Montault-Bénac, duc de) : 145.

Neubourg (Philippe-Guillaume de Bavière, duc de) : 127.

Neuillant (Mme de) : 145, 147.

Nevers (Diane-Gabrielle de Thianges, duchesse de) : 101, 191, 215, 232.

Nevers (Philippe-Julien Mancini Mazzarini, duc de) : 101, 215.

Noailles (Adrien-Maurice, comte d'Ayen, puis duc de) : 396.

Noailles (Anne-Jules, comte d'Ayen, puis duc de), maréchal de France : 11, 218, 235, 237, 297, 299-300, 395.

Noailles (Mgr Louis-Antoine), archevêque de Paris : 355.

Noailles (Louise-Félicité de), voir Cœuvres (maréchale de).

Noailles (Marie-Françoise de Bournonville, duchesse de) : 373, 395.

Noailles (Marie-Sophie-Victoire de), voir Gondrin (marquise de).

Nogaret (Hélène de) : 378.

Nogaret (Louise de) : 384-385.

Noirmoutiers (Louis-Alexandre de la Trémoille, marquis de) : 21-22.

Novion (Nicolas Potier de), président au parlement de Paris : 377-378.

Orléans, voir Blois (Françoise-Marie, demoiselle d').

Orléans (Charles-Louis d') : 119.

Orléans (Élisabeth-Charlotte de Bavière, duchesse d'), Madame, seconde femme de Philippe d'Orléans : 38, 70, 95, 133, 149, 188, 202-203, 219-220, 240, 353, 417, 420.

Orléans (Gaston d'), frère de Louis XIII : 100, 181, 357.

Orléans (Henriette d'Angleterre, duchesse d'), Madame, première femme de Philippe d'Orléans : 20, 30, 36-37, 41, 94, 96-97, 190, 196, 250, 277, 412.

Orléans (Marguerite de Lorraine, duchesse d'), épouse de Gaston d'Orléans : 101.

Orléans (Marie-Louise d'), reine d'Espagne : 412.

Orléans (Philippe Ier, duc d'), frère de Louis XIV, dit Monsieur : 16, 20-21, 30, 36, 38-41, 48, 58, 91-92, 97-98, 100, 110, 183, 189, 196, 199, 203, 277, 300, 353, 356, 375, 412.

Orléans (Philippe II, duc de Chartres, puis d'), Régent de France : 354, 417, 419.

Orléans (Louis-Philippe II, duc d') dit Philippe-Égalité : 418.

Pajot (Marianne, Françoise), marquise de Lassay : 195.

Pancatelin : 29, 63.

Pardaillan (Jean-Antoine de), voir Bellegarde (duc de).

Parque (M^e), notaire : 35.

Patin (Guy), médecin : 76, 129.

Pelletier (femme), complice de l'abbé Guibourg et de la Voisin : 271, 287.

Pellisson (Paul), historiographe du roi : 52, 148.

Penthièvre (Louis, duc de) : 418.

Pérelle (Gabriel), dessinateur et graveur : 182.
Perrin (Pierre, dit l'abbé) : 216.
Pertuis, ami de Lauzun : 319.
Pétillon (Antoine), curé de Bourbon : 401.
Petit (femme), devineresse et sorcière : 259.
Petit (Louis), contrôleur des bâtiments : 405.
Peyre (César de Grollé, comte de) : 220.
Philbert (femme Brunet dite la), complice de la Bosse : 255.
Philippe IV, roi d'Espagne : 45, 67.
Philippe-Égalité, voir Orléans (Louis-Philippe, duc d').
Pichault-Laval (Claude), secrétaire de la chambre du roi : 35-36, 403.
Pierre (M^e), empoisonneur : 247.
Platon, philosophe grec : 17, 350.
Plaute (Marcus Accius Plautus), poète latin : 63.
Podwils ou Podewils (comte de), colonel : 52.
Poitiers (Diane de), duchesse de Valentinois : 202, 408.
Polignac (Jacqueline du Roure, troisième femme de Louis-Armand, vicomte de) : 254, 257.
Polignac (Scipion-Sidoine, marquis, puis vicomte de) : 383.
Pontchartrain (Louis Phélypeaux, comte de), Chancelier : 288.

Pottereau (femme), empoisonneuse : 255.
Poulaillon (Marguerite de Jehan, épouse d'Alexandre de), empoisonneuse : 245, 255.
Pradel (François de), lieutenant général : 29.
Praviel (Armand), historien : 289, 294.

Quelen (abbé Guy de), aumônier de Mme de Montespan : 391, 421.
Quesnel (père Pasquier) : 410.
Quinault (Philippe) : 139, 216, 226.
Quintin (Mlle de), voir Lauzun (Mme de).

Racine (Jean), dramaturge, historiographe du roi : 109, 140, 216, 256, 335, 350, 409-410.
Racine (Louis), poète, fils de Jean Racine : 409.
Raffetot (Alexandre de Canonville, marquis de) : 310.
Raincy (M. de) : 149.
Rat (Maurice), historien : 214, 290.
Ravaisson (François), historien : 289, 296, 403, 411.
Regnard (dit Latour, dit Sertrouville, dit Titreville, dit Le Grand Auteur), empoisonneur, alchimiste et faux-monnayeur : 247, 287, 307-308, 414.
René (Amédée) : 411.
Richard (M^e), notaire : 370.

INDEX

RICHEBOURG (Jean QUENTIN de), premier gentilhomme de la duchesse de FONTANGES : 236.

RICHELIEU (Armand-Jean du PLESSIS, cardinal de) : 181.

RICHELIEU (Anne POUSSART de FORS du VIGEAN, duchesse de) : 31, 110, 114, 176-177, 190, 215, 225, 314.

RIQUET (Mlle de), fille de l'ingénieur : 382.

RIQUET (Pierre-Paul de), ingénieur : 382.

RIZZO (Catalina), femme de chambre de la reine Marie-Thérèse : 118.

ROBERT, procureur : 253, 259, 273.

ROBERT (Louis), intendant d'armée : 105.

ROBERT d'ARBRISSEL : 17.

ROCHECHOUART (Aymeri de) : 8, 38.

ROCHECHOUART (Aymeri VII de) : 9.

ROCHECHOUART (Gaspard de), seigneur de MORTEMART : 9.

ROCHECHOUART (Louise-Françoise de) : 389-390.

ROCHECHOUART de MORTEMART (Marie-Christine), religieuse : 12.

ROCHECHOUART de MORTEMART (Marie-Madeleine, *Gabrielle*), abbesse de Fontevrault : 12, 16-18, 30, 178, 182, 215, 232, 352, 361, 372, 389, 393, 419, 422.

ROCHECHOUART (René), comte de MORTEMART : 402, 421.

ROCHEFORT (Henri-Louis d'ALOIGNY, marquis de), maréchal de France : 110, 176, 179, 403.

ROCHEFORT-THÉOBON (Lydie de) : 190-191.

ROHAN (Armand-Gaston, cardinal de) : 193.

ROHAN (Henri de) : 192.

ROHAN (Marguerite, duchesse de) : 192.

ROLLET (M^e), notaire : 35.

ROMANI, complice de la Voisin : 261, 264, 266-267, 273, 281-282, 287, 302-303, 309.

ROUILLAC (marquis de) : 384.

ROUILLAC (Elisabeth de) : 384.

ROUILLAC (Jacques de GOTH, baron de) : 378.

ROUILLAC (Jeanne de GOTH, dame de) : 378.

ROUSSILLE (Jean RIGAUD de SCORAILLES, comte de) : 220.

ROUVROY (Jeanne de) : 190.

ROYE (Frédéric-Charles de LA ROCHEFOUCAULD, comte de) : 41.

RUBENS (Pierre-Paul), peintre : 228.

RUYTER (Michiel Adrannszoon de), amiral hollandais : 112.

SABBA ou SABA (reine de) : 174.

SABLÉ (Magdeleine de SOUVRÉ, marquise de) : 75, 199, 405.

SAGAZAN (Anglèze de), bergère à qui la Vierge serait apparue : 388.

SAGOT, greffier de la Chambre ardente : 253, 260, 277.

SAINT-AIGNAN (chevalier de) : 22.

SAINT-CHAUMONT (Suzanne de GRAMONT, marquise de) : 94.

SAINT-CHRISTOPHE (Mlle de), actrice : 226.

SAINT-EVREMOND (Charles de MARGUETEL de SAINT-DENYS de), écrivain : 151, 166.

SAINT-GÉRAN (Mme de) : 160, 206.

SAINT-HYACINTHE (Hyacinthe CORDONNIER, dit le chevalier de THÉMISEUIL, ou), littérateur : 17.

SAINT-MAURICE (marquis de), ambassadeur de Savoie en France : 46, 56-57, 63, 72, 94, 104, 109, 111, 114, 116, 188-189, 192, 403-404.

SAINT-MAURICE (gentilhomme au service de Mgr de GONDRIN) : 270.

SAINT-PAUL (Charles-Paris d'ORLÉANS, comte de) : 38.

SAINT-PONT (Mme de) : 270.

SAINT-RÉMY (Catherine de), épouse de M. TEXIER d'HAUTEFEUILLE : 195.

SAINT-SIMON (Louis de ROUVROY, duc de), mémorialiste : 11, 14, 38, 47, 75, 107, 109, 149-150, 193-194, 290, 315, 324, 356, 360-361, 373, 375-376, 390, 396-399, 401, 407-409, 416.

SAINT-SIMON (Mlle de) : 27.

SAINT-VALLIER (Mme de), voir ROUVROY (Mlle de).

SAINTE-BEUVE (Charles-Augustin de), critique : 405.

SAINTE-CROIX, voir GODIN de SAINTE-CROIX.

SANGUIN (Claude) : 111.

SARDOU (Victorien), dramaturge : 289.

SARRAMÉA (M. de) : 418.

SAULX-TAVANNES (Jeanne de) : 402, 421.

SAUTEREAU de MARY : 235.

SAVIGNAC (marquis de) : 380.

SCARRON (Françoise d'AUBIGNÉ, épouse de Paul), voir MAINTENON (Mme de).

SCARRON (Françoise), sœur de Paul SCARRON : 148.

SCARRON (Paul) : 142, 145-149, 151, 158, 162, 181.

SCHOMBERG (Armand-Frédéric, comte, puis duc de), maréchal de France : 183, 209.

SCORAILLES (Catherine de), abbesse de Chelles : 232-233.

SCUDÉRY (Marie-Françoise de MARTIN-VAST, veuve de Georges de) : 171, 201, 203, 299.

SEGRAIS (Jean-Renaud de) : 361.

SÉGUIER (Pierre), chancelier : 11, 100.

SÉGUR (Pierre de), historien : 289.

SEIGNELAY (Jean-Baptiste COLBERT, marquis de) : 211, 411.

SEIGNELAY (Marie-Anne de), voir VIVONNE (duchesse de).

SEIGNEROLLES (Charles de) : 28.

SÉLIM, sultan : 92.

SEUIL (M. de), intendant de la Marine à Brest : 212.

SÉVIGNÉ (Marie de RABUTIN CHANTAL, marquise de) : 13, 100-101, 104, 119, 128, 155-157, 159, 174-175, 177-178, 180, 182, 185-186, 190-191, 193-194, 196, 201, 204-205, 216, 227-228, 230, 232-234, 236, 251, 255, 260, 316, 380, 407-409, 412-413.

SÉVIGNÉ (Mlle de), voir GRIGNAN.

SILLERY (Louis BRÛLART, marquis de) : 41.

SOISSONS (Eugène-Maurice de SAVOIE, comte de) : 250.

SOISSONS (Olympe MANCINI, comtesse de), Mme la Comtesse : 190, 212, 224, 254, 256, 292-293, 411-412.

SOISSONS, voir LA CROPTE-BEAUVAIS.

SONNET (Me), conseil de M. de MONTESPAN : 380.

SORIN (Me), notaire à Fontevrault : 362.

SOUBISE (Anne de ROHAN-CHABOT, épouse de François de ROHAN-MONTBAZON, princesse de) : 191-193, 204, 292, 333.

SOUBISE (François de ROHAN-MONTBAZON, prince de) : 194.

SOUFFRON (Pierre), architecte : 418.

SOURBES (Pierre), historien : 414.

SOURCHES (Louis-François du BOUCHET, marquis de) : 337, 339, 341, 420.

SPANHEIM (Ezéchiel), envoyé de l'Electeur de Brandebourg à Paris : 220, 240, 408.

SULLY (Marie-Antoinette SERVIEN, duchesse de) : 413.

TALLEMANT DES RÉAUX (Gédéon), mémorialiste : 11, 149.

TAMBONNEAU (Jean), président à la Chambre des comptes : 10.

TAMBONNEAU (Marie BOYER, épouse de Jean) : 10, 12, 42.

TARTAUD (père), curé de Lussac-lès-Château : 8.

TAVEAU (comte de) : 7.

TENCIN (Claudine-Alexandrine GUÉRIN de) : 401.

TÉRIAGE (demoiselle), femme de chambre de la marquise de CASTELNAU : 279.

TERMES (Roger de PARDAILLAN, marquis de) : 239, 257, 281, 381.

TERRON du CLAUSEL (Jean), avocat : 243.

TESSÉ (René de FROULAY, maréchal de) : 64.

TESTU (Jacques), abbé de BELVAL, littérateur : 156-157.

THIANGES (Claude-Léonor de DAMAS, marquis de) : 14, 215.

THIANGES (Gabrielle de ROCHECHOUART de MORTEMART, marquise de) : 12, 14, 25, 35-36, 38, 66, 97, 178, 198, 310, 333, 338, 367, 415, 421.

THIANGES (Louise-Adélaïde, demoiselle de) : 180, 191.
THIBAUT, curé de Versailles : 168.
THOMÉ (Pierre), marchand-banquier à Paris : 156.
THURIN (François), tapissier : 132.
TINGRY (Marie-Louise de LUXEMBOURG, princesse de) : 254, 256, 293.
TIXIER (père), prieur de Saint-Germain-des-Prés : 404.
TONNAY-CHARENTE (Marie-Elisabeth de MORTEMART, demoiselle de) : 356.
TOUCY (Françoise-Angélique de LA MOTHE-HOUDANCOURT, demoiselle de) : 408.
TOULOUSE (Louis-Alexandre de BOURBON, comte de) : 211, 325, 336, 339, 351, 358, 362, 367, 398, 400, 418, 420.
TOURS (Louise-Marie de BOURBON, demoiselle de) : 321-322, 334, 415.
TRÉZAGNIES (marquis de) : 52.
TRIANON (Catherine BOULLAY, veuve de Claude), devineresse et empoisonneuse, amie de la Voisin : 247, 259, 262-264, 266, 268, 281, 302, 413.
TRICHÂTEAU (Erard du CHÂTELET, marquis de) : 300.
TRUC (Gonzague), historien : 213.
TURENNE (Henri de LA TOUR d'AUVERGNE, vicomte de) : 48, 52, 55, 112, 114, 128, 179.

URFÉ (Honoré d'), romancier : 13.
UZÈS (Emmanuel, comte de CRUSSOL, puis duc d') : 342-343, 384.
UZÈS (Julie-Françoise de SAINT-MAURE, comtesse de CRUSSOL, puis duchesse d') : 290, 343.

VALLOT (Antoine), médecin : 215.
VAN der CRUYSSE (Dirk), historien : 373.
VAN der MEULEN (Antoine-François), peintre : 112.
VANENS (Louis, chevalier de) : 243-244, 247, 286-287, 413.
VAREILLES-SOMMIÈRES (abbé de), historien : 421.
VAUBAN (Sébastien LE PRESTRE, maréchal de) : 183, 198.
VAUDÉMONT (Anne-Elisabeth de LORRAINE, princesse de), voir ELBEUF (Mlle d').
VAUTIER (femme de Denis-Jean), complice des empoisonneurs : 259, 281-282, 308, 414.
VAUTIER (Denis-Jean), peintre et alchimiste, complice de la Voisin et de Latour dit le Grand Auteur : 302, 307-308, 414.
VENDÔME (César de BOURBON, duc de), fils de Henri IV et de Gabrielle d'Estrées : 119.
VENDÔME (Louis-Joseph, duc de), maréchal de France : 254, 256.
VENDÔME (Philippe, dit le Grand Prieur de) : 196, 406.

INDEX

VENTADOUR (Mme de), voir LA MOTHE-HOUDANCOURT (Charlotte-Eléonore de).

VERMANDOIS (Louis de BOURBON, comte de), fils de Louis XIV et de Mlle de La Vallière : 58, 125.

VERTEMART (Marie LEMAIRE, épouse de J.), complice des empoisonneurs : 258.

VEXIN (Louis-César de BOURBON, comte de) : 111, 119, 155, 159, 173, 334.

VIBRAYE (Mlle de) : 30.

VIGOUREUX (Marie VANDON, épouse de Mathurin), empoisonneuse : 244-245, 255, 302.

VILLACERF (Edouard COLBERT, marquis de) : 50, 210.

VILLARCEAUX (Louis de MORNAY, marquis de) : 149, 151.

VILLARS (Mlle de MESNIÈRES, duchesse de) : 221.

VILLARS-BRANCAS (Louis-François, duc de) : 162.

VILLEDIEU (Mme de) : 267.

VILLER (Odet de RIANTS, marquis de) : 163.

VILLERS d'O (marquis de) : 398.

VILLEROY (François de NEUFVILLE, duc de) : 51, 100, 196, 214.

VILLETTE (Mme de) : 144-145.

VILLETTE (M. de) : 164.

VINCENT de PAUL (saint) : 367.

VIRGILE, poète grec : 350.

VISCONTI (Primi), mémorialiste : 38, 99, 110, 151, 187, 198, 200, 222, 225, 229, 304, 314, 324, 408, 410.

VITRY (duchesse de) : 254, 258.

VIVONNE (Antoinette-Louise de ROISSY, duchesse de) : 14, 257, 270, 272-274, 284, 286, 293, 311.

VIVONNE (Louis de ROCHECHOUART de) : 280, 294.

VIVONNE (Louis-Victor de ROCHECHOUART de MORTEMART, comte, puis duc de) : 12, 32-34, 38, 71, 128, 196-197, 215-216, 356, 365, 390, 402.

VIVONNE (Marie-Anne de SEIGNELAY, épouse de Louis de) : 280, 294.

VIVONNE (Mlle de), religieuse : 352.

VLULANT, médecin : 235.

VOISIN (La), voir MONVOISIN (Catherine).

VOITURE (Vincent), littérateur : 196.

VOLTAIRE (François-Marie AROUET dit M. de) : 10, 256.

WEIGERT (R.A.), historien : 348-349.

WITT (Cornelius de) : 113.

WITT (Jean de) : 113.

WURTEMBERG (Marie-Anne, princesse de) : 189.

YOLANDE d'ARAGON, épouse de Louis II d'ANJOU, roi de Sicile : 363.

ZAMET (Chrestienne de) voir GONDRIN.

ZELL-LUNEBOURG (Georges-Guillaume de BRUNSWICK, duc de) : 179.

TABLE DES MATIERES

CHAPITRE PREMIER. – Athénaïs 7
  Lussac-les-Châteaux, 7. – Gabriel, duc de Mortemart, 8. – Les enfants Mortemart, 12. – L'arrivée à la cour, 18. – Monsieur de Montespan, 21. – Des débuts difficiles, 26. – Dame d'honneur de la reine, 29. – Djidjelli, 32.

CHAPITRE II. – Le mari ou le roi 37
  Les soupirants, 37. – Gouverner le roi, 42. – Derniers scrupules, 45. – L'amour et la guerre, 48. – La campagne de Roussillon, 58. – Le partage avec Jupiter, 62. – La double métamorphose, 64. – La fête de l'amour, 67.

CHAPITRE III. – La colère du mari 71
  Le scandale arrive, 71. – Le For-l'Evêque, 76. – La solitude de Bonnefont, 78. – Les gaietés de l'escadron, 81. – Louvois intervient, 83. – L'exil et la grâce, 87.

CHAPITRE IV. – Les trois reines 91
  « Les dames de la faveur », 91. – Le mariage manqué de Mademoiselle, 96. – Le couvent de Chaillot, 102. – Sous le lit d'Athénaïs, 106. – La guerre de Hollande, 111. – La cour en voyage, 116. – La légitimation des bâtards, 118.

CHAPITRE V. – Les succès d'une favorite 121
   Le Carmel, 121. – La Franche-Comté conquise, 127. – La séparation de corps, 129. – Clagny, 135. – Les fêtes de Versailles, 139.

CHAPITRE VI. La gouvernante 141
   Françoise d'Aubigné, 141. – Madame Scarron, 143. – La veuve discrète, 149. – Le service des bâtards, 152. – La maison de Vaugirard, 155. – La rivalité, 159.

CHAPITRE VII. – Une crise religieuse 165
   Le carême de 1675, 165. – En cure à Bourbon, 179. – Le retour du roi, 183.

CHAPITRE VIII. – Les rivales 187
   Les frasques du Roi-Soleil, 187. – La princesse de Soubise, 191. – La belle de Ludres, 195. – Cassel, 198. – La pauvre Io, 200. – La dame de l'ombre, 203. – « Le petit prince », 205. – Le siège de Gand, 207. – La gloire d'Athénaïs, 212.

CHAPITRE IX. – Angélique et le roi 219
   Un rêve de Cendrillon, 219. – La passion du roi, 223. – Le « carrosse gris », 227. – Le « tabouret » de remerciement, 228. – Le mal secret d'Angélique, 230. – La mort de l'éphémère, 235. – Le soupçon, 239.

CHAPITRE X. – L'énigme des poisons 243
   Les débuts de l'affaire, 243. – Alchimistes, sorciers et empoisonneurs, 248. – La haute société compromise, 253. – Madame de Montespan accusée, 257. – La fille Monvoisin parle, 261. – L'abbé Guibourg, 269. – Françoise Filastre, 276. – Mademoiselle des Œillets interrogée, 276. – Colbert défend la marquise, 280. – L'étouffement de l'affaire, 286.

CHAPITRE XI. – Madame de Montespan
était-elle coupable ? 289
   *Essai de jugement, 289. – La mort de Mademoiselle de
   Fontanges, 297. – Les agissements de Mademoiselle des
   Œillets, 302. – Le procès de 1668, 310.*

CHAPITRE XII. – La chute de Quanto 313
   *« Madame de Maintenant », 313. – La donation au
   duc du Maine, 318. – « Elle sèche notre joie », 324. –
   Le mariage secret, 326. – Premiers pas vers la disgrâce,
   333. – Le mariage de Mademoiselle de Nantes, 336. –
   Le fils légitime, 340. – Les Filles de Saint-Joseph, 345.
   – Chassée de la cour, 351. – Reine déchue, 355.*

CHAPITRE XIII. – La longue pénitence
de Françoise de Rochechouart 359
   *Le père de La Tour, 359. – Fontevrault et le Jargue-
   neau, 361. – Le château d'Oiron, 365. – L'hospice des
   pauvres, 369. – La mort qui rôde, 373. – Le secret du
   marquis, 376. – La disparition de l'abbesse de Fontevrault, 389.*

CHAPITRE XIV. – L'approche du soir 393
   *L'humeur vagabonde, 393. – Le dernier séjour à Bour-
   bon, 395. – La mort qui vient, 397. – Les obsèques,
   400.*

NOTES 403
SOURCES ET BIBLIOGRAPHIE 423
GÉNÉALOGIES 439
ANNEXE 447
INDEX 451

collection tempus
Perrin

Déjà paru

1. *Histoire des femmes en Occident* (dir. Michelle Perrot, Georges Duby), *L'Antiquité* (dir. Pauline Schmitt Pantel).
2. *Histoire des femmes en Occident* (dir. Michelle Perrot, Georges Duby), *Le Moyen Âge* (dir. Christiane Klapisch-Zuber).
3. *Histoire des femmes en Occident* (dir. Michelle Perrot, Georges Duby), *XVIe-XVIIIe siècle* (dir. Natalie Zemon Davis, Arlette Farge).
4. *Histoire des femmes en Occident* (dir. Michelle Perrot, Georges Duby), *Le XIXe siècle* (dir. Michelle Perrot, Geneviève Fraisse).
5. *Histoire des femmes en Occident* (dir. Michelle Perrot, Georges Duby), *Le XXe siècle* (dir. Françoise Thébaud).
6. *L'épopée des croisades* – René Grousset.
7. *La bataille d'Alger* – Pierre Pellissier.
8. *Louis XIV* – Jean-Christian Petitfils.
9. *Les soldats de la Grande Armée* – Jean-Claude Damamme.
10. *Histoire de la Milice* – Pierre Giolitto.
11. *La régression démocratique* – Alain-Gérard Slama.
12. *La première croisade* – Jacques Heers.
13. *Histoire de l'armée française* – Philippe Masson.
14. *Histoire de Byzance* – John Julius Norwich.
15. *Les Chevaliers teutoniques* – Henry Bogdan.
16. *Mémoires, Les champs de braises* – Hélie de Saint Marc.
17. *Histoire des cathares* – Michel Roquebert.
18. *Franco* – Bartolomé Bennassar.
19. *Trois tentations dans l'Église* – Alain Besançon.
20. *Le monde d'Homère* – Pierre Vidal-Naquet.
21. *La guerre à l'Est* – August von Kageneck.
22. *Histoire du gaullisme* – Serge Berstein.
23. *Les Cent-Jours* – Dominique de Villepin.
24. *Nouvelle histoire de la France*, tome I – Jacques Marseille.
25. *Nouvelle histoire de la France*, tome II – Jacques Marseille.
26. *Histoire de la Restauration* – Emmanuel de Waresquiel et Benoît Yvert.
27. *La Grande Guerre des Français* – Jean-Baptiste Duroselle.
28. *Histoire de l'Italie* – Catherine Brice.
29. *La civilisation de l'Europe à la Renaissance* – John Hale.
30. *Histoire du Consulat et de l'Empire* – Jacques-Olivier Boudon.
31. *Les Templiers* – Laurent Dailliez.
32. *Madame de Pompadour* – Évelyne Lever.
33. *La guerre en Indochine* – Georges Fleury.

34. *De Gaulle et Churchill* – François Kersaudy.
35. *Le passé d'une discorde* – Michel Abitbol.
36. *Louis XV* – François Bluche.
37. *Histoire de Vichy* – Jean-Paul Cointet.
38. *La bataille de Waterloo* – Jean-Claude Damamme.
39. *Pour comprendre la guerre d'Algérie* – Jacques Duquesne.
40. *Louis XI* – Jacques Heers.
41. *La bête du Gévaudan* – Michel Louis.
42. *Histoire de Versailles* – Jean-François Solnon.
43. *Voyager au Moyen Âge* – Jean Verdon.
44. *La Belle Époque* – Michel Winock.
45. *Les manuscrits de la mer Morte* – Michael Wise, Martin Abegg Jr. & Edward Cook.
46. *Histoire de l'éducation,* tome I – Michel Rouche.
47. *Histoire de l'éducation,* tome II – François Lebrun, Marc Venard, Jean Quéniart.
48. *Les derniers jours de Hitler* – Joachim Fest.
49. *Zita impératrice courage* – Jean Sévillia.
50. *Histoire de l'Allemagne* – Henry Bogdan.
51. *Lieutenant de panzers* – August von Kageneck.
52. *Les hommes de Dien Bien Phu* – Roger Bruge.
53. *Histoire des Français venus d'ailleurs* – Vincent Viet.
54. *La France qui tombe* – Nicolas Baverez.
55. *Histoire du climat* – Pascal Acot.
56. *Charles Quint* – Philippe Erlanger.
57. *Le terrorisme intellectuel* – Jean Sévillia.
58. *La place des bonnes* – Anne Martin-Fugier.
59. *Les grands jours de l'Europe* – Jean-Michel Gaillard.
60. *Georges Pompidou* – Éric Roussel.
61. *Les États-Unis d'aujourd'hui* – André Kaspi.
62. *Le masque de fer* – Jean-Christian Petitfils.
63. *Le voyage d'Italie* – Dominique Fernandez.
64. *1789, l'année sans pareille* – Michel Winock.
65. *Les Français du Jour J* – Georges Fleury.
66. *Padre Pio* – Yves Chiron.
67. *Naissance et mort des Empires.*
68. *Vichy 1940-1944* – Jean-Pierre Azéma, Olivier Wieviorka.
69. *L'Arabie Saoudite en guerre* – Antoine Basbous.
70. *Histoire de l'éducation,* tome III – Françoise Mayeur.
71. *Histoire de l'éducation,* tome IV – Antoine Prost.
72. *La bataille de la Marne* – Pierre Miquel.
73. *Les intellectuels en France* – Pascal Ory, Jean-François Sirinelli.
74. *Dictionnaire des pharaons* – Pascal Vernus, Jean Yoyotte.
75. *La Révolution américaine* – Bernard Cottret.
76. *Voyage dans l'Égypte des Pharaons* – Christian Jacq.

77. *Histoire de la Grande-Bretagne* – Roland Marx, Philippe Chassaigne.
78. *Histoire de la Hongrie* – Miklós Molnar.
79. *Chateaubriand* – Ghislain de Diesbach.
80. *La Libération de la France* – André Kaspi.
81. *L'empire des Plantagenêt* – Martin Aurell.
82. *La Révolution française* – Jean-Paul Bertaud.
83. *Les Vikings* – Régis Boyer.
84. *Examen de conscience* – August von Kageneck.
85. *1905, la séparation des Églises et de l'État.*
86. *Les femmes cathares* – Anne Brenon.
87. *L'Espagne musulmane* – André Clot.
88. *Verdi et son temps* – Pierre Milza.
89. *Sartre* – Denis Bertholet.
90. *L'avorton de Dieu* – Alain Decaux.
91. *La guerre des deux France* – Jacques Marseille.
92. *Honoré d'Estienne d'Orves* – Étienne de Montety.
93. *Gilles de Rais* – Jacques Heers.
94. *Laurent le Magnifique* – Jack Lang.
95. *Histoire de Venise* – Alvise Zorzi.
96. *Le malheur du siècle* – Alain Besançon.
97. *Fouquet* – Jean-Christian Petitfils.
98. *Sissi, impératrice d'Autriche* – Jean des Cars.
99. *Histoire des Tchèques et des Slovaques* – Antoine Marès.
100. *Marie Curie* – Laurent Lemire.
101. *Histoire des Espagnols,* tome I – Bartolomé Bennassar.
102. *Pie XII et la Seconde Guerre mondiale* – Pierre Blet.
103. *Histoire de Rome,* tome I – Marcel Le Glay.
104. *Histoire de Rome,* tome II – Marcel Le Glay.
105. *L'État bourguignon 1363-1477* – Bertrand Schnerb.
106. *L'Impératrice Joséphine* – Françoise Wagener.
107. *Histoire des Habsbourg* – Henry Bogdan.
108. *La Première Guerre mondiale* – John Keegan.
109. *Marguerite de Valois* – Éliane Viennot.
110. *La Bible arrachée aux sables* – Werner Keller.
111. *Le grand gaspillage* – Jacques Marseille.
112. « *Si je reviens comme je l'espère* » : *lettres du front et de l'Arrière, 1914-1918* – Marthe, Joseph, Lucien et Marcel Papillon.
113. *Le communisme* – Marc Lazar.
114. *La guerre et le vin* – Donald et Petie Kladstrup.
115. *Les chrétiens d'Allah* – Lucile et Bartolomé Bennassar.
116. *L'Égypte de Bonaparte* – Jean-Joël Brégeon.
117. *Les empires nomades* – Gérard Chaliand.
118. *La guerre de Trente Ans* – Henry Bogdan.
119. *La bataille de la Somme* – Alain Denizot.
120. *L'Église des premiers siècles* – Maurice Vallery-Radot.

121. *L'épopée cathare,* tome I, *L'invasion* – Michel Roquebert.
122. *L'homme européen* – Jorge Semprún, Dominique de Villepin.
123. *Mozart* – Pierre-Petit.
124. *La guerre de Crimée* – Alain Gouttman.
125. *Jésus et Marie-Madeleine* – Roland Hureaux.
126. *L'épopée cathare,* tome II, *Muret ou la dépossession* – Michel Roquebert.
127. *De la guerre* – Carl von Clausewitz.
128. *La fabrique d'une nation* – Claude Nicolet.
129. *Quand les catholiques étaient hors la loi* – Jean Sévillia.
130. *Dans le bunker de Hitler* – Bernd Freytag von Loringhoven et François d'Alançon.
131. *Marthe Robin* – Jean-Jacques Antier.
132. *Les empires normands d'Orient* – Pierre Aubé.
133. *La guerre d'Espagne* – Bartolomé Bennassar.
134. *Richelieu* – Philippe Erlanger.
135. *Les Mérovingiennes* – Roger-Xavier Lantéri.
136. *De Gaulle et Roosevelt* – François Kersaudy.
137. *Historiquement correct* – Jean Sévillia.
138. *L'actualité expliquée par l'Histoire.*
139. *Tuez-les tous! La guerre de religion à travers l'histoire* – Élie Barnavi, Anthony Rowley.
140. *Jean Moulin* – Jean-Pierre Azéma.
141. *Nouveau monde, vieille France* – Nicolas Baverez.
142. *L'Islam et la Raison* – Malek Chebel.
143. *La gauche en France* – Michel Winock.
144. *Malraux* – Curtis Cate.
145. *Une vie pour les autres. L'aventure du père Ceyrac* – Jérôme Cordelier.
146. *Albert Speer* – Joachim Fest.
147. *Du bon usage de la guerre civile en France* – Jacques Marseille.
148. *Raymond Aron* – Nicolas Baverez.
149. *Joyeux Noël* – Christian Carion.
150. *Frères de tranchées* – Marc Ferro.
151. *Histoire des croisades et du royaume franc de Jérusalem,* tome I, *1095-1130, L'anarchie musulmane* – René Grousset.
152. *Histoire des croisades et du royaume franc de Jérusalem,* tome II, *1131-1187, L'équilibre* – René Grousset.
153. *Histoire des croisades et du royaume franc de Jérusalem,* tome III, *1188-1291, L'anarchie franque* – René Grousset.
154. *Napoléon* – Luigi Mascilli Migliorini.
155. *Versailles, le chantier de Louis XIV* – Frédéric Tiberghien.
156. *Le siècle de saint Bernard et Abélard* – Jacques Verger, Jean Jolivet.
157. *Juifs et Arabes au XXe siècle* – Michel Abitbol.
158. *Par le sang versé. La Légion étrangère en Indochine* – Paul Bonnecarrère.

159. *Napoléon III* – Pierre Milza.
160. *Staline et son système* – Nicolas Werth.
161. *Que faire ?* – Nicolas Baverez.
162. *Stratégie* – B. H. Liddell Hart.
163. *Les populismes* (dir. Jean-Pierre Rioux).
164. *De Gaulle, 1890-1945*, tome I – Éric Roussel.
165. *De Gaulle, 1946-1970*, tome II – Éric Roussel.
166. *La Vendée et la Révolution* – Jean-Clément Martin.
167. *Aristocrates et grands bourgeois* – Éric Mension-Rigau.
168. *La campagne d'Italie* – Jean-Christophe Notin.
169. *Lawrence d'Arabie* – Jacques Benoist-Méchin.
170. *Les douze Césars* – Régis F. Martin.
171. *L'épopée cathare*, tome III, *Le lys et la croix* – Michel Roquebert.
172. *L'épopée cathare*, tome IV, *Mourir à Montségur* – Michel Roquebert.
173. *Henri III* – Jean-François Solnon.
174. *Histoires des Antilles françaises* – Paul Butel.
175. *Rodolphe et les secrets de Mayerling* – Jean des Cars.
176. *Oradour, 10 juin 1944* – Sarah Farmer.
177. *Volontaires français sous l'uniforme allemand* – Pierre Giolitto.
178. *Chute et mort de Constantinople* – Jacques Heers.
179. *Nouvelle histoire de l'Homme* – Pascal Picq.
180. *L'écriture. Des hiéroglyphes au numérique.*
181. *C'était Versailles* – Alain Decaux.
182. *De Raspoutine à Poutine* – Vladimir Fedorovski.
183. *Histoire de l'esclavage aux États-Unis* – Claude Fohlen.
184. *Ces papes qui ont fait l'histoire* – Henri Tincq.
185. *Classes laborieuses et classes dangereuses* – Louis Chevalier.
186. *Les enfants soldats* – Alain Louyot.
187. *Premiers ministres et présidents du Conseil* – Benoît Yvert.
188. *Le massacre de Katyn* – Victor Zaslavsky.
189. *Enquête sur les apparitions de la Vierge* – Yves Chiron.
190. *L'épopée cathare*, tome V, *La fin des Amis de Dieu* – Michel Roquebert.
191. *Histoire de la diplomatie française*, tome I.
192. *Histoire de la diplomatie française*, tome II.
193. *Histoire de l'émigration* – Ghislain de Diesbach.
194. *Le monde des Ramsès* – Claire Lalouette.
195. *Bernadette Soubirous* – Anne Bernet.
196. *Cosa Nostra. La mafia sicilienne de 1860 à nos jours* – John Dickie.
197. *Les mensonges de l'Histoire* – Pierre Miquel.
198. *Les négriers en terres d'islam* – Jacques Heers.
199. *Nelson Mandela* – Jack Lang.
200. *Un monde de ressources rares* – Le Cercle des économistes et Érik Orsenna.

201. *L'histoire de l'univers et le sens de la création* – Claude Tresmontant.
202. *Ils étaient sept hommes en guerre* – Marc Ferro.
203. *Précis de l'art de la guerre* – Antoine-Henri Jomini.
204. *Comprendre les États-unis d'aujourd'hui* – André Kaspi.
205. *Tsahal* – Pierre Razoux.
206. *Pop philosophie* – Mehdi Belahj Kacem, Philippe Nassif.
207. *Le roman de Vienne* – Jean des Cars.
208. *Hélie de Saint Marc* – Laurent Beccaria.
209. *La dénazification* (dir. Marie-Bénédicte Vincent).
210. *La vie mondaine sous le nazisme* – Fabrice d'Almeida.
211. *Comment naissent les révolutions.*
212. *Comprendre la Chine d'aujourd'hui* – Jean-Luc Domenach.
213. *Le second Empire* – Pierre Miquel.
214. *Les papes en Avignon* – Dominique Paladilhe.
215. *Jean Jaurès* – Jean-Pierre Rioux.
216. *La Rome des Flaviens* – Catherine Salles.
217. *6 juin 44* – Jean-Pierre Azéma, Philippe Burrin, Robert O. Paxton.
218. *Eugénie, la dernière impératrice* – Jean des Cars.
219. *L'homme Robespierre* – Max Gallo.
220. *Les Barbaresques* – Jacques Heers.
221. *L'élection présidentielle en France, 1958-2007* – Michel Winock.
222. *Histoire de la Légion étrangère* – Georges Blond.
223. *1 000 ans de jeux Olympiques* – Moses I. Finley, H. W. Pleket.
224. *Quand les Alliés bombardaient la France* – Eddy Florentin.
225. *La crise des années 30 est devant nous* – François Lenglet.
226. *Le royaume wisigoth d'Occitanie* – Joël Schmidt.
227. *L'épuration sauvage* – Philippe Bourdrel.
228. *La révolution de la Croix* – Alain Decaux.
229. *Frédéric de Hohenstaufen* – Jacques Benoist-Méchin.
230. *Savants sous l'Occupation* – Nicolas Chevassus-au-Louis.
231. *Moralement correct* – Jean Sévillia.
232. *Claude Lévi-Strauss, le passeur de sens* – Marcel Hénaff.
233. *Le voyage d'automne* – François Dufay.
234. *Erbo, pilote de chasse* – August von Kageneck.
235. *L'éducation des filles en France au XIXe siècle* – Françoise Mayeur.
236. *Histoire des pays de l'Est* – Henry Bogdan.
237. *Les Capétiens* – François Menant, Hervé Martin, Bernard Merdrignac, Monique Chauvin.
238. *Le roi, l'empereur et le tsar* – Catrine Clay.
239. *Neanderthal* – Marylène Patou-Mathis.
240. *Judas, de l'Évangile à l'Holocauste* – Pierre-Emmanuel Dauzat.
241. *Le roman vrai de la crise financière* – Olivier Pastré, Jean-Marc Sylvestre.
242. *Comment l'Algérie devint française* – Georges Fleury.

243. *Le Moyen Âge, une imposture* – Jacques Heers.
244. *L'île aux cannibales* – Nicolas Werth.
245. *Policiers français sous l'Occupation* – Jean-Marc Berlière.
246. *Histoire secrète de l'Inquisition* – Peter Godman.
247. *La guerre des capitalismes aura lieu* –
    Le Cercle des économistes (dir. Jean-Hervé Lorenzi).
248. *Les guerres bâtardes* – Arnaud de La Grange, Jean-Marc Balencie.
249. *De la croix de fer à la potence* – August von Kageneck.
250. *Nous voulions tuer Hitler* – Philipp Freiherr von Boeselager.
251. *Le soleil noir de la puissance, 1796-1807* – Dominique de Villepin.
252. *L'aventure des Normands, VIIIe- XIIIe siècle* – François Neveux.
253. *La spectaculaire histoire des rois des Belges* – Patrick Roegiers.
254. *L'islam expliqué par* – Malek Chebel.
255. *Pour en finir avec Dieu* – Richard Dawkins.
256. *La troisième révolution américaine* – Jacques Mistral.
257. *Les dernières heures du libéralisme* – Christian Chavagneux.
258. *La Chine m'inquiète* – Jean-Luc Domenach.
259. *La religion cathare* – Michel Roquebert.
260. *Histoire de la France, tome I, 1900-1930* – Serge Berstein,
    Pierre Milza.
261. *Histoire de la France, tome II, 1930-1958* – Serge Berstein,
    Pierre Milza.
262. *Histoire de la France, tome III, 1958 à nos jours* – Serge Berstein,
    Pierre Milza.
263. *Les Grecs et nous* – Marcel Detienne.
264. *Deleuze* – Alberto Gualandi.
265. *Le réenchantement du monde* – Michel Maffesoli.
266. *Spinoza* – André Scala.
267. *Les Français au quotidien, 1939-1949* – Éric Alary,
    Bénédicte Vergez-Chaignon, Gilles Gauvin.
268. *Teilhard de Chardin* – Jacques Arnould.
269. *Jeanne d'Arc* – Colette Beaune.
270. *Crises, chaos et fins de monde.*
271. *Auguste* – Pierre Cosme.
272. *Histoire de l'Irlande* – Pierre Joannon.
273. *Les inconnus de Versailles* – Jacques Levron.
274. *Ils ont vécu sous le nazisme* – Laurence Rees.
275. *La nuit au Moyen Age* – Jean Verdon.
276. *Ce que savaient les Alliés* – Christian Destremau.
277. *François Ier* – Jack Lang.
278. *Alexandre le Grand* – Jacques Benoist-Méchin.
279. *L'Égypte des Mamelouks* – André Clot.
280. *Les valets de chambre de Louis XIV* – Mathieu Da Vinha.
281. *Les grands sages de l'Égypte ancienne* – Christian Jacq.
282. *Armagnacs et Bourguignons* – Bertrand Schnerb.

283. *La révolution des Templiers* – Simonetta Cerrini.
284. *Les crises du capitalisme.*
285. *Communisme et totalitarisme* – Stéphane Courtois.
286. *Les chasseurs noirs* – Christian Ingrao.
287. *Averroès* – Ali Benmakhlouf.
288. *Les guerres préhistoriques* – Lawrence H. Keeley.
289. *Devenir de Gaulle* – Jean-Luc Barré.
290. *Lyautey* – Arnaud Teyssier.
291. *Chiisme et politique au Moyen-Orient* – Laurence Louër.
292. *Madame de Montespan* – Jean-Christian Petitfils.

À PARAÎTRE

La guerre d'indépendance des Algériens (prés. Raphaëlle Branche).
Verdun, 1916 – Malcolm Brown.
Lyotard – Alberto Gualandi.